Schritt für Schritt in Alltag und Beruf 2

Niveau A1.2

Deutsch als Zweitsprache
Lehrerhandbuch

Susanne Kalender
Petra Klimaszyk
Isabel Krämer-Kienle

Hueber Verlag

Quellenverzeichnis
Zeichnungen: Jörg Saupe, Düsseldorf
Fotos: Matthias Kraus, München
Bildredaktion: Nina Metzger, Hueber Verlag, München

3. 2. 1. | Die letzten Ziffern
2024 23 22 21 20 | bezeichnen Zahl und Jahr des Druckes.
Alle Drucke dieser Auflage können, da unverändert, nebeneinander benutzt werden.
1. Auflage

Umschlaggestaltung: Sieveking · Agentur für Kommunikation, München
Gestaltung und Satz: Sieveking · Agentur für Kommunikation, München
Druck und Bindung: Friedrich Pustet GmbH & Co. KG, Regensburg
Printed in Germany
ISBN 978-3-19-081087-1

Art. 530_26009_001_01

INHALT

Schritt für Schritt in Alltag und Beruf ist die Anpassung des bewährten und erprobten Konzepts von *Schritte plus Neu* speziell auf die Bedürfnisse von Lese- und Schreibungeübten.

1 Rahmenbedingungen

Schritt für Schritt in Alltag und Beruf ist ein Lehrwerk für lese- und schreibungeübte (junge) Erwachsene auf den Niveaustufen A1 und A2 des Gemeinsamen Europäischen Referenzrahmens (GER), die in einem deutschsprachigen Land leben oder arbeiten möchten. Ziel ist es, den Lernenden die Integration in Alltag und Beruf zu erleichtern und alltägliche Situationen sprachlich zu bewältigen.
Schritt für Schritt in Alltag und Beruf geht bei der Stoffauswahl von den Vorgaben des GER aus und deckt (zusammen mit *Schritt für Schritt zum DTZ A2 und B1*) die Lernziele des Rahmencurriculums für Integrationskurse des Bundesamts für Migration und Flüchtlinge sowie die Prüfungsvorgaben der Prüfungen *Start Deutsch 1* und *2*, des *Deutsch-Tests für Zuwanderer (DTZ)* und des *Zertifikats Deutsch* ab.

2 Aufbau *Schritt für Schritt in Alltag und Beruf*

2.1 *Schritt für Schritt in Alltag und Beruf* in vier Bänden

Schritt für Schritt in Alltag und Beruf liegt in einer vierbändigen Ausgabe (Arbeitsbuch integriert) zu den Niveaustufen A1 und A2 vor. Für die Niveaustufe B1 schließt sich ein fünfter Band an: *Schritt für Schritt zum DTZ A2 und B1*. Durch die konzeptuelle Nähe zu *Schritte plus Neu* ist ein Wechsel jederzeit möglich.

Schritt für Schritt in Alltag und Beruf 1 *Schritt für Schritt in Alltag und Beruf 2* oder *Schritte plus Neu 1* *Schritte plus Neu 2*	A1 / *Start Deutsch 1*
Schritt für Schritt in Alltag und Beruf 3 *Schritt für Schritt in Alltag und Beruf 4* oder *Schritte plus Neu 3* *Schritte plus Neu 4*	A2 / *Start Deutsch 2*, *Goethe-Zertifikat A2*
Schritt für Schritt zum DTZ oder *Schritte plus Neu 5* *Schritte plus Neu 6*	A2+ – B1 / *Deutsch-Test für Zuwanderer*, *Zertifikat Deutsch*, *Goethe-Zertifikat B1*

2.2 Die Bestandteile von *Schritt für Schritt in Alltag und Beruf*

Schritt für Schritt in Alltag und Beruf bietet ein umfangreiches Angebot an Materialien und Medien, die aufeinander abgestimmt und eng miteinander verzahnt sind:
- ein Kursbuch
- ein Arbeitsbuch
- ein Medienpaket mit den Audio-CDs zum Kurs- und Arbeitsbuch und einer DVD mit den Filmen zum Kursbuch
- eine digitale Ausgabe von Kursbuch und Arbeitsbuch mit allen Audios und Filmen
- eine App mit allen Audios und Filmen zu Kurs- und Arbeitsbuch
- ein Lehrerhandbuch
- eine Übungsgrammatik

Schritt für Schritt in Alltag und Beruf kann darüber hinaus mit vielfältigen, weiteren Kranzprodukten von *Schritte plus Neu* ergänzt werden, beispielsweise dem Intensivtrainer, dem Testtrainer oder dem Berufstrainer.

Der Lehrwerkservice im Internet unter www.hueber.de/schritt-fuer-schritt enthält u. a.:
- ausführliche Unterrichtspläne zu Kurs- und Arbeitsbuch
- zahlreiche Kopiervorlagen, z. B. zu den Transferaufgaben / Aktivitäten im Kurs und den Filmen
- interaktive Zusatzübungen für die Lernenden zu den Selbsttests im Arbeitsbuch

Der Lehrwerkservice wird sukzessive immer wieder mit aktuellen Informationen und zusätzlichen Angeboten für den Unterricht ergänzt.

2.3 Medienüberblick: Die Verfügbarkeit von Filmen, Hörtexten, interaktiven Übungen und Kopiervorlagen

Material	Medienpaket	Lehrwerkservice www.hueber.de/schritt-fuer-schritt	App*	LHB
Hörtexte Kursbuch	x	x	x	
Hörtexte Arbeitsbuch	x	x	x	
Audio-Dateien zur Foto-Hörgeschichte	x	x	x	
Foto-Hörgeschichte als Slide-Show	x		x	
„Laras Film"	x		x	
Kopiervorlagen zu „Laras Film"		x		
Filme zu „Zwischendurch mal ..."	x		x	
Audiotraining	x	x	x	
Videotraining	x		x	
Lektionstests				x
Kopiervorlagen zu den Lernschritten				x
Kopiervorlagen zu den Aktivitäten im Kurs		x		
Interaktive Übungen zu den Selbsttests im AB		x		

* Mit der neuen, kostenlosen *Schritt für Schritt in Alltag und Beruf*-App können alle Filme und Hörtexte ganz einfach per Smartphone oder Tablet direkt aus dem Buch heraus abgerufen werden. Sie sind jederzeit verfügbar und somit ideal einsetzbar für das individuelle Lernen und Wiederholen. Die App ist im App Store oder Google Play Store verfügbar.

3 Das Kursbuch

Jeder Band von *Schritt für Schritt in Alltag und Beruf* 1–4 enthält sieben Lektionen. Diese folgen einem klaren und einheitlichen Aufbau. (Der Band *Schritt für Schritt zum DTZ* hat einen anderen Aufbau.)

Aufbau einer Lektion

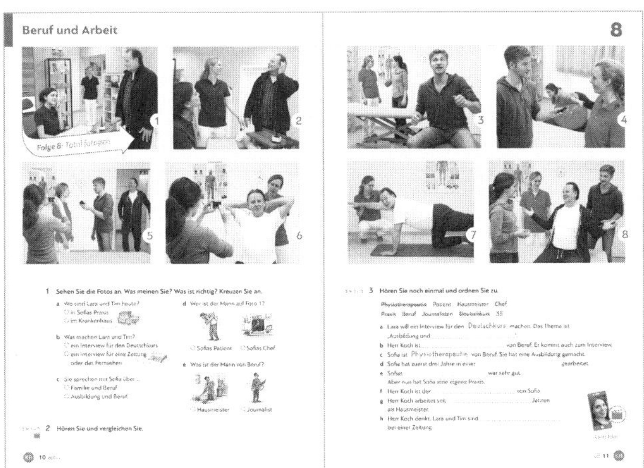

Die Foto-Hörgeschichte
Motivierender Einstieg über eine Foto-Hörgeschichte mit hoher Identifikationsmöglichkeit für die Lernenden

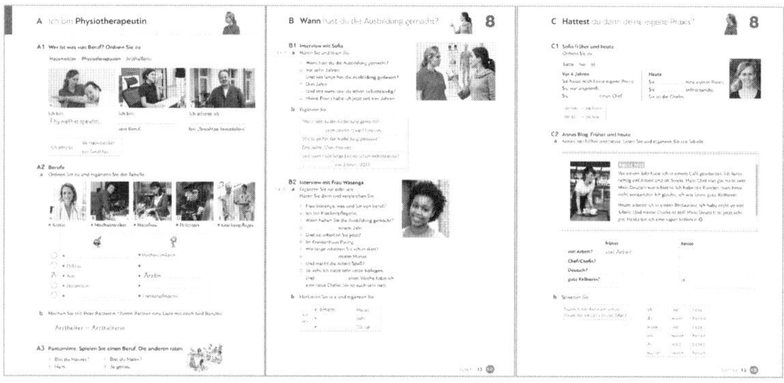

Die Seiten A bis C
Einführung und Einübung des neuen Lernstoffs in abgeschlossenen Einheiten

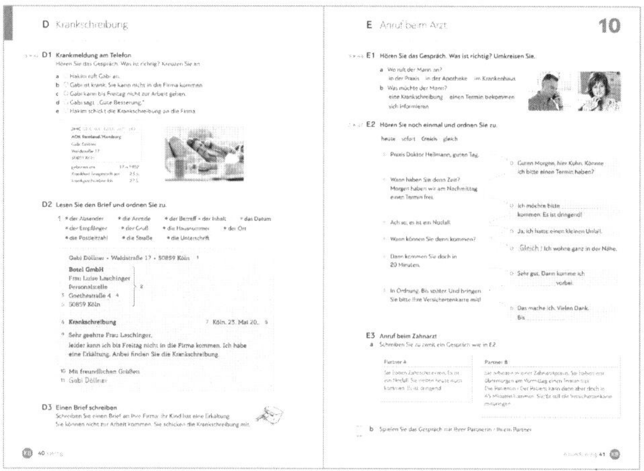

Die Seiten D und E
Training und Erweiterung der rezeptiven und produktiven Fertigkeiten

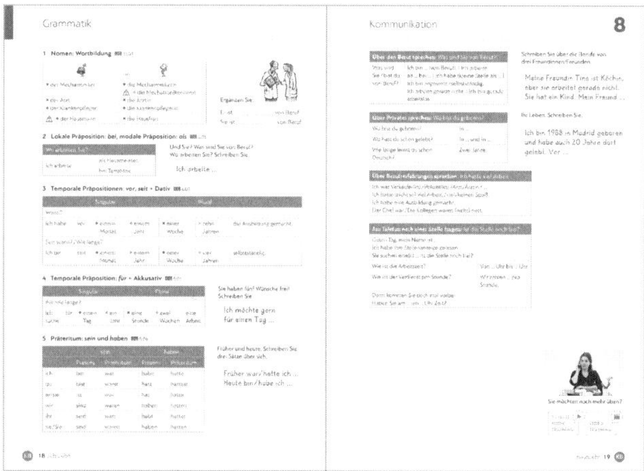

Die Seiten „Grammatik" und „Kommunikation"
- Übersicht über Grammatikstrukturen und Redemittel, dazu Übungen, Tipps, Visualisierungen und Merkhilfen
- Verweis auf Videotraining und Audiotraining

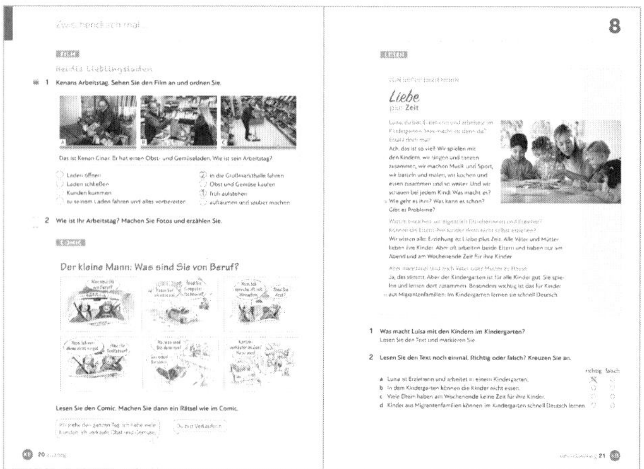

Die Seiten „Zwischendurch mal ..."
Fakultatives Angebot mit Filmen, Projekten etc. zum variablen Einsatz im Unterricht

3.1. Die Foto-Hörgeschichte

Jede Lektion beginnt mit einer Foto-Hörgeschichte. Die Lernenden begleiten die junge Deutschlernerin Lara in ihrem Alltag. Dadurch wird ein motivierender Einstieg geschaffen, der nah an der Lebenssituation der Lernenden ist und durch die emotional ansprechenden Inhalte zu größeren Lernerfolgen führt.
Die Foto-Hörgeschichte bildet den sprachlichen und thematischen Rahmen der Lektion: Sie führt die Kommunikationsmittel und den grammatischen Stoff in einer zusammenhängenden Episode ein und entlastet damit den Lernstoff. Zugleich trainiert sie das globale Hörverstehen. Die Geschichte kann über die Audios gehört werden, während die Lernenden parallel die Fotos im Kursbuch ansehen. Sie steht aber auch als Slide-Show zur Verfügung und kann im Unterricht am interaktiven Whiteboard gezeigt werden (→ siehe „2.3 Medienüberblick" auf S. 5).

„Laras Film" / „Tims Film"
Ergänzt wird die Foto-Hörgeschichte jeweils durch einen kleinen Film („Laras Film" / „Tims Film") Laras Film.

Diese Filmsequenzen erzählen kurze Alltagsszenen aus der Perspektive der Hauptfiguren Lara und Tim und lassen diese dadurch noch lebendiger werden. Darüber hinaus wird das Hör-Sehverstehen geschult. Diese Filme sind fakultativ einsetzbar und können gemeinsam im Unterricht angesehen werden, eignen sich aber auch gut zum selbstständigen Nachbereiten und Ansehen zu Hause. Eine Kurzbeschreibung des Filminhalts sowie konkrete Vorschläge, an welchen Stellen die Filme im Unterrichtsablauf der Lektion eingesetzt werden können, finden Sie in diesem Lehrerhandbuch am Ende der Hinweise zu den Foto-Hörgeschichten. Tipps, Hinweise zum Einsatz im Unterricht sowie Kopiervorlagen zu den Filmen finden Sie im Lehrwerkservice unter www.hueber.de/schritt-fuer-schritt
(→ siehe „2.3 Medienüberblick" auf S. 5).

3.2 Die Seiten A bis C

Die **Kopfzeile** enthält ein Zitat aus der Foto-Hörgeschichte und repräsentiert den Lernstoff der Seite. Die neue Struktur ist fett hervorgehoben. So können Sie und die TN sich rasch orientieren.

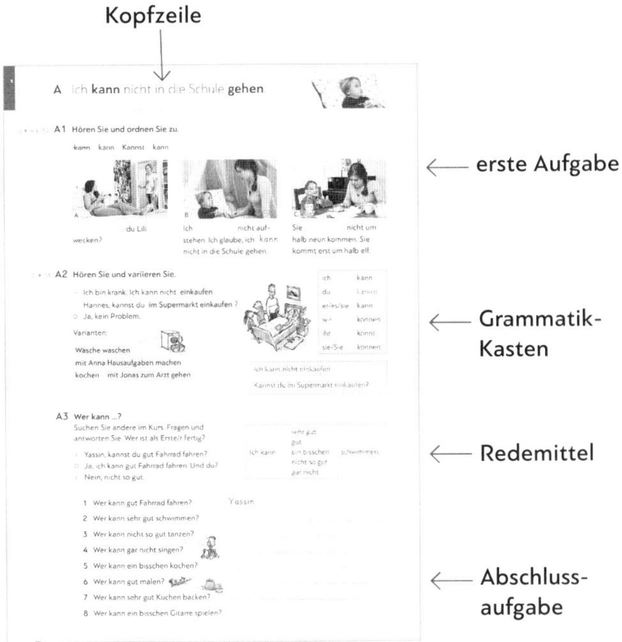

Die **erste Aufgabe** dient der Einführung des neuen Stoffs. Sie bezieht sich ebenfalls im weiteren Sinne auf die Foto-Hörgeschichte und schafft damit den inhaltlichen und sprachlichen Kontext für die neu zu erlernenden Strukturen.

Der **Grammatik-Kasten** fasst den Lernstoff übersichtlich zusammen und macht ihn bewusst. In der **folgenden Aufgabe** üben die TN den Lernstoff.

Die **Abschlussaufgabe** dient dem Transfer des Gelernten in den persönlichen Anwendungsbereich (z. B. über sich selbst sprechen oder schreiben, seine Meinung sagen) oder bietet die Möglichkeiten, den Lernstoff auf spielerische Art und Weise aktiv und interaktiv anzuwenden. Manche Aufgaben sind mit dem Piktogramm versehen. Dieses weist darauf hin, dass die TN bei dieser Aufgabe ihr Smartphone oder Tablet nutzen können. Hinweise dazu finden Sie in diesem Lehrerhandbuch jeweils bei den didaktischen Vorschlägen zu den entsprechenden Aufgaben. Der Einsatz dieser Medien ist jedoch fakultativ!
Hinweis: Zur Vereinfachung und Unterstützung Ihrer Unterrichtsvorbereitung finden Sie zu vielen der Abschlussaufgaben Kopiervorlagen im Lehrwerkservice unter www.hueber.de/schritt-fuer-schritt.

3.3 Die Seiten D und E

Die Seiten D und E dienen der Vertiefung und Erweiterung der vier Fertigkeiten Lesen – Hören – Schreiben – Sprechen. Die Textsorten zu den Fertigkeiten Lesen und Hören entsprechen ebenso den Anforderungen der Niveaustufe A1 wie die Sprech- und Schreibanlässe (→ siehe „5.2 Fertigkeitstraining" auf S. 11).

3.4 Übersicht: „Grammatik" und „Kommunikation"

Diese Doppelseite gibt einen Überblick über die neue Grammatik und die wichtigen Wendungen der Lektion. Mithilfe der Übersicht kann der Stoff der Lektion selbstständig wiederholt und nachgeschlagen werden. Die Übersicht enthält zudem Verweise auf die *Schritte Neu Grammatik*.
Darüber hinaus soll auf dieser Seite mit kleinen Aufgaben, Tipps, Merkhilfen und Visualisierungen auch wiederholend und vertiefend gearbeitet werden. Diese sind den Grammatiktabellen oder den Redemittelkästen jeweils am rechten Rand direkt zugeordnet. Auf dieses Zusatzangebot kann entweder im Unterricht eingegangen werden oder Sie weisen Ihre Lerner darauf hin, wie sie mit diesen Seiten sinnvoll eigenständig arbeiten und sie zum Nachschlagen nutzen können. Entsprechende Hinweise finden Sie in diesem Lehrerhandbuch auf den Seiten 16/17 und in den didaktischen Hinweisen direkt bei den Aufgaben mit den jeweiligen Grammatikthemen bzw. Wendungen. Sollten mehrere Verweise zu einem Grammatik-Teil vorkommen, dann steht die kurze Anleitung an der „Hauptstelle" und von den „Nebenstellen" wird auf die Hauptstelle verwiesen.

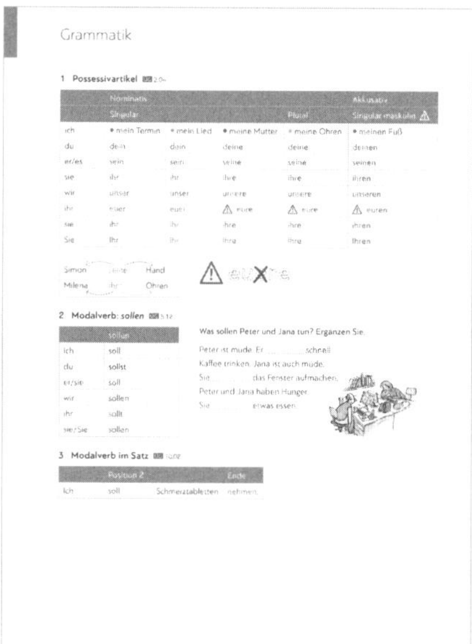
Grammatik

1 Possessivartikel

	Nominativ				Akkusativ
	Singular			Plural	Singular maskulin ⚠
ich	• mein Termin	• mein Lied	• meine Mutter	• meine Ohren	• meinen Fuß
du	dein	dein	deine	deine	deinen
er/es	sein	sein	seine	seine	seinen
sie	ihr	ihr	ihre	ihre	ihren
wir	unser	unser	unsere	unsere	unseren
ihr	euer	euer	⚠ eure	⚠ eure	⚠ euren
sie	ihr	ihr	ihre	ihre	ihren
Sie	Ihr	Ihr	Ihre	Ihre	Ihren

Simon seine Hand
Milena ihre Ohren

2 Modalverb: *sollen*

	sollen
ich	soll
du	sollst
er/sie	soll
wir	sollen
ihr	sollt
sie/Sie	sollen

Was sollen Peter und Jana tun? Ergänzen Sie.
Peter ist müde. Er .... schnell Kaffee trinken. Jana ist auch müde. Sie .... das Fenster aufmachen. Peter und Jana haben Hunger. Sie .... etwas essen.

3 Modalverb im Satz

	Position 2		Ende
Ich	soll	Schmerztabletten	nehmen.

Die Rubriken „Videotraining" und „Audiotraining" verweisen auf ein umfangreiches fakultatives Trainingsangebot, das Lernende und Lehrende im Medienpaket, im Internet und über Smartphone/Tablet abrufen können (→ siehe „2.3 Medienüberblick" auf S. 5).

Eine Kurzbeschreibung des Inhalts und mögliche Vorgehensweisen finden Sie in diesem Lehrerhandbuch unter → „5.12 Arbeit mit den Übersichtsseiten ‚Grammatik' und ‚Kommunikation'" auf den Seiten 16/17 und direkt in den didaktischen Hinweisen zur jeweiligen Lektion.

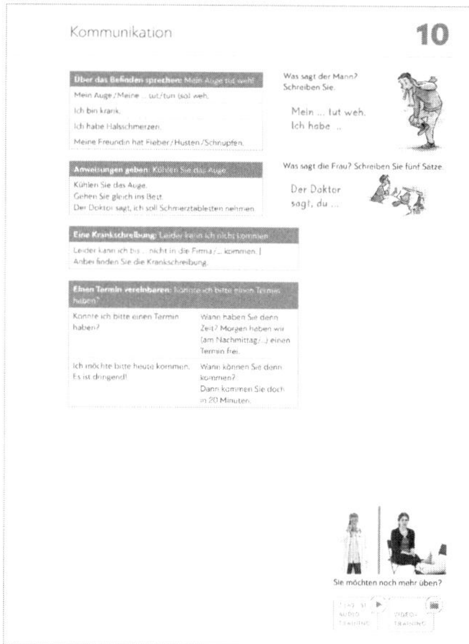
Kommunikation 10

Über das Befinden sprechen: Mein Auge tut weh!
Mein Auge / Meine ... tut/tun (so) weh.
Ich bin krank.
Ich habe Halsschmerzen.
Meine Freundin hat Fieber / Husten / Schnupfen.

Was sagt der Mann? Schreiben Sie.
Mein ... tut weh.
Ich habe ...

Anweisungen geben: Kühlen Sie das Auge.
Kühlen Sie das Auge.
Gehen Sie gleich ins Bett.
Der Doktor sagt, ich soll Schmerztabletten nehmen.

Was sagt die Frau? Schreiben Sie fünf Sätze.
Der Doktor sagt, du ...

Eine Krankschreibung: Leider kann ich nicht kommen.
Leider kann ich bis ... nicht in die Firma / ... kommen. | Anbei finden Sie die Krankschreibung.

Einen Termin vereinbaren: Könnte ich bitte einen Termin haben?

Könnte ich bitte einen Termin haben?	Wann haben Sie denn Zeit? Morgen haben wir (am Nachmittag/...) einen Termin frei.
Ich möchte bitte heute kommen. Es ist dringend!	Wann können Sie denn kommen? Dann kommen Sie doch in 20 Minuten.

Sie möchten noch mehr üben?

Audiotraining
Das Audiotraining umfasst jeweils drei Übungen zum Wiederholen, Üben und mündlichen Einschleifen der wichtigen Wendungen der Lektion.
Sie können die Übungen zum Videotraining und Audiotraining anfangs in den Unterricht integrieren, um Ihre TN mit diesen Übungsformen vertraut zu machen, und sie später zur selbstständigen Beschäftigung mit diesem Zusatzangebot anregen.

Videotraining
Kleine Filmsequenzen mit den Hauptdarstellern der Foto-Hörgeschichte zeigen wichtige Redemittel und Strukturen der Lektion in kleinen Spielszenen und bieten ein aktives Übungsangebot für die Lernenden. Zu jeder Lektion gibt es einen Film, in dem wichtige Wendungen der Lektion präsentiert werden, sowie einen weiteren Film, in dem die Lernenden aktiv einbezogen werden und durch Nachsprechen oder Variieren von Redemitteln das Gelernte festigen können.

3.5 Zwischendurch mal ...

Auf diesen Doppelseiten finden Sie zwei bis vier kleine Angebote, die Sie fakultativ im Kurs einsetzen oder zur Binnendifferenzierung nutzen können.
Die Rubriken sind:

Der Schwerpunkt dieser Aufgaben und Projekte liegt nicht mehr auf dem Erwerb und Einüben von Strukturen, sondern die Lernenden können hier das in der Lektion erworbene Wissen aktiv und oft spielerisch anwenden und erweitern. Diese Zusatzangebote sind völlig unabhängig voneinander und an verschiedenen Stellen der Lektion einsetzbar. Eine Beschreibung der Einsatzmöglichkeiten finden Sie in diesem Lehrerhandbuch unter „Zwischendurch mal …" in der jeweiligen Lektion. Die Stellen im Unterrichtsablauf, an denen ein Angebot aus „Zwischendurch mal …" eingesetzt werden könnte, sind außerdem angegeben.

4 Das Arbeitsbuch

Im Arbeitsbuch finden Sie vielfältige Übungen und Aufgaben zu den Lernschritten A bis E für die Still- und Partnerarbeit im Kurs oder als Hausaufgabe. Auch hier erscheinen – wie auf der entsprechenden Kursbuchseite – in der Kopfzeile ein Zitat und ein Foto aus der Foto-Hörgeschichte als Strukturierungs- und Memorierungshilfe.

4.1 Die Rubriken

Neben einem vielfältigen und umfassenden Übungsapparat finden Sie im Arbeitsbuch folgende Aufgaben:

- **Richtig schreiben:** Schreibaufgaben mit Fokus auf korrekte Rechtschreibung und/oder Zeichensetzung
- **Prüfung:** Aufgaben, die in ihrem Aufbau genau den gängigen Prüfungsformaten der Prüfungen *Start Deutsch 1* und *2* sowie des *Deutsch-Tests für Zuwanderer (DTZ)* und des *Zertifikats Deutsch* folgen und zur Prüfungsvorbereitung eingesetzt werden können, die Verweise auf die konkreten Prüfungsteile sind ebenso angegeben.
- **Phonetik:** ein systematisches Aussprachetraining mit Übungen passend zur Lektion, das sich je nach Bedarf der TN gut in den Unterrichtsablauf integrieren lässt

4.2 Der Selbsttest

Den Abschluss jeder Arbeitsbuchlektion bildet ein Lernertest zur Selbstevaluation.

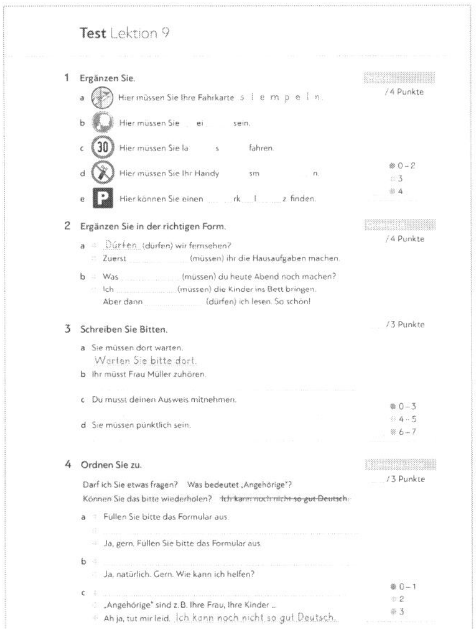

Test Lektion 9

1 **Ergänzen Sie.** /4 Punkte
a Hier müssen Sie Ihre Fahrkarte stempeln.
b Hier müssen Sie … ei … sein.
c Hier müssen Sie la … s … fahren.
d Hier müssen Sie Ihr Handy … sm … n.
e Hier können Sie einen … rk … l … z finden.
0–2 / 3 / 4

2 **Ergänzen Sie in der richtigen Form.** /4 Punkte
a Dürfen (dürfen) wir fernsehen?
Zuerst … (müssen) ihr die Hausaufgaben machen.
b Was … (müssen) du heute Abend noch machen?
Ich … (müssen) die Kinder ins Bett bringen.
Aber dann … (dürfen) ich lesen. So schön!

3 **Schreiben Sie Bitten.** /3 Punkte
a Sie müssen dort warten.
Warten Sie bitte dort.
b Ihr müsst Frau Müller zuhören.
c Du musst deinen Ausweis mitnehmen.
d Sie müssen pünktlich sein.
0–3 / 4–5 / 6–7

4 **Ordnen Sie zu.** /3 Punkte
Darf ich Sie etwas fragen? Was bedeutet „Angehörige"?
Können Sie das bitte wiederholen? ~~Ich kann noch nicht so gut Deutsch.~~
a Füllen Sie bitte das Formular aus.
…
Ja, gern. Füllen Sie bitte das Formular aus.
b …
Ja, natürlich. Gern. Wie kann ich helfen?
c …
„Angehörige" sind z. B. Ihre Frau, Ihre Kinder …
Ah ja, tut mir leid. Ich kann noch nicht so gut Deutsch.
0–1 / 2 / 3

- drei Rubriken: Wörter – Grammatik – Kommunikation
- Punkteauswertung mit „Ampelsystem"
- Vertiefungs- und Erweiterungsübungen im Lehrwerkservice unter www.hueber.de/schritt-fuer-schritt/lernen/uebungen

4.3 Der Lernwortschatz

Am Ende des Arbeitsbuchs gibt es auf den Seiten 178–203 ein integriertes „Wörterlernheft" in Form einer Liste mit dem Lernwortschatz und Visualisierungen zu Kernthemen der Lektion. Der Lernwortschatz ist chronologisch nach Lektionen sortiert und innerhalb der Lektion den Aufgaben zur Foto-Hörgeschichte sowie den Lernschritten A–E zugeordnet. Die TN können eigene Übersetzungen in ihrer Muttersprache ergänzen. Es gibt mehrere Memorierungshilfen für die TN: Zu jedem Wort gibt es einen Kontextsatz, der das Lernen des Wortes unterstützt. Zudem sind die Nomen mit farbigen Genuspunkten und Artikeln versehen. Am Ende des Lernwortschatzes jeder Lektion finden die TN eine bebilderte Darstellung eines Wortfeldes sowie einen Lerntipp zum Wörterlernen.

4.4 Die Grammatikübersicht

Am Ende des Buches befindet sich eine Übersicht über den gesamten Grammatikstoff des Bands zum Nachschlagen. Die Übersicht enthält Verweise auf das Vorkommen in den Lektionen sowie auf die *Schritte Neu Grammatik*.

5 Methodisch-didaktische Grundlagen und praktische Tipps

5.1 Arbeit mit der Foto-Hörgeschichte

Der Einstieg in jede Lektion erfolgt über eine Foto-Hörgeschichte. Diese …

- ist authentisch: Die Sprache wird im Kontext vorgestellt. Die Lernenden können sich intensiv mit einer Geschichte auseinandersetzen, wodurch das Memorieren von Wörtern und Strukturen erleichtert und verbessert wird.
- ist motivierend: Die Fotos erleichtern eine situative und lokale Einordnung der Geschichte und aktivieren das Vorwissen. Durch die Kombination von Foto und Hörtext/Geräuschen verstehen die Lernenden eine zusammenhängende Episode. Sie erkennen, dass sie am Ende der Lektion in der Lage sein werden, eine ähnliche Situation sprachlich zu meistern.
- macht neugierig: Die Geschichten sind so amüsant, dass sie das Interesse der Lernenden wecken und zur Identifikation einladen.
- vermittelt implizit Landeskunde und regt zu interkulturellen Betrachtungen an.

Neben den Audio-Dateien steht Ihnen die Foto-Hörgeschichte auch als „Slide-Show" zur Verfügung. Diese können Sie im Unterricht am interaktiven Whiteboard abspielen und haben damit eine direkte Verknüpfung von Bild und Ton. Alternativ können die TN die Slide-Show zur Nachbereitung auf dem Smartphone oder Tablet ansehen (→ siehe „2.3 Medienüberblick" auf S. 5).

„Laras Film" / „Tims Film"
Die Foto-Hörgeschichte wird ergänzt durch kleine Filme. Jede Filmsequenz passt zur Foto-Hörgeschichte und erweitert das Thema der Foto-Hörgeschichte um einen Aspekt aus der Perspektive der Hauptfiguren Lara und Tim. Die Hauptfiguren erzählen in kleinen „Handyfilmen" ergänzende Geschichten aus ihrem Alltag. Dies lässt Geschichte und Figuren lebendiger werden, vermittelt darüber hinaus vertiefende landeskundliche Inhalte und bietet motivierende Sprechanlässe.

Praktische Tipps:
Arbeit mit der Foto-Hörgeschichte
Beginnen Sie den Unterricht nicht direkt mit dem Hören der Geschichte. Die TN lösen zu jeder Episode Aufgaben vor dem Hören, während des Hörens und nach dem Hören. Generell sollten Sie die Geschichte so oft wie nötig vorspielen und ggf. an entscheidenden Passagen stoppen. Achten Sie darauf, jede Episode mindestens einmal durchgehend vorzuspielen.
Hören Sie am Ende jeder Lektion die Geschichte mit den TN noch einmal. Das ermutigt sie, denn sie können erleben, wie viel sie im Vergleich zum allerersten Hören nun schon verstehen, und das fördert die Motivation.

Aufgaben vor dem Hören
Die Aufgaben vor dem Hören machen eine situative Einordnung der Geschichte möglich. Sie führen neue, für das Verständnis wichtige Wörter der Geschichte ein und lenken die Aufmerksamkeit auf die im Text wichtigen Passagen und Schlüsselwörter. Für die Vorentlastung bieten sich außerdem viele weitere Möglichkeiten:

Fotosalat und Satzsalat
Kopieren Sie die Fotos und schneiden Sie die einzelnen Fotos aus. Achten Sie darauf, die Nummerierung auf den Fotos wegzuschneiden. Die Bücher bleiben geschlossen. Verteilen Sie je ein Fotoset an Kleingruppen mit 3 bis 4 TN. Die TN legen die Fotos in eine mögliche Reihenfolge, hören die Geschichte mit geschlossenen Büchern und vergleichen die Foto-Hörgeschichte mit ihrer Reihenfolge. Sie korrigieren ggf. ihre Reihenfolge.
Diese Übung kann um Satzkarten erweitert werden: Schreiben Sie zu den Fotos einfache Sätze oder Zitate aus der Geschichte auf Kärtchen, die die TN dann den Fotos zuordnen. Sie können hier auch zwischen geübteren und ungeübteren TN differenzieren, indem Sie geübteren TN weniger Vorgaben und Hilfen an die Hand geben als den ungeübteren.
Auf fortgeschrittenerem Niveau können sich die TN zu ihrer Reihenfolge der Fotos eine kleine Geschichte ausdenken oder Minidialoge schreiben. Ihre Geschichte können sie dann beim Hören mit dem Hörtext vergleichen.

Hypothesen bilden
Verraten Sie den TN nur die Überschrift der Lektion und zeigen Sie ggf. noch eines der Fotos auf Folie. Die TN spekulieren, soweit es die Sprachkenntnisse zulassen, worum es in der Geschichte gehen könnte (Wo? Wer? Was? Wie viele? Wie? Warum?). Oder die TN sehen sich die Fotos im Buch an und stellen Vermutungen über den Verlauf der Handlung an. Das motiviert und macht auf die Geschichte neugierig. Zudem wird das spätere Hören in der Fremdsprache erleichtert, weil eine bestimmte Hör-Erwartung aufgebaut wird. Fortgeschrittenere Anfänger können sich im Vorfeld Minigespräche zu den Fotos überlegen und ein kleines Rollenspiel machen. Nach dem Hören vergleichen sie dann ihren Text mit dem Hörtext.

Situationsverwandte Bilder/Texte
Vielleicht finden Sie einen passenden Text oder ein Bild / einen Comic, den Sie verwenden können, um in das Thema einzuführen und unbekannten Wortschatz zu klären. Diese Übungsform eignet sich, wenn Sie erst ganz allgemein auf ein Thema hinführen wollen, ohne die Fotos aus der Foto-Hörgeschichte schon zu zeigen. Zeigen Sie z. B. beim Thema „Einkauf" das Bild eines gefüllten Einkaufskorbs. Die TN nennen die ihnen bekannten Lebensmittel. Dadurch wird das Vorwissen der TN aktiviert.

Aufgaben während des Hörens
Die TN sollten die Geschichte mindestens einmal durchgehend hören, damit der vollständige Zusammenhang gegeben ist. Dabei ist es nicht wichtig, dass die TN sofort alles erfassen. Sie haben verschiedene Möglichkeiten, den TN das Verstehen zu erleichtern:

Mitzeigen
Beim Wechsel von einem Foto zum nächsten ist ein „Klick" zu hören, der es den TN erleichtert, dem Hörtext zu folgen. Bei jedem Klick können die TN wieder in die Geschichte einsteigen und mithören, falls sie den Faden einmal verloren haben sollten. Als weitere Hilfestellung können Sie zumindest in den ersten Stunden einen TN bitten, auf den vergrößerten Fotos der Foto-Hörgeschichte mitzuzeigen. Die übrigen TN zeigen in ihrem Buch mit, sodass Sie kontrollieren können, ob alle der Geschichte folgen können.

Wort-/Bildkärtchen
Stellen Sie im Vorfeld Kärtchen mit Informationen aus der Foto-Hörgeschichte her. Die TN hören die Geschichte mit geschlossenen Büchern und legen die Kärtchen während des Hörens in die Reihenfolge, in der die Informationen in der Geschichte vorkommen.

Antizipation
Wenn die TN wenig Verständnisschwierigkeiten beim Hören haben bzw. wenn die TN schon geübter sind, können Sie die Foto-Hörgeschichte natürlich auch während des Hörens immer wieder stoppen und die TN ermuntern, über den Fort- und Ausgang der Geschichte zu spekulieren. Allerdings sollten Sie die Geschichte im Anschluss auch einmal durchgehend vorspielen.

Aufgaben nach dem Hören
Die Aufgaben nach dem Hören dienen dem Heraushören von Kernaussagen. Sie überprüfen, ob die Handlung global verstanden wurde. Lesen Sie die Aufgaben gemeinsam mit den TN, geben Sie Gelegenheit zu Wortschatzfragen und spielen Sie die Geschichte noch weitere Male vor, um den TN das Lösen der Aufgaben zu erleichtern. Stoppen Sie die Geschichte ggf. an den entscheidenden Passagen, um den TN Zeit für die Eintragung ihrer Lösung zu geben. Darüber hinaus können Sie die Foto-Hörgeschichte für weitere spielerische Aktivitäten im Unterricht nutzen und so den Wortschatz festigen und erweitern:

Rollenspiele
Vor allem schon geübtere TN können kleine Gespräche zu einem oder mehreren Fotos schreiben. Diese Gespräche werden dann vor dem Plenum als kleine Rollenspiele nachgespielt oder mit dem Smartphone aufgenommen und dann gezeigt. Regen Sie die TN auch dazu an, die Geschichte weiterzuentwickeln und eine Fortsetzung zu erfinden.

Pantomime
Stoppen Sie das Audio beim zweiten oder wiederholten Hören jeweils nach der Rede einer Person. Bitten Sie die TN, in die jeweilige Rolle zu schlüpfen. Lassen Sie die TN pantomimisch darstellen, was sie soeben gehört haben. Fahren Sie dann mit der Foto-Hörgeschichte fort. Wenn die TN schon geübter sind, können die TN die Geschichte pantomimisch mitspielen, während Sie diese noch einmal vorspielen.

Kursteilnehmerdiktat
Die TN betrachten die Fotos. Ermuntern Sie einen TN, einen beliebigen Satz zu einem der Fotos zu sagen, z. B. „Heute ist das Wetter gut." Alle TN schreiben diesen Satz auf. Ein anderer TN setzt die Aktivität fort, z. B. „Wir machen heute ein Picknick." etc. So entsteht eine kleine Geschichte oder ein Dialog. Die TN sollten auch eine Überschrift für ihren gemeinsam erarbeiteten Text finden. Schreiben Sie oder einer der TN auf der Rückseite der Tafel oder auf Folie mit, damit die TN abschließend eine Möglichkeit zur Korrektur ihrer Sätze haben. Diese Übung trainiert nicht nur eine korrekte Orthografie, sondern dient auch der Wiederholung und Festigung von Wortschatz und Redemitteln.

Situationsverwandte Bilder/Texte
Auch nach dem Hören können Sie situationsverwandte Bilder oder Texte zur Vertiefung des Themas der Foto-Hörgeschichte nutzen. Die TN können die Unterschiede zwischen der Foto-Hörgeschichte und dem Text oder der Situation herausarbeiten.
Texte oder Bilder können auch in eine andere Situation überleiten und nach dem Hören der Foto-Hörgeschichte zur Erweiterung eingesetzt werden. Damit werden Wörter und Redemittel in einen anderen Zusammenhang transferiert und erweitert. Sie können so individuell auf die Interessen Ihres Kurses eingehen.

Phonetik
Die Foto-Hörgeschichte bietet sich sehr gut für das Aussprachetraining an, denn sie enthält viele für den Alltag wichtige Redemittel, die sich gut als Formeln merken lassen. Greifen Sie wesentliche Zitate/Passagen aus der Geschichte heraus, spielen Sie diese isoliert vor und lassen Sie die TN diese Sätze nachsprechen. Der Hörspielcharakter und der situative Bezug innerhalb der Foto-Hörgeschichte erleichtern den TN das Memorieren solcher Redemittel. Außerdem lernen die TN, auch emotionale Aspekte (Empörung, Freude, Trauer, Wut, Mitgefühl, ...) auszudrücken. Schließlich kommt es nicht nur darauf an, was man sagt, sondern vor allem darauf, wie man es sagt. In jeder Sprache werden ganz unterschiedliche Mittel benutzt, um solche emotionalen Aspekte auszudrücken.
Nicht zuletzt können auch Modalpartikeln wie „doch", „aber", „eben" unbewusst eingeschliffen werden. Die Bedeutung von Modalpartikeln zu erklären ist im Anfängerunterricht schwierig und daher oft wenig sinnvoll. Mithilfe der Zitate aus der Foto-Hörgeschichte können die TN diese aber verinnerlichen und automatisch anwenden, ohne dass Erklärungen erforderlich sind.

Praktische Tipps:
Arbeit mit „Laras Film" / „Tims Film"

Es gibt mehrere Möglichkeiten für den Einsatz im Kurs:
- Sie können die Filme im Unterricht zeigen, nachdem Sie die Foto-Hörgeschichte durchgearbeitet haben. In diesem Lehrerhandbuch finden Sie Hinweise dazu, wie und wann Sie die Filme im Unterricht einsetzen können. Darüber hinaus gibt es im Lehrwerkservice unter www.hueber.de/schritt-fuer-schritt Arbeitsblätter zu jedem Film, die Sie im Kurs bearbeiten können (→ siehe „2.3 Medienüberblick" auf S. 5).
- Sie können die Filme im Unterricht auch als motivierenden Abschluss der Lektion zeigen.
- Die TN können die Filme nutzen, um ihr eigenes Verständnis des Lektionsstoffs zu überprüfen.
- Die Filme bieten neben der Foto-Hörgeschichte eine situative und authentische Einbindung des Lernstoffs, sodass die TN sehen, wo und wie sie das Gelernte umsetzen können.
- Die TN nutzen die Filmvorlage für entsprechende eigene kleine Handyfilme, z. B. im Rahmen eines kleinen Projekts. Anschließend zeigen die TN ihre Filme im Kurs oder stellen sie auf die Lernplattform.
- Alternativ können sich die TN analog zu den Handyfilmen weitere Situationen ausdenken, eigene Rollenspiele entwickeln und diese im Kurs präsentieren.
- Wenn Sie keine Möglichkeit haben, Filme im Unterricht zu zeigen, sollten Sie Ihre TN auf jeden Fall auf das Filmsymbol hinweisen. Sie können die Filme dann im Internet über ihre Smartphones/Tablets abrufen und haben damit eine motivierende Möglichkeit, den Lernstoff zu wiederholen (→ siehe „2.3 Medienüberblick" auf S. 5).

5.2 Fertigkeitstraining: Lesen – Hören – Schreiben – Sprechen

Das gezielte Fertigkeitstraining spielt in *Schritt für Schritt in Alltag und Beruf* eine tragende Rolle. Sowohl die rezeptiven Fertigkeiten (Lesen und Hören) als auch die produktiven Fertigkeiten (Schreiben und Sprechen) werden systematisch geübt.

Lesen
Besonders für lese- und schreibungeübte Lernende ist es wichtig, das Lesen anhand einfacher authentischer Textsorten zu üben. Dazu gehören auf dem Niveau A1 Schilder, Prospekte, Kataloge, Kleinanzeigen, einfache E-Mails und Kurznachrichten. Kurze Zeitungsartikel, Blogeinträge und Reportagen runden das Programm ab.

Hören
Die TN lernen, Kernaussagen und wichtige Informationen aus alltagsrelevanten Textsorten zu entnehmen. Dazu gehören z. B. Lautsprecherdurchsagen, automatische Telefonansagen, Meldungen im Radio etc.

Schreiben
Die TN lernen, einfache formelhafte Notizen zu machen sowie persönliche E-Mails, Kurznachrichten und Mitteilungen zu schreiben. Um die Schreibfertigkeit der TN

aufzubauen, enthält das Arbeitsbuch viele Schreibaufgaben sowie ausreichend Platz für die Lernenden, um zu schreiben.

Sprechen
Die TN werden zur sprachlichen Bewältigung einfacher Alltagssituationen hingeführt. Dazu gehören z. B. das Bitten um Informationen, Terminabsprachen, Entschuldigungen und Einladungen. Sprechen auf der Niveaustufe A1 heißt: Fragen stellen und Antworten geben. In *Schritt für Schritt in Alltag und Beruf 1* und *2* üben die TN daher häufig kurze Frage-Antwort-Gespräche.

5.3 Grammatikvermittlung

Die Grammatikprogression in *Schritt für Schritt in Alltag und Beruf* orientiert sich an den Lernzielen des Rahmencurriculums für Integrationskurse und den Vorgaben der Prüfung *DTZ*. In übersichtlichen kurzen Lernschritten werden die Strukturen in kleinen „Portionen" eingeführt und intensiv geübt. Häufige Wiederholungsschleifen festigen das Gelernte und bereiten auf die Erweiterung einer grammatischen Struktur vor. Dort, wo es sich anbietet, wird der neue Stoff auch induktiv eingeführt, d. h. die TN erarbeiten und entdecken neue Strukturen/Paradigmen mithilfe der Aufgaben selbst. Deshalb werden ab *Schritt für Schritt in Alltag und Beruf 1* manche Grammatik-Kästen von den TN selbst ausgefüllt.
Von Anfang an gibt es im Arbeitsbuch Übungen, die den TN neue Grammatikphänomene durch die Art der Aufgabenstellung bewusst machen und zum eigenen Entdecken des neuen Stoffs einladen.

Grammatik-Kasten
Der Grammatik-Kasten fasst den neuen Stoff anhand von Beispielen einfach und verständlich zusammen. Farbsignale ersetzen Regelerklärungen, die die TN im Anfängerunterricht noch gar nicht verstehen würden.
Das Erlernen des Artikelsystems wird durch eine besondere Farbkennzeichnung unterstützt:
(blau) • der Fernseher, -
(grün) • das Bett, -en
(rot) • die Dusche, -n
(gelb) • die Möbel (Pl.)
Diese Farbkodierung, die sich durch alle Bestandteile des Lehrwerks zieht, unterstützt als Memorierungshilfe den Lernprozess (→ siehe „4.3 Der Lernwortschatz" auf S. 9).

Praktische Tipps: Arbeit mit den Grammatik-Kästen

- Schreiben Sie die Beispiele aus den Grammatik-Kästen an die Tafel / ans IWB und heben Sie die neuen Strukturen – wie im Grammatik-Kasten – visuell hervor. Verweisen Sie auf die erste Aufgabe auf den A-C-Seiten und zeigen Sie die dahinterstehende Struktur auf.
- Die TN sollten immer das Gefühl haben, Grammatik als Hilfsmittel für das Sprechen und Schreiben zu lernen und nicht als Selbstzweck. Zeigen Sie deshalb immer den konkreten kommunikativen Nutzen der erlernten Grammatik auf und arbeiten Sie mit Beispielen.
- Sollten Ihre TN die Grammatik-Kästen selbst ausfüllen, ist es wichtig, dass Sie immer im Anschluss die richtige Lösung an der Tafel / am IWB präsentieren.
- Verweisen Sie im Verlauf der Unterrichtsstunde immer wieder auf den Grammatik-Kasten. Er soll den TN auch bei den anschließenden Anwendungsaufgaben als Gedächtnisstütze und Orientierungshilfe dienen.
- Der Grammatik-Kasten kann auch als Vorlage für Plakate dienen, die im Kursraum aufgehängt werden. Sie zeigen kurz und knapp das Wichtigste. Vor allem zu Beginn eines Kurses und bei lernungewohnten TN ist es sehr nützlich, wichtige Strukturen immer „im Blick" zu haben und schnell darauf verweisen zu können.
- Verweisen Sie auch immer wieder auf die Tabellen auf der Übersichtsseite „Grammatik" sowie die dort angebotenen Zusatzaufgaben und Memorierungshilfen.
- Achten Sie von Anfang an darauf, dass die TN neue Nomen mit dem Genuspunkt und der Pluralmarkierung (analog zum Lernwortschatz) und ab Band 2 auch die Verben immer mit dem Partizip Perfekt und dem entsprechenden Hilfsverb notieren.

5.4 Wortschatzvermittlung

Die Wortschatzprogression orientiert sich ebenfalls an den Lernzielen des Rahmencurriculums für Integrationskurse und den Vorgaben der Prüfung *DTZ*. Der Wortschatzarbeit liegen folgende Überlegungen zugrunde:

- Neuer Wortschatz wird mit bekannten Strukturen eingeführt, damit die TN sich auf die neuen Wörter konzentrieren können.
- Nach Möglichkeit werden Wortfelder eingeführt.
- Im Lernwortschatz am Ende des Arbeitsbuchs wird jedes neue Wort mit einem Kontextsatz aus der Lektion und einer Schreiblinie ergänzt, auf der die TN die Übersetzung in ihre Muttersprache eintragen können. Sie können sich damit selbst abfragen und den neuen Wortschatz im Kontext lernen. Zahlreiche Wörter und Wortfelder sind im Lernwortschatz visualisiert. Auch dies erleichtert das Vokabellernen.
- Kleine Lerntipps zum Vokabellernen im Lernwortschatz helfen den TN beim Spracherwerb (→ siehe „4.3 Der Lernwortschatz" auf S. 9).

Praktische Tipps

- Achten Sie darauf, dass die TN von Anfang an gezielt ein Wörterbuch (oder eine Wörterbuch-App) benutzen. Das fördert das autonome Lernen.
- Nutzen Sie auch die Foto-Hörgeschichten für die Wortschatzarbeit. Die TN suchen im Wörterbuch passende Wörter zu den Fotos.
- Achten Sie auf regelmäßige Wiederholung der Lernwörter.
- Geben Sie regelmäßig die Lernwörter der jeweiligen Kursbuchseiten als Hausaufgabe und fragen Sie diese in der nächsten Stunde ab. Erstellen Sie zum Abfragen einen kleinen Lückentext mit Lücken für die neuen Wörter.
- Lassen Sie neue Wörter pantomimisch darstellen: Die anderen raten.
- Lassen Sie neue Wörter zeichnen: Die anderen raten.
- Umschreiben Sie die Wörter. Die TN raten das passende Wort.
- Erstellen Sie Bildkarten oder ein Bilder-Bingo, um den Wortschatz spielerisch zu wiederholen.

- Die TN bilden Wortketten im Rahmen eines „Ich packe meinen Koffer"-Spiels.
- Die TN erstellen Wortschatzübungen füreinander (Kreuzworträtsel, Buchstabensalat etc.).
- Die TN bilden zwei Gruppen, laufen abwechselnd zur Tafel und notieren neue Wörter.
- Die TN laufen im Kursraum herum und murmeln die neuen Wörter. Das hilft beim Einprägen.
- Fragen Sie auch immer wieder Wörter aus vorhergegangenen Lektionen als Wiederholung ab, indem Sie z. B. ausgewählte Wörter auf Kärtchen schreiben und nach Wortarten, Artikeln oder Wortfeldern sortieren lassen.
- Weisen Sie die TN auf die Lerntipps zum Wörterlernen auf den Lernwortschatz-Seiten hin.

5.5 Automatisierung

Für einen erfolgreichen Spracherwerb ist es wichtig, neue Strukturen nicht nur kognitiv zu erfassen, sondern sie auch immer wieder einzuschleifen. Durch diese Automatisierung bekommen die TN ein Gespür für die neuen Strukturen. Durch das aktive Verwenden und Memorieren werden diese zu beherrschbarem Sprachmaterial. Die TN gewinnen Vertrauen in die Erlernbarkeit des Neuen. Dafür bietet *Schritt für Schritt in Alltag und Beruf* mehrere Möglichkeiten an:

- Variationsaufgaben: Kurze, alltagsbezogene Modellgespräche, die die TN variieren sollen.
- Audiotraining: Einschleifübungen zu Grammatik und Redemitteln der Lektion
- Videotraining: Präsentation und Einschleifübungen zu den Redemitteln der Lektion

Praktische Tipps zum Audio- und Videotraining finden Sie unter → „5.12 Arbeit mit den Übersichtsseiten ‚Grammatik' und ‚Kommunikation'" auf den Seiten 16/17 und direkt in den didaktischen Hinweisen zur jeweiligen Lektion.

Praktische Tipps: Arbeit mit den Variationsaufgaben

- Die TN decken den Modelldialog zu und hören ihn zunächst nur. Falls vorhanden, sehen Sie dazu das Bild/Foto an und konzentrieren sich auf die Situation. Wenn Sie die Bilder/Fotos auf Folie kopieren / am IWB zeigen, können die TN die Bücher geschlossen lassen.
- Stoppen Sie das Modellgespräch beim zweiten Hören nach jedem einzelnen Sprechpart. Die TN sprechen im Chor nach. Dabei sollen sie den Text nicht mitlesen, sondern sich auf das Hören und Nachsprechen konzentrieren.
- Die TN hören das Gespräch noch einmal und lesen mit.
- Die TN lesen und sprechen das Gespräch in Partnerarbeit.
- Die TN lesen die Varianten und sprechen das Gespräch in Partnerarbeit mit den Varianten. Die farbigen Unterlegungen helfen den TN zu erkennen, welche Teile des Gesprächs variiert werden sollen.
- Die TN wechseln regelmäßig die Rollen.
- Die TN sollten manche Gespräche auch auswendig lernen und vor dem Kurs vorspielen.
- Die TN können oder sollen auch eigene Varianten bilden.

5.6 Aktivitäten im Kurs

In den Abschlussaufgaben auf jeder Kursbuchseite wird der Lernstoff in den persönlichen Bereich der TN übertragen. Sie befragen sich auf ganz unterschiedliche Art gegenseitig zu verschiedenen Themen oder üben den Lernstoff durch eine spielerische Aktivität in Kleingruppen.
Achten Sie darauf, dass die TN sich bei diesen Aktivitäten möglichst oft im Kursraum bewegen. Das fördert das Memorieren von Wörtern und Strukturen. Bewegung ist für viele TN auch konzentrationsfördernd und trägt zur Aktivierung beider Gehirnhälften bei. Dadurch wird neuer Wortschatz im Gedächtnis besser verankert.
Bei dieser Art von Aufgaben geht es häufig darum, dass die TN selbst Kärtchen, Plakate oder Fragebögen erstellen, was nicht nur ein gutes Schreibtraining ist, sondern sich auch positiv auf das Kursklima auswirkt. Wenn Sie im Kurs nicht genug Zeit für Bastelarbeiten haben, können Sie zu den entsprechenden Aufgaben Kopiervorlagen aus dem Lehrwerkservice unter www.hueber.de/schritt-fuer-schritt nutzen (→ siehe „2.3 Medienüberblick" auf S. 5).

Praktische Tipps

- Vermeiden Sie in diesen Phasen zu viele Korrekturen. Die TN sollen Gelegenheit haben, sich frei auszudrücken.
- Achten Sie auf den Wechsel von Sozialformen.
- Nutzen Sie einen Ball für Frage-Antwort-Gespräche.
- Rollenspiele sollten nicht nur gesprochen, sondern auch gespielt werden. Wenn Ihre TN im Besitz von Smartphones sind, können Sie sie auch anregen, kleine Videos von den Rollenspielen aufzunehmen.
- „Kugellager": Die TN stehen sich in einem Außenkreis und einem Innenkreis gegenüber. Der Außenkreis stellt Fragen, der Innenkreis antwortet. Nach jedem Mini-Gespräch bewegt sich der Innenkreis im Uhrzeigersinn, damit stehen sich zwei neue Partner gegenüber. Alternativ können Sie die TN sich auch zu Musik im Kreis bewegen lassen. Wenn die Musik stoppt, sprechen sie mit der Partnerin / dem Partner, die/der ihnen gerade gegenübersteht. Auf diese Weise können Sie Bewegung und Musik in den Unterricht integrieren.
- Texte, Plakate etc. werden im Kursraum aufgehängt. Die TN gehen herum und sprechen darüber.
- Die TN suchen andere TN mit möglichst vielen Gemeinsamkeiten oder Unterschieden.
- Die TN sprechen mit wechselnden Partnern (WPA), um so möglichst oft die Dialoge oder Aufgaben zu wiederholen und zu variieren.
- Sie können hier gezielt geübtere und ungeübtere TN zusammenarbeiten lassen und so eine Differenzierung vornehmen, ohne dass sie den TN sofort bewusst wird.

Praktische Tipps zur Paar- und Gruppenbildung

Paare:

- Verteilen Sie Kärtchen, auf denen z. B. Frage und Antwort stehen. TN mit einer Frage suchen den TN mit der passenden Antwort. Dies können Sie später auch mit Verbformen (Infinitiv und Partizip), Gegensatzpaaren, Komposita oder mehrsilbigen Wörtern usw. durchführen.
- Kleben Sie vor dem Unterricht unter oder hinter die Stühle der TN Zettelchen, von denen je zwei die gleiche Farbe haben. Das geht auch mit Bonbons. So können Sie die Partnerfindung steuern.

- Nehmen Sie ein Bündel Schnüre, Anzahl: die Hälfte Ihrer TN. Die TN fassen je ein Ende einer Schnur, am anderen Ende der Schnur finden sie ihre Partnerin / ihren Partner.
- Das „Atomspiel“: Die TN stehen auf und bewegen sich frei im Raum, evtl. können Sie Musik dazu vorspielen. Als Stoppzeichen rufen Sie „Atom 2“ (alternativ: 3/4/5/...). Die TN finden sich paarweise (bzw. zu Dreier-, Vierer-, Fünfergruppen ...) zusammen.

Gruppen:
- Zerschneiden Sie einen Satz in seine Bestandteile: Die TN müssen den Satz zusammenfügen (z. B. „Und wie heißen Sie?“) und bilden eine Gruppe.
- Lassen Sie die TN abzählen (bei einer Gruppe von 21 TN von 1 bis 7, alle Einser gehen zusammen, alle Zweier etc.).
- Zerschneiden Sie Postkarten (Bilderpuzzle) oder Spielkarten und verteilen Sie sie: Die TN suchen die fehlenden Puzzleteile und finden so gleichzeitig ihre Partner.
- Definieren Sie bestimmte Merkmale: Alle mit Brille, alle mit blauen Augen, ... bilden eine Gruppe.

5.7 Binnendifferenzierung

Ein (Integrations-)Kurs setzt sich aus TN mit unterschiedlichen Muttersprachen sowie unterschiedlichen Lernerfahrungen und Lernzielen zusammen. Binnendifferenzierung ist eine Möglichkeit, den Unterricht für alle TN interessant zu gestalten, auf die unterschiedlichen Bedürfnisse der TN einzugehen und jeden Einzelnen so gut wie möglich zu fördern. Binnendifferenzierung bedeutet Gruppenarbeit: Innerhalb des Kurses werden (zeitweise) mehrere Gruppen gebildet, die unterschiedliche Lerninhalte bearbeiten. Das kann beispielsweise heißen, dass leistungsstärkere Gruppen mehr oder schwierigere oder freiere Aufgaben erhalten oder dass für einzelne Gruppen verschiedene Lernziele gesetzt werden. *Schritt für Schritt in Alltag und Beruf* bietet vielfache Unterstützung für einen binnendifferenzierenden Unterricht:
- in den Unterrichtsplänen durch praktische Hinweise zum binnendifferenzierenden Arbeiten
- explizit im Lehrerhandbuch durch Zusatzaufgaben für schnellere TN
- implizit im Kursbuch durch Lesetexte oder Rollenspiele in unterschiedlichen Schwierigkeitsgraden
- implizit im Kursbuch durch die „Zwischendurch mal ...“-Seiten: Die Aufgaben auf diesen Seiten können in Einzelarbeit, in Gruppenarbeit oder auch im Kurs bearbeitet werden. In den Unterrichtsplänen finden Sie jeweils Verweise dazu, wie und wann schnelle oder interessierte TN die Aufgaben auf diesen Seiten bearbeiten können.
- implizit im Kursbuch durch die Extra-Aufgaben auf den Übersichtsseiten „Grammatik“ und „Kommunikation“
- implizit im Arbeitsbuch durch die Selbsttests: Das „Ampelsystem“ in der Auswertung ermöglicht den TN, im Internet unter www.hueber.de/schritt-fuer-schritt/lernen/uebungen die passenden Anschlussübungen zu finden. Die TN können mit diesen Übungen den Stoff der Lektion selbstständig wiederholen und sich ggf. auch auf den Test vorbereiten. (→ siehe „4.2 Der Selbsttest“ auf S. 9).

Praktische Tipps

Wichtig: Es ist nicht nötig, dass immer alle alles machen! Teilen Sie die Gruppen nach Kenntnisstand und/oder Neigung ein. Die einzelnen Gruppen können ihre Ergebnisse dem Plenum präsentieren. So lernen die TN miteinander und voneinander.

Binnendifferenzierung / Kursbuch
- Verweisen Sie schnellere TN immer wieder auf die passenden Aufgaben auf den „Zwischendurch mal ...“-Seiten und den Übersichtsseiten. Gehen Sie herum und helfen Sie individuell.
- Lassen Sie nach Abschluss von Lektion 8 alle TN den Selbsttest im Arbeitsbuch machen. Erläutern Sie das „Ampelsystem“ und zeigen Sie – wenn möglich – exemplarisch im Internet, wie die TN mit den zusätzlichen Übungen umgehen sollen.
- Wenn Sie einen Computerraum zur Verfügung haben, bieten Sie für die erste Lektion an, die Übungen gemeinsam im Kurs durchzugehen. So können Sie helfen, wenn die TN mit den Übungsformen noch nicht vertraut sind.
- Ermuntern Sie die TN, das Audio- und Videotraining und die Handyfilme aktiv zu nutzen. Schnellere TN können diese Aufgaben mithilfe von Smartphone/Tablet und Kopfhörer auch nutzen, während andere TN noch Aufgaben aus Kurs- oder Arbeitsbuch lösen.
- Stellen Sie Mindestanforderungen, die von allen TN gelöst werden sollen. Besonders schnelle TN bekommen zusätzliche Aufgaben. Reduzieren Sie die Vorgaben und Hilfestellungen für lerngewohntere TN. Entfernen Sie z. B. Vorgaben oder Schüttelkästen in den Aufgaben.
- Binden Sie schnellere TN als Co-Lehrer mit ein: Wenn diese eine Aufgabe beendet haben, können sie die Lösung schon an die Tafel oder ans IWB schreiben.
- Stellen Sie die Gruppen nach Neigung oder Lerntypen zusammen. Haben Sie beispielsweise visuell orientierte TN, können Sie neue Grammatikstrukturen mit Beispielen und Farben an der Tafel oder dem IWB präsentieren. Kognitiv orientierte TN erhalten Tabellen, in denen sie neue Formen eintragen – für diese TN sind die selbstauszufüllenden Grammatiktabellen besonders gut geeignet.
- Lassen Sie bei unterschiedlich schwierigen Aufgaben die TN selbst wählen, welche sie lösen möchten und wie viel sie sich zutrauen. Damit vermeiden Sie eine feste Rollenzuweisung, denn ein TN kann sich einmal für die einfachere Aufgabe entscheiden, weil er sich selbst noch unsicher fühlt, ein anderes Mal aber für die schwierigere, weil er sich in diesem Fall schon sicher fühlt.
- Aufgaben zum Lesen: Nicht alle TN müssen alle Aufgaben lösen. Langsamere TN können sich auf die Aufgaben zum globalen Lesen konzentrieren oder nur weniger Absätze lesen und den restlichen Text als Hausaufgabe bearbeiten. Schnellere TN finden eine Reihe von weiteren Lesetexten auf den „Zwischendurch mal ...“-Seiten.
- Aufgaben zum Hören: Sie können die TN in Gruppen aufteilen: Jede Gruppe achtet beim Hören auf einen bestimmten Sprecher und beantwortet die entsprechenden Fragen.
- Aufgaben zum Sprechen: TN, die noch Hilfestellung benötigen, können bei Sprechaufgaben auf die

Redemittel auf den Kursbuchseiten und auf der Übersichtsseite zurückgreifen. Geübtere TN sollten das Buch schließen.
- Aufgaben zum Schreiben: Achten Sie auf die Vorlieben der TN. Nicht alle haben Freude am kreativen Erfinden von kurzen Texten. Bieten Sie auch Diktate an oder unterstützen Sie TN, die noch Schwierigkeiten beim Schreiben haben, indem Sie ihnen Beispieltexte mit Lücken zum Ausfüllen geben.
- Die Kopiervorlagen (S. 109ff.) sind mit * versehen. Diese verweisen auf den Schwierigkeitsgrad und unterstützen dabei die Möglichkeiten der Binnendifferenzierung. * bedeutet: unterstützt den Spracherwerb, ** bedeutet: leicht anspruchsvollere Aufgabe und *** bedeutet: anspruchvolle Aufgabe für lerngewohntere TN.

5.8 Wiederholung

Damit sprachliche Strukturen und Wörter gefestigt werden können, müssen sie immer wieder aktiviert werden. *Schritt für Schritt in Alltag und Beruf* setzt daher auf häufige Wiederholungssequenzen:
- Im Lehrwerkservice finden sich interaktive vertiefende und erweiternde Übungen zum selbstständigen Weiterüben. Sie sind mit den Selbsttests am Ende jeder Arbeitsbuchlektion verknüpft.
- Mit dem Audio- und dem Videotraining auf den Übersichtsseiten können die TN wichtige Wendungen aus der Lektion selbstständig üben.
- Im vorliegenden Lehrerhandbuch gibt es zu jeder Lektion eine Kopiervorlage zur Wiederholung.

Praktische Tipps
- regelmäßige Wortschatzwiederholung am Anfang jeder UE, z. B. durch spielerische Aktivitäten zum Einstieg (→ siehe „5.4 Wortschatzvermittlung" auf S. 12)
- Greifen Sie bereits bekannte Hör- und Lesetexte nochmals wiederholend auf und erstellen Sie kleine Wiederholungsübungen dazu (z. B. Lückentexte).
- Nutzen Sie die Wortfeld-Abbildungen auf den Lernwortschatz-Seiten zur Wortschatzwiederholung und -erweiterung. Kopieren Sie dazu die Abbildungen (z. B. ohne Artikel oder ohne Wörter) auf Folie, zeigen Sie sie am IWB und lassen Sie sie von den TN ergänzen.
- Wiederholen Sie Wortschatz, besonders Verben durch pantomimische Darstellung. Verteilen Sie dazu Wortkarten an die TN. Diese spielen das jeweilige Wort pantomimisch vor, die anderen raten.
- Die TN erstellen zu Beginn der Kursstunde kleine Plakate zu einem bestimmten Wortfeld der letzten Kursstunde. Achten Sie darauf, dass alle Nomen immer mit dem richtigen Artikel (und Genuspunkt) präsentiert werden. Lerngewohntere TN können in dieser Phase selbstständig mit dem Wörterbuch arbeiten und das Wortfeld um weitere Wörter ergänzen.
- Erstellen Sie zusammen mit den TN eine „Schatzkiste", indem Sie die TN in regelmäßigen Abständen bitten, die neuen Wörter auf Kärtchen zu schreiben und zu visualisieren. Die „Schatzkiste" kann dann bei Bedarf zur Binnendifferenzierung oder Wiederholung genutzt werden.

5.9 Lernstrategien/Lernerautonomie

Viele Lernende verfügen aufgrund ihrer Lernbiografie nicht über die Mittel, ihren Lernprozess eigenständig zu strukturieren und zu steuern. Deshalb gibt es in *Schritt für Schritt in Alltag und Beruf* dazu einige Hilfestellungen:
- Durch die Übungen im Arbeitsbuch lernen die TN in der praktischen Anwendung verschiedene Lerntechniken kennen (z. B. selbstauszufüllende Grammatik-Kästen).
- Auf den Übersichtsseiten „Grammatik" und „Kommunikation" und auf den „Lernwortschatzseiten" finden die TN kleine Tipps zu verschiedenen Lerntechniken.

Merke:
Ich heiße ~~Frau~~ Baumann.
Mein Name ist ~~Frau~~ Baumann.

TIPP
Lernen Sie Fragen und Antworten immer zusammen.

- Auf den Übersichtsseiten „Grammatik" und „Kommunikation" finden Sie die Lernziele der jeweiligen Lektion. (→ siehe „3.4 Übersicht: ‚Grammatik' und ‚Kommunikation'" und „5.12 Arbeit mit den Übersichtsseiten ‚Grammatik' und ‚Kommunikation'" auf S. 8 und 16).

Praktische Tipps
- Verweisen Sie regelmäßig auf die Lerntipps auf den Übersichtsseiten „Grammatik" und „Kommunikation" und den Lernwortschatzseiten.
- Achten Sie darauf, dass die TN die Lerntipps ausprobieren, und tauschen Sie sich darüber im Unterricht aus, z. B. indem Sie Kärtchen mit Smileys an Ihre TN verteilen, damit sie die Lerntipps bewerten, und erstellen Sie ein Plakat mit den hilfreichsten Tipps für Ihren Kurs.
- Nehmen Sie sich eine feste Zeit in der Unterrichtswoche vor, in der sich die TN mit dem Thema Sprachenlernen beschäftigen.

5.10 Landeskunde

Die Vermittlung von Landeskunde ist für Migrantinnen und Migranten, die den Alltag in Deutschland meistern wollen und müssen, besonders wichtig. In *Schritt für Schritt in Alltag und Beruf* werden landeskundliche Inhalte gezielt angeboten:
- durch die Foto-Hörgeschichte, die den deutschen Alltag authentisch abbildet und dabei implizit landeskundliches Wissen vermittelt sowie interkulturelle Diskussionsanlässe bietet
- durch die Handyfilme zu den Foto-Hörgeschichten, die ebenfalls den Alltag in Deutschland zeigen
- durch landeskundlich relevante Lese- und Hörtexte auf den D- und E-Seiten sowie auf den „Zwischendurch mal …"-Seiten
- durch Projekt-Vorschläge auf den „Zwischendurch mal …"-Seiten, die die TN anregen, sich mit ihrem Wohnort, ihrem unmittelbaren Umfeld und ihrem Alltag zu beschäftigen

Landeskundliche Informationen, über die die TN nach dem Rahmencurriculum für Integrationskurse verfügen sollten und die für das Leben in Deutschland wichtig sind, finden Sie in diesem Lehrerhandbuch.

Praktische Tipps
- Führen Sie mit Ihren TN ein Kurs-Tagebuch, in dem sie wichtige landeskundliche Informationen, Ergebnisse von Projektarbeit etc. dokumentieren.

- Regen Sie an, dass die TN Dinge und Gewohnheiten, die ihnen im deutschen Alltag auffallen, im Kurs thematisieren.
- Ermuntern Sie die TN, Gegenstände, Dokumente etc. aus ihrem Lebens- und Berufsalltag in den Unterricht mitzubringen.
- Lassen Sie die TN landeskundliche Informationen mit ihren Heimatländern vergleichen.

5.11 Phonetik

Häufig erwerben Lernende gute Kenntnisse in Wortschatz und Grammatik. Damit haben sie einen wichtigen Schritt für die Kommunikation mit Muttersprachlern der Zielsprache gemacht. Aber selbst wenn die Wörter von ihrer Semantik her richtig verwendet werden, kann es durch eine falsche Aussprache oder Betonung zu Missverständnissen bis hin zum völligen Scheitern der Kommunikation kommen. Deshalb wird in *Schritt für Schritt in Alltag und Beruf* von Anfang an Wert auf eine gründliche Ausspracheschulung gelegt:
In *Schritt für Schritt in Alltag und Beruf 2* stehen neben der Schulung einzelner Laute und Lautkombinationen auch Wortakzent, Satzakzent und Satzmelodie im Vordergrund. Bei der Lautartikulation wird der Schwerpunkt auf schwierige Konsonanten gelegt.
Die Ausspracheschulung in *Schritt für Schritt in Alltag und Beruf* hält sich an folgende Prinzipien:

- Sie erfolgt in einem Wechselspiel aus imitativem und kognitivem Lernen, z. B. durch Hören, Erkennen und Nachsprechen oder Hören, Erkennen und Markieren oder Hören und Nachsprechen.
- Die Laute werden zunächst im Wort und darauf aufbauend im ganzen Satz geübt.
- Die Beispiele ergeben sich aus der Lektion. Dadurch steht die Phonetik in einem für die TN relevanten und nachvollziehbaren Kontext. Zudem ergibt es wenig Sinn, Wörter nachzusprechen, die man nicht versteht.

Praktische Tipps

- Regen Sie die TN dazu an, phonetische Phänomene zunächst zu übertreiben, um die Lautbildung/Betonung zu üben und dadurch sicherer zu werden.
- Einzelne Sätze und Sequenzen aus der Foto-Hörgeschichte eignen sich sehr gut, um gesprochene Sprache zu hören und zu üben, z. B. wenn emotionale Ausdrücke und Aussagen dabei sind.
- Lassen Sie die TN Wortschatz zu einem bestimmten Laut sammeln und anschließend nach Schreibweise ordnen.
- Die TN oder Sie können aus Wörtern zu einem bestimmten Phänomen auch kleine Texte schreiben, in denen möglichst viele Laute einer bestimmten Sorte vorkommen, z. B. „Ist Iris im Iran?" – „Ich bin nicht sicher." / „Wo? Rot?" – „Da! Das Fahrrad!"
- Sprechen Sie mit den TN Wörter/Sätze laut, leise, geflüstert, gebrummt etc. Variieren Sie in der Stimmung und lassen Sie die TN mit ihrer Stimme spielen.

5.12 Arbeit mit den Übersichtsseiten *Grammatik* und *Kommunikation*

Die Übersichten über den Grammatikstoff und die wichtigen Wendungen der Lektion dienen den Lernenden zur Wiederholung direkt im Anschluss an die Lektion oder auch später.

Bei den Grammatik-Kästen sind jeweils Verweise zu den entsprechenden Abschnitten der *Schritte Neu Grammatik* zu finden. Hier können die Lerner den Grammatikstoff weiterführend nachschlagen und trainieren (→ siehe „3.4 Übersicht: ‚Grammatik' und ‚Kommunikation'" auf S. 8).

Aufgaben / Tipps / Visualisierungen
Zu den einzelnen Grammatikphänomenen und den systematisch gruppierten Wendungen werden über die Übersicht hinaus am rechten Rand die folgenden Möglichkeiten angeboten:

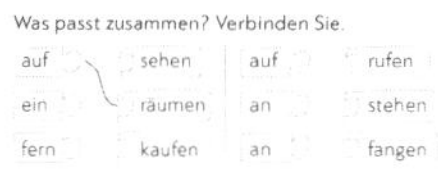

In kleinen freien Aufgaben wenden die Lernenden den Lernstoff noch einmal an – meist in Bezug auf ihre eigene Lebenswelt.

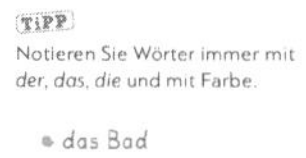

Tipps zu Lernstrategien unterstützen den Lernprozess.

Visualisierungen helfen beim Memorieren der neuen Strukturen.

Kleine Suchaufgaben oder Rätsel wiederholen den gelernten Stoff spielerisch.

Illustrationen von Situationen verdeutlichen den Kontext des Gelernten.

Praktische Tipps

- Erstellen Sie Lückentexte aus den Übersichten. Die TN ergänzen die Lücken in Partnerarbeit und vergleichen anschließend mit dem Buch.
- Die TN ergänzen die Grammatikübersichten um eigene Beispiele.
- Verweisen Sie im Unterricht immer wieder auf diese Seiten, damit sich Ihre TN an den Umgang mit den Übersichten gewöhnen. Tipps zur Einbindung der Übersichten in den Unterrichtsablauf finden Sie auch hier in diesem Lehrerhandbuch.
- Aufgaben: Diese Aufgaben können zur Wiederholung im Unterricht bearbeitet werden, als Hausaufgabe gegeben werden oder zur Binnendifferenzierung genutzt werden.
- Tipps: Lesen Sie die Tipps – wenn möglich – gemeinsam mit Ihren TN und lassen Sie sie – wenn möglich – auch direkt praktisch anwenden.
- Lassen Sie die TN aus den Übersichten Plakate erstellen, die im Kursraum aufgehängt werden und so immer einen schnellen „Zugriff" zum neuen Stoff bieten.
- Achten Sie darauf, dass Sie die Grammatikübersichten aktiv in den Unterricht einbinden, damit die TN die

Scheu vor diesen verlieren und lernen, sie als Hilfsmittel zu nutzen.

- Erläutern Sie den TN, dass diese Übersichten die wichtigen Strukturen zeigen, die zum Gebrauch der Sprache wichtig sind und kein Selbstzweck.

Audiotraining und Videotraining

Die Automatisierung spielt im Sprachlernprozess eine wichtige Rolle. Deshalb bietet *Schritt für Schritt in Alltag und Beruf* ein umfassendes Programm zum Einschleifen der wichtigsten Strukturen und Redemittel an (→ siehe „5.5 Automatisierung“ auf S. 13).

Dieses Angebot können die TN zum selbstständigen Üben und Festigen von Strukturen und wichtigen Wendungen nutzen. Sie können die Übungen zum Audio- und Videotraining anfangs in den Unterricht integrieren, um Ihre TN mit diesen Übungsformen vertraut zu machen und die selbstständige Beschäftigung mit diesem Zusatzangebot anzuregen.
In den Unterrichtsplänen finden Sie Hinweise dazu, wie Sie diese Lerneinheiten konkret im Unterricht nutzen können.

Audiotraining

Zu jeder Lektion gibt es drei Übungen, die die wichtigen Wendungen und Strategien in kleinen Sätzen/Gesprächen aufgreifen. Die Übungen sind selbsterklärend und ausschließlich über die Informationen in den Audios zu lösen. Jede Aufgabe beginnt mit einem Beispiel, das die Aufgabenstellung transparent macht. Das Trainingsprogramm besteht aus Übungen zum Nachsprechen und Variieren der gelernten Wendungen nach einfachem Muster. Mithilfe dieses Trainings schleifen die Lernenden diese noch einmal ein und automatisieren so ihre Verwendung.

Praktische Tipps

- Weisen Sie Ihre TN auf diese Trainingsmöglichkeit und das Potenzial der Automatisierungsübungen hin. Spielen Sie zwei oder drei Sequenzen im Unterricht vor und zeigen Sie, wie Ihre TN selbstständig mit diesen Aufgaben arbeiten können.
- Spielen Sie das Audiotraining im Unterricht vor, die TN laufen im Kursraum herum und sprechen die Aufgaben mit.
- Spielen Sie das Audiotraining im Kurs vor und lassen Sie die TN die Lösungen im Chor sprechen.
- Die TN nutzen das Audiotraining der vorhergehenden Lektionen zur Wiederholung und Festigung.

Videotraining

Zu jeder Lektion gibt es eine Filmsequenz, die in zwei Teile geteilt ist:
Im ersten Teil sehen die Lernenden eine kleine Szene (gespielt von den Hauptdarstellern der Foto-Hörgeschichte), in der wichtige Wendungen der Lektion aufgegriffen werden. Im zweiten Teil werden die Lernenden direkt angesprochen und müssen Aufgaben zum Lernstoff lösen.
Die TN können das Videotraining selbstständig zur Wiederholung und Festigung nutzen. Sie sollten jedoch zu Beginn des Kurses einige dieser Videotrainings mit den TN zusammen ansehen und die TN zum Mitmachen auffordern, damit sie das Prinzip kennenlernen und es später selbstständig nach Bedarf nutzen können.

Praktische Tipps

Zeigen Sie die Filme im Unterricht als motivierenden Abschluss der Lektion und arbeiten Sie damit im Kurs. Hier gibt es mehrere Möglichkeiten:

- Zeigen Sie die kleinen Szenen und lassen Sie sie von den TN in kleinen Rollenspielen oder pantomimisch nachspielen.
- Zeigen Sie die Mitmachszenen und lassen Sie Ihren Kurs im „Chor“ mitmachen.
- Sollten Ihre TN im Unterricht genügend Smartphones oder Tablets zur Verfügung haben, können sie die Filme auch in Partner- oder Gruppenarbeit ansehen, mitsprechen und nachspielen.
- Die TN nutzen die Filmvorlage für entsprechende eigene kleine Handyfilme. Anschließend zeigen die TN ihre Filme im Kurs oder stellen sie auf die Lernplattform.
- Sollten Sie keine Möglichkeit haben, Filme im Unterricht zu zeigen, weisen Sie Ihre TN auf jeden Fall auf das Symbol zum Videotraining hin. Die TN können die Filme dann eigenständig ansehen und haben damit eine motivierende Möglichkeit, den Lernstoff zu wiederholen (→ siehe „2.3 Medienüberblick“ auf S. 5).

5.13 Arbeit mit den Seiten *Zwischendurch mal …*

Die Einheiten auf diesen Seiten können Sie während der Arbeit mit den einzelnen Lernschritten der Lektion benutzen. In den Unterrichtsplänen finden Sie Verweise auf eine optimale Verknüpfung des Lernstoffs mit den Aufgaben auf diesen Seiten. Sie können diese Einheiten aber auch zur Wiederholung und Festigung des Stoffs im Anschluss an die Lektion bearbeiten. Sie sind fakultativ und spiegeln den Stoff der Lektion – oft in spielerischer Form.
Die Aufgaben können teilweise auch in Selbstarbeit bearbeitet und gelöst werden. Damit sind sie sehr gut zur Binnendifferenzierung geeignet (→ siehe „5.7 Binnendifferenzierung“ auf S. 14).
Auf diesen Seiten finden Sie folgende Rubriken, die komplett unabhängig voneinander als eigenständige Zusatzaufgaben einsetzbar sind:

PROJEKT Hier wenden die TN den Stoff noch einmal praktisch und frei an, und zwar in Teamarbeit. Die Projekte fördern auch soziale Kompetenzen, den Umgang mit Informationsmedien und das selbstständige Handeln.

FILM Zu vielen Lektionen gibt es landeskundlich interessante Filmsequenzen, die das Thema der Lektion unter einem neuen Blickwinkel aufgreifen. Die Aufgaben dazu schulen das Hör-Sehverstehen. Zusätzlich zu den Aufgaben auf den „Zwischendurch mal …“-Seiten finden Sie in diesem Lehrerhandbuch noch Kopiervorlagen mit weiteren Didaktisierungsvorschlägen zu den Filmen (→ siehe „2.3 Medienüberblick“ auf S. 5).

LESEN Ergänzende, landeskundlich interessante Lesetexte vertiefen und erweitern den Stoff und schulen das globale Leseverstehen.

HÖREN Ergänzende Hörtexte vertiefen und erweitern den Stoff und schulen das globale Hörverstehen.

SCHREIBEN Zusätzliche authentische und kreative Schreibanlässe bieten die Möglichkeit zum gezielten Schreibtraining.

LANDESKUNDE Interessante landeskundliche Zusatzinformationen und Themen schärfen den Blick für die deutschsprachige Lebenswelt der TN und bieten Anlass zum interkulturellen Vergleich.

SPIEL/RÄTSEL/COMIC Das spielerische Wiederholen des Lernstoffs soll die TN motivieren und ist besonders gut nach längeren, kognitiv orientierten Unterrichtsphasen einsetzbar.

LIED Beim Einsatz von Musik im Unterricht haben Sie vielfältige Möglichkeiten, Ihre Lernenden durch die Kombination von Text und Rhythmus anzuregen. Auch der Einsatz von Bewegung in Form von Pantomime oder Tanz trägt in vielen Lerngruppen zur zusätzlichen Motivation bei.

Praktische Tipps

PROJEKT

- Bereiten Sie die Projekte immer sprachlich so weit wie nötig vor. Wiederholen Sie erforderliche Redemittel. Das gibt den TN Sicherheit bei der Durchführung der Projekte.
- Sie können die Projekte als Hausaufgaben aufgeben, die einzeln oder im Team gelöst werden sollen. Wenn Sie genug Unterrichtszeit zur Verfügung haben, können Sie die Projekte auch für selbstständige Gruppenarbeitsphasen nutzen.
- Wichtig ist, dass die Ergebnisse der Projekte im Kurs präsentiert und/oder auf die Lernplattform gestellt werden.

FILM

- Nutzen Sie die Fotos und die Überschriften im Buch, um Erwartungen an die Filme zu wecken.
- Stellen Sie W-Fragen (wer – was – wann – wo – wie – warum) zum Film.
- Lassen Sie den Film zunächst ohne Ton laufen und ermuntern Sie die TN, Hypothesen zum Gesehenen aufzustellen.
- Lassen Sie nur die Tonspur ablaufen und lassen Sie die TN Hypothesen zum Gehörten aufstellen.
- Zeigen Sie ausgewählte Standfotos aus den Filmen und lassen Sie die TN beschreiben, was gerade passiert oder was sie sehen.
- Stoppen Sie den Film nach kurzer Zeit. Die TN äußern Vermutungen, was weiter passiert.
- Lassen Sie die TN Szenen aus dem Film nachspielen.

LESEN/HÖREN/LANDESKUNDE

- Nutzen Sie Bilder und Überschriften, um Erwartungen an den Text zu wecken und das Vorwissen der TN zu aktivieren.
- Die TN können auch eigene Aufgaben füreinander erstellen, z. B. Richtig-Falsch-Aufgaben, Fragen zum Text, Lückentexte etc.
- Wortschatzarbeit: Die TN suchen wichtige Wörter aus dem Text und sortieren sie nach Wortfeldern.
- Die TN stellen anhand der Informationen im Text interkulturelle Vergleiche an. Das kann paarweise, in Gruppenarbeit oder im Plenum geschehen.

COMIC

- Schneiden Sie die einzelnen Bilder des Comics aus, die TN setzen den Comic wieder richtig zusammen.
- Entfernen Sie Teile oder auch komplette Texte aus den Sprechblasen, die die TN dann zuordnen oder auch komplett neu schreiben. Damit können Sie entweder Leseerwartungen wecken oder die TN zu weiteren eigenen Variationen anregen.

LIED

- Arbeiten Sie mit dem ersten, ganzheitlichen Höreindruck (Melodie/Gesang), indem Sie das Lied als Ganzes vorspielen. Fragen Sie dann, wie die TN das Lied finden bzw. worum es gehen könnte.
- Nutzen Sie Bilder und Überschriften, um Erwartungen an den Text zu wecken und das Vorwissen der TN zu aktivieren.
- Spielen Sie, wenn vorhanden, zunächst nur den Refrain vor und tragen Sie im Kurs zusammen, was die TN verstanden haben.
- Die TN hören das Lied und notieren, welche Wörter sie verstanden haben. Notieren Sie diese dann auf Zuruf an der Tafel und lassen Sie Vermutungen über den Liedinhalt anstellen.
- Schreiben Sie einige Schlüsselwörter auf Kärtchen, verteilen Sie sie im Kurs und bitten Sie die TN, sie hochzuhalten, wenn das Wort im Lied vorkommt. Alternativ können Sie die TN bitten, aufzustehen und sich nach den gehörten Worten chronologisch aufzustellen.
- Schreiben Sie den Text satzweise auf Papierstreifen und bitten Sie die TN, die Sätze während des Hörens in die richtige Reihenfolge zu legen.
- Abschließend können die TN das Lied oder den Refrain auch mitsingen. Dabei können verschiedene Zeilen oder Strophen im Kurs aufgeteilt werden.

Seite/Aufgabe	Material	Aufbau
9		Bevor Sie mit Lektion 8 beginnen, sollten Sie, je nach Ausgangssituation Ihres Kurses, diese Seite bearbeiten.
		Situation 1: Ihr Kurs läuft weiter und alle TN kennen *Schritt für Schritt in Alltag und Beruf 1* bereits.
	Kopien/Poster/ Slide-Shows der Foto-Hörgeschichten 1–7	Sie halten mit den TN eine kurze Rückschau: Die TN lesen die Texte zu den Protagonisten der Foto-Hörgeschichte und ergänzen, was sie sonst noch alles über sie wissen. Stellen Sie Fragen: „Wo lebt Laras Mutter?", „Hat Tim Geschwister?", „Sind Tims Eltern geschieden?" usw. Lassen Sie auch die Ereignisse in den Foto-Hörgeschichten in Schritt für *Schritt in Alltag und Beruf 1* Revue passieren, indem Sie fragen: „Was sind Pfannkuchen?", „Wo machen Lara und Tim gern zusammen Pause?", „Wie wohnt Lara?", „Wie ist Laras Tag?" u. ä. Als Gedankenstütze dienen die Foto-Hörgeschichten aus *Schritt für Schritt in Alltag und Beruf 1*. *Variante:* Wenn Sie wenig Zeit haben, können Sie auch direkt mit Lektion 8 beginnen.
		Situation 2: Ein neuer Kurs beginnt und einige TN haben schon mit *Schritt für Schritt in Alltag und Beruf 1* gelernt.
		1. Bitten Sie die TN, sich kurz im Plenum vorzustellen und ein Namensschild aufzustellen.
		2. Die TN lesen dann das Beispiel und die Redemittelhilfen für ein Partnerinterview und befragen sich zu zweit. Achten Sie darauf, dass möglichst TN zusammenarbeiten, die sich noch nicht kennen. Abschließend werden die Partner im Plenum vorgestellt.
		3. Teilen Sie den Kurs in „neue" und „alte" TN. Die „neuen" TN lesen die Texte im Buch und bekommen so einen ersten Eindruck von den Protagonisten der Foto-Hörgeschichte. Helfen Sie ggf. bei unbekannten Wörtern. Die „alten" TN versuchen gemeinsam, sich an die wichtigsten Informationen zu den Protagonisten zu erinnern, und machen sich Notizen. *Hinweis:* Es ist nicht notwendig, dass die TN Details sprachlich wiedergeben können. Es geht hier vielmehr darum, möglichst viele Informationen zu den Protagonisten zu sammeln. Gehen Sie herum und helfen Sie mit gezielten Fragen, wie zu *Situation 1* beschrieben.
		4. Die TN finden sich in Kleingruppen zusammen, die aus „neuen" und „alten" TN bestehen. Die TN, die die Foto-Hörgeschichten schon kennen, erzählen, soweit sprachlich möglich, was sie bereits über die Protagonisten wissen.
		Situation 3: Ein neuer Kurs beginnt und die TN kennen Schritt für *Schritt in Alltag und Beruf 1* alle noch nicht.
	Musik	1. Sie sollten den TN zunächst Gelegenheit zu einer Vorstellungsrunde und einem kleinen Partnerinterview geben. Sammeln Sie dazu mit den TN zusammen Fragen an der Tafel. Die TN bilden z. B. einen Innenkreis und einen Außenkreis. Zwei TN stehen sich also gegenüber. Spielen Sie Musik vor, die beiden Kreise laufen in jeweils entgegengesetzter Richtung, bis Sie die Musik stoppen. Die TN, die sich nun gegenüberstehen, stellen sich gegenseitig Fragen von der Tafel, bis die Musik wieder einsetzt. Dann gehen sie weiter, bis die Musik wieder stoppt etc.
		Tipp: Kennenlernspiele nehmen die erste Anspannung und sorgen für eine angenehme Lernatmosphäre.
		2. Die TN lesen die Texte im Buch. Stellen Sie sicher, dass die TN die Texte verstanden haben, und fragen Sie: „Wer ist Tim?", „Woher kommt er?", „Was macht Lara in München?", „Ist Tim ihr Bruder?", „Wer ist Lili?" etc. Deuten Sie dabei jeweils auf die Fotos. *Hinweis:* Erklären Sie Sofias Beruf „Physiotherapeutin": „Sie hilft Menschen, die sich nicht mehr gut bewegen können."

	Kopien/Poster/ Slide-Shows der Foto-Hörgeschichten 1–7	3. *fakultativ:* Nutzen Sie die erste Unterrichtsstunde für eine Einstimmung auf das gemeinsame Lernen und spielen Sie den TN je nach Zeit einige oder alle Foto-Hörgeschichten aus *Schritt für Schritt in Alltag und Beruf 1* vor. Zeigen Sie dabei jeweils die Fotos auf Folie oder am IWB (interaktives Whiteboard). *Hinweis:* Dies ist nicht nur ein „gemütlicher" Einstieg in den Kurs. Vielmehr können die TN, die alle bereits etwas Deutsch gelernt haben, ihre Kenntnisse aktivieren. Die TN können Fragen stellen, wenn sie etwas nicht verstanden haben. Es ist gegebenenfalls auch eine gute Möglichkeit, den Wortschatz und die Strukturen, die in Schritt für *Schritt in Alltag und Beruf 2* vorausgesetzt werden, aufzugreifen. Sie können dabei leicht feststellen, wo eventuell Wiederholungsbedarf besteht.

Wortfelder: Beruf und Arbeit
Grammatik: Wortbildung Nomen: *der Arzt → die Ärztin, der Hausmann → die Hausfrau;* lokale Präposition *bei: Ich arbeite bei ...;* modale Präposition *als: Ich arbeite als ...;* temporale Präpositionen *vor, seit, für: vor einem Jahr;* Präteritum *sein, haben: war, hatte*

BERUF UND ARBEIT

Folge 8: Total fotogen

Seite/Aufgabe	Material	Aufbau
10		**Vor dem ersten Hören: Vermutungen über die Inhalte der Foto-Hörgeschichte äußern**
	Folie/IWB	1. Die Bücher sind geschlossen. Zeigen Sie Foto 6 auf Folie oder auf dem IWB (interaktives Whiteboard) und fragen Sie: „Wo sind die Personen?", „Wer sind die Personen?" etc. Die TN stellen Vermutungen an. Sammeln Sie neuen Wortschatz wie „Krankenhaus", „Arzt", „Praxis", „Patient" etc. mit bestimmtem Artikel an der Tafel.
	Folie/IWB	2. Die TN öffnen die Bücher und sehen sich nun die anderen Bilder an. Klären Sie, wenn nötig, noch einmal anhand von Foto 3 und 4, wer Lara, Tim und Sofia sind und was diese Personen beruflich machen. Die TN können dazu die Texte auf Seite 9 zu Hilfe nehmen. Das erleichtert den TN, die neu im Kurs sind, das Verständnis der Foto-Hörgeschichte.
10/1		3. Die TN lesen die Aufgabe und sprechen zu zweit über die Fragen und kreuzen an. Die Zeichnungen helfen den TN beim Erschließen des neuen Wortschatzes. *Binnendifferenzierung:* Geübtere TN lösen die Aufgabe allein in Einzelarbeit. Gehen Sie herum und helfen Sie vor allem den neuen TN bei Schwierigkeiten.
		Tipp: Indem die TN Hypothesen bilden, wird der Text vorentlastet, d. h. er wird zum einen situativ eingebettet, zum anderen erarbeiten sich die TN auf diese Weise die sprachlichen Voraussetzungen, die sie später zum Textverständnis benötigen. Jeder TN kann so sein Vorwissen individuell einbringen, die TN lernen von- und miteinander und erweitern bzw. festigen so ihren Wortschatz.
10/2		**Beim ersten Hören: Die wesentlichen Inhalte verstehen**
	CD 3/1–8, Folie/IWB	Die TN hören die Foto-Hörgeschichte, bei Bedarf auch mehrmals, und vergleichen mit ihren Lösungen. Abschlusskontrolle im Plenum. *Lösung:* a in Sofias Praxis, b ein Interview für den Deutschkurs, c Ausbildung und Beruf, d Sofias Patient, e Hausmeister
11/3		**Beim zweiten Hören: Informationen im Detail verstehen**
	Folie/IWB	1. Deuten Sie auf die Wörter und fragen Sie: „Was passt?" Ein TN liest Beispiel a vor und ergänzt den Satz. Die TN lesen dann die anderen Sätze in Einzelarbeit und ordnen zu. *Binnendifferenzierung:* Geübtere TN lösen die Aufgabe in Einzelarbeit. Ungeübtere TN arbeiten zu zweit. *Hinweis:* Gehen Sie hier noch nicht auf unbekannte Wörter ein. Die TN erschließen sich den neuen Wortschatz im Kontext selbst. Zum Abschluss der Aufgabe können Sie die neuen Wörter, z. B. „von Beruf", „eigene Praxis" und „fotogen", noch einmal anhand von weiteren Beispielen erklären.
	CD 3/1–8, Folie/IWB „Laras Film", Lektion 8	2. Die TN hören die Foto-Hörgeschichte noch einmal und vergleichen mit ihren Lösungen. Abschlusskontrolle im Plenum. *Lösung:* a Beruf, b Hausmeister, d Praxis, e Chef, f Patient, g 35, h Journalisten *Hinweis:* Hier können Sie zur Erweiterung der Aktivitäten auch „Laras Film" einsetzen. Fragen Sie die TN vor dem Sehen: „Seit wann arbeitet Eda Erden in der Physiopraxis Baumann? Was hat sie vorher gemacht?" Die TN sehen sich „Laras Film" an und machen Notizen. Zeigen Sie den Film bei Bedarf mehrmals. Sammeln Sie anschließend alle Informationen zu Eda Erden an der Tafel.

	KV L8/FHG	3. *fakultativ:* Die Bücher sind geschlossen. Verteilen Sie die Kärtchen von der Kopiervorlage, sodass jeder TN mindestens eine Wort- oder Bildkarte erhält. Schreiben Sie: „Was sind Sie von Beruf?“ an die Tafel und bitten Sie einen TN, die Frage vorzulesen. Deuten Sie auf sich und sagen Sie: „Ich bin Lehrer/in von Beruf.“ Schreiben Sie die Antwort ebenfalls an die Tafel. Die TN gehen im Kursraum herum und suchen die Partnerin / den Partner mit der jeweils passenden Karte. Gemeinsam hängen die Partner ihr Kartenpaar im Kursraum auf. Besprechen Sie kurz die Zuordnungen und korrigieren Sie ggf. Zur Festigung können Sie eine zweite Runde spielen lassen. *Hinweis:* Alle abgebildeten Berufe stammen aus *Schritt für Schritt in Alltag und Beruf 1*, aus der Foto-Hörgeschichte dieser Lektion oder sind den TN aus ihrem Alltag i. d. R. bekannt, sodass die Aufgabe für „alte“ TN eine Wiederholung bzw. Bewusstmachung der Berufsbezeichnungen, für „neue“ TN eventuell eine Erweiterung des Wortschatzes darstellt. Gehen Sie an dieser Stelle noch nicht auf die maskuline bzw. feminine Form der Berufsbezeichnungen ein. Diese lernen die TN in Lernschritt A kennen.
		Tipp: In Inlandskursen können Sie darauf zurückgreifen, dass viele TN schon einige Zeit im deutschsprachigen Raum leben und bereits erworbenes Wissen mitbringen. Versuchen Sie so oft wie möglich, dieses Vorwissen zu aktivieren. Die TN können sich so gegenseitig etwas beibringen und einander helfen. Ziehen Sie Nutzen aus dem vorhandenen Wissen der TN. Antworten Sie z. B. bei der Frage nach einer Wortbedeutung nicht sofort selbst, sondern geben Sie die Frage an das Plenum weiter. Vielleicht kann ein TN das Wort erklären. Verfahren Sie ebenso bei der gemeinsamen Fehlerkontrolle: Geben Sie erst anderen TN die Möglichkeit, einen Fehler zu korrigieren, bevor Sie selbst korrigieren.
	„Laras Film“ Lektion 8	In „Laras Film“ berichtet die Praxishelferin Eda Erden von sich, ihrer Familie, ihrem Ausbildungsweg und ihrer Arbeit in Sofias Praxis. Sie können den Film am Ende der Foto-Hörgeschichte zur Erweiterung der Aktivitäten oder nach B4 zur Variation des Themas „Arbeit und Ausbildung“ und zur Festigung der modalen Präposition „als“ einsetzen.

SCHRITT A: ICH BIN PHYSIOTHERAPEUTIN.

Wortbildung bei Nomen: maskuline/feminine Berufsbezeichnungen; lokale Präposition *bei*; modale Präposition *als*

Lernziel: Die TN können Berufe nennen und erfragen.

Seite/Aufgabe	Material	Aufbau
12/A1		**Präsentation des Wortfelds „Berufsbezeichnungen“ und der Präpositionen *als* und *bei***
	Folie/IWB	1. Deuten Sie auf die Fotos und fragen Sie: „Wer ist was von Beruf?“ Die TN sehen sich die Fotos an und ordnen zu. Abschlusskontrolle im Plenum. *Lösung:* A Physiotherapeutin, B Arzthelferin, C Hausmeister
	Folie/IWB	2. Deuten Sie auf Bild A und fragen Sie: „Was ist Sofia von Beruf?“. Warten Sie die Antworten der TN ab und schreiben Sie die Frage-Antwort-Paare an die Tafel. Verdeutlichen Sie, dass man im mündlichen Sprachgebrauch sowohl mit „Sie ist ... von Beruf.“ als auch mit „Sie ist ... .“ antworten kann.
	Folie/IWB	3. Deuten Sie dann auf Bild C und fragen Sie: „Was ist Herr Koch von Beruf?“ Notieren Sie „Er ist Hausmeister (von Beruf).“ und „Er arbeitet als Hausmeister bei ‚TerraMax Immobilien‘.“ Wenn man angeben möchte, bei welcher Firma man angestellt ist, verwendet man die Formulierung mit „bei“. Verweisen Sie an dieser Stelle auch auf den Grammatik-Kasten und die Grammatikübersicht 2 (Kursbuch, S. 18) und die nebenstehende kleine Schreibaufgabe. *Hinweis:* Hier passt das Audiotraining 1.

12/A2		**Systematisierung: Feminine und maskuline Berufsbezeichnungen**
a	Folie/IWB	1. Deuten Sie auf Bild A und fragen Sie: „Was ist sie von Beruf?" Die TN nennen die Berufsbezeichnung und sehen sich das Beispiel „der Arzt" und „die Ärztin" in der Tabelle an. Verdeutlichen Sie noch einmal, dass es sich auf dem Foto um eine Frau handelt und man deshalb nicht „Arzt", sondern „Ärztin" sagt.
	Folie/IWB	2. Die TN sehen sich die anderen Fotos an und ergänzen in Einzelarbeit in der Tabelle jeweils die maskuline bzw. feminine Form der Berufsbezeichnung. Abschlusskontrolle im Plenum. *Lösung:* männlich: B Mechatroniker, E Krankenpfleger, weiblich: A Ärztin, D Polizistin, C Hausfrau
	Folie/IWB	3. Fragen Sie, welche Endung die Berufsbezeichnung für eine Frau meistens hat. Warten Sie die Antwort der TN ab und markieren Sie die Endung „-in". Fordern Sie die TN auf, die Endungen in ihrem Buch ebenfalls zu markieren. Machen Sie deutlich, dass es sich bei „Hausfrau/Hausmann" um Sonderformen handelt. Verweisen Sie auch auf die Grammatikübersicht 1 und auf die nebenstehende kleine Übung zu den Berufsbezeichnungen (Kursbuch, S. 18). *Lösung:* Arzt, Ärztin
	KV L8/FHG, Kärtchen	4. *fakultativ:* An dieser Stelle können Sie die KV L8/FHG noch einmal verwenden. Die TN ordnen, wie in der Tabelle im Buch, die Karten nach maskulinen und femininen Berufsbezeichnungen und ergänzen die jeweils fehlende Bezeichnung.
b		5. Die TN machen zu zweit analog zur Tabelle eine Liste mit mindestens fünf weiteren Berufsbezeichnungen. Dabei können sie ihr Vorwissen einbringen und die Regel zur Bildung maskuliner bzw. femininer Berufsbezeichnungen anwenden. Bei Bedarf können lerngewohntere TN auch im Wörterbuch nachschlagen. Abschlusskontrolle im Plenum. *Hinweis:* Zur Vertiefung des Themas „Arbeit und Beruf" können Sie hier mit dem Film „Heidis Lieblingsladen" aus „Zwischendurch mal ..." (Kursbuch, S. 20) arbeiten, in dem es um den Arbeitsalltag des Gemüsehändlers Kenan Cinar geht. Wenn sich Ihre TN für das Thema „Kindererziehung/Kinderbetreuung in Deutschland" interessieren, können Sie an dieser Stelle auch mit dem Lesetext „Liebe plus Zeit – von Beruf Erzieherin" aus „Zwischendurch mal ..." (Kursbuch, S. 21) arbeiten. Hier geht es um das Berufsbild „Erzieher/in".
		Tipp: Fordern Sie Ihre TN auf, die bestimmten Artikel immer gleich dazuzuschreiben, auch wenn das Genus bei Berufsbezeichnungen oft an der Endung erkennbar ist.
		6. Die TN fragen sich in einer Kettenübung nach ihrem Beruf. Helfen Sie den TN ggf., die richtige Bezeichnung für ihren Beruf zu finden. Führen Sie dabei ggf. „selbstständig", „angestellt" und „arbeitslos" ein. Hilfe finden die TN auch in der Rubrik „Über den Beruf sprechen: Was sind Sie von Beruf?" auf der Kommunikationsseite (Kursbuch, S. 19). Die kleine Übung rechts eignet sich als Schreibübung nach der Kettenübung oder als Hausaufgabe.
		Tipp: Benutzen Sie bei solchen Übungen auch mal die *Sie*-Form, damit die TN sich nicht zu sehr an das *Du* gewöhnen. Im Allgemeinen wird das Duzen Fremder als unhöflich empfunden.
	Zettel	7. *fakultativ:* Um die beiden neuen Strukturen einzuüben, bereiten Sie zu Hause kleine Zettel mit Namen allgemein bekannter Firmen bzw. mit Firmen aus ihrer Gegend / Geschäften in ihrer Gegend vor. Sie brauchen für jeden TN einen Zettel. Im Kurs schreibt jeder TN einen Beruf auf einen Zettel und erhält von Ihnen eine „Firma" dazu. Die TN gehen herum und fragen sich gegenseitig: „Was bist du von Beruf?" Die TN antworten entsprechend den Informationen auf ihren Zetteln: „Ich bin Mechatroniker von Beruf. Ich arbeite bei Ford." Dann tauschen die TN einen Zettel und suchen sich einen anderen TN.
	AB 1–2	Die TN machen die Übungen in Einzelarbeit im Kurs oder als Hausaufgabe.
12/A3		**Aktivität im Kurs: Beruferaten**
	Plakate, Filzstifte	1. Teilen Sie den Kurs in zwei Gruppen. Jede Gruppe erhält ein Plakat und einen Filzstift. Hängen Sie die Plakate so auf, dass die Gruppen sie gegenseitig nicht einsehen können. Beide Gruppen sammeln nun in einer vorgegebenen Zeit, z. B. fünf Minuten, so viele Berufe, wie sie können.

		2. Eine Gruppe liest ihre Berufe vor. Berufe, die beide Gruppen haben, werden unterstrichen. Anschließend liest die zweite Gruppe ihre nicht unterstrichenen Berufe ebenfalls vor. Stellen Sie dabei sicher, dass alle die Berufe kennen.
		3. Bitten Sie einen TN, einen Beruf von den Plakaten auszuwählen und ihn pantomimisch darzustellen. Die anderen TN raten. Dann wählt ein anderer TN einen Beruf etc. *Hinweis:* An dieser Stelle passt das Videotraining 1.
	AB 3–4	Die TN machen die Übungen in Einzelarbeit im Kurs oder als Hausaufgabe.
		Tipp: Denken Sie daran, dass das Lehrwerk nur die Rahmenbedingungen für Ihren Kurs schaffen kann, die an die Gegebenheiten und Bedürfnisse der TN angepasst werden müssen. Wichtig ist, dass die TN den Bezug zu sich und ihrer Lebenswelt sehen und über ein Thema in dem Maße sprechen dürfen, wie es ihnen wichtig ist. Wenn möglich, sollten alle Berufe der Teilnehmer berücksichtigt werden.

SCHRITT B: WANN HAST DU DIE AUSBILDUNG GEMACHT?

Temporale Präpositionen *vor, seit*

Lernziel: Die TN können berufliche Informationen über Vergangenheit und Gegenwart austauschen.

Seite/Aufgabe	Material	Aufbau
13/B1		**Präsentation der temporalen Präpositionen *vor* und *seit***
a	Folie/IWB	1. Deuten Sie auf das Bild und fragen Sie: „Wo sind Sofia und Lara?“, „Was machen sie?“, „Was fragt Lara?“ etc. Die TN stellen Vermutungen an.
	CD 3/9	2. Die TN lesen die Aufgabe, hören das Gespräch und lesen mit. Die TN hören bei Bedarf zweimal. Klären Sie, wenn nötig, unbekannten Wortschatz. Erklären Sie vor allen Dingen, dass es in Deutschland üblich ist, eine Ausbildung zu machen, d. h. man lernt einen Beruf i. d. R. drei Jahre abwechselnd in einem Betrieb und in der Berufsschule. Am Ende macht man eine Prüfung und bekommt ein Zeugnis.
		3. Die TN lesen mit ihrer Partnerin / ihrem Partner das Gespräch mit verteilten Rollen, anschließend wechseln sie die Rollen.
b		4. Die TN ergänzen die Antworten. Abschlusskontrolle im Plenum. *Lösung:* (von oben nach unten) Vor, Seit
		5. Greifen Sie die Grammatik aus b nun noch einmal an der Tafel auf. Gehen Sie dabei in folgenden Schritten vor. Schreiben Sie an die Tafel: Wann hast du die Ausbildung gemacht? ——x————————x——→ Vor zehn Jahren. jetzt/heute Erklären Sie anhand des Tafelbilds, dass man mit „Wann?“ nach einem Zeitpunkt fragt und mit „vor“ einen Zeitpunkt in der Vergangenheit angibt. Zur Verdeutlichung können Sie auch mit Jahreszahlen arbeiten. Fragen Sie einige TN: „Wann sind Sie / bist du nach Deutschland gekommen?“ Die TN antworten mit „Vor …“. *Hinweis:* Zur Antwort benötigen die TN den Dativ, der aber an dieser Stelle noch nicht systematisch eingeführt wird. Sie lernen die Antwort hier als feste Verbindung von Präposition und verschiedenen Zeitangaben.

<table>
<tr><td></td><td></td><td>6. Fahren Sie dann mit folgendem Tafelbild fort:
Seit wann bist du schon selbstständig?
——×—————————— - - - - - - - - >
Seit vier Jahren. jetzt/heute
Machen Sie anhand des Tafelbilds deutlich, dass man mit „Seit wann?“ nach einem Zeitraum fragt, der in der Vergangenheit begonnen hat, bis heute andauert und noch nicht abgeschlossen ist. Zur Angabe eines Zeitraums, der zu einem bestimmten Zeitpunkt begonnen hat, benutzt man „seit“. Stellen Sie den TN einige weitere Fragen, z. B. „Seit wann bist du / sind Sie verheiratet?“ oder „Seit wann lebst du / leben Sie hier?“, um den TN Beispiele aus dem eigenen Leben zu geben.</td></tr>
<tr><td></td><td></td><td>7. Schreiben Sie nun Folgendes an die Tafel:
Wie lange hat die Ausbildung gedauert?
——×——————×———>
Drei Jahre.
Verdeutlichen Sie anhand des Tafelbilds, dass man mit „Wie lange?“ ebenfalls nach einem Zeitraum fragt, dieser aber bereits (in der Vergangenheit) abgeschlossen ist. Die Angabe eines Zeitraums erfolgt ohne Präposition.
Stellen Sie den TN weitere Fragen, z. B. „Wie lange hat deine/Ihre Ausbildung gedauert?“ oder „Wie lange bist du / sind Sie zur Schule gegangen?“ etc.</td></tr>
<tr><td></td><td>AB 5</td><td>Die TN machen die Übung in Einzelarbeit im Kurs oder als Hausaufgabe.</td></tr>
<tr><td>**13/B2**</td><td></td><td>**Hörverstehen und Erweiterung: Zeitangaben verstehen; Präsentation des Dativs bei den temporalen Präpositionen *seit* und *vor***</td></tr>
<tr><td>a</td><td></td><td>1. Die TN lesen das Interview und ergänzen „vor“ oder „seit“ mithilfe des Tafelbildes.
Binnendifferenzierung: Lerngewohntere TN arbeiten in Einzelarbeit, die anderen TN arbeiten zu zweit.</td></tr>
<tr><td></td><td>CD 3/10</td><td>2. Die TN hören das Interview und vergleichen mit ihren Lösungen. Abschlusskontrolle im Plenum.
Lösung: Vor, Seit, seit</td></tr>
<tr><td></td><td></td><td>3. Die TN lesen das Gespräch zu zweit mit verteilten Rollen.</td></tr>
<tr><td>b</td><td>Folie/IWB</td><td>4. Die TN markieren den Dativ wie in a („einem Monat“) und ergänzen die Tabelle. In Kursen mit überwiegend lernungewohnten TN zeigen Sie das Gespräch auf Folie / dem IWB und markieren Sie auf Zuruf. Die TN übertragen die Markierungen in ihr Buch. Zeigen Sie auch die Tabelle und ergänzen Sie auf Zuruf. Die TN übertragen ins Buch.
Abschlusskontrolle im Plenum.
Lösung: einem, einer</td></tr>
<tr><td></td><td>Folie/IWB</td><td>5. Unterstreichen Sie die temporalen Angaben in den Antworten in a und umkreisen Sie die Artikelendungen nach „vor“ und „seit“.
Schreiben Sie dann Folgendes an die Tafel:
Wann ? / Wie lange?
der Monat → vor/seit einem
das Jahr → vor/seit einem
die Woche → vor/seit einer
die Jahre → vor/seit drei
Lösung:
Wann ? / Wie lange?
der Monat → vor/seit einem Monat
das Jahr → vor/seit einem Jahr
die Woche → vor/seit einer Woche
die Jahre → vor/seit drei Jahren
Erklären Sie anhand des Tafelbildes, dass die unbestimmten Artikel nach „seit“ und „vor“ die Endung „-em“/„-er“ bekommen und das Nomen im Plural die Endung „-(e)n“ erhält. Verweisen Sie auch auf den Grammatik-Kasten und die Grammatikübersicht 3 (Kursbuch, S. 18).</td></tr>
</table>

	KV L8/B2, Schere, Zettel	6. *fakultativ:* Kopieren Sie die Kopiervorlage für jede Gruppe einmal und schneiden Sie die Karten aus. Mischen Sie die Karten gut durch. Die TN legen aus den Satzteilen passende Fragen und Antworten. Damit die TN die Antworten besser erkennen können, sind diese grau unterlegt. *Hinweis:* Es sind mehrere Lösungen möglich. Gehen Sie herum und kontrollieren Sie. *Binnendifferenzierung:* Lerngewohntere und schnellere TN erstellen nach dem Prinzip der Kopiervorlage weitere Fragen und Antworten und zerschneiden sie. Die TN können ihre Karten untereinander tauschen. *Hinweis:* Hier passt das Audiotraining 2.
		7. Sammeln Sie mit den TN weitere bisher gelernte Wörter für zeitliche Angaben an der Tafel und notieren Sie Beispielsätze. Wann? <u>am</u> Ich fahre am Montag/Dienstag/Wochenende/ Vormittag nach Köln. <u>um</u> Ich komme um drei Uhr zu dir. <u>im</u> Im Sommer/ Winter heirate ich. *Hinweis:* Auf diese Weise machen sich die TN noch einmal bewusst, wann welche Präposition benutzt wird. Besonders wichtig ist es hierfür, die Präpositionen immer in Verbindung mit einem Beispielsatz zu lernen.
	AB 6–10	Die TN machen die Übungen in Einzelarbeit im Kurs oder als Hausaufgabe.
14/B3		**Hörverstehen: Berufliche und private Angaben verstehen**
		1. Die TN sehen sich die Fotos der drei Personen an und lesen die Informationen. Mit der Partnerin / dem Partner sprechen sie über die Informationen und überlegen, welche zu wem passt. Sie ergänzen ganz leicht mit dem Bleistift. Klären Sie, wenn nötig, die beiden Berufe „Maurer" und „Koch", die hier bildlich dargestellt sind. *Hinweis:* Herr Koch aus der Foto-Hörgeschichte ist kein Koch.
	CD 3/11–13	2. Die TN hören und ergänzen. Spielen Sie die Vorstellung jeder Person zweimal hintereinander vor, bevor Sie zur nächsten Person übergehen. Abschlusskontrolle im Plenum. *Lösung:* Nader: 4, 7; Luba: 3, 5, 9; Amaniel: 2, 6, 8, 10
		3. Weisen Sie die TN noch einmal auf Satz 1 und 2 hin. Hier sind Jahreszahlen genannt. Machen Sie den TN bewusst, dass bis zum Jahr 2000 alle Zahlen als Hunderterzahlen gesprochen werden. Weisen Sie die TN auch auf den Info-Kasten hin. Fragen Sie einen TN: „Wann sind Sie geboren?" oder „Wann haben Sie geheiratet?". Machen Sie dann eine Kettenübung daraus. *Hinweis:* Beschränken Sie die Antworten hier auf die Jahreszahlen. Die Ordinalzahlen, die die TN für Datumsangaben brauchen, lernen sie in Lektion 14.
	AB 11	Die TN machen die Übung in Einzelarbeit im Kurs oder als Hausaufgabe.
14/B4		**Einen Text über die Partnerin / den Partner schreiben**
a	Folie/IWB	1. Die TN verbinden die Frageteile und schreiben sechs Fragen. Lernungewohnte TN arbeiten zu zweit. Abschlusskontrolle im Plenum. *Lösung:* 1 – d, 2 – f, 3 – e, 5 – a, 6 – c
	KV L8/B4 im Lehrwerkservice	*fakultativ:* Zur Unterstützung der Aktivität können Sie auch auf die Kopiervorlage im Lehrwerkservice unter <u>www.hueber.de/schritt-fuer-schritt</u> zurückgreifen. Lerngewohnte TN ergänzen dann noch zwei bis drei eigene Fragen.
b		2. Die TN fragen ihre Partnerin / ihren Partner und machen sich Notizen.
c		3. Die TN lesen das Beispiel im Buch und schreiben einen Text über ihre Partnerin / ihren Partner. Hilfe finden die TN auch auf der Kommunikationsseite unter der Rubrik „Über den Beruf sprechen: Was sind Sie von Beruf?" und „Über Privates sprechen: Wo bist du geboren?" (Kursbuch, S. 19). Gehen Sie herum und helfen Sie bei Schwierigkeiten.

		4. *fakultativ:* Sammeln Sie die Texte ein und korrigieren Sie sie.
	Plakat, Klebstoff „Laras Film" Lektion 8	5. Die TN kleben ihre korrigierten Texte auf ein Plakat, das Sie im Kursraum aufhängen. So kann jeder die Texte lesen und die TN können sich noch besser kennenlernen. *Hinweis:* An dieser Stelle bietet sich die Arbeit mit „Laras Film" an, in dem Eda Erden über sich und ihren beruflichen Werdegang berichtet. *Hinweis:* An dieser Stelle bietet sich auch der Comic „Der kleine Mann: Was sind Sie von Beruf?" aus „Zwischendurch mal ..." (Kursbuch, S. 20) an. Die TN können anschließend ähnliche Rätsel zu bereits bekannten Berufsbezeichnungen formulieren und so spielerisch den neuen Wortschatz einüben und vertiefen.
	AB 12–15	Die TN machen die Übungen in Einzelarbeit im Kurs oder als Hausaufgabe.
	AB 16 AB-CD 2/1–4	*Phonetik:* Die TN machen die Übung im Kurs. Sie hören die Wörter in a und sprechen im Chor nach. Die TN hören noch einmal und achten genau darauf, wo „r" im Wort nicht zu hören ist. Die TN markieren in a. Erklären Sie, dass der Buchstabe „r" im Deutschen für zwei unterschiedliche Laute steht. Am Wort- oder Silbenanfang oder nach kurzen Vokalen hört und spricht man „r". Am Wort- und Silbenende hört man eine Mischung aus offenem „e" und kurzem „a". In c hören die TN zuerst und sprechen dann im Chor nach. Sie achten besonders auf „-er". In d hören die TN und ergänzen „-r" oder „-er". Es gibt noch weitere Regeln für das vokalische „r". Beschränken Sie sich vorerst auf die im Deutschen sehr häufige Wortendung auf „-er".

SCHRITT C: HATTEST DU DANN DEINE EIGENE PRAXIS?

Präteritum von *sein* und *haben*

Lernziel: Die TN können von Ereignissen und Aktivitäten in der Vergangenheit berichten.

Seite/Aufgabe	Material	Aufbau
	AB 17	*Wiederholung:* Die TN wiederholen die Bildung des Perfekts mit „sein" und „haben" (*Schritt für Schritt in Alltag und Beruf 1* / Lektion 7). Gehen Sie bei Bedarf noch einmal genauer auf die Bildung der Perfekt-Form sowie auf die Satzstellung in Sätzen mit Perfekt ein. Dazu können Sie auf die Grammatikübersicht 3–5 in Lektion 7 (*Schritt für Schritt in Alltag und Beruf 1*, S. 90) zurückgreifen. *Hinweis:* Wenn Sie viele neue TN im Kurs haben, können Sie ausgewählte Übungen aus dem Arbeitsbuchteil von *Schritt für Schritt in Alltag und Beruf 1*/ Lektion 7, z. B. Übung 16–24, für die neuen TN kopieren. Wenn auch einige der „alten" TN im Gebrauch des Perfekts noch unsicher sind, empfiehlt es sich, eine umfangreichere Wiederholung mit dem gesamten Kurs einzuschieben, bevor Sie in diesem Kapitel mit dem Präteritum von „sein" und „haben" eine weitere Vergangenheitsform einführen. *Hinweis:* Ebenfalls zur Wiederholung und Erweiterung des Perfekts können Sie an dieser Stelle mit dem Film „Heidis Lieblingsladen" aus „Zwischendurch mal ..." (Kursbuch, S. 20) arbeiten und im Anschluss an Aufgabe 1 von Kenan Cinars gestrigem Arbeitstag berichten lassen. Schreiben Sie dazu an die Tafel: „Gestern bin ich früh aufgestanden. Ich bin in die Großmarkthalle gefahren. ..."
15/C1		**Präsentation des Präteritums von *sein* und *haben***
	Folie/IWB	1. Die TN lesen die Aufgabe und ordnen die Verben zu. Lernungewohntere TN beginnen mit dem rechten Text und bearbeiten danach den linken. Abschlusskontrolle im Plenum. *Lösung:* Vor 4 Jahren: hatte; Heute: hat, ist

		2. Lesen Sie den ersten Satz vor. Deuten Sie an, dass hier über etwas gesprochen wird, was in der Vergangenheit liegt, indem Sie z. B. hinter sich deuten. Schreiben Sie zur Verdeutlichung Folgendes an die Tafel: 2015 (vor 4 Jahren) — Heute Sie hatte — Sie hat Sie war — Sie ist
15/C2		**Erweiterungsaufgabe: Bewusstmachung von Präsens vs. Präteritum**
a	Folie/IWB	1. Deuten Sie auf das Foto und sagen Sie: „Das ist Anna." Fragen Sie die TN: „Was ist Anna von Beruf?" und „Wo arbeitet Sie?" (Kellnerin, im Café oder im Restaurant).
		2. Fragen Sie dann: „Wie war Annas Job früher und wie ist er heute?". Die TN lesen den Text und ergänzen die Tabelle. Lerngewohntere TN lösen die Aufgabe in Einzelarbeit. Lernungewohnte TN arbeiten paarweise zusammen. Abschlusskontrolle im Plenum. *Lösung:* Arbeit früher: viel Arbeit; Arbeit – heute: nicht so viel Arbeit; Chef – früher: gar nicht nett, – heute: toll; Deutsch – früher: schlecht, – heute: sehr gut; gute Kellnerin – früher: nein
b	Folie/IWB	3. Zeigen Sie die Konjugation der Verben „sein" und „haben" auf Folie / dem IWB. Lesen Sie die Konjugation einmal vor, die TN sprechen im Chor nach. Bitten Sie einen TN, den Beispielsatz vorzulesen. Veranschaulichen Sie die Satzstellung in Sätzen mit Inversion durch ein Tafelbild. Weisen Sie die TN dann auf die Markierungen (Kreis für das Verb, Dreieck für das Subjekt) hin: 1 — 2 — 3 Früher — hatte — Anna — viel Arbeit. Anna — hatte — früher — viel Arbeit. Heute — hat — sie — nicht so viel Arbeit. Sie — hat — heute — nicht so viel Arbeit. Machen Sie deutlich, dass das Verb im Aussagesatz an Position 2 steht, unabhängig davon, ob der Satz mit dem Subjekt oder einer temporalen Angabe (also mit Inversion) beginnt, und unabhängig davon, in welcher Zeitform das Verb steht. Weisen Sie die TN auch auf die Grammatikübersicht 5 (Kursbuch, S. 18) hin.
	Folie/IBW	4. Deuten Sie auf die Tabelle in a und fordern Sie die TN auf, anhand der Stichpunkte weitere Beispielsätze zu bilden. *Binnendifferenzierung:* Geübtere TN formulieren die Sätze mündlich, ungeübtere schreiben die Sätze zuerst auf und sprechen dann. TN, die schneller fertig sind, bilden weitere Sätze nach dem gleichen Muster oder schreiben einige Sätze über sich: „Früher war/hatte ich ... Heute bin/habe ich ...". *Hinweis:* Hier passt das Audiotraining 3.
	KV L8/C2	5. *fakultativ:* Zur spielerischen Einübung des Präteritums von „sein" und „haben" sowie zur Wiederholung des Perfekts, können Sie die Dominokarten von der Kopiervorlage ausschneiden und an jede Kleingruppe ein Kartenset verteilen.
		Tipp: Es ist sinnvoll, immer wieder kleine spielerische Übungen zur Wiederholung und Festigung des Perfekts einzufügen. Nur ständiges Üben hält die Formen präsent. Bereiten Sie zu Hause Kärtchen mit Verben im Infinitiv vor. Ein TN zieht ein Kärtchen und spielt das Verb pantomimisch vor. Die anderen raten, was der TN gemacht hat, und antworten im Perfekt. Eine andere Möglichkeit ist, die TN in Kleingruppen vom Wochenende erzählen zu lassen. Gehen Sie dann herum und korrigieren Sie ggf. die Perfekt-Formen. Oder eine dritte Möglichkeit: Die TN stehen im Kreis. Der erste TN sagt einen Satz: „Ich höre heute Musik." und wirft einem anderen TN einen Ball zu. Der Fänger sagt den Satz in der Vergangenheit: „Ach, wie langweilig. Ich habe gestern schon Musik gehört."

	AB 18	Die TN machen die Übung im Kurs. Sie machen sich noch einmal die Konjugation im Präteritum bewusst. *Binnendifferenzierung:* Geübtere TN lösen die Aufgabe in Einzelarbeit, ungeübtere TN arbeiten zu zweit. Verweisen Sie zur Kontrolle auf die Grammatikübersicht 5 (Kursbuch, S. 18). Schnellere TN bearbeiten die nebenstehende Schreibaufgabe auf dieser Seite. Sie können ihre Sätze präsentieren, wenn alle mit der Übung 18 fertig sind. *Lösung:* Konjugationstabelle im Kursbuch S. 18
	AB 19–21	Die TN machen die Übungen in Einzelarbeit im Kurs oder als Hausaufgabe.

SCHRITT D: STELLENANZEIGEN

Temporale Präposition *für;* Zeitangaben *vormittags, montags* etc.

Lernziel: Die TN können Stellenanzeigen verstehen, am Telefon Informationen zu einem Stellenangebot erfragen und ein Stellengesuch schreiben.

Seite/Aufgabe	Material	Aufbau
16/D1		**Leseverstehen: Berufe und Arbeitszeiten verstehen und farbig kennzeichnen**
a	Folie/IWB	1. Die TN lesen die Aufgabe und die Fragen. Stellen Sie sicher, dass alle TN die Fragen verstehen. Machen Sie ggf. ein Beispiel, indem Sie einen TN fragen. Dann lesen die TN den Text A über Marie Kovalská. Bitten Sie einen lerngewohnteren TN, die markierten Angaben im ersten Text mit eigenen Worten wiederzugeben, indem Sie auf die entsprechende Frage zeigen, z. B. „Marie Kovalská hat eine Ausbildung als Krankenpflegerin gemacht. Sie arbeitet in Deutschland als Altenpflegerin. Sie will nur am Nachmittag arbeiten und am Vormittag Deutsch lernen.“
		2. Die TN lesen die anderen beiden Texte und markieren allein oder mit ihrer Partnerin / ihrem Partner die Kernaussagen in den drei Farben. Zur Abschlusskontrolle markieren die TN die früheren und aktuellen Tätigkeiten sowie die möglichen Arbeitszeiten auf der Folie / am IWB. Klären Sie auch unbekannten Wortschatz, wie z. B. „Kleidung“, „tagsüber“ usw. *Lösung:* Was haben die Leute früher gemacht? B hatte einen Laden für Kleidung, C Fremdsprachensekretärin; Was machen sie heute? B Fahrer bei einem Paketdienst, C Intensivsprachkurs; Wann können/wollen die Leute arbeiten? B tagsüber, C am Nachmittag oder am Abend *Binnendifferenzierung:* Lernungewohnte TN lesen den Text B, während die lerngewohnteren TN beide Texte (B und C) lesen. Als Hausaufgabe lesen die TN dann noch einmal alle Texte.
		3. *fakultativ:* Die TN beantworten die drei Fragen auf sich bezogen. *Binnendifferenzierung:* Lerngewohntere TN schreiben einen kleinen Text über sich wie in den Beispielen. Bereiten Sie für lernungewohntere TN eine Vorlage mit Satzanfängen vor, die die TN dann ergänzen, z. B. „Mein Name ist ... Früher habe ich ... Heute ... Ich möchte ... arbeiten.“ Gehen Sie herum und helfen Sie bei Schwierigkeiten. Sammeln Sie die Texte ein und korrigieren Sie sie.
b	Folie/IWB	4. Fragen Sie die TN, was das für Anzeigen sind und wo man sie findet. Deuten Sie auf die Personen (A, B und C) in a und sagen Sie: „Diese Personen suchen Arbeit.“ Deuten Sie auf die Anzeigen (1–3) in b und sagen Sie: „Diese Firmen suchen Mitarbeiter.“ Gehen Sie in diesem Zusammenhang auf die Wörter „Stellenmarkt“ bzw. „Stellenanzeige“ ein.
	Folie/IWB	5. Deuten Sie auf Text 1 und fragen Sie: „Was sucht die Firma und für welche Arbeitszeit?“ Die TN lesen die Stellenanzeige und sehen sich die Markierungen an.

	Folie/IWB	6. Die TN lesen die übrigen Texte selbstständig und markieren die gesuchten Berufe und die Arbeitszeiten. Wer fertig ist, vergleicht mit seiner Partnerin / seinem Partner. Abschlusskontrolle im Plenum. *Lösung:* Berufe: 2 Altenpfleger/Altenpflegerinnen; 3 Aushilfen in der Küche; Arbeitszeiten: 2 nachmittags 14 bis 17 Uhr; 3 von 16 bis 21 Uhr
c	Folie/IWB	7. Die TN überlegen zu zweit, welche Anzeige aus b zu welcher Person aus a passt. Abschlusskontrolle im Plenum. Die TN stellen ihre Vorschläge vor. Bitten Sie sie, ihre Auswahl zu begründen, z. B. „Anzeige 1 passt zu Manos Oikonomou. Er hatte einen Laden in Thessaloniki. Er kann tagsüber arbeiten. In der Anzeige steht: Arbeitszeiten sind ganztags oder halbtags. Er kann von sieben bis 14 Uhr arbeiten. Abends geht er in den Deutschkurs. Er kann nicht von 13 bis 20 Uhr arbeiten." Wenn die TN knapper antworten, fragen Sie gezielt noch einmal nach und/oder geben Sie die Frage an andere TN weiter. Zeigen Sie bei Bedarf nochmals die Anzeigen. *Lösung:* Frau Kovalská – 2, Herr Oikonomou – 1, Frau Pricope – 3
	Folie/IWB	8. Deuten Sie auf Anzeige 2 und fragen Sie: „Was bedeutet nachmittags?" Die TN suchen die Uhrzeiten aus dem Text heraus. Verweisen Sie dann auf den Info-Kasten und machen Sie deutlich, dass „nachmittags" bedeutet, dass man etwas jeden Nachmittag, also regelmäßig, tut, „morgens", „halbtags"; in Anzeige 1 genauso.
		9. *fakultativ:* Machen Sie Beispiele aus dem Kurs, indem Sie die TN fragen: „Was machen Sie montags/vormittags/...?" Achten Sie bei den Antworten auf die richtige Satzstellung, ggf. schreiben Sie ein Beispiel an die Tafel, um die Inversion noch einmal zu verdeutlichen: „Morgens gehe ich zum Deutschkurs. – Ich gehe morgens zum Deutschkurs."
	AB 22	Die TN machen die Übung im Kurs. Sie lesen den Text. Fragen Sie dann: „Wer ist das?" Notieren Sie auf Zuruf „Das ist Luca Bianchi." an der Tafel. Deuten Sie auf die fett gedruckten Wörter im Text und fordern Sie die TN auf, die Antwort mit den markierten Wörtern einzuleiten. Fragen Sie: „Was ist Luca von Beruf?" und schreiben Sie: „Von Beruf ist er Architekt." und „Er ist Architekt von Beruf." untereinander, sodass die Satzstellung mit Inversion noch einmal veranschaulicht wird. Die TN schreiben die ersten Beispielsätze ab und formulieren nach dem gleichen Muster um. Machen Sie den TN auch klar, dass die Umstellung den Text interessanter macht. Wenn man immer mit „ich" beginnt, sind die Sätze immer gleich und werden langweilig für den Leser/Hörer.
		Tipp: In Kursen mit überwiegend lernungewohnten TN können Sie die ersten zwei oder drei Sätze auch auf Karten vorbereiten und die TN sich entsprechend aufstellen lassen, sodass der Tausch (die Inversion) für die TN noch einmal anschaulicher wird und nicht im Abstrakten verbleibt.
17/D2		**Hörverstehen: Auf eine Stellenanzeige telefonisch antworten**
	Folie/IWB	1. Die TN lesen in Einzelarbeit die Anzeige und markieren wie in Lernschritt D1 b den Beruf und die Arbeitszeiten.
	CD 3/14	2. Die TN lesen die Aussagen a–c. Dann hören sie das Telefonat so oft wie nötig und kreuzen die richtigen Antworten an. *Binnendifferenzierung:* Lerngewohntere TN streichen in den Aussagen die falschen und ergänzen die richtigen Informationen. Abschlusskontrolle im Plenum. *Lösung:* richtig – c (a falsch: bis 11 Uhr – richtig: bis 12 Uhr; b falsch: 12 Euro – richtig: 11 Euro)
	AB 23	Die TN machen die Übung in Einzelarbeit im Kurs oder als Hausaufgabe. *Binnendifferenzierung:* Bereiten Sie für lernungewohnte TN, die mit dem Schreiben und Lesen noch Schwierigkeiten haben, einen Zettel vor, auf dem Sie die zu ergänzenden Wörter in ungeordneter Reihenfolge vorgeben. Etwas schwieriger wird es, wenn Sie ein oder zwei Wörter mehr angeben als gebraucht werden. Das sollten Sie dann aber für die TN vermerken.
17/D3		**Rollenspiel: Informationen zu einer Stellenanzeige telefonisch erfragen**
	Folie/IWB	1. Deuten Sie auf die Anzeige und fragen Sie: „Was sucht die Firma? Wie sind die Arbeitszeiten?". Die TN lesen die Anzeige und beantworten die Fragen.

	Folie/IWB	2. Sagen Sie dann: „Sie möchten bei ‚Fibio' arbeiten und rufen an. Was sagen Sie?" Die TN überlegen gemeinsam. Notieren Sie an der Tafel mit. Gehen Sie dann mit den TN die Dialogstruktur durch und klären Sie neuen Wortschatz, wie „das passt", „Verdienst pro Stunde" etc.
	Folie/IWB, CD 3/14	3. Die TN hören noch einmal exemplarisch das Gespräch aus D2. Darin kommen die wesentlichen Redemittel vor. Verweisen Sie an dieser Stelle auch auf die Redemittel „Am Telefon nach einer Stelle fragen: Ist die Stelle noch frei?" auf der Kommunikationsseite (Kursbuch, S. 19).
		4. Lernungewohntere TN schreiben mithilfe des Dialoggerüsts ein Telefongespräch zur Stellenanzeige im Buch. Die TN üben ihr Telefongespräch ein und präsentieren es anschließend im Plenum. Lerngewohntere TN schreiben ein Telefongespräch zur Stellenanzeige im Buch oder suchen sich alternativ eine Stellenanzeige aus D1 b aus. Gehen Sie herum und helfen Sie bei Schwierigkeiten. *Hinweis:* Achten Sie darauf, dass die Situation möglichst authentisch nachgespielt wird: Die TN sitzen z. B. Rücken an Rücken und halten je ein Handy ans Ohr. *Hinweis:* An dieser Stelle bietet sich thematisch auch die Arbeit mit dem Lesetext „Von Beruf Erzieherin" aus „Zwischendurch mal ..." (Kursbuch, S. 21) an. *Hinweis:* Hierzu passt das Videotraining 2.
		Tipp: Es sollten immer alle TN die Möglichkeit bekommen, ihre Gespräche im Kurs vorzuspielen. Oft ist dafür keine Zeit oder es wird zu langweilig, so viele ähnliche Gespräche zu hören. Verteilen Sie daher die Präsentationen auf mehrere Unterrichtstage, z. B. indem Sie immer die letzten zehn Minuten einer Stunde als Abschluss für Rollenspiele oder freie Aktivitäten reservieren. Diese zehn Minuten sind dann zugleich eine ideale Wiederholung der letzten Unterrichtsstunden. Alternativ dazu können die TN ihre Gespräche auch in zwei bis drei Gruppen von 8–10 TN parallel präsentieren. Gehen Sie dann von einer Gruppe zur anderen, sodass Sie von allen Präsentationen etwas mitbekommen.
	AB 24, 26, AB-CD 2/5–6	Die TN machen die Übungen in Einzelarbeit im Kurs oder als Hausaufgabe.
	AB 25 Prüfung	Die TN machen die Übung im Kurs. Diese Übung bereitet auf *Sprechen Teil 2* der Prüfung *Start Deutsch 1* vor. Die TN notieren unter Verwendung der vorgegebenen Fragewörter jeweils zwei Fragen zu jedem Kärtchen. Anschließend befragen sie sich gegenseitig (ca. sechs Minuten).
17/D4		**Anwendungsaufgabe: Ein Stellengesuch schreiben**
		1. Überlegen Sie gemeinsam mit den TN, was sie in eine Anzeige schreiben würden, wenn sie eine Stelle suchen würden (z. B. Beruf, Arbeitszeiten, Telefonnummer etc.).
	Folie/IWB	2. Ein TN liest die Anzeige im Buch vor. Verweisen Sie auf den Grammatik-Kasten und machen Sie deutlich, dass der unbestimmte maskuline Artikel nach der Präposition „für" die Endung „-en" bekommt. Den Akkusativ haben die TN schon in *Schritt für Schritt 1 in Alltag und Beruf* / Lektion 6 kennengelernt. Die Frage „Wie lange?" ist den TN ebenfalls bereits bekannt. Erklären Sie noch einmal, dass mit „für" und Zeitangabe ein Zeitraum bzw. die Dauer angegeben wird. Machen Sie die TN in diesem Kontext auch darauf aufmerksam, dass im Deutschen zwischen „Uhr" und „Stunde" unterschieden wird. Man trifft sich also „um ein Uhr", aber „für eine Stunde". Machen Sie mit den TN weitere Beispiele aus dem Kurs und notieren Sie an der Tafel. Verweisen Sie auch auf den Grammatik-Kasten und die Grammatikübersicht 4 (Kursbuch, S. 18). Die kleine Schreibübung können die TN als Hausaufgabe machen. *Musterlösung:* 2 Ich möchte gern für eine Woche Urlaub in den Bergen machen. 3 Ich möchte gern für einen Tag Koch sein. 4 Ich möchte gern für ein Jahr in Amerika leben. 5 Ich möchte gern für einen Monat im Kindergarten arbeiten.
		3. Die TN schreiben selbst ein Stellengesuch. Gehen Sie herum und helfen Sie bei Schwierigkeiten. Wer möchte, kann seine Anzeige anschließend im Plenum vorlesen. *Binnendifferenzierung:* Schnelle TN schreiben zusätzlich einen kurzen Text über ihren Traumberuf, ihre Lieblingsarbeitszeiten und ihre aktuelle Tätigkeit.
	AB 27	Die TN machen die Übung in Einzelarbeit im Kurs oder als Hausaufgabe.

	KV L8/Wiederholung	*fakultativ:* Wenn Sie noch Zeit haben, können Sie hier die Wiederholung zu Lektion 8 anschließen.
	KV L8/Test	Einen Test zu Lektion 8 finden Sie hier im LHB auf Seite 150. Weisen Sie die TN auf den Selbsttest im Arbeitsbuch auf Seite 107 hin.

AUDIO- UND VIDEOTRAINING

Seite/Aufgabe	Material	Aufbau
		Audiotraining 1: Mein Beruf
	CD 3/15	Die TN hören „Ich arbeite als (Verkäuferin)." und antworten in den Sprechpausen mit „Aha, du arbeitest als (Verkäuferin)." Nach der Sprechpause hören die TN die korrekte Antwort. Hier kommt es besonders auf die Betonung an. Der Beruf oder die Tätigkeit (angestellt, arbeitslos) wird durch Betonung hervorgehoben.
		Audiotraining 2: Wie bitte?
	CD 3/16	Die TN hören im ersten Teil eine Aussage und fragen mit „Wie bitte?" nach. Nach der Sprechpause hören die TN die korrekte Antwort. Hier kommt es besonders auf die Betonung an. Anschließend hören sie die Antwort auf ihre Nachfrage, sodass eine natürliche Gesprächssituation simuliert wird. Im zweiten Teil werden die TN nach ihren eigenen Angaben gefragt und antworten frei.
		Audiotraining 3: Berufserfahrung
	CD 3/17	Die TN hören eine Frage und antworten in den Sprechpausen mit „Ja, ich war (Taxifahrer)." und wiederholen die berufliche Tätigkeit. Nach der Sprechpause hören die TN die korrekte Antwort. Hier kommt es besonders auf die Betonung an.
		Videotraining 1: Was bist du von Beruf?
	Film „Was bist du von Beruf?"	In dem Film spielen Lara und Tim drei Gespräche, in denen es um die Frage: „Was bist du / sind Sie von Beruf?" geht.
		Videotraining 2: Ist die Stelle noch frei?
	Film „Ist die Stelle noch frei?"	Mit diesem Film können die TN Telefongespräche zu Stellenanzeigen üben. In den Sprechpausen werden Fragen zu Vakanz und Arbeitszeiten eingeblendet. Die TN sollen diese laut sprechen, sodass ein natürliches Gespräch simuliert wird. Durch die Wiederholung bestimmter Wendungen wie „Was kann ich für Sie tun?", „Ich habe Ihre Anzeige gelesen." oder „Ist die Stelle noch frei?" prägen sich die TN diese ein und können sie im Alltag wiedererkennen bzw. selbst verwenden. *Tipp:* Wenn Sie die Übung im Kurs durchführen, können die TN im Anschluss weitere Telefongespräche nach dem gleichen Muster erfinden und dann vorspielen. Dazu hören sie zunächst ein Beispiel noch einmal und notieren sich die Fragen. Dann überlegen sie sich mit ihrer Partnerin / ihrem Partner eigene Gespräche. *Binnendifferenzierung:* Lernungewohnte TN beschränken sich auf ein eigenes Beispiel. Lerngewohntere TN simulieren mehrere Telefongespräche.

ZWISCHENDURCH MAL ...

Seite/Aufgabe	Material	Aufbau
20/1		**Film: Heidis Lieblingsladen (passt z. B. zu A2 oder C1)** Die Kundin Heidi Engler beschreibt einen Arbeitstag ihres Obst- und Gemüsehändlers Kenan Cinar.
	Folie/IWB	1. Deuten Sie auf die Fotos und fragen Sie: „Was ist Kenan von Beruf? Was macht er?". Sammeln Sie mit den TN den neuen Wortschatz wie Laden/Gemüseladen" an der Tafel, der für die Arbeit mit dem Film wichtig ist.
	Film „Heidis Lieblings-laden"	2. Die TN sehen den Film an und ordnen die Tätigkeiten den Bildern zu wichtig ist, in welcher Reihenfolge Kenan alles macht. Zeigen Sie den Film ggf. zweimal. Die TN, die schon alle Tätigkeiten zuordnen konnten, kontrollieren beim zweiten Sehen noch einmal die richtige Reihenfolge. Abschlusskontrolle im Plenum. *Lösung:* 3 Obst und Gemüse kaufen, 4 zu seinem Laden fahren und alles vorbereiten, 5 Laden öffnen, 6 Kunden kommen, 7 aufräumen und sauber machen, 8 Laden schließen
	KV L8/ZDM	3. *fakultativ:* Zur Wiederholung und Erweiterung des Perfekts (*Schritt für Schritt in Alltag und Beruf 1* / Lektion 7) und der Inversion können die TN im Anschluss an Aufgabe 1 die Kopiervorlage bearbeiten. Machen Sie ein oder zwei Beispiele mit den TN gemeinsam. Lerngewohntere TN lösen dann die Aufgabe in Einzelarbeit. Ungeübtere TN arbeiten paarweise zusammen.
20/2		1. Fordern Sie die TN auf, als Hausaufgabe mit ihrem Mobiltelefon oder Tablet einen kleinen Film über ihren (Arbeits-)Alltag zu drehen oder Fotos zu machen und Stichpunkte für die Präsentation ihres Arbeitstags vorzubereiten. *Hinweis:* Weisen Sie die TN darauf hin, dass sie an ihrem Arbeitsplatz aber nicht ohne Erlaubnis filmen dürfen, sie müssen den Chef und ggf. die Kolleginnen/Kollegen nach ihrem Einverständnis fragen. Diese Filme dürfen keinesfalls ins Internet gestellt werden.
		Tipp: Vermutlich haben nur einige Ihrer TN derzeit einen Job. Auch ist es nicht an jedem Arbeitsplatz möglich, zu filmen oder Fotos zu machen. Die eigene Berufsausbildung bzw. Berufsqualifikation ist aber für viele Menschen identitätsstiftend und gerade in einer neuen Lebensumgebung wichtig für das Selbstverständnis. Geben Sie den TN deshalb die Möglichkeit, über ihren Beruf / ihre Tätigkeit in ihrem Heimatland zu sprechen – auch wenn sie kein Bildmaterial dazu haben.
	Smartphones, Beamer/IWB	2. Die TN berichten am nächsten Kurstag in Kleingruppen, wenn möglich anhand ihres Films oder ihrer Fotos, von ihrer beruflichen Tätigkeit. Wenn Sie die technischen Möglichkeiten dazu haben, können einige TN ihren Film/ihre Fotos auch über Beamer / am IWB im Plenum präsentieren.
20		**Comic: Der kleine Mann: Was sind Sie von Beruf? (passt z. B. zu B4)**
	Folie/IWB	1. Fragen Sie: „Was ist der kleine Mann von Beruf?" Die TN lesen den Comic und beantworten die Frage.
	Zettel	2. Ein TN liest das Beispiel vor. Anschließend schreiben die TN selbst ein Rätsel zu einem anderen Beruf auf einen Zettel und die Auflösung des Rätsels auf die Rückseite. Die TN orientieren sich dabei am Beispiel im Buch. Lernungewohntere TN arbeiten zu zweit und gehen dann auch zu zweit umher.
	Zettel	3. Die TN gehen mit dem Zettel im Raum umher, suchen sich eine beliebige Partnerin / einen beliebigen Partner und stellen sich gegenseitig ihre Rätsel. Wenn die Partner beide Rätsel aufgelöst haben, tauschen sie die Zettel, gehen wieder herum und stellen mithilfe des Zettels das Rätsel einem anderen TN. Auf diese Weise wird der Wortschatz zum Wortfeld „Arbeit und Beruf" spielerisch eingeübt und erweitert.
21		**Lesen: Von Beruf Erzieherin – Liebe plus Zeit (passt z. B. zu D3)**
21/1	Folie/IW	1. Die Bücher sind zunächst geschlossen. Zeigen Sie das Foto auf Folie/IWB und fragen Sie: „Das ist Luisa. Wo arbeitet sie? Was ist sie von Beruf?" Die TN stellen Vermutungen an. Notieren Sie neuen Wortschatz an der Tafel.

		2. Falls die TN nicht auf „Erzieherin" kommen, geben Sie es irgendwann vor. Fragen Sie die TN: „Was macht eine Erzieherin?" Halten Sie Stichworte an der Tafel fest.
		3. Die TN schlagen die Bücher auf. Fragen Sie weiter: „Was macht Luisa mit den Kindern im Kindergarten?" Die TN lesen den Text in Einzelarbeit und markieren die Schlüsselwörter. Abschlusskontrolle im Plenum. *Lösung:* singen, tanzen, machen Musik und Sport, basteln, malen, kochen essen
21/2	Folie/IWB	1. Die TN lesen die Aufgabe. Klären Sie ggf. neue Wörter wie „Migrantenfamilie". Die TN lesen dann den Text noch einmal und kreuzen an, welche der Aussagen richtig und falsch sind. Abschlusskontrolle im Plenum. *Lösung:* richtig: d; falsch: b, c
		2. *fakultativ:* Im Anschluss können die TN einen kurzen Text über ihre eigene Kindheit schreiben und z. B. erzählen, ob sie auch in einen Kindergarten gegangen sind, wo ihre Eltern waren, mit wem sie den Tag verbracht haben und was sie am liebsten gespielt haben. Stellen Sie ein paar Fragen, um die Erinnerung der TN anzuregen. Die TN schreiben ihre Kindheitserinnerungen auf und geben Ihnen ihre Texte zur Korrektur und/oder präsentieren sie im Kurs. *Tipp:* Wenn Ihre TN sich für Kindererziehung und Betreuungseinrichtungen in Deutschland interessieren, können Sie mit ihnen einen Kindergarten oder eine Kindertagesstätte besuchen. Machen Sie dazu vorher einen Termin aus und klären Sie, wer Ihr Ansprechpartner ist und ob sie/er Zeit hat, einige Fragen zu beantworten. Erarbeiten Sie zusammen mit den TN Interviewfragen für das Gespräch und verteilen Sie diese, sodass möglichst viele TN aktiv am Interview teilnehmen. Im Anschluss an den Besuch können Sie mit den TN über ihre Eindrücke sprechen. Ggf. können die TN auch Vergleiche mit ihren Heimatländern anstellen.

Wortfelder: Amt; Regeln in Verkehr und Umwelt; Meldeformular
Grammatik: Modalverben: *müssen, dürfen;* Satzklammer: *Er muss einen Antrag ausfüllen.;* Pronomen: *man;* Imperativ: *Warten Sie bitte!;* Verbkonjugation: *helfen*

ÄMTER UND BEHÖRDEN

Folge 9: Na los, komm mit!

Seite/Aufgabe	Material	Aufbau
22/1		**Vor dem Hören: Umfrage im Kurs**
	Folie/IWB	1. Klären Sie anhand des Fotos das Wort „Führerschein". Die TN lesen die Aufgabe und erzählen in Kleingruppen, ob sie einen Führerschein und ein Auto haben.
		2. *fakultativ:* Die TN befragen sich im Plenum gegenseitig „Seit wann / Wie lange hast du deinen Führerschein?" und stellen sich in chronologischer Reihenfolge auf. Dadurch üben die TN noch einmal Sätze mit „seit" ein. Sobald alle TN in einer Reihe stehen, sagt jeder zur Überprüfung, wie lange sie/er den Führerschein hat. *Tipp:* Wenn viele TN keinen Führerschein haben, können Sie auch Zettel mit Jahreszahlen vorbereiten. Die Zettel dürfen nicht einfach gezeigt werden, sondern die TN lösen die Aufgabe sprachlich.
22/2		**Vor dem Hören: Schlüsselinformationen ordnen**
		1. Fragen Sie die TN: „Welche Ämter und Behörden kennen Sie?" Da die TN schon einige Zeit in Deutschland leben, können sie sicher einige aufzählen. Schreiben Sie an der Tafel mit und notieren Sie in Stichpunkten, was man auf diesen Ämtern macht. *Hinweis:* Machen Sie deutlich, dass „Amt" und „Behörde" bedeutungsgleich sind und offizielle Stellen in einem Land und in einer Stadt bezeichnen.
		2. *fakultativ:* Bringen Sie das Thema auf die persönliche Ebene. Die TN gehen im Kursraum herum und erzählen wechselnden Partnerinnen/Partnern, auf welchem Amt sie schon einmal waren und was sie dort gemacht haben.
		3. Die TN sehen sich die Fotos an und ordnen die Sätze. Ungeübtere TN arbeiten zu zweit. Anschließend wird im Plenum kontrolliert. Stellen Sie sicher, dass alle TN die Bedeutung der Orte verstehen. Erklären Sie, dass „Omnibus" die selten gebrauchte Form von „Bus" ist. Sprechen Sie ggf. darüber, wo diese Orte im Kursort zu finden sind. *Lösung:* (von oben nach unten) 3, 1, 2
		4. *fakultativ:* Im Plenum bilden die TN nach dem gleichen Muster Sätze zu den Fotos 1 und 5 und spekulieren: „Wo sind Lara und Tim?", „Was wollen sie machen?"
22/3		**Beim ersten Hören**
	CD 3/18 –25, KV L9/FHG	1. Die TN hören die Foto-Hörgeschichte und zeigen mit dem Finger auf das jeweilige Foto. Anschließend schreiben sie in Partnerarbeit zu jedem Foto ein bis zwei Sätze. Geben Sie dazu Hilfsfragen: „Wo sind Lara und Tim?", „Was machen sie?" Mit ungeübteren TN schreiben Sie die Sätze im Plenum an die Tafel. *fakultativ:* Verteilen Sie vor dem Hören die Kärtchen der Kopiervorlage. Lesen Sie mit den TN die Sätze und klären Sie ggf. unbekannten Wortschatz. In Partnerarbeit ordnen die TN die Überschriften den Fotos zu. Dann hören sie und vergleichen bzw. korrigieren. Kontrollieren Sie anschließend im Plenum.
	Folie/IWB	2. Die TN schlagen die Landkarte auf dem vorderen Umschlag auf und suchen Salzburg. Fragen Sie die TN, was sie über Salzburg wissen, z. B. „Salzburg liegt in Österreich. Dort ist Wolfgang Amadeus Mozart geboren. Die Altstadt gehört zum UNESCO-Weltkulturerbe." etc. Wenn die TN Salzburg nicht kennen, erzählen Sie kurz. Zeigen Sie ggf. einige Fotos aus dem Internet auf Folie / dem IWB. *fakultativ:* Lerngewohntere TN informieren sich mit dem Smartphone kurz über Salzburg und berichten.
	KV L9/FHG	3. *fakultativ:* In Kursen mit geübteren TN schreiben die TN in Partnerarbeit zu jeder Überschrift zwei bis drei Sätze. In Kursen mit ungeübteren TN können Sie die Sätze im Plenum schreiben.

23/4		**Nach dem ersten Hören: Den wesentlichen Inhalt verstehen**
		1. Die TN lesen die Sätze und kreuzen an, ob sie richtig oder falsch sind. Sie kreuzen zunächst aus dem Gedächtnis an. Lernungewohntere TN arbeiten zu zweit. Dann vergleichen sie mit einer Partnerin / einem Partner / einem anderen Paar ihre Ergebnisse.
	CD 3/18–25	2. Die TN hören die Foto-Hörgeschichte noch einmal und vergleichen. Lerngewohntere TN können dabei die falschen Sätze korrigieren. Anschließend Kontrolle im Plenum, dabei tragen die lerngewohnteren TN ihre korrigierten Sätze vor (Foto 1 ~~Polen~~ – Salzburg; Foto 2: ~~acht~~ – sechs Monate; Foto 3: ~~einen~~ – keinen internationalen Führerschein; Foto 6: ~~21~~ – 20 Jahre). *Lösung:* Foto 2 falsch, Foto 3 falsch, Foto 4 richtig, Foto 5 richtig, Foto 6 falsch, Foto 7 richtig, Foto 8 richtig
	CD 3/18	3. *fakultativ*: Wenn Sie ein Gespräch zum Thema „Wochenendaktivitäten" üben möchten, hören die TN den Hörtext zu Foto 1 noch einmal. Stoppen Sie nach „Okay!" Schreiben Sie das Gespräch mithilfe der TN an die Tafel. Zwei TN spielen das Gespräch vor. Anschließend spielen die TN eigene Gespräche mit anderen Städten und Entfernungen. Hilfe finden sie auf der Landkarte im vorderen Umschlag. Geübtere TN können zusätzlich auch andere Verkehrsmittel wählen. Achten Sie darauf, dass die TN dann Sätze mit „nehmen" bilden: „Ich nehme den Zug."
	„Laras und Tims Film" Lektion 9	Lara und Tim spielen das „Dürfen-und-müssen-Spiel". Sie suchen Schilder in der Stadt und formulieren Sätze, die aussagen, was man hier (nicht) darf oder muss. Für jeden Satz mit „dürfen" oder „müssen" bekommt man einen Punkt. Wer zuerst zehn Punkte hat, gewinnt. Sie können den Film als Wiederholung und Festigung z. B. nach B3 nutzen. Die TN sehen den Filmabschnitt bis 0:28 mit Ton, in dem Tim die Spielregeln erklärt. Dann sehen sie den Film ohne Ton. Stoppen Sie bei jedem Schild. Zu zweit erklären die TN das Schild mithilfe von „dürfen" und „müssen". Gehen Sie im Film zurück. Die TN hören nun die Erklärung von Lara oder Tim. Dann geht es weiter zum nächsten Schild. Verfahren Sie hier ebenso. Als Hausaufgabe können die TN auf ihrem Heimweg mit ihrem Smartphone zwei Schilder fotografieren, die dann im Kurs besprochen werden.

SCHRITT A: SIE MÜSSEN EINEN ANTRAG AUSFÜLLEN.

Das Modalverb *müssen;* das Pronomen *man*

Lernziel: Die TN können Abläufe auf dem Amt und im Alltag erklären.

Seite/Aufgabe	Material	Aufbau
24/A1		**Präsentation des Modalverbs *müssen***
a		1. Klären Sie vorab die Bedeutung von „einen Antrag ausfüllen". Bringen Sie ggf. einen Anmeldeantrag der Sprachenschule mit, den die meisten TN kennen. Die TN lesen die Sätze in Einzelarbeit und ordnen die Fotos zu. Abschlusskontrolle im Plenum. *Lösung:* 1, 2
		2. Ein TN liest die Beispielsätze noch einmal vor. Verweisen Sie auf den Grammatik-Kasten, insbesondere auf den Vokalwechsel in den Singularformen sowie auf die fehlende Personalendung in der 1. und 3. Person Singular – einem Charakteristikum der Modalverben, das die TN schon von „können" und „wollen" (*Schritt für Schritt in Alltag und Beruf 1* / Lektion 7) kennen. Wiederholen Sie diese Formen ggf. Erinnern Sie die TN auch an die Satzklammer (*Schritt für Schritt in Alltag und Beruf 1* / Lektion 7) und machen Sie diese noch einmal anhand eines Tafelbilds deutlich, indem Sie das Modalverb auf Position 2 und den Infinitiv am Ende wie im Grammatik-Kasten hervorheben. Verweisen Sie die TN auch auf die Grammatikübersicht 1 und 2 (Kursbuch, S. 30).
		Tipp: Bereiten Sie zu Hause Kärtchen mit den Personalpronomen und einigen Namen aus dem Kurs vor. Üben Sie mit den TN die Formen von „müssen", indem Sie in willkürlicher Reihenfolge Kärtchen zeigen. Die TN bilden jeweils die dazugehörige Form von „müssen". Wenn die TN den Ablauf der Übung verstanden haben, können sie auch in Kleingruppen weiterarbeiten. Diese Übung kann mit den anderen Modalverben erweitert werden und eignet sich auch gut als Warming-up zu Beginn einer Stunde.

b		3. Bitten Sie die TN noch einmal um Handzeichen, wer einen Führerschein hat. Fragen Sie dann diese TN: „Dürfen Sie in Deutschland fahren?", „Wie lange dürfen Sie hier fahren?" Klären Sie mit den TN, was ein internationaler Führerschein ist und warum Tim ihn braucht.
	CD 3/26	4. Die TN hören das Gespräch und variieren dann in Partnerarbeit. Gehen Sie herum und helfen Sie bei Schwierigkeiten. *Hinweis:* Hier passt zur Einschleifung der neuen Formen des Modalverbs das Audio-training 1.
	KV L9/A1, Würfel, Spielfiguren	5. *fakultativ:* Teilen Sie die TN in Gruppen und verteilen Sie an jede Gruppe einen Spielplan der Kopiervorlage, einen Würfel und für jeden TN eine Spielfigur. Die TN setzen ihre Figur auf ein beliebiges Feld. Der erste TN würfelt und zieht seine Figur entsprechend vor. Die Würfelzahl zeigt an, welches Personalpronomen benutzt werden muss, z. B. eine 3: „Sie muss den Antrag unterschreiben." *Variante:* Wenn die TN die Formen von „müssen" sicher anwenden, können Sie andere Vorgaben für die Würfelzahlen machen, z. B. 1 = meine Eltern, 2 = Lara, 3= ich, 4 = Lili und Sofia, 5 = mein Mann / meine Frau, 6 = Herr Struwel.
	AB 1–2	Die TN machen die Übungen als Einzelarbeit im Kurs oder als Hausaufgabe.
	AB 3 AB-CD 2/7	*Phonetik:* Die TN machen die Übung im Kurs. Verdeutlichen Sie anhand dieser Übung, wie eine Aussage mit Modalverb durch die Verschiebung des Satzakzents nuanciert werden kann. Bei neutraler Betonung liegt der Satzakzent auf dem Verb im Infinitiv am Satzende. Will man seine Aussage bekräftigen oder verstärken, kann der Akzent aber auch auf das Modalverb gelegt werden. Die TN hören, markieren die Betonung und sprechen nach. Wenn die TN Lust haben, können sie eigene Mini-Gespräche erfinden und im Kurs mit der passenden Betonung vorspielen.
24/A2		**Präsentation des Pronomens *man***
a	Folie/IWB	1. Die Bücher sind geschlossen. Zeigen Sie auf die Zeichnung. Fragen Sie die TN, wo die Personen sind und was sie wohl machen.
		2. Die TN überlegen zu zweit, was die beiden Personen sagen könnten, und schreiben ein kleines Gespräch. Einige Paare spielen ihre Gespräche im Plenum vor. Achten Sie darauf, dass alle TN die vorgespielten Gespräche verstehen. *Hinweis:* Besonders geübtere TN haben schnell einen größeren Wortschatz als ungeübtere TN, den sie in solchen freien Aufgaben einbringen oder auch im Wörterbuch nachgeschlagen haben. Erklären Sie Wörter, die nicht alle kennen.
	CD 3/27	3. Die TN lesen die Aufgabe im Buch. Dann hören sie das Gespräch und kreuzen an. Kontrollieren Sie abschließend im Plenum. *Lösung:* 1 funktioniert. 2 eine
b		4. Ein TN liest die Stichpunkte im Buch vor. Fragen Sie, was man am Fahrkartenautomaten machen muss.
	CD 3/27	5. Die TN hören das Gespräch noch einmal und ordnen die Tätigkeiten. Kontrollieren Sie anschließend im Plenum und klären Sie ggf. unbekannte Wörter, z. B. „stempeln", „Ziel", „wählen". *Lösung:* 3, 2, 1, 4, 5
		Tipp: Bevor Sie neue Wörter erklären, fragen Sie, ob ein TN das Wort kennt und es erklären kann. So können die TN ihr Vorwissen in den Unterricht einbringen.
c		6. Schreiben Sie den ersten Satz an die Tafel: „Zuerst muss man das Ziel wählen." Unterstreichen Sie „man" und verweisen Sie auf den Grammatik-Kasten und die Grammatikübersicht 3 (Kursbuch, S. 30). Machen Sie deutlich, dass „man" jeder sein kann und nichts mit dem Wort „Mann" zu tun hat.
		7. Zeigen Sie mithilfe des Tafelbilds, wie man einen Text durch Zeitadverbien in eine chronologische Reihenfolge bringen kann: zuerst → dann → danach → zum Schluss Diese „kleinen Wörter" sind für das flüssige Erzählen von längeren Zusammenhängen sehr wichtig und sollten von den TN unbedingt beherrscht werden. Weisen Sie die TN auch auf die Rubriken „Eine Aussage gliedern: Zuerst ..." und „Eine Anweisung geben: Sie müssen ..." (Kursbuch, S. 31) und die kleine Übung rechts hin, die die TN als Hausaufgabe machen können.

		Musterlösung: Zuerst haben wir ein Gespräch gehört. Dann haben wir einen Text gelesen. Danach haben wir eine Übung gemacht. Zum Schluss hat die Lehrerin die Grammatik erklärt.
		8. Ein TN bildet den nächsten Satz. Schreiben Sie auch diesen an die Tafel.
		9. Die TN schreiben und sprechen den Text in Partnerarbeit. TN, die schneller mit der Aufgabe fertig sind, schreiben weitere Hinweistexte, z. B. für einen Geldautomaten oder den Getränkeautomaten (falls es in der Sprachenschule einen gibt). Abschlusskontrolle im Plenum. Die schnelleren TN präsentieren außerdem ihre Hinweistexte. *Lösung:* Zuerst muss man das Ziel wählen. Dann muss man Erwachsener/Kind auswählen. Danach muss man bezahlen und dann die Fahrkarte und das Wechselgeld nehmen. Zum Schluss muss man die Fahrkarte stempeln. *Hinweis:* Hierzu passt das Videotraining 2.
	AB 4–6	Die TN machen die Übungen als Einzelarbeit im Kurs oder als Hausaufgabe.
24/A3		**Aktivität im Kurs: Über Pflichten für diesen Tag sprechen**
		1. Ein TN liest das Beispiel in der Sprechblase vor. Sagen Sie: „Ich bin Lehrerin." und fragen Sie die TN: „Was denken Sie, was muss ich heute noch machen?". Die TN finden gemeinsam Beispiele: „Sie müssen die Tafel putzen.", „Sie müssen die Grammatik gut erklären." etc. Notieren Sie die Antworten an der Tafel. Erzählen Sie dann einmal mithilfe der Gliederungswörter „zuerst", „dann", „danach", „zum Schluss" von Ihren Pflichten, damit die TN ein erstes Beispiel hören.
		2. Machen Sie mit den TN ggf. noch ein weiteres Beispiel aus dem Leben eines TN.
		3. Die TN überlegen in Einzelarbeit, was sie heute noch alles tun müssen, machen sich Notizen und erzählen in Kleingruppen. *Variante:* Die TN gehen herum, erzählen wechselnden TN von ihren Pflichten und suchen andere TN, die möglichst viele Pflichten für diesen Tag mit ihnen gemeinsam haben.
		4. Zum Abschluss können alle TN einen kleinen Text über ihre Pflichten schreiben. Sammeln Sie die Texte zur Korrektur ein.
		Tipp: TN, die viele Fehler im Text gemacht haben, sei es in der Rechtschreibung oder in der Grammatik, sollten den ganzen Text noch einmal abschreiben. Sehen Sie auch diesen Text noch einmal durch.
	AB 7	Die TN machen die Übung im Kurs. Hier sollen die TN einen Text schreiben, in dem sie auch die „kleinen Wörter" für Gliederungen benutzen. Gehen Sie herum und helfen Sie bei Problemen.

SCHRITT B: SIE DÜRFEN IN DER EU AUTO FAHREN.

Das Modalverb *dürfen*

Lernziel: Die TN können über Erlaubtes und Verbotenes sprechen.

Seite/Aufgabe	Material	Aufbau
25/B1		**Präsentation des Modalverbs *dürfen***
	CD 3/28	1. Die TN hören das Gespräch so oft wie nötig und kreuzen an. *Lösung:* a Tim, b Er, c Tim, d Er, e Lara
		2. Verweisen Sie auf den Grammatik-Kasten und erklären Sie, dass „dürfen" verwendet wird, wenn etwas erlaubt ist, und „nicht dürfen", wenn etwas verboten ist. Weisen Sie die TN auch auf die Grammatikübersicht 1 und 2 (Kursbuch, S. 30) hin. Zur Verdeutlichung finden Sie rechts Verbots- und Erlaubnisschilder. Die kleine Übung kann von den TN auch als Hausaufgabe gemacht werden. *Musterlösung:* 2 Ich darf immer kochen. 3 Mein Mann muss einkaufen. 4 Meine Kinder müssen ihr Zimmer aufräumen.

		Hinweis: In einigen Sprachen gibt es keinen Unterschied zwischen „können" und „dürfen" bzw. „nicht müssen" und „nicht dürfen". Sollten die TN Schwierigkeiten bei der adäquaten Verwendung von „dürfen" / „nicht dürfen" haben, geben Sie ihnen als Merkhilfe die Sätze „Es ist erlaubt." / „Es ist verboten." an die Hand.
		3. Die TN befragen sich reihum: „Darfst du / Dürfen Sie in der EU Auto fahren?"
		4. *fakultativ:* Wenn Sie zum Tipp in A1 Kärtchen geschrieben haben, üben Sie mit den TN damit auch die neuen Formen von „dürfen". Nehmen Sie nach einiger Zeit „müssen" und „können" dazu und/oder zur Abwechslung auch mal ein trennbares Verb oder eins mit Vokalwechsel.
	AB 8–9	Die TN machen die Übungen als Einzelarbeit im Kurs oder als Hausaufgabe.
25/B2		**Variationsaufgabe zu *dürfen* und *nicht dürfen***
	Folie/IWB	1. Besprechen Sie mit den TN zunächst die Zeichnung A. „Wo sind die Leute und was machen sie da?" Dann lesen zwei TN das Gespräch zu Situation A laut vor. Das Gespräch ist ein gutes Beispiel dafür, dass das verneinende Äquivalent von „müssen" eben nicht „nicht müssen", sondern „nicht dürfen" ist.
		2. Die TN betrachten zu zweit die Situationen B–D und spielen weitere Gespräche. Geübtere TN versprachlichen zusätzlich die Situation auf den Zeichnungen. Geben Sie dazu die W-Fragen „Wer?", „Wo?", Was?" vor.
		3. *fakultativ:* TN, die schneller fertig sind, überlegen sich neue Situationen, malen Schilder dazu und spielen Mini-Gespräche. Die Paare können ihre Schilder auch austauschen. *Hinweis:* Zum weiteren Einüben können Sie hier auf das Audiotraining 3 zurückgreifen.
	AB 10–11	Die TN machen die Übungen als Einzelarbeit im Kurs oder als Hausaufgabe.
25/B3		**Anwendungsaufgabe zum Modalverb *dürfen***
	Folie/IWB	1. Die TN betrachten die Schilder und ordnen das passende Verb zu. Ungeübtere TN arbeiten zu zweit. Abschlusskontrolle im Plenum. *Lösung:* f, b, a, d, e, c
		2. Ein TN liest den Beispielsatz zu Schild a vor. Dann schreiben die TN die Sätze zu den anderen Schildern in Einzel- oder Partnerarbeit. Wer fertig ist, zeichnet weitere Schilder und schreibt passende Sätze dazu. Abschlusskontrolle im Plenum. *Lösung:* a Hier darf man nicht essen. b Hier darf man nicht rauchen. c Hier darf man nicht telefonieren. d Hier darf man nicht fotografieren. e Hier darf man nicht Fahrrad fahren. f Hier darf man keine Hunde mitnehmen. *Hinweis:* Hier passen der Lesetext „Viel ‚müssen', wenig ‚dürfen'" und anschließend die Schreibaufgabe „Ihr Tag: Was müssen Sie machen? Was dürfen Sie machen?" aus „Zwischendurch mal ..." (Kursbuch, S. 32 und 33).
		3. *fakultativ:* Sammeln Sie mit den TN Orte, an denen die Schilder stehen könnten, z. B. Schild a: in Sofias Praxis, in der Führerscheinstelle etc.
	AB 12	Die TN machen die Übung als Einzelarbeit im Kurs oder als Hausaufgabe.

SCHRITT C: SIEH MAL!

Der Imperativ

Lernziel: Die TN können Aufforderungen verstehen und Anweisungen geben.

Seite/Aufgabe	Material	Aufbau
26/C1		**Präsentation des Imperativs in der 2. Person Singular**
a	Folie/IWB, CD 3/29	1. Die TN hören das Gespräch so oft wie nötig und ordnen die Verben zu. Kontrollieren Sie abschließend im Plenum. *Lösung:* komm, Geh, warte, Bring

	Folie/IWB	2. In Kursen mit überwiegend ungeübten TN zeigen Sie das Gespräch auf Folie / dem IWB. Unterstreichen Sie die Imperativformen und fragen Sie die TN jeweils nach dem dazugehörigen Infinitiv. Schreiben Sie ihn in Klammern neben die Dialogzeile. In Kursen mit geübteren TN können Sie diesen Schritt auslassen.
b		3. In Partnerarbeit ergänzen die TN die Formen aus dem Gespräch in a. Geübtere TN arbeiten allein. Kontrollieren Sie abschließend im Plenum. *Lösung:* 2 Geh; 3 Warte; 4 Bring
		4. Schreiben Sie das Beispiel des Grammatik-Kastens und ggf. weitere Imperative aus dem Gespräch an die Tafel. Zeigen Sie die Bildung des Imperativs in der 2. Person Singular. ~~du~~ sieh~~st~~ Sieh mal! ~~du~~ komm~~st~~ Komm mal! ~~du~~ wart~~est~~ Warte mal!
		5. Erklären Sie den TN, dass es sich hier um Aufforderungen handelt. Der Sprecher möchte, dass der Gesprächspartner etwas Bestimmtes tut. Geben Sie weitere Beispiele, indem Sie die TN konkret auffordern, etwas zu tun, z. B. „Mario, mach das Licht an!" Ergänzen Sie auch diese Beispiele an der Tafel.
		6. Zeigen Sie noch einmal Foto 5 der Foto-Hörgeschichte, aus der das Gespräch aus a stammt. Auf dem Foto ist gut zu sehen, dass Lara und Tim ihr Gespräch mit Gesten begleiten. In Partnerarbeit lesen die TN das Gespräch noch einmal und verwenden ebenfalls Gesten. Anschließend spielen es einige TN im Plenum vor. *Hinweis:* Den TN sollte deutlich werden, dass gerade Aufforderungen wie „Sieh mal!" oder „Komm mit!" oft mit den entsprechenden Gesten „Zeigen" und „Heranwinken" benutzt werden.
c		7. Die TN lesen die Aufgabe. Besprechen Sie das erste Beispiel mithilfe von folgendem Tafelbild: ~~du~~ fähr~~st~~ → fahr ~~du~~ hol~~st~~ ab → hol ab! → Fahr zu Walter und hol Lili ab.
		8. Weisen Sie die TN auf den Grammatik-Kasten und die Sonderform des Imperativs von „sein" hin. Anschaulich dargestellt finden die TN die Regeln auch in der Grammatikübersicht 4 (Kursbuch, S. 30). Machen Sie sie besonders auf die Darstellung in der rechten Spalte aufmerksam.
		9. Die TN bearbeiten die Aufgabe in Einzelarbeit weiter, ungeübtere TN arbeiten zu zweit. Anschließend Kontrolle im Plenum. *Lösung:* Fahr zu Walter und mach die Hausaufgaben! Bring einen Kaffee mit! Sei leise! Erklär Lili die Matheübung!
	AB 13–14	Die TN machen die Übungen als Einzelarbeit im Kurs oder als Hausaufgabe.
26/C2		**Anwendungsaufgabe zum Imperativ in der 2. Person Singular**
a		1. Die Bücher sind zunächst geschlossen. Schreiben Sie Ratschläge aus dem Buch im Infinitiv an die Tafel. Klären Sie ggf. die Bedeutung von „aufmachen" und „zumachen", indem Sie die Kursraumtür öffnen und schließen.
		2. Zeigen Sie auf einen Infinitiv an der Tafel und fragen Sie einen TN nach dem Imperativ. Verfahren Sie so mit allen Beispielen, schreiben Sie den Imperativ aber nicht an und achten Sie darauf, dass die TN auch nicht mitschreiben. Dabei können Sie die Beispiele mehrfach abfragen, damit sich die neue Form den TN einprägt. Weisen Sie ggf. darauf hin, dass bei trennbaren Verben die Vorsilbe wie auch in „normalen" Sätzen am Ende steht.
		3. Die TN öffnen die Bücher und ordnen den Problemen in Einzelarbeit Ratschläge zu. Ungeübtere TN arbeiten zu zweit. Abschlusskontrolle im Plenum. *Lösung:* 3, 5, 4, 1, 6, 2
b		4. Die TN lesen das Beispiel und sprechen zu zweit über die anderen Probleme und Ratschläge.

		Tipp: Die TN sollten die gebräuchlichsten Imperative als feste Wendungen lernen. Denn in einer konkreten Situation dauert die Anwendung der Regel zu lange. Machen Sie mit den TN eine Liste der Imperative, die sie oft brauchen. Anschließend erstellen die TN ein Plakat und hängen es im Kursraum auf.
	AB 15	Die TN machen die Übung als Einzelarbeit im Kurs oder als Hausaufgabe.
27/C3		**Präsentation des Imperativs in der 2. Person Plural**
a	Folie/IWB	1. Die TN sehen sich die Zeichnung an. Fragen Sie: „Wo ist das?", „Was machen die Personen?"
	CD 3/30	2. Die TN hören, was der Lehrer sagt, und kreuzen an. Kontrollieren Sie anschließend im Plenum. *Lösung:* Seid bitte nicht so laut! Macht doch die Handys aus! Öffnet bitte die Bücher! Hört doch bitte zu!
		3. Schreiben Sie die Beispiele des Grammatik-Kastens und der Lösung an die Tafel und zeigen Sie die Bildung des Imperativs auf. Weisen Sie auf die besondere Form von „sein" hin. Alle Regeln finden die TN auch in der Grammatikübersicht 4 (Kursbuch, S. 30). ~~ihr~~ hört zu → Hört zu!
		4. Lesen Sie die Beispiele an der Tafel noch einmal vor, diesmal mit dem Wörtchen „mal" und ergänzen Sie es jeweils im Tafelbild. Machen Sie den TN deutlich, dass „bitte" oder „doch bitte" Aufforderungen etwas abschwächt, indem Sie die Aufforderung „Mach das Licht an!" mit strenger Stimme und strengem Gesichtsausdruck sagen, anschließend freundlicher mit sanfter Stimme und dem Wörtchen „bitte": „Mach bitte das Licht an!" Für geübtere TN können Sie hier auch „mal" einfügen: „Mach mal bitte das Licht an!"
		Tipp: Modalpartikeln wie „mal", „doch", „aber", „etwa" etc. sind von ihrer Bedeutung her auf dem Niveau A1 kaum zu erklären. Durch die häufige Anwendung, z. B. in Variationsaufgaben, und einen festen Kontext können sie sich jedoch sehr gut einschleifen. Achten Sie gezielt darauf, dass die geübteren TN bei Aufforderungen die Partikeln „mal", „doch" und „doch mal" benutzen.
b	KV L 9/C3 im Lehrwerkservice	5. Die TN arbeiten zu dritt. Jeder TN fordert seine zwei Partnerinnen/Partner auf, jeweils drei Dinge aus den Beispielen zu tun. Dann tauschen die TN die Rollen. *fakultativ:* Zur Unterstützung dieser Aktivität können Sie auf die Kopiervorlage im Lehrwerkservice unter www.hueber.de/schritt-fuer-schritt zurückgreifen. Verteilen Sie an jede Dreiergruppe einen Satz Karten. Die Gruppen verteilen die Karten gleichmäßig und versprachlichen das Beispiel auf der Karte. *Binnendifferenzierung:* Geübtere TN versuchen, jeweils auch die Aufforderungen aus den Beispielen „zurückzunehmen", indem sie entsprechende Aufforderungen formulieren, z. B. „Macht die Handys aus!" – „Macht die Handys an!". Die TN können auch weitere eigene Aufforderungen machen.
	KV L 9/C3	*fakultativ:* Die TN erhalten zu zweit je einen Kartensatz der Kopiervorlage. Die Paare mischen die Karten und verteilen sie gleichmäßig untereinander. Zuerst wird immer eine „Verbkarte" ausgespielt. Die/Der andere TN „bedient" mit einer „Personenkarte". Ist darauf eine Person abgebildet, bildet die/der TN den Imperativ in der 2. Person Singular, sind zwei Personen abgebildet, bildet sie/er den Imperativ in der 2. Person Plural. Ist die Aufforderung richtig, bekommt sie/er die Karten. Ist sie falsch, darf die/der andere TN den Satz sagen und erhält die Karten. Dann spielt wieder einer der TN eine „Verbkarte" aus etc. Gewonnen hat die/der TN mit den meisten Karten . TN, die bereits eine Runde gespielt haben, spielen eine weitere Runde, diesmal benutzen sie „bitte", „doch bitte", „mal", „doch mal". *Hinweis:* In Kursen mit überwiegend ungeübten TN können Sie die Formen, die zu dem Kartenspiel gebraucht werden, auch vorher mit den TN besprechen und an der Tafel festhalten. Wenn die TN dann eine zweite oder dritte Runde spielen, können Sie die Tafel zuklappen.
	AB 16–18, AB-CD 2/8	Die TN machen die Übungen als Einzelarbeit im Kurs oder als Hausaufgabe.

27/C4		**Präsentation des Imperativs mit *Sie***
	Folie/IWB	1. Die TN lesen den Text und ergänzen die Tabelle einzeln oder zu zweit in Einzelarbeit. Anschließend Kontrolle im Plenum. *Lösung:* Bringen Sie bitte ... mit! Warten Sie! Bezahlen Sie! Seien Sie ...
	Folie/IWB	2. Erklären Sie den TN, dass der Imperativ mit „Sie" genauso gebildet wird wie die Frage. Auch hier hat das Verb „sein" eine Sonderform, die die TN extra lernen müssen. Verdeutlichen Sie den TN auch wieder, dass „bitte" die Aufforderung freundlicher macht. Die TN sagen die Aufforderungen in der Tabelle noch einmal mit „bitte". Verweisen Sie die TN auch auf die Grammatikübersicht 4 (Kursbuch, S. 30), insbesondere auf die Visualisierung in der rechten Spalte. *Hinweis:* Hier können Sie auf den Comic: „Der kleine Mann: Lachen Sie!" aus „Zwischendurch mal ..." (Kursbuch, S. 33) zurückgreifen. Die TN schreiben Anweisungen für ihre Partnerinnen / Partner.
	AB 19, AB-CD 2/9–11	*Phonetik:* Imperativsätze mit „Sie" sehen genauso aus wie Ja-/Nein-Fragen. Der Unterschied liegt in der Satzmelodie. Bei Ja-/Nein-Fragen geht die Stimme am Ende leicht nach oben (*Schritt für Schritt in Alltag und Beruf 1* / Lektion 3). Beim Imperativ geht die Stimme nach unten. Machen Sie die entsprechende Handbewegung.
	AB 20	Die TN machen die Übung als Einzelarbeit im Kurs oder als Hausaufgabe.
27/C5		**Aktivität im Kurs: Regeln für die Kursleiterin / den Kursleiter schreiben**
		1. Die TN schreiben in Partnerarbeit drei Regeln für Sie. Lesen Sie die Beispiele und machen Sie deutlich, dass diese Aufgabe auch lustig bearbeitet werden darf.
		2. Die Paare hängen ihre Regeln im Kursraum auf. Die TN gehen herum und lesen die Regeln, wobei sie Fehler korrigieren dürfen. Gehen Sie herum und korrigieren Sie ggf.
		3. Verteilen Sie an jeden TN drei Klebepunkte, die jeder an die Regeln kleben darf, die sie/er für die wichtigste hält. Werten Sie das Ergebnis im Plenum aus. *Hinweis:* Hier können Sie auf den Comic: „Der kleine Mann: Lachen Sie!" aus „Zwischendurch mal ..." (Kursbuch, S. 33) zurückgreifen. Die TN schreiben Anweisungen für ihre Partnerinnen / ihre Partner.
	AB 21	Die TN machen die Übung als Einzelarbeit im Kurs oder als Hausaufgabe.
	AB 22, AB-CD 2/12	Auch in den Imperativ-Formen der Verben mit Vokalwechsel spielt der Wechsel von *-e* zu *-i* oder *-ie* eine wichtige Rolle. Diese Übung sensibilisiert die TN noch einmal für die unterschiedlichen Schreibweisen bei „sehen", „sprechen" und „nehmen".

SCHRITT D: AUF DEM AMT

Verbkonjugation: *helfen*

Lernziel: Die TN können ein Meldeformular ausfüllen und um Erklärungen und Verständnishilfen bitten.

Seite/Aufgabe	Material	Aufbau
28/D1		**Leseverstehen: Ein Meldeformular verstehen**
	Folie/IWB, Meldeformulare	1. Die TN betrachten das Formular im Buch. Fragen Sie: „Was ist das für ein Formular?" *fakultativ:* Bringen Sie einige Meldeformulare mit in den Unterricht. Fragen Sie: „Was für ein Formular ist das?", „Auf welchem Amt bekommt man das?" und „Wann braucht man das?" Einige TN erkennen das Formular sicher wieder.
		2. Die TN lesen das Formular im Buch in Einzelarbeit und kreuzen an. Ungeübtere TN arbeiten zu zweit. Abschlusskontrolle im Plenum. *Lösung:* a richtig, b richtig, c falsch, d falsch, e falsch, f richtig, g falsch *Hinweis:* Gehen Sie hier noch nicht auf Verständnisfragen der TN ein, denn der Wortschatz des Formulars wird in D2 thematisiert.

29/D2		**Hörverstehen: Um Erklärungen und Hilfe beim Verständnis bitten**
a	Folie/IWB	1. Die TN decken die rechte Buchseite mit einem Heft ab. Schreiben Sie die Wörter „bisherige Wohnung“, „Geschlecht“ und „Familienstand“ an die Tafel. Die TN lesen das Formular aus D1 noch einmal und unterstreichen diese Wörter. Fragen Sie die TN, was diese Wörter an der Tafel bedeuten könnten. Mithilfe des Formulars versuchen die TN eine Erklärung.
		2. Die TN lesen die Aufgabe und die Stichwörter und überlegen zu zweit, was zusammenpasst, und verbinden leicht mit dem Bleistift.
	CD 3/31	3. Die TN hören das Gespräch so oft wie nötig und verbinden, was zusammengehört. Abschlusskontrolle im Plenum. *Lösung:* 1 – c, 2 – d, 3 – a, 4 – b
		4. Fragen Sie die TN, ob Sie nun alle Wörter des Formulars verstehen, was eigentlich der Fall sein sollte, da die TN sie aus *Schritt für Schritt in Alltag und Beruf 1* / Lektion 2 bereits kennen. Wenn nicht, klären Sie diese noch einmal im Plenum.
b	CD 3/31	5. Die TN hören das Gespräch noch einmal und umkreisen die Fragen und Sätze, die Giorgio stellt bzw. sagt. Abschlusskontrolle im Plenum. *Lösung:* Was bedeutet „bisherige Wohnung“? Was heißt „Geschlecht“? Noch einmal, bitte. Das habe ich nicht verstanden.
	Folie/IWB	6. Die Bücher sind geschlossen, zeigen Sie die Sätze aus D2b auf Folie / dem IWB. Schreiben Sie mit den TN zusammen mithilfe der Fragen und Sätze ein Gespräch zwischen der Angestellten im Meldebüro und Giorgio an der Tafel. Machen Sie deutlich, dass es nicht darum geht, das gehörte Gespräch wortgetreu wiederzugeben, sondern ein eigenes Gespräch zu entwickeln. *Binnendifferenzierung:* Geübtere TN versuchen zu zweit, ein eigenes Gespräch zu schreiben. Sie können dazu die ungeübteren TN an die Tafel zu Ihnen bitten und die geübteren TN arbeiten im hinteren Teil des Kursraums.
		7. Die ungeübteren TN üben zu zweit das Gespräch von der Tafel. Die geübteren TN üben ihre Gespräche. Dann spielen einige Paare ihr Gespräch im Plenum vor. *Hinweis:* Hier können Sie zum Einschleifen der Wendungen das Audiotraining 2 nutzen.
	AB 23–24	Die TN machen die Übungen als Einzelarbeit im Kurs oder als Hausaufgabe.
29/D3		**Aktivität im Kurs: Rollenspiel**
		1. Die TN lesen die Rollenkärtchen und sehen sich das Dialograster an. Zwei TN spielen einen Dialog im Plenum vor. Hilfe finden die TN auch in der Rubrik „Nachfragen: Wie bitte?“ (Kursbuch, S. 31), wo die TN rechts noch eine Illustration der Kommunikationssituation finden.
	Folie/IWB	2. In Partnerarbeit legen die TN ihre Rollen fest und spielen das Gespräch noch einmal durch. Zeigen Sie das Dialograster auf Folie / dem IWB, damit die TN nicht ins Buch sehen müssen, sondern den Kopf heben können, was einer realen Gesprächssituation näherkommt. *Hinweis:* Regen Sie die TN an, richtig „Theater zu spielen“, d. h. sie stehen auf, stellen sich vor und hinter ihrem Tisch auf und stellen/dekorieren Tische und Bänke nach Bedarf um. So können sich die TN besser in ihre Rolle einfühlen.
		3. Die TN tauschen ihre Partnerinnen / ihre Partner und spielen weitere Gespräche, tauschen zunächst aber nicht die Rollen. Erst wenn jeder TN „seine Rolle“ drei bis vier Mal gespielt hat, tauschen die Paare die Rollen und machen nun ebenfalls mehrere Durchgänge mit verschiedenen Partnerinnen / Partnern.
		Tipp: Manchen TN bereitet es Probleme, sich in eine fiktive Rolle hineinzuversetzen. Gehen Sie mit ihnen ihre Rolle durch. Soll jemand z. B. die Rolle des Angestellten in der Meldebehörde übernehmen, überlegen Sie gemeinsam, wie die Person wohl aussieht, woher sie kommt, wie sie spricht, was sie sagt und wie sie sich fühlt. Gelenkte Rollenspiele oder kleine nachgesprochene Mini-Gespräche sind für die TN eine gute Vorbereitung, um sich später auf freiere Rollenspiele einzulassen. Auch pantomimische Übungen können als Vorarbeit hilfreich sein, da sich die TN hier auf das Theaterspiel konzentrieren, ohne gleichzeitig auf die Sprache achten zu müssen.

	KV L9/D3 im Lehrwerk-service	4. Sammeln Sie an der Tafel Situationen und Orte, an denen man auch um Informationen bitten muss, z. B. bei der Anmeldung in der Sprachenschule oder im Kindergarten. Mit einem neuen Partner spielen die TN nun ein freies Gespräch. In Kursen mit ungeübteren TN können Sie diese Phase noch ein bis zwei Mal wiederholen, damit die TN mehrere Gespräche zu diesem Thema führen und Sicherheit in den Formulierungen bekommen. Abschließend können Sie das Dialograster auch verbergen, sodass die TN einmal ganz frei sprechen. *fakultativ:* Zur Unterstützung der Aktivität können Sie auf die Kopiervorlage im Lehrwerkservice unter www.hueber.de/schritt-fuer-schritt zurückgreifen. Jeder TN erhält ein Rollenkärtchen der Kopiervorlage. Wenn Sie mehr TN als Rollenkärtchen haben, verteilen Sie einige Kartenpaare mehrfach. Die TN bilden passende Paare und spielen das Gespräch. Sammeln Sie die Kärtchen ein und verteilen Sie sie erneut, sodass die TN neue Rollen erhalten.
		Tipp: Wenn sich die TN mit diesen freien Gesprächen schwertun, verteilen Sie die Kärtchen so, dass jeweils zwei Paare dieselbe Situation haben. Die Paare spielen ihre Gespräche, anschließend tauschen die Paare mit demselben Gespräch die Partner. Die neuen Paare spielen die Gespräche noch einmal, dabei sollte jeder Partner nun die andere Rolle spielen. Danach erhalten die Paare neue Rollenkärtchen.
		5. Verweisen Sie auch auf den Grammatik-Kasten und die Grammatikübersicht 5 (Kursbuch, S, 30) und die besonderen Formen des Verbs „helfen“. Den TN sind inzwischen ja bereits mehrere Verben mit Vokalwechsel bekannt („nehmen“, „lesen“, „sehen“, „essen“, ...). *Hinweis:* An dieser Stelle passt das Videotraining 1 zur Wiederholung und Festigung.
		Tipp: Schreiben Sie hin und wieder Verbdiktate, damit den TN die Verbformen der Verben mit Vokalwechsel präsent bleiben. Bereiten Sie große Karten mit allen Personalpronomen und einigen Eigennamen bzw. Personenbezeichnungen vor. Sagen Sie ein Verb und halten Sie eine Karte hoch. Die TN notieren die Person und das Verb in der korrekten Form. Mischen Sie auch Verben ohne Vokalwechsel darunter. Das Verbdiktat können Sie auch schnell zum Stundeneinstieg durchführen oder wenn Sie am Schluss der Stunde noch ein paar Minuten Zeit haben.
	AB 25	Die TN machen die Übung im Kurs. Sie bearbeiten die Übung wie angegeben. Gehen Sie herum und helfen Sie bei Schwierigkeiten. Anschließend schreiben alle TN den Brief einmal komplett ab. TN mit guten Vorkenntnissen können auch einen freien Antwortbrief schreiben. Sammeln Sie die Briefe zur Korrektur ein. *fakultativ:* Es ist eine gute Übung, TN einen Brief mit Fehlern korrigieren zu lassen. Bereiten Sie einen solchen Brief vor. Die TN korrigieren dann die Fehler. Ungeübtere TN arbeiten zu zweit. So regen Sie die Kommunikation über Sprache an, da sich die beiden TN über die Fehler verständigen müssen. Anschließend Korrektur im Plenum.
	AB 26 Prüfung	*Prüfung Lesen Teil 1:* Die TN füllen das Formular im Kurs anhand der vorgegebenen Informationen aus. *Variante:* Wenn Sie die Übung als Aufgabe zur Prüfungsvorbereitung auf *Start Deutsch 1* gestalten möchten, geben Sie den TN eine bestimmte Zeit, z. B. fünf bis sieben Minuten vor. *Hinweis:* In der Prüfung sollen die TN an fünf Stellen Informationen ergänzen und erhalten pro richtiger Information einen Punkt.
	AB 27, AB-CD 2/13	Die TN machen die Übung als Einzelarbeit im Kurs oder als Hausaufgabe.
	KV L9/Wieder-holung	*fakultativ:* Wenn Sie noch Zeit haben, können Sie hier die Wiederholung zu Lektion 9 anschließen.
	KV L9/Test	Einen Test zu Lektion 9 finden Sie hier im LHB auf Seite 151. Weisen Sie die TN auf den Selbsttest im Arbeitsbuch auf Seite 118 hin.

AUDIO- UND VIDEOTRAINING

Seite/Aufgabe	Material	Aufbau
		Audiotraining 1: Zusammen lernen
	CD 3/32	Die TN hören Sätze über Pflichten beim Lernen. Die TN wiederholen die Sätze und stellen „Gut." voran, als Signal, dass man etwas verstanden hat.
		Audiotraining 2: Das Wort verstehen Sie nicht. Fragen Sie nach.
	CD 3/33	Die TN hören Sätze, wie sie sie auch in einem Amt hören könnten. Sie bitten um eine Erklärung: „(Einreise) Ich verstehe das Wort nicht. Was bedeutet das?"
		Audiotraining 3: Das darf man nicht!
	CD 3/34	Den TN werden in Stichworten Beispiele für Verbote genannt. Die TN versprachlichen das Verbot mit „nicht dürfen": „Hier darf man nicht (laut sein)!"
		Videotraining 1: Darf ich Sie etwas fragen?
	Film „Darf ich Sie etwas fragen?"	Die TN sehen im Film Lara, die Tim etwas fragt und immer wieder nachfragen muss, weil sie etwas nicht versteht. Die TN wiederholen hier an einer konkreten Situation die Redemittel aus der Lektion. Außerdem erklärt Tim am Ende, was man in dieser konkreten Situation der Reihe nach machen muss.
		Videotraining 2: Wie macht man das?
	Film „Wie macht man das?"	Die TN wiederholen die Wörter zur Gliederung einer Aussage. Lara beginnt zunächst mit einem Beispiel, das die TN auch als Text sehen. Dann bekommen die TN ein eigenes Beispiel, das sie versprachlichen. Anschließend gibt Tim die Lösung. *Hinweis:* Empfehlen Sie besonders ungeübteren TN diesen Film, den Sie auch später immer mal wieder zur Wiederholung und Festigung nutzen können.

ZWISCHENDURCH MAL ...

Seite/Aufgabe	Material	Aufbau
32		**Lesen: Viel „müssen" – wenig „dürfen" (passt z. B. zu B3)**
		1. Die TN lesen den Text im Buch und unterstreichen dabei alle Uhrzeiten. Danach ergänzen die TN in Einzelarbeit den Terminkalender von Jasmin. Ungeübtere TN arbeiten zu zweit. Machen Sie den TN deutlich, dass sie keine ganzen Sätze schreiben sollen, sondern nur Stichwörter wie in den Beispielen. Anschließend Kontrolle im Plenum. *Lösung:* 06:45 Uhr: Bus nehmen; 07:30 Uhr: Büro; 7:30–12:00 Uhr: arbeiten; 12:00–12:30 Uhr: Mittagspause; 16:00 Uhr: Arbeitsende; 16:05 Uhr: Bus nehmen; 20:00 Uhr: entspannen; 23:00 Uhr: ins Bett gehen
		2. Die TN decken den Text ab. Nun erzählen die TN sich zu zweit den Tagesablauf von Jasmin nach. Dabei können sie sich abwechseln oder nach der Hälfte tauschen.
	KV L9/ZDM	3. *fakultativ:* Die Bücher sind geschlossen. Verteilen Sie die Kopiervorlage. Die TN lesen den Text und ergänzen die Modalverben in der passenden Form. Ungeübtere TN arbeiten zu zweit. Die TN vergleichen zuerst mit einer Partnerin / einem Partner / einem anderen Paar, danach vergleichen sie mit dem Text im Buch. *Hinweis:* Direkt nach dieser Aufgabe passt die Schreibaufgabe aus „Zwischendurch mal ..." (Kursbuch, S. 33).

33		**Schreiben: Ihr Tag: Was müssen Sie machen? Was dürfen Sie machen? (passt z. B. nach B3 und ZDM Lesen)**
		1. Die TN lesen das Beispiel. Danach machen die TN sich Notizen. Gehen Sie herum und achten Sie darauf, dass die TN zunächst nur Uhrzeiten und Stichwörter notieren. *Tipp:* Wenn die TN Probleme damit haben, Stichwörter zu notieren, sammeln Sie zunächst wichtige Stichwörter an der Tafel, indem Sie einige TN fragen, was sie um 7 Uhr etc. machen. Schreiben Sie diese Stichwörter aber in ungeordneter Reihenfolge auf, so wie in einem Schüttelkasten.
		2. Die TN schreiben aus den Stichwörtern einen Text. Sammeln Sie die Texte ein und korrigieren Sie sie.
		3. *fakultativ:* Die TN lesen den Text ihrer Partnerin / ihrem Partner vor, die/der dazu Fragen stellt. *Binnendifferenzierung:* Geübtere TN lesen ihren Text nicht ab, sondern benutzen den Stichwortzettel und erzählen frei. *Tipp:* In Kursen mit ungeübteren TN sollten Sie diese Übung in gemischten Kleingruppen machen. Dann gibt es immer mehrere TN in der Gruppe, die Fragen stellen können. Ungeübtere TN werden so durch die anderen TN angeregt, bekommen zunächst Beispiele und fangen meistens nach einiger Zeit an, ihrerseits Fragen zu stellen.
33		**Comic: Der kleine Mann: Lachen Sie! (passt z. B. zu C4 und C5)**
	Foto von einem Papagei (Fotokalender, Internet etc.)	1. Die Bücher sind geschlossen. Bringen Sie ein Bild eines Papageis mit. Sammeln Sie mit den TN, was ein Papagei alles machen kann. Halten Sie die Infinitive an der Tafel fest.
		2. Die TN schreiben mithilfe der Infinitive an der Tafel Bitten an den Papagei, z. B. „Bitte sprich doch mal!" Abschlusskontrolle im Plenum. *Variante:* Einige Paare schreiben die Bitten in der 2. Person Singular und einige in der 2. Person Plural.
		3. Die TN lesen den Comic im Buch. Sprechen Sie mit den TN darüber, warum der Papagei im fünften Bild erstaunt aussieht.
		4. Die TN bearbeiten die Aufgabe mit ihrer Partnerin / ihrem Partner, wie im Buch angegeben. *Binnendifferenzierung:* TN, die schneller mit der Übung fertig sind, denken sich weitere Comics mit anderen Tieren aus. Vielleicht gibt es auch gute Zeichner im Kurs, die einen Comic zeichnen, den Sie dann im Kursraum aushängen können. *Musterlösung:* Schreib ein Wort! Sing ein Lied! Steh auf! Pfeif! Mal ein Bild! ...

Wortfelder: Körperteile; Krankheiten; Brief
Grammatik: Possessivartikel: *mein, dein, sein, ihr, unser, ...*; Modalverb: *sollen*; Satzklammer: *Ich soll Schmerztabletten nehmen.*

GESUNDHEIT UND KRANKHEIT

Folge 10: Unsere Augen sind so blau.

Seite/Aufgabe	Material	Aufbau
34/1		**Vor dem Hören: Einstieg in das Thema „Gesundheit und Krankheit"**
		1. Die Bücher sind geschlossen. Fragen Sie einen TN: „Wie geht es Ihnen heute?" Antwortet er mit „Gut!", sagen Sie: „Ah, Khadir geht es gut. Er ist gesund." Schreiben Sie „gesund" und „die Gesundheit" an die Tafel. Fassen Sie sich dann an den Rücken und machen ein schmerzverzerrtes Gesicht. Sagen Sie: „Oh, mir geht es gar nicht gut. Ich bin krank." Schreiben Sie „krank" und „die Krankheit" an die Tafel.
	Plakate	2. Teilen Sie den Kurs in zwei Gruppen. Beide Gruppen erhalten ein Plakat. Die erste Gruppe schreibt „krank" und „die Krankheit" auf das Plakat, die andere Gruppe „gesund" und „die Gesundheit". Geben Sie den Gruppen fünf bis zehn Minuten Zeit, alle Wörter oder Sätze zu notieren, die den Gruppen zu ihrem Thema einfallen. Machen Sie den TN klar, dass das Thema jeweils ganz weit gefasst ist und nicht nur Krankheiten aufgezählt werden sollen, sondern auch Wörter wie z. B. „Krankenhaus".
	Plakate	3. Die Gruppen tauschen ihre Plakate und sehen sich an, was die andere Gruppe notiert hat.
	Folie/IWB	4. Die TN sehen sich die Fotos im Buch an. Fragen Sie: „Wo sind Lara und Laras Freundin Ioanna?", „Was ist passiert?" Die TN stellen im Plenum Vermutungen an.
	Folie/IWB	5. Stellen Sie weitere Fragen anhand der Wörter, z. B. „Wo sehen Sie einen Arzt?" oder „Wo ist die Notaufnahme?" Die TN deuten auf die entsprechenden Fotos. Gehen Sie abschließend auf den neuen Wortschatz wie „Schmerztablette" und „Wartebereich" ein. Erklären Sie, dass es im Krankenhaus einen Wartebereich, in einer Arztpraxis aber ein Wartezimmer gibt. *Lösung:* der Klub: Foto 1; die Notaufnahme: Foto 3, 8; der Arzt: Foto 4, 5, 6, 8; der Wartebereich: Foto 4, 7; die Schmerztablette: Foto 6
		6. Fragen Sie die TN, was sie auf den Fotos noch zum Thema „Gesundheit und Krankheit" benennen können, z. B. „der Arzt" oder „das Krankenbett". Schreiben Sie die Wörter ggf. mit Artikel an die Tafel.
34/2		**Beim ersten Hören: Die wesentlichen Inhalte verstehen**
	Folie/IWB, CD 3/35–42	Die TN lesen die Sätze und kreuzen anhand der Fotos an. Geübtere TN bearbeiten die Aufgabe in Einzelarbeit. Ungeübtere arbeiten paarweise zusammen. Anschließend hören die TN und vergleichen ihre Lösungen. Gehen Sie bei Bedarf auf neuen Wortschatz wie „Unfall", „Schmerzen" und „kühlen" ein. *Lösung:* Lara: b, c; Laras Freundin Ioanna: a, e; der Arzt: d
		Tipp: Neuer Wortschatz kann anhand von Umschreibungen, pantomimisch oder anhand einer Skizze erklärt werden. Wenn Sie über die technischen Möglichkeiten verfügen, können Sie auch gelegentlich mit Videos aus dem Internet arbeiten, um unbekannte Wörter zu semantisieren, z. B. „Unfall" oder „kühlen". Die TN sehen dann einen authentischen oder auch einen lustigen Kontext, der sich besonders gut einprägt.
35/3		**Beim zweiten Hören: Die Geschichte rekonstruieren**
		1. Die TN lesen das Beispiel. Fragen Sie: „Wie geht die Geschichte weiter?"
		2. Die TN lesen die übrigen Sätze in Einzelarbeit. Warten Sie, bis alle mit dem Lesen fertig sind, und klären Sie, wenn nötig, die neuen Wörter „schlimm", „blaues Auge" und „lustig". Geübtere TN bearbeiten die Aufgabe in Einzelarbeit. Ungeübtere TN arbeiten paarweise zusammen.

	CD 3/35–42	3. Spielen Sie die Foto-Hörgeschichte noch einmal vor. Die TN korrigieren die Reihenfolge selbst. Wenn Sie viele ungeübte TN im Kurs haben, schreiben Sie die Geschichte in der richtigen Reihenfolge an die Tafel. Die TN schreiben das Tafelbild ab und machen sich beim Schreiben den Textzusammenhang noch einmal bewusst. *Lösung:* 3, 1, 2, 5, 4, 7, 6, 8
	KV L10/FHG	4. *fakultativ:* Bilden Sie mehrere Gruppen. Jede Gruppe erhält ein oder zwei Fotos der Foto-Hörgeschichte und die zugehörigen Dialogkärtchen von der Kopiervorlage. Gruppen mit ungeübteren TN bekommen die Sets mit weniger neuem Wortschatz. Die TN lesen die Sätze und bringen sie in eine sinnvolle Reihenfolge. Zur Kontrolle hören sie die Foto-Hörgeschichte noch einmal. Abschließend können die TN die Geschichte mit verteilten Rollen laut vorlesen oder ggf. mit einigen Requisiten wie z. B. blauem Lidschatten, einem Formular etc. nachspielen. Gehen Sie an dieser Stelle noch nicht auf Details ein. Der Wortschatz wird in den folgenden Lernschritten sukzessive erarbeitet. Hier geht es darum, dass die TN den Wortschatz und einzelne Wendungen „ins Ohr bekommen".
35/4		**Nach dem Hören: Die Geschichte kommentieren**
	Folie/IWB, ggf. Wörterbücher	1. Die TN konzentrieren sich auf Foto 8. Fragen Sie: „Warum lachen die beiden Mädchen?" Fragen Sie: „Wie finden Sie Laras Idee?". Notieren Sie als Hilfestellung für die Antwort einige Adjektive, z. B. „witzig", „lustig", „super", „humorvoll" etc., und fordern Sie geübtere TN auf, bei Bedarf weitere Ausdrücke im Wörterbuch nachzuschlagen.
	„Laras Film" Lektion 10	2. Die TN gehen herum und tauschen sich mit wechselnden Partnerinnen / Partnern aus. *Hinweis:* Wenn Sie „Laras Film" nach der Foto-Hörgeschichte einsetzen, fragen Sie die TN vor dem Sehen: „Was macht Lili? Wo spielt Lilis Geschichte? Was ist passiert?" Die TN sehen „Laras Film" und machen sich Notizen. Klären Sie im Anschluss neuen Wortschatz, wie „Hals", „tut weh" und „Halsschmerzen". Sie können dabei eine Parallele zur Foto-Hörgeschichte herstellen, indem Sie sagen: „Ioannas Auge tut weh. Sie hat Augenschmerzen."
	„Laras Film" Lektion 10	In „Laras Film" spielt Lili im ersten Teil mit ihrem Teddy eine Szene beim Arzt und berichtet im zweiten Teil, was der Arzt gesagt/empfohlen hat. Sie können den Film am Ende der Foto-Hörgeschichte zur Erweiterung des Wortschatzes, nach A3 zur Festigung des neuen Wortschatzes oder vor C1 zur Wiederholung der Anweisungen/Ratschläge mit „sollen" einsetzen.

SCHRITT A: IHR AUGE TUT WEH!

Die Possessivartikel: *mein, dein, sein, ihr, Ihr*

Lernziel: Die TN können Körperteile benennen und über das Befinden sprechen.

Seite/Aufgabe	Material	Aufbau
36/A1		**Präsentation des Wortfelds „Körperteile"**
a	Ball	1. Werfen Sie einem TN einen Ball zu und fragen Sie: „Wie heißt das auf Deutsch?", während Sie z. B. auf Ihre Nase deuten. Erfahrungsgemäß können die TN bereits einige Körperteile auf Deutsch benennen. Der befragte TN setzt die Fragerunde mit dem Ball fort. Notieren Sie alle Körperteile, die von den TN genannt werden, mit dem bestimmten Artikel und in der entsprechenden Farbe an der Tafel.
	Folie/IWB	2. Die TN sehen sich die Zeichnung im Buch an und ordnen die Körperteile in Einzelarbeit zu. Ungeübtere TN arbeiten zu zweit. Abschlusskontrolle im Plenum. *Lösung:* 2 der Mund, 3 das Ohr, 6 der Arm, 7 der Finger, 11 das Bein, 15 der Kopf

		3. *fakultativ:* Um den neuen Wortschatz mit den TN einzuüben, stellen sich alle in einem Kreis auf. Nennen Sie ein Körperteil. Die TN zeigen nun mit der Hand auf ihr entsprechendes Körperteil. Damit das Spiel nicht langweilig wird, können Sie nach und nach das Tempo erhöhen. *Hinweis:* Zur Vorbereitung auf den b-Teil der Aufgabe können Sie in einer späteren Runde das Spiel auch mit „mein(e)" spielen. Sie sagen: „mein Kopf". Die TN fassen sich an ihren Kopf und wiederholen: „mein Kopf"
		4. *fakultativ:* Die TN üben die Wörter weiter in einem Partnerdiktat: Dazu diktieren sie sich abwechselnd die Wörter. Die Partnerin / Der Partner zeichnet das diktierte Wort. Diese Übung können Sie auch zur Wiederholung am nächsten Kurstag einsetzen.
		Tipp: Zeigen Sie den TN, wie man mit Vokabelkärtchen Wortschatz lernen kann. Bringen Sie dazu einige Karten als Beispiel mit und zeichnen Sie z. B. auf die Vorderseite ein Auge und schreiben Sie auf die Rückseite „das Auge, -n". Oder schreiben Sie auf eine Seite das jeweilige Körperteil auf Deutsch und auf die Rückseite z. B. die englische Entsprechung. Die TN notieren später die muttersprachliche Entsprechung auf der Rückseite. Sie können auch auf der Vorderseite ein Nomen notieren, beispielsweise „das Auge", und auf der Rückseite passende Verben, hier z. B. „sehen", „ansehen", „fernsehen", „lesen" etc. Oder Sie schreiben auf eine Seite das Wort im Singular, z. B. „das Auge" und auf die andere im Plural, z. B. „die Augen". Die TN fertigen anschließend in Kleingruppen selbst Lernkarten für das Wortfeld „Körper" an und üben damit in der Gruppe, indem sie sich gegenseitig abfragen. Legen Sie für den Kurs z. B. aus Teebeutelschachteln kleine Karteikästen an. Die TN, die mit einer Aufgabe schneller fertig sind, basteln zukünftig sukzessive für jedes neue Wortfeld selbst Karten und legen sie in einer Schachtel im Kursraum ab. Wer dann später mit einer Aufgabe schneller fertig ist als die anderen, kann dann mithilfe der Kärtchen selbstständig Wortschatz wiederholen.
b		5. Wiederholen Sie mit den TN ggf. kurz an der Tafel den Possessivartikel „mein", indem Sie einige Beispiele an die Tafel schreiben: „der Hals – mein Hals, das Ohr – mein Ohr, die Nase – meine Nase, die Ohren – meine Ohren" *Hinweis:* Zur Wiederholung des Possessivartikels „mein" können Sie hier den Film „Alfons, der Hypochonder" aus „Zwischendurch mal ..." (Kursbuch, S. 45) einsetzen.
		6. Die TN lesen die Aufgabe und schreiben in Einzelarbeit. Gehen Sie herum und helfen Sie bei Schwierigkeiten. Abschlusskontrolle im Plenum. *Lösung:* 2 Mein Bein tut weh! 3 Mein Fuß tut weh! 4 Mein Bauch tut weh! 5 Mein Rücken tut weh! 6 Meine Hand tut weh! *Hinweis:* An dieser Stelle passt thematisch das Audiotraining 1.
	KV L10/A1	7. *fakultativ:* Mithilfe der Kopiervorlage können Sie mit Ihren TN die Körperteile und die Redemittel „Über das Befinden sprechen: Mein Auge tut weh!" einüben. Jeder TN erhält eine Karte mit einem Körperteil. Schreiben Sie die Redemittel „Was tut Ihnen weh?", „Was tut dir weh?" sowie „Mein/e ... tut weh." und „Mein ... tun weh." an die Tafel. Die TN bewegen sich mit ihren Kärtchen im Raum und tauschen sich mit wechselnden Partnerinnen/Partnern über ihr Befinden aus. Dabei tauschen sie laufend die Kärtchen.
	AB 1–2	Die TN machen die Übungen in Einzelarbeit im Kurs oder als Hausaufgabe.
	AB 3	Die TN wiederholen den Possessivartikel „mein" , den sie bereits aus *Schritt für Schritt in Alltag und Beruf 1* / Lektion 2 kennen.
37/A2		**Einführung des Possessivartikels *sein* und *ihr*: Über das Befinden anderer sprechen**
	AB 4	Die TN machen die Übung im Kurs. Sie wiederholen die Possessivartikel „mein", „dein", „Ihr", die sie bereits aus *Schritt für Schritt in Alltag und Beruf 1* / Lektion 2 kennen.
a	Folie/IWB	1. Deuten Sie auf Foto A und fragen Sie: „Was tut Simon weh?" Ein TN liest das Beispiel vor. Deuten Sie auf die Markierung und bitten Sie die TN, auch im zweiten Satz entsprechend zu markieren. Die TN lesen in Einzelarbeit Beispiel B und markieren entsprechend. Gehen Sie herum und helfen Sie bei Schwierigkeiten.

b	Folie/IWB	2. Die TN ergänzen ihren Markierungen entsprechend die Possessivpronomen im Grammatik-Kasten. Anschließend Kontrolle im Plenum. Fragen Sie dabei die TN, ob Simon männlich oder weiblich ist, bei Milena ebenso. Machen Sie deutlich, dass bei männlichen Personen immer „sein(e)" und bei weiblichen immer „ihr(e)" benutzt wird. Der Transfer auf das jeweilige grammatikalische Geschlecht erfolgt später. *Lösung:* maskulin: sein Bein; feminin: ihr Kopf, ihre Ohren Verweisen Sie an dieser Stelle auch auf die Redemittelübersicht „Über das Befinden sprechen: Mein Auge tut weh!" in der Rubrik „Kommunikation" (Kursbuch, S. 43) und die zugehörige Übung. Abschlusskontrolle im Plenum. *Musterlösung:* Mein Ohr tut weh., Ich habe Ohrenschmerzen., Mein Hals tut weh., Ich habe Halsschmerzen., Meine Nase tut weh., Ich habe Schnupfen., Mein Kopf tut weh., Ich habe Kopfschmerzen., Mein Bein tut weh., Ich habe Fieber., Ich bin krank.
		3. Schreiben Sie an die Tafel: Simon ist krank. — **Sein** Arm tut weh. — der / **ein** / **kein** Arm **Sein** Bein tut weh. — das / **ein** / **kein** Bein **Seine** Hand tut weh. — die / **eine** / **keine** Hand **Seine** Ohren tun weh. — die / - / **keine** Ohren Machen Sie anhand des Tafelbilds deutlich, dass sich die Possessivartikel genauso wie „ein-" bzw. „kein-" nach dem Wort richten, vor dem sie stehen. Verweisen Sie auch auf die Grammatik-Kästen im Buch und verdeutlichen Sie, dass die Wahl des Possessivartikels „mein", „sein", „ihr" etc. von der jeweiligen Person abhängt, auf die er sich bezieht (also: Ist sie männlich oder weiblich?), dass sich aber die Endung des Possessivartikels nach dem Genus und dem Numerus des folgenden Nomens richtet. Dies wird durch die farbigen Genuspunkte bzw. die Pfeile im rechten Grammatik-Kasten noch einmal veranschaulicht.
	AB 5–9	Die TN machen die Übungen in Einzelarbeit im Kurs oder als Hausaufgabe.
37/A3		**Anwendungsaufgabe zu den Possessivartikeln *sein* und *ihr***
	„Laras Film" Lektion 10	1. Deuten Sie auf Bild A und fragen Sie: „Was tut der Person weh?" Die TN antworten mit dem Beispiel. Klären Sie anschließend, ob es sich bei den Personen um einen Mann oder eine Frau handelt, um die Wahl des richtigen Possessivartikels zu erleichtern. Geübtere TN bearbeiten die Aufgabe in Einzelarbeit. Ungeübtere TN arbeiten paarweise zusammen. Abschlusskontrolle im Plenum. *Lösung:* B sein Hals, C ihre Ohren, D seine Hand, E ihr Bein, F seine Augen *Hinweis:* An dieser Stelle bietet es sich an, mit „Laras Film" zu arbeiten. Konzentrieren Sie sich dabei auf die erste Hälfte und gehen Sie noch nicht näher auf die Ratschläge in der zweiten Hälfte ein. Das Modalverb „sollen" wird erst in Lernschritt C thematisiert.
		2. *fakultativ:* Wenn Sie die Possessivartikel weiter üben möchten, arbeiten die TN in Kleingruppen weiter. Ein TN hält sich ein Körperteil, wie in der Aufgabe A3; die anderen sagen, was dem TN weh tut. Gehen Sie herum und helfen Sie bei Schwierigkeiten.
37/A4		**Aktivität im Kurs: Figuren beschreiben**
		1. Die Bücher sind geschlossen. Wiederholen Sie mit den TN Adjektive. Fragen Sie: „Wie kann eine Nase sein?" und machen Sie dazu eine Geste, die eine lange Nase symbolisiert. Warten Sie auf Zurufe. Schreiben Sie das Adjektiv / die Adjektive an die Tafel, „lang", „breit" usw. Verfahren Sie mit anderen Körperteilen ebenso.
		2. Die TN arbeiten in Kleingruppen. Ein TN sucht sich eine Figur aus A4 aus und beschreibt sie. Die anderen raten, welche Figur er beschreibt. Dann wird gewechselt. *Hinweis:* Schnellere TN zeichnen eigene Figuren und beschreiben sie. Die Figuren können auch im Kursraum ausgehängt werden.

	AB 10 AB-CD 2/14–15	Die TN machen die Übung im Kurs. Hier können Sie mit den TN den Laut „h“ üben, falls dieser in der Sprache der TN nicht existent ist. Bitten Sie die TN, sich vorzustellen, sie würden joggen und dabei stark ausatmen: „Hhhuuhh.“ Die TN atmen aus. Atmen Sie wieder und lassen Sie den Atem in das Wort „Hals“ übergehen. Die TN machen es Ihnen nach. Eine andere Möglichkeit ist, dass die TN sich ein Blatt Papier vor den Mund halten und „als“ sagen. Das Papier sollte sich nicht bewegen. Dann atmen die TN aus „Hhhhaus“, das Papier bewegt sich. Aber hier geht es nicht nur um „h“ als Anlaut, sondern auch um das Dehnungs-h, das normalerweise nicht gesprochen wird, also nicht zu hören ist. Das „h“ macht den Vokal/Umlaut vor ihm länger, aber man hört es nicht.

SCHRITT B: UNSERE AUGEN SIND SO BLAU.

Die Possessivartikel: *unser, euer, ihr*

Lernziel: Die TN können über das Befinden sprechen.

Seite/Aufgabe	Material	Aufbau
38/B1		**Leseverstehen: Den wesentlichen Inhalt verstehen**
a	Folie/IWB	1. Deuten Sie auf die Nachrichten und fragen Sie die TN, woher sie solche Texte kennen. Es sollte klar werden, dass es sich um einen Chatverlauf handelt. Fragen Sie dann: „Worum geht es?“ Die TN lesen den Chat in Einzelarbeit und kreuzen an. Ungeübtere TN arbeiten zu zweit. Abschlusskontrolle im Plenum. *Lösung:* den Abend im Klub – ein Lied – die Freunde und ihre Kinder
		2. Stellen Sie im Plenum weitere Fragen zum Verständnis der Stichworte: „Wann waren Lara und Ioanna im Klub?“, „Welches Lied ist gemeint?“, „Welche Freunde?“, „Was ist mit den Kindern?“
b		3. Deuten Sie auf die Markierung im Text und die Ergänzung im Grammatik-Kasten. Fordern Sie die TN auf, alle Formen von „unser“ im Text zusammen mit dem zugehörigen Nomen zu markieren und den Grammatik-Kasten weiter zu ergänzen. Geübtere TN lösen die Aufgabe in Einzelarbeit, ungeübtere TN arbeiten paarweise zusammen. Verfahren Sie mit „euer“ und „ihr“ ebenso.
		4. Fragen Sie nach dem bestimmten Artikel von „Abend“, „Lied“, „Freundin“, „Augen“ und „Kinder“ und veranschaulichen Sie noch einmal den Zusammenhang mit den Endungen des Possessivartikels, den sich die TN bereits in Lernschritt A bewusst gemacht haben. Machen Sie die TN besonders auf die Sonderformen von „euer“, nämlich „eure“ bei femininen Nomen und Nomen im Plural aufmerksam. Weisen Sie sie auch auf die Grammatikübersicht 1 (Kursbuch, S. 42) hin. Abschlusskontrolle im Plenum. *Lösung:* unser Abend, unser Lied, unsere Augen/Kinder, ihre Augen/Kinder *Hinweis:* Hier wird zunächst nur der Nominativ eingeführt. Mit dem Akkusativ machen die TN sich nach B3 mit der Übung 13 im Arbeitsbuch vertraut.
	AB 11	Die TN machen die Übung in Einzelarbeit im Kurs oder als Hausaufgabe.
38/B2		**Hörverstehen: Den wesentlichen Inhalt von Sprachnachrichten verstehen**
a	CD 3/43–45	1. Die TN lesen zunächst die Personen zu Nachricht 1. Dann hören die TN die Nachricht und umkreisen, wer spricht. Ggf. hören die TN die Nachricht mehrmals. Verfahren Sie mit Nachricht 2 und 3 ebenso. Abschlusskontrolle im Plenum. *Lösung:* 1 die Ehefrau; 2 eine Kollegin; 3 ein Kollege
b	Folie/IWB, CD 3/43–45	2. Die TN hören die Nachrichten noch einmal und ergänzen die Sätze. Abschlusskontrolle im Plenum. *Lösung:* 1 Ihre, 2 euer, 3 Unser

		3. Stellen Sie im Plenum weitere Fragen zu den Nachrichten: „Welche Kinder sind krank?“, „Warum war Heike nicht bei dem Termin dabei?“, „Wohin will Amar gehen?“ etc.
	AB 12	Die TN machen die Übung in Einzelarbeit im Kurs oder als Hausaufgabe.
38/B3		**Aktivität im Kurs: Paare im Kurs suchen**
		1. Die TN lesen das Beispiel im Buch. Machen Sie dann ein Beispiel für sich und eine/einen TN aus dem Kurs.
		2. Die TN gehen im Kursraum herum und suchen Gemeinsamkeiten mit anderen TN und machen sich Notizen. Setzen Sie dazu eine Zeit, z. B. fünf Minuten, fest.
		3. Die TN berichten im Plenum über ihre Gemeinsamkeiten.
		4. *fakultativ:* Die TN berichten nun spontan, welche TN Gemeinsamkeiten haben, und benutzen dazu „eure“: „Khalid und Mohamad: Eure Hosen sind beide blau.“
	AB 13, Folie/IWB	Die TN machen die Übung im Kurs. Sie lesen Übung a und markieren „mein-, dein-, unser-, eu(e)r-“. Danach ergänzen sie die Tabelle in b. Geübtere TN lösen die Übung in Einzelarbeit. Ungeübte TN arbeiten paarweise zusammen. Gehen Sie herum und helfen Sie bei Schwierigkeiten. Zeigen Sie dann die Tabelle aus b auf Folie / dem IWB und lenken Sie die Aufmerksamkeit der TN zunächst auf die Analogie der Endungen des unbestimmten Artikels und des Possessivartikels. Zeigen Sie dies anhand von „einen“, „meinen“, „seinen“ und „ihren“ in der Tabelle. Erinnern Sie die TN daran, dass Verben wie „dabei haben“, „haben“ und „vergessen“ den Akkusativ nach sich ziehen und die Possessivartikel hier deshalb ebenfalls im Akkusativ stehen müssen. Machen Sie, wenn nötig, weitere Beispielsätze mit den TN: „Fatma und Lin machen ihre Hausaufgaben heute zusammen.“, „Lea und ich trinken unseren Tee in der Pause.“ etc.
	AB 14	Die TN machen die Übung in Einzelarbeit im Kurs oder als Hausaufgabe.

SCHRITT C: ICH SOLL SCHMERZTABLETTEN NEHMEN.

Das Modalverb *sollen;* Satzklammer

Lernziel: Die TN können Anweisungen und Ratschläge verstehen und geben.

Seite/Aufgabe	Material	Aufbau
39/C1		**Präsentation des Modalverbs *sollen***
		1. Die Bücher sind geschlossen. Erinnern Sie die TN an Ioannas blaues Auge. Fragen Sie die TN, was Ioanna für ihr Auge tun kann. Halten Sie Stichwörter an der Tafel fest und die Namen, wer den Vorschlag gemacht hat. Wenn die TN zunächst keine Idee haben, geben Sie ein Beispiel vor und notieren Sie an der Tafel: „zu Hause bleiben (Lehrerin)“, „nicht fernsehen (Hamid)“, ...
		2. Die TN schlagen die Bücher auf. Fragen Sie: „Was hat der Doktor gesagt?“ Ein TN liest die Sprechblase des Arztes laut vor, ein anderer TN Ioannas Sprechblase. Machen Sie deutlich, dass „Nehmen Sie Schmerztabletten.“ eine direkte Aufforderung des Arztes an Ioanna ist und „Der Doktor sagt: Ich soll Schmerztabletten nehmen.“ die Wiedergabe der Aufforderung, der Arzt hier aber nicht mehr da ist. Weisen Sie dann auf die Satzklammer im Grammatik-Kasten und in der Grammatikübersicht 3 (Kursbuch, S. 42) hin, die den TN bereits von den anderen Modalverben (vgl. *Schritt für Schritt in Alltag und Beruf 1* / Lektion 7 und *Schritt für Schritt in Alltag und Beruf 2* / Lektion 9) bekannt ist.
		3. Klären Sie bei Bedarf den Ausdruck „ein paar Schritte gehen“, bevor die TN die übrigen Beispiele bearbeiten. Geübtere TN lösen die Aufgabe in Einzelarbeit. Ungeübtere TN arbeiten paarweise zusammen. Machen Sie, wenn nötig, mit den TN gemeinsam ein weiteres Beispiel. Abschlusskontrolle im Plenum. Schreiben Sie die Lösung auch an die Tafel. *Lösung:* Ich soll gleich ins Bett gehen. Ich soll ein paar Schritte gehen. Ich soll bei Problemen wieder ins Krankenhaus kommen. Ich soll das Auge kühlen.

		4. Weisen Sie auf die Beispiele der TN an der Tafel und fragen Sie: „Was hat der Lehrer gesagt?" Ein TN antwortet, indem er das neue Modalverb benutzt: „Der Lehrer hat gesagt, ich soll zu Hause bleiben." Bleiben Sie hier zunächst bei der ich-Form. Sollte ein TN den Transfer zu „Ioanna soll zu Hause bleiben." machen, akzeptieren Sie das natürlich. Halten Sie in dem Fall beide Formen „ich soll" und „er/sie soll" an der Tafel fest.
	„Laras Film" Lektion 10	*Hinweis:* An dieser Stelle können Sie mit „Laras Film" arbeiten und die TN notieren lassen, was „Frau Doktor" Lili dem „Patienten" rät.
39/C2		**Variation: Anwendungsaufgabe zum Modalverb *sollen***
	Folie/IWB	1. Die TN sehen sich das Foto an. Klären Sie gemeinsam die Situation, indem Sie z. B. fragen: „Wo sind die Personen?", „Wie geht es der alten Frau?" und „Was macht die Krankenschwester?"
	CD 3/46	2. Die TN hören das Gespräch und lesen mit. Anschließend lesen sie das Gespräch zu zweit mit Flüsterstimme und tauschen auch die Rollen.
		3. Die TN variieren die hellblau markierten Satzteile. Weisen Sie auch auf den Grammatik-Kasten hin, insbesondere auf die endungslosen Formen in der 1. und 3. Person Singular, einem Charakteristikum der Modalverben. Machen Sie die TN außerdem darauf aufmerksam, dass die Formen der 1. und 3. Person Singular von „sollen" – wie bei den anderen Modalverben – identisch sind. Verweisen Sie auch auf die Grammatikübersicht 2 (Kursbuch, S. 42). Die kleine Schreibübung können die TN als Hausaufgabe machen. *Musterlösung:* soll, soll, sollen *Hinweis:* An dieser Stelle passen das Audiotraining 2 und das Videotraining 2.
	AB 15–16	Die TN machen die Übungen im Kurs. Sie ergänzen in Übung 15 die Formen von „sollen" und tragen die Sätze dann in das Schema in Übung 16 ein, sodass die Modalverben und der Infinitiv in den unterlegten Feldern stehen und die TN sich die Satzklammer so noch einmal bewusst machen. Geübtere TN lösen Übung 16 in Einzelarbeit. Ungeübtere TN arbeiten paarweise zusammen. Gehen Sie herum und helfen Sie bei Schwierigkeiten.
	AB 17	Die TN machen die Übung in Einzelarbeit im Kurs oder als Hausaufgabe.
39/C3		**Aktivität im Kurs: Gesundheitstipps geben**
a		1. Die TN lesen in Einzelarbeit die Probleme und schreiben vier Sätze. Klären Sie, wenn nötig, die „neuen" Krankheiten. Gehen Sie herum und helfen Sie bei Schwierigkeiten.
b		2. Sammeln Sie mit den TN zunächst eigene Tipps, die die TN bei Fieber, Halsschmerzen, Schnupfen und Husten kennen. Halten Sie sie in Stichworten an der Tafel fest. Dann lesen die TN die Tipps im Buch. Klären Sie ggf. unbekannten Wortschatz.
		3. Lesen Sie gemeinsam mit den TN das Beispielgespräch und machen Sie zusammen ein oder zwei weitere Beispiele. Verweisen Sie an dieser Stelle auch auf die Redemittelübersichten „Über das Befinden sprechen: Mein Auge tut weh!" und „Anweisungen geben: Kühlen Sie das Auge" in der Rubrik „Kommunikation" (Kursbuch, S. 43) und die zugehörigen kleinen Übungen rechts, die die TN als Hausaufgabe bearbeiten können.
		4. In Kleingruppen zu viert geben die TN sich gegenseitig Ratschläge. Ungeübtere TN konzentrieren sich auf die Beispiele im Buch und wiederholen diese ggf. in der Gruppe. Geübtere TN verwenden auch die Tipps von der Tafel und können sich selbstständig weitere Gesundheitsprobleme ausdenken. Gehen Sie herum und helfen Sie bei Schwierigkeiten. *Hinweis:* Hierzu passt thematisch der Lesetext „Hilfe holen – Tipps für den Notfall" aus „Zwischendurch mal ..." (Kursbuch, S. 44).

	KV L 10/C3 im Lehrwerk-service	5. *fakultativ:* Zur Erweiterung der Aktivität können Sie die Kopiervorlage im Lehrwerk-service unter www.hueber.de/schritt-fuer-schritt einsetzen. Schneiden Sie die „Problemkärtchen" einzeln aus und teilen Sie jeder Vierergruppe ein Kartenset mit den Gesundheitsproblemen und den Gesundheitstipps aus. Klären Sie anhand eines Beispiels, dass man entweder sagen kann, „Ich habe Halsschmerzen." oder „Mein Hals tut weh." Schreiben Sie dann folgendes Musterbeispiel an die Tafel: Patient/in: Ich habe Halsschmerzen. /Mein Hals tut weh. Was soll ich tun? Arzt/Ärztin: Trinken Sie Tee. Patient/in: Wie bitte? Was hat die Ärztin/der Arzt gesagt? Praxishelfer/in: Die Ärtzin/Der Arzt hat gesagt, Sie sollen Tee trinken. Patient/in: Wie bitte? Freund/in: Die Ärztin/Der Arzt hat gesagt, du sollst Tee trinken. Die TN ziehen reihum eine Problemkarte und bitten um Rat. Einer schlüpft in die Rolle der Ärztin/des Arztes, ein anderer in die der Praxishelferin/des Praxishelfers bzw. der Freundin/des Freundes, die/der die Anweisung umformuliert. Auf diese Weise wird auch die Bedeutung von „sollen" noch einmal deutlich. Die TN wechseln ständig die Rollen, bis alle Problemkarten verbraucht sind. Schnelle Gruppen können sich weitere Beispiele ausdenken.
	AB 18, 20–21	Die TN machen die Übungen in Einzelarbeit im Kurs oder als Hausaufgabe.
	AB 19, AB-CD 2/16	Die TN machen die Übung im Kurs. Sie lesen zunächst die Übung und hören dann das Gespräch so oft wie nötig. Besprechen Sie auch die Lösungen. *Tipp:* Manchmal kann es den TN, die Schwierigkeiten mit solchen Höraufgaben haben, helfen, wenn sie das Gespräch noch einmal hören, nachdem im Plenum die Lösung bereits besprochen wurde.

SCHRITT D: KRANKSCHREIBUNG

Lernziel: Die TN können sich telefonisch und schriftlich krankmelden.

Seite/Aufgabe	Material	Aufbau
40/D1		**Hörverstehen: Ein Telefongespräch verstehen**
		1. Die Bücher sind geschlossen. Sprechen Sie mit den TN darüber, was sie tun müssen, wenn sie krank sind und eigentlich zur Arbeit oder zum Deutschkurs müssen.
	CD 3/47	2. Die TN schlagen die Bücher auf. Fragen Sie: „Was ist richtig?" Die TN lesen die Antworten und hören das Telefongespräch so oft wie nötig und kreuzen die passenden Antworten an. Abschlusskontrolle im Plenum. *Lösung:* richtig: b, c
	Folie/IWB	3. Klären Sie mit den TN die Begriffe „Krankschreibung" und „Krankmeldung". Sehen Sie sich dazu gemeinsam mit den TN das ärztliche Attest an. Fragen Sie: „Welche Informationen bekommt die Firma?" Sammeln Sie die Stichwörter mit Artikel an der Tafel. Schreiben Sie auch „die Krankschreibung, -en" und „die Krankmeldung" an die Tafel. Erklären Sie, dass man sich am ersten Tag beim Arbeitgeber krankmelden und spätestens am dritten Krankheitstag in Folge ein ärztliches Attest (= Krankschreibung) vorlegen muss.
	AB 22–23, AB-CD 2/17	Die TN machen die Übungen in Einzelarbeit im Kurs oder als Hausaufgabe.
40/D2		**Präsentation der Formalia eines Briefes im formellen Register**
		1. Geben Sie den TN zunächst Gelegenheit, den Brief im Buch zu lesen. Erklären Sie an dieser Stelle keinen Wortschatz. Fragen Sie: „Warum kommt Frau Dollner nicht in die Firma?", „Wie lange kann sie nicht kommen?" und „An wen schreibt Gabi?". Klären Sie die Antworten im Plenum.

	Folie/IWB	2. Zeigen Sie den Brief auf Folie / dem IWB. Ein TN liest die Begriffe neben dem Brief laut vor. Deuten Sie auf „der Absender" und auf die entsprechende Stelle im Brief. Fragen Sie dann: „Was ist Nr. 2?" und tragen Sie die Nummer auf Zuruf ein. Die TN ordnen dann die übrigen Begriffe zu. Geübtere TN lösen die Aufgabe in Einzelarbeit. Ungeübtere TN arbeiten paarweise zusammen. Fordern Sie zur Abschlusskontrolle einen TN auf, Nr. 3 zu markieren und den Stift dann an jemand anderen weiterzugeben. Die übrigen TN vergleichen mit ihren Lösungen. *Lösung:* 1 der Absender, 2 der Empfänger, 3 die Straße, 4 die Hausnummer, 5 die Postleitzahl, 6 der Betreff = der Inhalt, 7 der Ort, 8 das Datum, 9 die Anrede, 10 der Gruß, 11 die Unterschrift
		3. Die TN haben jetzt ein vollständiges Muster und die richtige Reihenfolge der Bausteine eines formellen Briefes. Machen Sie deutlich, dass diese Formalia in einem formellen Brief eingehalten werden sollten. Weisen Sie die TN auch auf die Rubrik „Eine Krankschreibung: Leider kann ich nicht kommen." auf der Kommunikationsseite (Kursbuch, S. 43) hin.
	AB 24–25	Die TN machen die Übungen in Einzelarbeit im Kurs oder als Hausaufgabe.
40/D3		**Schreiben: Eine Krankmeldung schreiben**
	Folie/IWB	1. Die TN lesen die Aufgabe im Buch. Fragen Sie: „Warum können Sie nicht zur Arbeit kommen?", um sicherzustellen, dass alle die Aufgabe verstanden haben. Fragen Sie weiter: „Wohin schreiben Sie Ihren Namen und Ihre Adresse?" Ein TN zeigt die entsprechende Stelle in D2. Der Brief in D2 dient den TN als formale Vorlage für die Schreibaufgabe. Verweisen Sie an dieser Stelle noch einmal auf die Redemittel „Eine Krankmeldung: Leider kann ich nicht kommen." in der Rubrik „Kommunikation" (Kursbuch, S. 43).
	KV L10/D3	2. *fakultativ:* Um den TN das Schreiben der Krankmeldung in Form eines formellen Briefs zu erleichtern, können Sie die Kopiervorlage austeilen. Kopieren Sie sie auch auf Folie. Fragen Sie: „Wohin schreiben Sie Ihren Namen und Ihre Adresse?" und notieren Sie dann exemplarisch den Absender eines TN an der entsprechenden Stelle auf der Folie. Stellen Sie ggf. weitere Fragen wie: „Was ist der Betreff?" oder „Wie heißt die richtige Anrede?" Notieren Sie die Informationen zusammen mit den TN auf der Folie. Die TN ergänzen die übrige Vorlage in Einzelarbeit oder in Partnerarbeit. Verweisen Sie an dieser Stelle noch einmal explizit auf den Musterbrief in D2, an dem sich die TN orientieren können.
		3. Sammeln Sie alle Briefe ein und korrigieren Sie sie. Am nächsten Tag sehen sich die TN die Korrekturen an und schreiben ihre Briefe noch einmal richtig. So haben sie immer einen Musterbrief zur Hand, an dem sie sich im Alltag orientieren können. *Hinweis:* An dieser Stelle bietet es sich an, mit dem Film „Alfons, der Hypochonder" aus „Zwischendurch mal ..." (Kursbuch, S. 45) zu arbeiten, um das Thema „krank sein" noch einmal auf humorvolle Art und Weise aufzugreifen.
	AB 26–27	Die TN machen die Übungen in Einzelarbeit im Kurs oder als Hausaufgabe.

SCHRITT E: ANRUF BEIM ARZT

Lernziel: Die TN können einen Termin vereinbaren.

Seite/Aufgabe	Material	Aufbau
41/E1		**Hörverstehen: Anruf beim Arzt**
	CD 3/48	Fragen Sie: „Wo ruft der Mann an?" und „Was möchte der Mann?" Die TN lesen zuerst die Antworten in a und b, hören dann das Telefongespräch so oft wie nötig und kreuzen an. Abschlusskontrolle im Plenum. *Lösung:* a in der Praxis, b einen Termin bekommen

41/E2		**Hörverstehen: Telefonische Terminvereinbarung**
		1. Die TN lesen die Zeitadverbien „heute“, „sofort“ und „gleich“ im Schüttelkasten. Gehen Sie zunächst noch nicht auf deren Bedeutung ein. Die TN können sie hier aus dem Kontext selbst erschließen.
	KV L 10/E2 im Lehrwerkservice	*fakultativ:* Zur Unterstützung dieser Aktivität können Sie auf die Kopiervorlage im Lehrwerkservice unter www.hueber.de/schritt-fuer-schritt zurückgreifen. Schneiden Sie die Dialogteile aus. Lerngewohnte TN ordnen den Dialog in Einzelarbeit, lernungewohntere TN bringen den Dialog in Partnerarbeit oder in Gruppenarbeit in die richtige Reihenfolge. Anschließend hören sie den Dialog zur Kontrolle und vergleichen.
	CD 3/48	2. Die TN hören das Telefongespräch aus E1 noch einmal, lesen im Buch mit und ergänzen die Zeitadverbien. Abschlusskontrolle im Plenum. *Lösung:* heute, sofort, gleich
		3. Gehen Sie dann auf neuen Wortschatz wie „Notfall“, „dringend“ und „Versichertenkarte“ ein und stellen Sie sicher, dass die Bedeutung der Zeitadverbien erfasst wurde. Machen Sie ggf. weitere Beispiele mit „sofort“ und erklären Sie, dass „Bis gleich.“ eine feste Wendung ist (genauso wie „Bis später.“, „Bis morgen.“, „Bis nächste Woche.“). Zur Veranschaulichung der unterschiedlichen Zeitspannen bis zum Wiedersehen können Sie die Ausdrücke an der Tafel auf einen Zeitstrahl eintragen. „Bis gleich!“ „Bis später!“ “Bis morgen!“ „Bis nächste Woche!“ jetzt/heute: ⟶
		4. Die TN lesen und/oder spielen das Gespräch mehrmals mit verteilten Rollen, um das Muster zu memorieren. Den TN werden hier wesentliche Redemittel an die Hand gegeben, die sie für Telefonate mit einer Arztpraxis benötigen. Verweisen Sie an dieser Stelle auch auf die Redemittel „Einen Termin vereinbaren: Könnte ich bitte einen Termin haben?“ in der Rubrik „Kommunikation“ (Kursbuch, S. 43). *Hinweis:* An dieser Stelle passen das Audiotraining 3 und das Videotraining 1.
41/E3		**Telefonisch einen Termin beim Zahnarzt ausmachen**
a	 KV L10/E3	1. Kopieren Sie die zwei Gesprächssituationen mehrmals auf farbigen Karton. Zerschneiden Sie die Kopien so, dass alle Paare ein Kartenset erhalten. *fakultativ:* Zusätzlich können Sie an geübte TN die Gesprächssituationen der Kopiervorlage verteilen, die das Thema „Terminvereinbarung“ mit anderen Situationen erweitert. Auf diese Weise lernen die TN, die Redemittel zur Terminvereinbarung auch in neuen Kontexten anzuwenden. Außerdem wird dann im weiteren Verlauf nicht zu oft dasselbe Telefongespräch präsentiert und es bleibt für alle bis zum Schluss interessant.
		2. Die TN schreiben mit ihrer Partnerin / ihrem Partner zusammen ein Telefongespräch wie in E2 zu ihrer Situation.
b		3. Die TN spielen das Gespräch zunächst mit Flüsterstimme zu zweit. Gehen Sie herum und helfen Sie bei Schwierigkeiten. Wer möchte, kann sein Gespräch anschließend im Plenum vorspielen. *Tipp:* Die Benutzung von Requisiten macht den TN erfahrungsgemäß nicht nur Spaß, sondern nimmt ihnen auch ein wenig die Nervosität vor dem Spiel. Damit die Situation möglichst authentisch wirkt, können Sie z. B. zwei Handys nutzen. *Hinweis:* An dieser Stelle passt thematisch auch der Lesetext „Hilfe holen – Tipps für den Notfall“ aus „Zwischendurch mal ...“ (Kursbuch, S. 44).
	AB 28	Die TN machen die Übung in Einzelarbeit im Kurs oder als Hausaufgabe.
	AB 29, AB-CD2/18–20	Prüfung: Die TN machen die Übung im Kurs. Diese Übungsform entspricht dem Prüfungsteil *Hören, Teil 1*, der Prüfung *Start Deutsch 1:* Die TN hören drei kurze Gespräche und lösen zu jedem Gespräch eine Aufgabe (Dauer ca. 9 Min.). Die TN hören jedes Gespräch zweimal.
	KV L10/ Wiederholung	*fakultativ:* Wenn Sie noch Zeit haben, können Sie hier die Wiederholung zu Lektion 10 anschließen.
	KV L10/Test	Einen Test zu Lektion 10 finden Sie hier im LHB auf Seite 152. Weisen Sie die TN auf den Selbsttest im Arbeitsbuch auf Seite 130 hin.

AUDIO- UND VIDEOTRAINING

Seite/Aufgabe	Material	Aufbau
		Audiotraining 1: Das tut so weh!
	CD 3/49	Die TN hören „Ich habe (Bauch)schmerzen." und antworten in den Sprechpausen mit „Oje! Dein (Bauch) tut weh!". Nach der Sprechpause hören die TN die korrekte Antwort. Hier kommt es besonders auf die Betonung an.
		Audiotraining 2: Was sagt die Ärztin?
	CD 3/50	Die TN hören eine ärztliche Empfehlung wie „Gehen Sie gleich ins Bett!" und wiederholen diese in den Sprechpausen mit „Die Ärztin sagt, ich soll (gleich ins Bett gehen)." Nach der Sprechpause hören die TN die korrekte Antwort. Hier kommt es besonders auf die Betonung und auf die Satzstellung an.
		Audiotraining 3: Einen Termin vereinbaren
	CD 3/51	Die TN hören die Frage „Könnte ich bitte einen Termin haben?" und antworten in den Sprechpausen mit „(Morgen) haben wir einen Termin frei." Die Terminangaben werden vorgegeben. Nach der Sprechpause hören die TN die korrekte Antwort. Hier kommt es besonders auf die Betonung an.
		Videotraining 1: Es ist dringend!
	Film „Es ist dringend!"	Die TN sehen Lara und Tim, die eine telefonische Terminvereinbarung zwischen einer Praxishelferin und einem Patienten spielen.
		Videotraining 2: Was soll ich machen?
	Film „Was soll ich machen?"	Mit diesem Film können die TN üben, Anweisungen des Arztes (Tim) an eine andere Person (Lara) weiterzugeben. Die TN formulieren in den Sprechpausen die Empfehlungen des Arztes in Sätze mit „Du sollst ..." um. Diese Sätze werden anschließend zur Kontrolle noch einmal eingeblendet. Nach den Sprechpausen hören die TN den Satz noch einmal aus Laras Perspektive („Ich soll ...?"). *fakultativ:* Wenn Sie die Übung im Kurs durchführen, können die TN im Anschluss weitere Gespräche nach demselben Muster in Kleingruppen erfinden und dann vorspielen. Ungeübtere TN beschränken sich auf ein weiteres Gespräch zu dritt. Geübtere TN können mehrere Gespräche simulieren.

ZWISCHENDURCH MAL ...

Seite/Aufgabe	Material	Aufbau
44		**Lesen: Hilfe holen – Tipps für den Notfall (passt z. B. zu C3 oder E3)**
		1. Die Bücher sind geschlossen. Schreiben Sie die Notfallnummer 112 an die Tafel. Fragen Sie die TN, ob sie diese Telefonnummer kennen. Schreiben Sie neuen Wortschatz, wie z. B. „Notruf", „Notfall" und „Hilfe rufen", mit bestimmtem Artikel an die Tafel. Fragen Sie die TN auch, ob es eine solche Nummer auch in den Heimatländern gibt.
		2. Fragen Sie die TN, ob sie diese Nummer schon einmal gewählt haben. Wer möchte, kann davon erzählen: Warum haben die TN angerufen? Wer war krank/verletzt? Was ist dann passiert?
		3. Die TN lesen die Situationsbeschreibungen und den Text auf Seite 44. Geübtere TN lösen die Aufgabe in Einzelarbeit. Ungeübtere TN arbeiten paarweise zusammen. Abschlusskontrolle im Plenum. Klären Sie wichtigen neuen Wortschatz, wie „Notdienst", „Notarzt", „Bereitschaftspraxis" etc. Beschränken Sie sich an dieser Stelle darauf, vor allem die im Text rot hervorgehobenen Begriffe zu klären, sodass die TN im Notfall entsprechend handeln können. *Lösung:* 1 112 anrufen und einen Notarzt rufen, 2 einen ärztlichen Notdienst anrufen, 3 die Adresse der Notdienst-Apotheke im Internet suchen.

		4. Informieren Sie die TN darüber, dass sie mit der Notrufnummer 112 auch Hilfe rufen können, wenn es brennt, wenn ihr Kind giftige Chemikalien geschluckt hat, wenn sie eine Panne auf der Autobahn haben etc. Weisen Sie auch darauf hin, dass der Missbrauch des Notrufs strafbar ist. Wer also aus Spaß oder ohne wirkliche Not den Notruf alarmiert, muss eine Strafe zahlen und für die Kosten des Notfalleinsatzes aufkommen. Andererseits ist man zur Hilfe in einem Notfall verpflichtet, sonst handelt es sich um „unterlassene Hilfeleistung“.
45		**Film: Alfons, der Hypochonder (passt z. B. nach A1 oder nach D3)**
45/1	Film „Alfons, der Hypochonder“	1. Schreiben Sie „der Hypochonder“ an die Tafel und fragen Sie, was das ist. Einige TN kennen den Begriff vielleicht oder können ihn aus ihrer Muttersprache ableiten. Die anderen lernen die Bedeutung des Begriffs in dieser Aufgabe kennen. Lassen Sie die Erklärung daher ggf. offen und kommen Sie später noch einmal darauf zurück.
		2. Die TN sehen sich die Fotos an und ergänzen die Körperteile.
45/2		1. Die TN sehen den Film an und vergleichen ihre Lösungen. *Lösung:* C Zähne, D Hand, E Nase, F Beine
		2. Kommen Sie jetzt noch einmal auf den Begriff „Hypochonder“ zurück und fragen Sie z. B.: „Ist Alfons ein Hypochonder? Warum?“, „Wie heißt das Lieblingsgeschäft von Alfons?“, „Warum geht es ihm am Sonntag gut?“

Wortfelder: Einrichtungen und Orte in der Stadt; Verkehrsmittel
Grammatik: Modale Präposition *mit: Wir fahren mit dem Auto.*; lokale Präpositionen: *an, auf, bei, hinter, in, neben, über, unter, vor, zwischen: Wo …? – neben dem Kiosk;* lokale Präpositionen: *zu, nach, in: Wohin …? – zum Arzt*

IN DER STADT UNTERWEGS

Folge 11: Alles im grünen Bereich

Einstieg in das Thema „Wegbeschreibung und Orientierung in der Stadt"

Seite/Aufgabe	Material	Aufbau
46/1		**Vor dem Hören: Was kennen Sie schon?**
	Folie/IWB	Die TN sehen sich zu zweit die Fotos im Buch an und umkreisen, was sie auf den Fotos sehen. Abschlusskontrolle im Plenum, indem Sie jeweils einen TN bitten, auf der Folie / dem IWB entsprechend zu zeigen. Erklären Sie ggf. auch die Wörter, die nicht auf den Fotos zu sehen sind: „die S-Bahn", „die Apotheke", „die Tankstelle" und „die Ampel". *Lösung:* die (Auto-)Werkstatt: Foto 1, das Auto: Foto 2–8, der Autoschlüssel: Foto 2, das Navi: Foto 3–6, die Autobahn: Foto 4, das Eis: Foto 6, die Brücke: Foto 4
46/2		**Vor dem Hören: Richtungsangaben zuordnen**
		In Einzelarbeit ordnen die TN die Zeichnungen den Richtungsangaben zu. Kontrolle im Plenum. *Lösung:* C, A, B
47/3		**Beim ersten Hören: Die Ausgangssituation verstehen**
	CD 4/1	Die TN lesen die Aufgabe. Sie sehen sich Foto 1 an, hören das Gespräch und ordnen zu. Geübtere TN arbeiten allein, ungeübtere TN arbeiten mit ihrer Partnerin / ihrem Partner. Weisen Sie die TN darauf hin, dass nicht alle Sätze passen. Abschlusskontrolle im Plenum. *Lösung:* a sein Auto zur Werkstatt bringen, b eine Erkältung, c zwölf
47/4		**Beim ersten Hören: Die komplette Geschichte verstehen**
a	KV L11/FHG, CD 4/1–8	1. *fakultativ:* Die Partner erhalten je einen Satz Kärtchen der Kopiervorlage und verständigen sich noch einmal mündlich über die Bedeutung der Zeichnungen, in Gruppen mit überwiegend ungeübten TN können Sie das auch noch einmal im Plenum wiederholen. Sagen Sie den TN, dass sie sich beim Hören auf die Wegbeschreibungen konzentrieren sollen, indem Sie fragen: „Wie fahren Lara und Lili?". Dann hören sie die Foto-Hörgeschichte komplett und ordnen dabei die Zeichnungen in der Reihenfolge ihres Vorkommens. Da die TN dabei sehr schnell sein müssen, sollten Sie ggf. Pausen machen und/oder einzelne Passagen wiederholen. Abschlusskontrolle im Plenum. *Binnendifferenzierung:* Ungeübtere TN erhalten einen reduzierten Kartensatz, lassen Sie z. B. die Uhren und die anderen Schilder (4, 5, 9, 14) weg. Oder die TN erhalten nur je eine Karte und stellen sich in der Reihenfolge des Vorkommens in einer Reihe auf. Dann muss sich jeder TN nur auf einen Aspekt konzentrieren.
	CD 4/1–8	2. Die TN lesen zuerst die Aufgabe, hören die komplette Geschichte und kreuzen an. Abschlusskontrolle im Plenum. *Lösung:* Sie fahren auf der Autobahn. Lara möchte einmal richtig schnell fahren.
b	CD 4/5, 8	3. Die TN lesen die Aufgabe und überlegen, was „Alles im grünen Bereich" bedeutet. Dazu können Sie noch einmal die Gespräche zu Foto 5 und 8 vorspielen. Die TN kreuzen an. Abschlusskontrolle im Plenum. *Lösung:* Alles ist okay.
		4. Sprechen Sie mit den TN darüber, woher diese Wendung kommen könnte, z. B. gibt es bei Thermostaten einen grünen Bereich. Wenn der Zeiger dort steht, ist alles okay, wenn er aber in den roten Bereich kommt, dann gibt es ein Problem.
		5. Fragen Sie: „Gibt es diese Wendung so oder so ähnlich in Ihrer Muttersprache?"

	„Tims Film" Lektion 11	Tim filmt Lara heimlich in der Stadt wie ein Agent und beschreibt dabei, wohin sie geht bzw. wo sie ist. Im Kurs können Sie den Film nach A3 zur Wiederholung der Richtungsangaben oder nach D2 bei den lokalen Präpositionen zur Festigung einsetzen. Die TN können den Film zunächst nur hören und sich auf die Richtungsangaben konzentrieren. Auf einem Blatt zeichnen sie auf, in welche Richtung Lara sich bewegt. *Binnendifferenzierung:* Geübte TN malen zusätzlich Straßen, Ampeln und Autos auf, die Tim nennt.

SCHRITT A: VOR DER BRÜCKE LINKS.

Lokale Präposition: *an, auf, hinter, in, neben, über, unter, vor, zwischen: Wo ...*
Lernziel: Die TN können Ortsangaben machen.

Seite/Aufgabe	Material	Aufbau
48/A1		**Präsentation der lokalen Präpositionen *an, auf, hinter, in, neben, über, unter, vor, zwischen***
		1. Die TN lesen die Aufgabe und sehen sich die Zeichnungen an. Betonen Sie noch einmal, dass es um die Frage „Wo ist Lili?" geht. Da die TN schon längere Zeit in Deutschland sind, haben sie bestimmt schon die eine oder andere Präposition gehört und können einige Zuordnungen treffen. Die TN kreuzen an, was sie kennen. Dann vergleichen sie mit ihrer Partnerin / ihrem Partner.
		2. Die TN sehen sich die Zeichnungen im Grammatik-Kasten an und vergleichen noch einmal mit den Zeichnungen. Sie versuchen, auch die Sätze zuzuordnen, die sie in 1 nicht wussten. Abschlusskontrolle im Plenum. *Hinweis:* Hier geht es zunächst nur darum, dass die TN die Bedeutung der Präpositionen verstehen. Die grammatikalische Seite kommt in A3 hinzu. *Lösung:* A im Auto, B an der Haltestelle, C auf dem Fahrrad, D hinter dem Auto, E neben dem Auto, F über den Wolken, G unter dem Auto, H vor dem Auto, I zwischen den Autos
	Stift/ Plüschtier o. Ä.	3. Verweisen Sie auf den Grammatik-Kasten mit den Präpositionen und verdeutlichen Sie noch einmal mit einem Gegenstand, z. B. einem Stift oder einem Plüschtier alle Präpositionen, indem Sie ihn auf/unter/neben ... etwas halten/legen und die entsprechende Präposition dazu sagen.
	Stifte/Spielzeugtiere oder -autos	4. *fakultativ:* Um mit den TN zunächst nur die Bedeutung der Präpositionen weiter einzuüben, nimmt jeder TN einen Stift zur Hand und steht vor seinem Tisch. Sagen Sie nun verschiedene Sätze, z. B. „Der Stift ist unter dem Tisch." Die TN halten oder legen ihren Stift entsprechend. Diese Übung können Sie auch als Aufwärm- und Wiederholungsübung am nächsten Kurstag einsetzen.
	AB 1–3	Die TN machen die Übungen in Einzelarbeit im Kurs oder als Hausaufgabe.
49/A2		**Präsentation von Einrichtungen und Orten in der Stadt**
		1. Die Bücher sind geschlossen. Bitten Sie die TN, für ein/zwei Minuten die Augen zu schließen und sich vorzustellen, sie gehen durch die Stadt. Welche Orte und Einrichtungen gibt es dort?
		2. Die TN öffnen die Augen und machen mit ihrer Partnerin / ihrem Partner eine Liste, was sie alles „gesehen" haben. Gehen Sie herum und helfen Sie bei Wörtern, die die TN evtl. suchen.
	Folie/IWB	3. Zeigen Sie das Bild. Die TN sprechen zu zweit darüber, was sie kennen. Geübtere TN können auch versuchen, erste Sätze mit den aus Aufgabe A1 bekannten Präpositionen zu bilden. Besprechung der Ergebnisse im Plenum.

	Folie/IWB	4. Die TN öffnen die Bücher und suchen mit der Partnerin / dem Partner die Einrichtungen und Orte auf dem Bild. Gehen Sie herum und helfen Sie bei Schwierigkeiten. *Tipp:* Wenn die TN sich damit schwertun, besprechen Sie noch einmal alle Begriffe aus dem Buch im Plenum und lassen sie auf dem Bild zeigen.
49/A3		**Erweiterung: Präsentation von weiteren lokalen Präpositionen auf die Frage „Wo?"**
a	Folie/IWB	1. Die TN lesen die Beispiele und ergänzen. Ungeübtere TN arbeiten zu zweit. Abschlusskontrolle im Plenum, indem ein TN das Beispiel vorliest und ein weiterer TN noch einmal die Position auf dem Bild verdeutlicht. Zeigen Sie, wenn nötig, die Bedeutung der Präposition mithilfe des Grammatik-Kastens in A1. *Lösung:* 1 an, 2 auf, 3 am (an dem), 4 hinter, 5 über, 6 zwischen
	Folie/IWB	2. Zeigen Sie die Sätze auf Folie / dem IWB und markieren Sie jeweils die Präposition und den Artikel. Fragen Sie bei jedem Nomen, welchen Artikel „der", „das" oder „die" es hat. Hilfe finden die TN oben in der Liste in A2. Malen Sie den entsprechenden Artikelpunkt farbig daneben.
	Folie/IWB	3. Sehen Sie sich zusammen mit den TN den Grammatik-Kasten rechts im Buch an. Schreiben Sie die Artikel der Nomen aus der Tabelle im Nominativ an die Tafel. Weisen Sie die TN darauf hin, dass sich die Artikel „der", „das", „die" nach den lokalen Präpositionen auf die Frage „Wo?" ändern: „der" und „das" werden zu „dem", „die" zu „der". Machen Sie anhand des zweiten Grammatik-Kastens deutlich, dass die Präpositionen „an" und „in" mit „der" und „das" meist zu „am" bzw. „im" verschmelzen. Weisen Sie die TN auch auf die Grammatikübersicht 2 (Kursbuch, S. 56) hin.
	„Tims Film" Lektion 11	*Hinweis:* An dieser Stelle können Sie auch auf „Tims Film" zurückgreifen, in dem Tim lokale Präpositionen benutzt, um Laras Standorte in der Stadt zu beschreiben.
b		4. Die TN sehen sich noch einmal die Zeichnung an und befragen sich gegenseitig mit wechselnden Partnern wie im Beispiel, indem sie mit den Büchern im Kursraum herumgehen. Helfen Sie bei Schwierigkeiten. Schnellere TN können im Anschluss zehn Sätze zu der Zeichnung schreiben. *Hinweis:* An dieser Stelle passen thematisch gut das Audiotraining 1 und das Videotraining 2.
	KV L11/A3	5. *fakultativ:* Kopieren Sie die Kopiervorlage einmal auf Folie und so oft als Arbeitsblatt, dass Sie für jedes Paar eine Kopie haben. Zerschneiden Sie die Vorlage so, dass Sie jeweils zwei Arbeitsblätter (A und B) erhalten. Zeigen Sie auf der Folie, dass ein TN nur die Information A und ein TN nur die Information B hat. Die TN sitzen Rücken an Rücken, erfragen die fehlenden Informationen von ihrer Partnerin / ihrem Partner und beschriften die leeren Schilder auf ihrem Blatt. Ggf. können Sie mit einem geübteren TN ein Beispiel vormachen. Gehen Sie herum und helfen Sie bei Schwierigkeiten. Wer alle Gebäude lokalisiert und beschriftet hat, kann mit der Partnerin / dem Partner vergleichen. *Binnendifferenzierung:* Ungeübtere TN können auch zu viert arbeiten. Dann bekommen zwei TN Blatt A und zwei Blatt B. Sie fragen und antworten jeweils abwechselnd, haben aber immer eine Partnerin / einen Partner, die/der helfen kann.
	AB 4	Die TN machen die Übung im Kurs. Sie ergänzen zunächst in Einzelarbeit die Sätze. Dann markieren sie und ergänzen die Tabelle. Ungeübtere TN arbeiten zu zweit. Gehen Sie herum und helfen Sie bei Schwierigkeiten.
	AB 5–6	Die TN machen die Übungen in Einzelarbeit im Kurs oder als Hausaufgabe.

SCHRITT B: WIR FAHREN MIT DEM AUTO.

Die Präpositionen *mit* und *zu*

Lernziel: Die TN können Verkehrsmittel benennen.

Seite/Aufgabe	Material	Aufbau
50/B1		**Präsentation der Verkehrsmittel**
	ggf. Wörter-bücher	1. Die TN sehen sich in Einzelarbeit die Verkehrsmittel an und ordnen zu. *Binnendifferenzierung:* Schnellere und geübtere TN suchen hinten im Kursbuch in der Wortliste oder in Wörterbüchern zusätzlich die Pluralformen heraus. Anschließend Kontrolle im Plenum. *Lösung:* A der Zug, B die Straßenbahn, C das Auto, D das Taxi, E das Flugzeug, F der Bus, G die U-Bahn, H das Fahrrad, I die S-Bahn *Hinweis:* Ergänzend können Sie auch den Film „Verkehr und Verkehrsmittel" aus „Zwischendurch mal ..." (Kursbuch, S. 58) einflechten. Hier werden verschiedene Verkehrsmittel gezeigt.
		2. *fakultativ:* Fragen Sie die TN, welches Verkehrsmittel sie oft benutzen und welche Verkehrsmittel nicht oft. Die TN antworten: „Ich benutze das Taxi nicht oft." Nach einer Weile können die TN sich in einer Kettenübung selbst befragen.
	AB 7a	Die TN machen die Übung in Einzelarbeit im Kurs oder als Hausaufgabe.
50/B2		**Präsentation der Präpositionen *mit* und *zu***
a	CD 4/9–12	1. Die TN lesen die Aufgabe, hören die Gespräche und kreuzen an, womit die Personen fahren. Abschlusskontrolle im Plenum. *Lösung:* 1 mit dem Auto, 2 mit der Straßenbahn, 3 mit dem Fahrrad, 4 mit dem Bus
		2. Lenken Sie die Aufmerksamkeit der TN auf die Verwendung der Präposition „mit". Zeigen Sie an der Tafel, dass sich die Artikel nach der Präposition „mit" ändern: Aus „der" und „das" wird „dem", aus „die" wird „der". Weisen Sie auch auf den Grammatik-Kasten und auf die Ausnahme „zu Fuß" hin, die die TN als Formel lernen sollten. Verweisen Sie die TN auch auf die Grammatikübersicht 1 (Kursbuch, S. 56). Hier können die TN auch die kleine Übung machen und Verkehrsmittel notieren, die sie selbst benutzen. *Lösungsvorschlag:* Ich fahre oft mit der S-Bahn. Ich fahre manchmal mit der U-Bahn. Ich fahre oft mit dem Zug. Ich fahre manchmal mit dem Fahrrad. *Hinweis:* An dieser Stelle passt das Audiotraining 3.
	Ball	3. *fakultativ:* Machen Sie zur Automatisierung des Lernstoffs eine schnelle Fragerunde mit den TN, indem Sie einem TN einen Ball zuwerfen und sagen: „Ich fahre mit dem Fahrrad zur Sprachenschule. Wie kommen Sie zur Sprachenschule?" Der TN antwortet und wirft den Ball einem anderen TN zu etc. Schreiben Sie die Verkehrsmittel aus der Aufgabe auf große Streifen und hängen Sie sie im Kursraum auf. So haben die TN den Dativ immer wieder vor Augen und können ihn sich einprägen.
	KV L11/B2/B3	4. *fakultativ:* Verteilen Sie nur die grauen Kärtchen (Verkehrsmittel) der Kopiervorlage an jede Kleingruppe. Die Kärtchen liegen verdeckt auf dem Tisch. Ein TN deckt ein Kärtchen auf. Die anderen in der Gruppe müssen nun, so schnell sie können, den richtigen Satz sagen, z. B. „Auto": „Ich fahre mit dem Auto." Der TN, der zuerst den korrekten Satz gesagt hat, darf das nächste Kärtchen aufdecken. Die gebrauchten Kärtchen werden immer wieder unter den Stapel gemischt. Achtung: Der aufdeckende TN darf nicht mitspielen. Achten Sie darauf, dass die TN in einer Gruppe etwa gleich geübt sind. Ungeübtere TN können zunächst den Dativartikel auf die Kärtchen schreiben und spielen dann. Nach einigen Runden werden die Karten durch neue ersetzt, auf denen der Artikel jeweils im Nominativ steht.
b	CD 4/9–12	5. Die TN hören die Gespräche noch einmal und achten nun auf die Ziele. Sie ordnen zu. Anschließend Kontrolle im Plenum. *Lösung:* 1 Werkstatt, 2 Supermarkt, 3 Fußballtraining, 4 Schule

c		6. Die TN ergänzen in Einzelarbeit die Tabelle. Ungeübtere TN arbeiten zu zweit. Abschlusskontrolle im Plenum. *Lösung:* zum Supermarkt, zum Training, zur Schule
		7. Gehen Sie analog zu „mit" mit der Präposition „zu" vor. Machen Sie den TN dann in einem Tafelbild deutlich, dass aus „zu dem" kurz "zum" und aus „zu der" kurz „zur" wird. Weisen Sie die TN auch auf die Grammatikübersicht 2 (Kursbuch, S. 56) hin.
		8. *fakultativ:* Fragen Sie die TN, wohin sie heute noch gehen. Die TN antworten mit der neuen Präposition.
		Tipp: Die TN schreiben sich die Verkehrsmittel, die sie selbst häufig benutzen, heraus (siehe hierzu auch die kleine Übung rechts in der Grammatikübersicht 1, S. 56) und hängen sie in ihrer Wohnung auf. So können sie sie immer wieder ansehen und sie verinnerlichen, um sie im Gespräch schnell parat zu haben.
	AB 7b	Die TN machen die Übung im Kurs. Sie machen sich noch einmal die Verkehrsmittel in Verbindung mit „mit" bewusst. Ungeübtere TN arbeiten zu zweit und/oder finden Hilfe im Kursbuch auf S. 50, Aufgabe B2a.
	AB 8	Die TN machen die Übung in Einzelarbeit im Kurs oder als Hausaufgabe.
51/B3		**Anwendungsaufgabe zu den Präpositionen *mit* und *zu***
		1. Die TN sehen sich die Zeichnungen an und schreiben Sätze. In Kursen mit überwiegend ungeübten TN machen Sie a an der Tafel vor. Die TN bearbeiten b–d in Einzelarbeit. Ungeübtere TN arbeiten zu zweit. Gehen Sie herum und helfen Sie bei Schwierigkeiten. Abschlusskontrolle im Plenum. *Lösung:* a Lara und Lili fahren mit dem Auto zur Werkstatt. b Herr Huber fährt mit dem Fahrrad zur Post. c Fatima fährt mit der U-Bahn zum Supermarkt. d Haruk fährt mit dem Bus zum Kino.
	KV L11/B2/B3	2. *fakultativ:* Die TN erhalten je Paar einen Satz Karten der Kopiervorlage. Zunächst spielen die TN nur mit den weißen Kärtchen (Orte), indem sie sie aufdecken und Sätze bilden: „Ich gehe zur Apotheke." Später nehmen die TN die grauen Verkehrsmittelkärtchen dazu. Sie ziehen jeweils ein Ziel- und ein Verkehrsmittelkärtchen und machen Sätze: „Ich fahre mit der U-Bahn zur Schule." Ungeübtere TN können zunächst den Dativartikel auf die Kärtchen schreiben und spielen dann. Nach einigen Runden werden die Karten durch neue ersetzt, auf denen der Artikel jeweils im Nominativ steht.
51/B4		**Aktivität im Kurs: Gespräch über Verkehrsmittel**
		1. Sammeln Sie mit den TN Orte, zu denen sie gehen oder fahren, und notieren Sie sie an der Tafel. Schreiben Sie auch die farbigen Artikelpunkte dazu.
		2. Die TN gehen im Kursraum herum und sprechen mit wechselnden Partnerinnen und Partnern darüber, wie sie die verschiedenen Orte erreichen. Gehen Sie herum und helfen Sie bei Schwierigkeiten. *Binnendifferenzierung:* Geübtere TN schreiben fünf Sätze über ihre Orte und wie sie sie erreichen.
51/B5		**Aktivität im Kurs: Nach dem Weg fragen / einen Weg beschreiben**
a	CD 4/13	1. Die TN lesen die Aufgabe, hören das Gespräch und umkreisen. Abschlusskontrolle im Plenum. *Lösung:* 1 Zum Schwimmbad. 2 Mit dem Bus.
b	Folie/IWB, CD 4/13	2. Die TN sehen sich den Netzplan an und markieren bekannte Orte auf dem Netzplan. Klären Sie die unbekannten Begriffe, z. B. „Botanischer Garten". Dann suchen die TN den Hauptbahnhof.
		3. Zwei geübtere TN demonstrieren anhand des Dialograsters ein Gespräch mit der Wegbeschreibung vom Hauptbahnhof zur Stadtbücherei („Fahren Sie mit der Straßenbahn."). Erklären Sie „viel zu weit", indem Sie ggf. ein Beispiel aus dem Kursort wählen, von dem die TN eher eine räumliche Vorstellung haben. Weisen Sie die TN auf die Redemittel „Orientierung: Wo ist hier die Post?" in der Rubrik „Kommunikation" (Kursbuch, S. 57) und die kleine Übung rechts oben hin. Hier können die TN selbstverständlich auch mit „Ja, ..." antworten, wenn man zu Fuß gehen kann.

		4. Die TN spielen weitere Gespräche mit wechselnden Partnerinnen und Partnern anhand des Netzplans. *Hinweis:* Hierzu passt das Lied „Entschuldigen Sie?" aus „Zwischendurch mal ..." (Kursbuch, S. 59). *Hinweis:* Hier passt auch das Audiotraining 2.
	AB 9	Die TN machen die Übung in Einzelarbeit im Kurs oder als Hausaufgabe.

SCHRITT C: FAHREN SIE DANN NACH LINKS.

Lernziel: Die TN können nach dem Weg fragen und den Weg beschreiben.

Seite/Aufgabe	Material	Aufbau
52/C1		**Hörverstehen 1: Eine Wegbeschreibung verstehen**
	CD 4/14, KV L11/FHG: Kärtchen 1, 2, 3, 12	1. Die TN hören das Gespräch und kreuzen an. Abschlusskontrolle im Plenum. *Lösung:* A *fakultativ:* Wenn Sie in der Foto-Hörgeschichte mit der Kopiervorlage gearbeitet haben, können Sie für ungeübtere TN noch einmal die Kärtchen 1, 2, 3 und 12 austeilen. Die TN hören das Gespräch und sortieren zunächst diese Kärtchen. Dann vergleichen sie mit der Zeichnung aus dem Buch und kreuzen an.
		2. Mit der Partnerin / dem Partner versprachlichen die TN die Zeichnung noch einmal wie im Gespräch. Die TN können als Hilfestellung, wenn nötig, noch einmal zu Aufgabe 2 auf S. 46 zurückblättern. Geben Sie „an der Ampel" als festen Begriff an der Tafel vor. *Binnendifferenzierung:* Geübtere TN versprachlichen B ebenfalls.
		3. *fakultativ:* Wenn Sie die Redemittel weiter einüben möchten, stehen die TN auf. Zwischen den TN sollte genügend Platz sein. Sagen Sie den TN, Sie werden nun einige Wege beschreiben. Die TN strecken bei „links" den linken Arm aus, bei „rechts" den rechten und bei „geradeaus" strecken sie einen Arm nach vorn. Beschreiben Sie dann einige Wege: „Gehen Sie 500 Meter geradeaus, an der Ampel nach links ..." Geübtere TN beschreiben weitere Wege.
		Tipp: Aktive Übungen bringen nicht nur Bewegung und Abwechslung in den Unterricht, sondern verknüpfen im Gehirn die entsprechenden Begriffe mit einer Bewegung. Gerade Richtungsangaben sind hierfür besonders geeignet: Wenn man auf der Straße nach dem Weg fragt, ist es wichtig, die Information schnell in entsprechende Bewegungsbilder umsetzen zu können.
52/C2		**Hörverstehen 2: Eine Wegbeschreibung verstehen**
	Folie/IWB	1. Die Bücher sind geschlossen. Zeigen Sie den TN zunächst den Stadtplan und weisen Sie auf den mit einem Punkt markierten Standort hin.
	Folie/IWB	2. Die TN öffnen das Buch und sehen sich den Stadtplan an, um sich vor dem Hören grob zu orientieren. Wenn Sie im Kurs viele TN haben, die in ihrem Alltag vermutlich keine Stadtpläne lesen, können Sie vorab explizit nach einigen Orientierungspunkten fragen, die später für das Verständnis wichtig sind: „Wo ist der Karolinenplatz?" oder „Wo ist das Kino?" Die TN zeigen die Orte.
	CD 4/15, Folie/IWB	3. Die TN hören die Wegbeschreibung so oft wie nötig und markieren im Buch den Weg. Ein geübterer TN kann den Weg auf der Folie / dem IWB einzeichnen, zunächst ohne dass es sichtbar ist. Abschlusskontrolle im Plenum. *Lösung:* geradeaus zum Karolinenplatz, links, wieder geradeaus, beim Kino nach rechts und ca. 300 Meter geradeaus

52/C3		**Anwendungsaufgabe: Nach dem Weg fragen und den Weg beschreiben**
		1. Lesen Sie zusammen mit den TN die Redemittel. Erklären Sie das Wort „fremd“ und die Wendung „Ich bin nicht von hier.“ Erklären Sie die Bedeutung von „die erste, zweite, dritte Straße“ anhand einer einfachen Skizze an der Tafel. Weisen Sie die TN auf den Info-Kasten hin. An dieser Stelle ist es nicht wichtig, dass die TN die Bildung der Ordinalzahlen lernen, sie wird erst in Lektion 14 thematisiert. Es genügt hier, wenn sie die drei Formen als Formel lernen.
	Folie/IWB	2. Bitten Sie einen geübteren TN, mit Ihnen ein Beispiel zu machen. Während der TN Ihnen den Weg beschreibt, können Sie diesen auf der Folie / dem IWB einzeichnen.
	             „Tims Film“ Lektion 11	3. Die TN finden sich paarweise zusammen und fragen sich gegenseitig nach dem Weg. Anschließend wechseln die TN die Partnerinnen / die Partner. Der Ausgangspunkt bleibt immer derselbe. Geübtere TN können auch andere Ausgangspunkte festlegen. Gehen Sie herum und helfen Sie bei Schwierigkeiten. Weisen Sie die TN auf die Rubrik „Orientierung: Gehen Sie immer geradeaus.“ auf der Kommunikationsseite (Kursbuch, S. 57) hin. Die kleine Übung rechts können die TN im Anschluss schriftlich im Kurs lösen. Erinnern Sie die TN dann auch an die Möglichkeiten, die sie im B-Teil kennengelernt haben, nämlich mit dem Bus, der Straßenbahn etc. zu fahren. Gehen Sie herum und helfen Sie bei Schwierigkeiten. Einige TN können ihre Beschreibungen vorlesen. *Binnendifferenzierung:* Ungeübtere TN schreiben zunächst zu zweit ein Gespräch. *Hinweis:* Hier können Sie zum Abschluss das Lied „Entschuldigen Sie?“ aus „Zwischendurch mal …“ (Kursbuch, S. 59) einsetzen. *Hinweis:* Hier können Sie „Tims Film“ einsetzen. Tim benutzt hier genau diese Redemittel, um Laras Weg zu beschreiben. *Hinweis:* An dieser Stelle passt auch das Videotraining 1.
	AB 10 AB-CD 2/21–23	Die TN machen die Übung im Kurs. Sie hören die Gespräche und zeichnen die Gebäude ein. Anschließend Kontrolle im Plenum.
	AB 11–12	Die TN machen die Übungen in Einzelarbeit im Kurs oder als Hausaufgabe.

SCHRITT D: WIR GEHEN ZU WALTER UND HOLEN DAS AUTO.

Die Präpositionen *bei, in: Wo?* und *in, zu: Wohin?*

Lernziel: Die TN können Orte und Richtungen angeben.

Seite/Aufgabe	Material	Aufbau
53/D1		**Präsentation von Ortsangaben**
a		1. Die TN lesen die Aufgabe und kreuzen aus dem Gedächtnis an. Ungeübtere TN beraten sich mit der Partnerin / dem Partner.
b	CD 4/16	2. Die TN hören und vergleichen. Anschließend Kontrolle im Plenum. *Lösung:* 1 Im Bett. 2 In der Apotheke.
c	Folie/IWB	3. Die TN ergänzen die Tabelle. Anschließend Kontrolle im Plenum. *Lösung:* beim Arzt, in der Apotheke

	Plakat	4. Systematisieren Sie den Gebrauch der Präpositionen anhand eines Tafelbildes, um den TN die Unterschiede in der Verwendung auch visuell zu veranschaulichen. „Bei" und „dem" wird oft zusammengezogen zu „beim". „Zu Hause" sollten sich die TN als feste Formel merken.

		fakultativ: Sie können das Tafelbild auch auf einem großen Plakat erstellen, das im Kursraum aufgehängt wird, sodass die TN auch bei späteren Übungen immer wieder einmal nachschauen können.
53/D2		**Präsentation der Ortsangabe *in* und Anwendungsaufgabe: Ortsangaben machen**
	CD 4/17	1. Die TN hören das Beispiel und sehen sich die Variationen an. Weisen Sie die TN darauf hin, dass Ortsangaben bei Ländern mit einem festen Artikel immer mit „in" und dem Dativartikel erfolgen. Ergänzen Sie das Tafelbild und ggf. das Plakat, die Sie zu D1 erstellt haben.

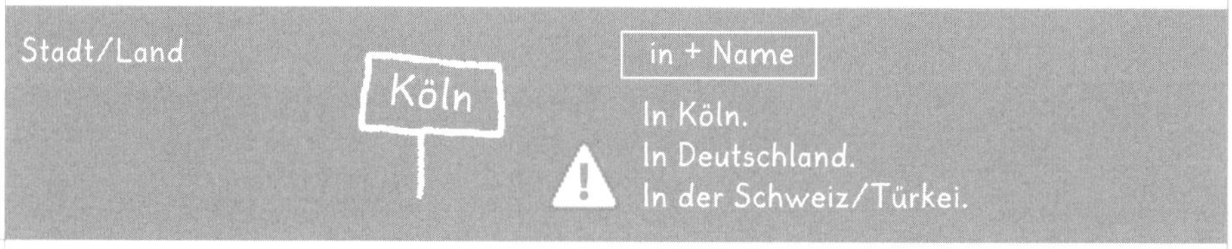

	CD 4/17	2. Die TN hören das Gespräch noch einmal und variieren dann zu zweit. Hierfür können Sie sich am Tafelbild und am Grammatik-Kasten in D1/D2 orientieren. Weisen Sie die TN auch auf die Grammatikübersicht 3 (Kursbuch, S. 56) hin. *Binnendifferenzierung:* Geübtere TN machen weitere eigene Variationen.
53/D3		**Anwendungsaufgabe: Einen Terminkalender versprachlichen**
		Die TN sehen sich Paolos Terminkalender an und lesen die Beispiele. Sie schreiben fünf Sätze und vergleichen dann mit der Partnerin / dem Partner. Abschlusskontrolle im Plenum. *Lösung:* Am Montag ist Paolo in Berlin. Am Dienstag ist er im Fitnessstudio. Am Mittwoch ist er beim Zahnarzt. Am Donnerstag ist er mit Oma im Supermarkt. Am Freitag ist er mit Luisa im Museum.
	AB 13 Folie/IWB	Die TN machen die Übung im Kurs. Die Übung kann von geübteren TN in Einzelarbeit gelöst werden. Ungeübtere TN arbeiten paarweise zusammen. Abschlusskontrolle im Plenum auf Folie / dem IWB. *Hinweis:* Regen Sie die TN an, sich eine eigene Tabelle wie in b mit den Orten und Richtungen, die für sie selbst relevant sind, zu erstellen und an zentraler Stelle zu Hause aufzuhängen. Bieten Sie an, die Plakate zu korrigieren.
	AB 14–16	Die TN machen die Übungen in Einzelarbeit im Kurs oder als Hausaufgabe.

54/D4		**Präsentation der Richtungsangaben**
a	Folie/IWB	1. Ein TN liest die Sprechblase als Beispiel vor. Deuten Sie dabei auf Folie / dem IWB auf den ersten Satz im Text und verdeutlichen Sie, dass die kleine Illustration durch das Wort „Arbeit" ersetzt werden soll. Die TN lesen sich anschließend zu zweit den Text vor und versprachlichen dabei die Wörter, die als kleine Illustrationen im Text stehen. Die TN können entweder jeweils den ganzen Text vorlesen und dann wechseln oder die TN tauschen vor „Am Donnerstag …". Abschlusskontrolle im Plenum. *Lösung:* Arbeit, Kino, Berlin, Krankenhaus, Arzt, Apotheke, Schweiz, Basel, Hause
b	Folie/IWB	2. Zeigen Sie den ersten Satz auf Folie / dem IWB. Fragen Sie die TN, wie man nach „zur Arbeit" fragen muss: „Wo geht Paolo?" oder „Wohin geht Paolo?" Gehen Sie mit den TN dann Satz für Satz durch und lassen Sie die TN jeweils die Frage bilden.
		3. Die TN lesen den Text noch einmal in Einzelarbeit und ergänzen die Tabelle. Abschlusskontrolle im Plenum. *Lösung:* ins Kino, nach Berlin, in die Apotheke, in die Schweiz
	Schilder, Klebeband, Magnete	4. Schreiben Sie die Sätze in dieser Reihenfolge an die Tafel. Bereiten Sie zu Hause Schilder mit „Person", „Geschäft ", „Haus/Ort" und „Land/Stadt" vor. Diese Kategorien sind den TN von den Ortsangaben bereits bekannt. Verteilen Sie die Schilder und lassen Sie die TN sie an der Tafel zuordnen und entsprechend dort befestigen. Person — Vorher muss ich zum Arzt. / Danach gehe ich zu Martin. Geschäft — Ich muss in die Apotheke. / Ich gehe in den Supermarkt. Haus/Ort — Ich gehe mit Larissa ins Kino. / Ich gehe ins Krankenhaus. Stadt/Land — Ich fahre mit dem Auto nach Berlin. / Sonntagabend fahre ich in die Schweiz.
	Plakat	5. Die TN kennen die Richtungsangabe mit „zu" bereits aus Lernschritt B. Bitten Sie einen TN, alle Richtungsangaben in den Beispielen an der Tafel zu markieren. Zeigen Sie anhand der Beispiele, dass Richtungsangaben bei einer Person (Arzt) und bei einem Geschäft oder Platz mit „zu" gemacht werden. Ausnahme: Richtungsangaben in ein Gebäude hinein erfordern „in". Richtungsangaben bei Städten und Ländern werden mit „nach" angegeben. Ausnahme: Ländernamen mit einem festen Artikel erfordern „in" mit Artikel im Dativ. Verweisen Sie auch auf den Grammatik-Kasten und auf die Grammatikübersicht 3 (Kursbuch, S. 56). Hier können die TN die Richtungsangaben mit direktem Bezug auf ihren eigenen Alltag noch weiter üben. *fakultativ:* Wenn Sie zu den Ortsangaben ein Plakat erstellt haben, fertigen Sie zu den Richtungsangaben ebenfalls eins an. *Hinweis:* Hier können Sie auch das Projekt „Schreiben: Mein Tag" aus „Zwischendurch mal …" (Kursbuch, S. 58) einfügen. Hier kommen im Tagesablauf viele Richtungsangaben vor.
	KV L11/B2/B3	6. *fakultativ:* Zur Automatisierung können Sie die Schilder von der Kopiervorlage aus B2/B3 noch einmal einsetzen und diese Übung auch mit den Richtungsangaben durchführen. Die TN arbeiten zu zweit. *Variante:* Wenn Sie das Gefühl haben, dass die TN die Orts- und Richtungsangaben schon internalisiert haben, können Sie diese Übung auch gemischt durchführen lassen, indem die TN entweder „Wo seid ihr?" oder „Wohin geht ihr?" fragen.
54/D5		**Anwendungsaufgabe: Einen Weg beschreiben**
		1. Die TN lesen die Aufgabe und sehen sich die Redemittel an. Klären Sie ggf. unbekannten Wortschatz.

		2. Spielen Sie mit einer/einem geübteren TN ein Beispielgespräch. Beginnen Sie: „Entschuldigen Sie, wo kann ich hier in der Nähe Deutsch lernen?" Die/Der TN antwortet den Redemitteln entsprechend.
		3. Die TN gehen im Kursraum herum und befragen sich gegenseitig und wechseln die Partnerinnen und Partner. Gehen Sie herum und helfen Sie bei Schwierigkeiten.
	AB 17–19	Die TN machen die Übungen in Einzelarbeit im Kurs oder als Hausaufgabe.
	AB 20 AB-CD 2/24–26	*Phonetik:* Die TN machen die Übung im Kurs. Zunächst hören sie die Wörter in a und kreuzen an. Danach Kontrolle. Wenn die TN Probleme mit der Artikulation des Lautes „z" haben, üben Sie mit ihnen das scharfe „s". Zischen Sie wie eine Schlange „sssssss", die TN machen mit. Im nächsten Schritt setzen die TN ein „t" vor „s": „tttssssss". Sie üben mit „Wie geht's?". Anschließend hören die TN die Beispiele aus b und sprechen nach. In c gibt es ein Hördiktat.
		Tipp: Zungenbrecher eignen sich sehr gut, um die Aussprache von Lauten und Lautkombinationen zu üben. Sie finden Zungenbrecher für verschiedene Laute im Internet. Um die TN nicht zu überfordern, sollte der Zungenbrecher zunächst immer langsam gelesen werden und auch inhaltlich verstanden werden, z. B. mithilfe einer Zeichnung. Regen Sie die TN zu einem Wettbewerb an: Wer kann den Zungenbrecher fehlerfrei und am schnellsten sprechen? Ein Beispiel für den Laut „z" ist: „Zehn zahme Ziegen zogen zehn Zentner Zucker zum Zoo."

SCHRITT E: AM BAHNHOF

Lernziel: Die TN können Durchsagen verstehen, am Schalter um Auskunft bitten und Fahrplänen Informationen entnehmen.

Seite/Aufgabe	Material	Aufbau
55/E1		**Hörverstehen: Durchsagen am Bahnhof**
		1. Klären Sie anhand der Zeichnungen den neuen Wortschatz. Fragen Sie die TN, wie sie zum Kurs kommen. Fragen Sie TN, die mit öffentlichen Verkehrsmitteln kommen: „Wann fahren Sie ab?", „Müssen Sie umsteigen?", „Wo steigen Sie aus?" etc.
	CD 4/18–22	2. Die TN lesen die Aufgabe, hören die Durchsagen und ordnen die Aussagen zu. Anschließend Kontrolle im Plenum. In Kursen mit überwiegend ungeübten TN ordnen die TN den Aussagen zunächst die Zeichnungen zu. *Lösung:* a3, b1, c2, d5, e4 *Hinweis:* Hier können Sie den Film „Verkehr und Verkehrsmittel" aus „Zwischendurch mal ..." (Kursbuch, S. 58) einflechten, bei dem es um verschiedene Verkehrsmittel geht.
55/E2		**Hörverstehen und Aktivität im Kurs: Eine Auskunft am Schalter**
a	Folie/IWB	1. Die Bücher sind geschlossen. Zeigen Sie das Foto. Fragen Sie die TN: „Was sind das für Personen?", „Wo sind sie?", „Was machen sie?" Führen Sie dabei „Mitarbeiterin" und „Kundin" ein. Wenn Sie die Situation geklärt haben, entwickeln Sie mit den TN ein mögliches Gespräch an der Tafel. Geübtere TN schreiben zu zweit ein kurzes Gespräch und lesen es vor.
		2. Die TN öffnen die Bücher, lesen die Sätze und übertragen die Tabelle ins Heft. In Einzelarbeit ordnen die TN die Sätze zu und schreiben sie in die Tabelle ins Heft. Ungeübtere TN können sich zu zweit beraten, aber beide schreiben eine eigene Tabelle. Abschlusskontrolle im Plenum. *Variante:* Wenn Sie wenig Zeit haben, kopieren Sie die Sätze und vergrößern sie. Schneiden Sie die Sätze einzeln aus. Die TN erhalten zu zweit je ein Set mit allen Sätzen und ordnen dann zu.

b	CD 4/23	3. Die TN hören das Gespräch und vergleichen. Anschließend Kontrolle im Plenum. *Lösung:* 1 Kundin: Ich brauche eine Auskunft: Wann fährt der nächste Zug nach Köln? Wo bekomme ich eine Fahrkarte? Hin und zurück, bitte. Von welchem Gleis fährt der Zug ab? 2 Die Mitarbeiterin: Hier oder am Automaten. Einfach oder hin und zurück? Um 9 Uhr 50. Das macht 63 Euro. Gute Fahrt! Gleis 17. Also gleich am Bahnsteig gegenüber.
		4. *fakultativ:* Wenn Sie genug Zeit haben, schreiben die TN zu zweit mithilfe der Redemittel aus dem Buch ein komplettes Gespräch, indem sie Fehlendes ergänzen. Gehen Sie herum und helfen Sie bei Schwierigkeiten. Einige TN lesen ihre Gespräche vor.
c	CD 4/23	5. Geben Sie den TN Zeit, sich die Redemittel aus a noch einmal in Ruhe durchzulesen. Sie können dazu auch noch einmal das Gespräch vorspielen, das die wesentlichen Redemittel enthält. Verweisen Sie die TN auch auf die Redemittel „Am Schalter: Ich brauche eine Auskunft." in der Rubrik „Kommunikation" (Kursbuch, S. 57).
	KV L11/E2 im Lehrwerkservice	6. Die TN schreiben zu zweit ein eigenes Gespräch. Dann übernehmen die Partner je eine Rolle, spielen ein Gespräch und tauschen dann die Rollen. Schnellere TN überlegen, wohin sie gern mit dem Zug fahren möchten, und spielen weitere Gespräche. Dazu können sie auch im Internet nach Verbindungen, Preisen etc. recherchieren und anschließend im Plenum berichten. Die Recherche kann auch als Hausaufgabe gemacht werden. *fakultativ:* Zur Erweiterung der Aktivität können Sie auch auf die Kopiervorlage im Lehrwerkservice www.hueber.de/schritt-fuer-schritt zurückgreifen. Schneiden Sie die Rollenspiele aus und verteilen Sie sie im Kursraum. Die TN gehen herum, bleiben bei einem Rollenspiel stehen und machen mit wechselnden TN Rollenspiele.
		Tipp: Um bei Rollenspielen die Partnerin / den Partner zu wechseln, erhält jeder TN eine Karte aus einem Kartenspiel. Die Paare bilden sich, indem einmal beide eine rote Karte haben müssen, dann einer eine rote, der andere eine schwarze, dann die gleiche Zahl / das gleiche Bild, dann die folgende Karte etc.
		7. Einige Paare können, wenn sie möchten, ihre Gespräche im Plenum präsentieren. Regen Sie die TN zu einer Internetrecherche an: Sie sollen herausfinden, wann sie vom Kursort aus z. B. nach Ulm und/oder an andere vorgegebene Orte im In- und Ausland fahren/fliegen können, wie lange die Fahrt / der Flug dauert und wann sie wo umsteigen müssen. Wenn Ihre TN keine Möglichkeit zur Internetrecherche haben oder mit diesem Medium noch nicht vertraut sind, können Sie sie auch in Kleingruppen zum Bahnhof schicken. Die Recherche-Ergebnisse werden am Folgetag im Kurs präsentiert.
	AB 21–22, 24	Die TN machen die Übungen in Einzelarbeit im Kurs oder als Hausaufgabe.
	AB 23 AB-CD 2/27–30	Die TN machen die Übung im Kurs. Sie lesen die Aussagen. Anschließend hören die TN die Ansagen und kreuzen an. *Variante:* Wenn Sie die Übung als Aufgabe zur Prüfungsvorbereitung auf *Start Deutsch 1* gestalten möchten, hören die TN die Ansagen nur einmal.
	KV L11/Wiederholung	*fakultativ:* Wenn Sie noch Zeit haben, können Sie hier die Wiederholung zu Lektion 11 anschließen.
	KV L11/Test	Einen Test zu Lektion 11 finden Sie hier im LHB auf Seite 153. Weisen Sie die TN auf den Selbsttest im Arbeitsbuch auf Seite 142 hin.

AUDIO- UND VIDEOTRAINING

Seite/Aufgabe	Material	Aufbau
		Audiotraining 1: Wo ist …?
	CD 4/24	Die TN werden gefragt: „Entschuldigung, wo ist hier (der Kindergarten)?" Sie erhalten für ihre Antwort die lokale Präposition und den Ort / das Gebäude. Die TN antworten in den Sprechpausen mit „Da vorne. (Neben) (dem Supermarkt)." Nach der Sprechpause hören die TN die korrekte Antwort.
		Audiotraining 2: Einen Weg beschreiben
	CD 4/25	Die TN trainieren in einer Echo-Übung die Redemittel zur Wegbeschreibung. Der Sprecher gibt einen Satz vor: „Gehen Sie (zuerst einfach geradeaus).", der als Echo mit dem gespiegelten Personalpronomen wiederholt werden soll: „Gut. Ich gehe (zuerst einfach geradeaus)." Nach der Sprechpause hören die TN die korrekte Antwort.
		Audiotraining 3: Mit dem Zug!
	CD 4/26	Der Sprecher fragt: „Wie komme ich (nach Duisburg)?" Die TN hören dann ein Geräusch zu einem Verkehrsmittel und antworten in der Sprechpause: „Sie müssen (mit dem Zug fahren)." Nach der Sprechpause hören die TN die korrekte Antwort.
		Videotraining 1: Das ist gleich hier in der Nähe!
	Film „Das ist gleich hier in der Nähe!"	Die TN sehen in dem Film vier kleine Gespräche zwischen Lara und Tim, in denen Lara oder Tim nach dem Weg fragen. Die TN wiederholen den Wortschatz für Wegbeschreibungen und sehen entsprechende Gesten dazu. *fakultativ:* Wenn Sie das Videotraining im Kurs machen wollen, können Sie die Gespräche zunächst ohne Ton abspielen, die TN überlegen anhand der Gesten, wie die/der Fragende gehen muss.
		Videotraining 2: Das Wasser ist im Glas.
	Film „Das Wasser ist im Glas"	Mit dem Film können die TN die lokalen Präpositionen wiederholen und festigen. Es werden verschiedene Bilder gezeigt und Tim oder Lara fragen: „Wo ist …?" Die TN haben Zeit, entsprechend zu antworten. Dann geben Tim oder Lara die Lösung. Empfehlen Sie besonders den ungeübteren TN diesen Film, den Sie auch später immer mal wieder zur Wiederholung und Festigung nutzen können.

ZWISCHENDURCH MAL …

Seite/Aufgabe	Material	Aufbau
58		**Schreiben: Mein Tag (passt z. B. zu D4)**
58/1	Folie/IWB	1. Die TN sehen sich das Bild an. Sie befragen sich gegenseitig, wo welche Person ist und was sie macht. In Kursen mit überwiegend ungeübten TN können Sie das Gespräch auch im Plenum führen.
		2. Die TN lesen die Geschichte im Buch.
		3. Beantworten Sie mit den TN zusammen die Fragen im Buch zu der Person im Text.
		4. Die TN suchen sich eine Person vom Bild aus und schreiben zu zweit eine kleine Geschichte zu der Person.
58/2		Die TN lesen ihre Geschichten vor und die anderen raten, um welche Person es sich handelt. Zum Abschluss können die TN überlegen, welche Person die Geschichte im Buch erzählt (Person B).

		Tipp: Nutzen Sie solche Texte gezielt zur Wiederholung, indem die TN sie am nächsten Kurstag als Lückentext bearbeiten. Legen Sie dabei bestimmte Schwerpunkte und lassen Sie z. B. Verkehrsmittel oder Ortsangaben weg.
58		**Film: Verkehr und Verkehrsmittel (passt z. B. zu B1 oder E1)**
		1. Die TN sehen den Film zunächst ohne Ton. Sie notieren die Verkehrsmittel, die sie sehen. Anschließend tragen Sie an der Tafel die Ergebnisse zusammen.
		2. Die TN spekulieren im Plenum, worum es in dem Film geht.
		3. Die TN sehen den Film mit Ton und vergleichen im Plenum mit ihren Vermutungen.
	KV L11/ZDM	4. Stellen Sie anschließend einige Verständnisfragen zum Film, z. B. „Wie schnell darf man auf Autobahnen fahren?“, „Warum können die Leute nicht schnell fahren?“, „Was bedeutet S-Bahn?“ etc. *Variante:* Verteilen Sie die Kopiervorlage. Die TN sehen den Film noch einmal und markieren die richtigen Aussagen. Anschließend Kontrolle im Plenum. *fakultativ:* Die TN überlegen in Kleingruppen, wie die Situation in ihrer Heimat ist, und erzählen darüber.
59		**Lied: Entschuldigen Sie? (passt z. B. zu C2)**
59/1	CD 4/27	1. Die Bücher sind geschlossen. Fragen Sie die TN: „Was ist das Thema des Lieds?“ Spielen Sie den Anfang des Raps vor. *Lösung:* Eine Wegbeschreibung.
	CD 4/27	2. *Binnendifferenzierung:* Ungeübtere TN bekommen Wortkärtchen mit „Universität“, „Kiosk“, „Bäckerei“, „Buchhandlung“, „Parkplatz“, „Apotheke“, „Bahnhof“, „Kindergarten“, „Gemüseladen“ und „Müllerstraße“. Spielen Sie den Rap vor. Beim Hören ordnen die TN die Begriffe nach ihrem Vorkommen. Dabei stellen sie fest, dass manche Orte nicht vorkommen. Geübtere TN erhalten keine Kärtchen, sondern notieren beim Hören die Orte.
		3. Die TN öffnen ihr Buch. Sie hören noch einmal und lesen mit. Spielen Sie den Rap ein weiteres Mal vor. Die TN ergänzen die Nummern zu den Orten in der Zeichnung. *Lösung von oben nach unten:* 3, 2, 4, 6, 5
59/2	CD 4/27	1. Die TN hören das Lied, lesen mit und singen jeweils den Refrain. *Variante:* Nicht alle TN haben Mut oder Lust zu singen. Teilen Sie den Kurs in diesem Fall in mehrere Gruppen: Es gibt Sänger, eine Combo, die mit den Fingern schnippt, mit Stiften auf die Tische klopft o. Ä., und drei TN, die den Verlauf des Lieds pantomimisch spielen.
		2. *fakultativ:* Machen Sie die TN auf die umgangssprachliche Sprechweise der Rap-Sänger aufmerksam: Im Deutschen wird im Präsens, 1. Person Singular, häufig die Endung „-e“ weggelassen. Das sogenannte stumme „e“ in Infinitiven ist meist überhaupt nicht hörbar (geh'n, seh'n etc.). Wenn die TN sich bereits für solche Feinheiten der Sprache interessieren, können Sie sie auch auf die verkürzte Form von „eine“ zu „'ne“ aufmerksam machen. Auch das ist üblich im mündlichen Sprachgebrauch. Vertiefen Sie das Thema nicht zu sehr. Es genügt, wenn die TN einen ersten Eindruck von den Besonderheiten der Umgangssprache erhalten. In schriftlichen Texten sollten die TN diese Formen nicht nachahmen. Hier sind sie falsch.
		3. *fakultativ:* Wenn die TN Freude an diesem Rap haben, können sie sich eigene Wegbeschreibungen in Liedform ausdenken. Dazu ersetzen sie die Orte aus dem Lied durch eigene Ideen. *Variante:* Falls Sie Stadtpläne Ihrer eigenen Stadt oder einer deutschen Großstadt haben, können die TN sich eine Wegbeschreibung nach dem Stadtplan ausdenken. Sie geben den Stadtplan dann einer anderen Gruppe und singen ihren Rap. Die andere Gruppe muss den Weg auf dem Stadtplan einzeichnen.

Wortfelder: Kundenservice, Telekommunikation
Grammatik: temporale Präpositionen: *vor, nach, bei, in, bis, ab: Wann ...? – In einer Stunde. Ab wann ...? – Ab morgen.* Konjunktiv II: *würde, könnte;* Satzklammer: *Könnten Sie mir bitte helfen?;* Verben mit verschiedenen Präfixen: *an-, aus-, auf-, zumachen*

KUNDENSERVICE

Folge 12: Super Service!

Einstieg in das Thema „Kundenservice und Reklamation"

Seite/Aufgabe	Material	Aufbau
60/1		**Vor dem Hören: Vermutungen äußern**
	Folie/IWB	1. Zeigen Sie die Fotos der Foto-Hörgeschichte. Klären Sie anhand der Fotos die neuen Wörter „Tasche", „Plastiktüte", „Rechnung", „Verkäufer" und „etwas ist kaputt".
	Folie/IWB, KV L11/FHG	2. Die TN schreiben in Kleingruppen zu jedem Foto ein kleines Gespräch. Achten Sie bei der Zusammensetzung der Gruppen auf ein gemischtes Leistungsspektrum. In Kursen mit überwiegend ungeübten TN beschreiben die TN nur mündlich, was auf den Fotos passiert, was die Personen machen, wo sie sind etc. *Hinweis:* Wenn die TN mit den Büchern arbeiten, um die Fotos besser zu sehen, decken sie die unteren Buchseiten mit ihren Heften ab. Es geht darum, die eigene Fantasie und den sprachlichen Ausdruck der TN anzuregen (und nicht darum, den „richtigen" Dialog zu treffen). *fakultativ:* Die TN öffnen die Bücher und decken die untere Hälfte mit ihrem Heft ab. Jedes Paar erhält eine Kopiervorlage und schneidet die Sprechblasen aus. Die TN vermuten, welche Sprechblase zu welchem Foto und zu welcher Person gehört, und legen sie wie in einem Comic auf das Foto. Teilen Sie jedem Paar ein Foto zu, in großen Gruppen vergeben Sie einige Fotos doppelt. Die Paare schreiben zu „ihrem" Foto ein kleines Gespräch, in dem die Sätze in den Sprechblasen vorkommen sollten. So setzen sie sich mit der Geschichte vorentlastend auseinander und erproben das eigene Können, indem sie versuchen, die Situation sprachlich zu bewältigen. Zum Abschluss lesen die Paare in der Reihenfolge der Fotos ihre Gespräche vor.
		3. Die TN öffnen die Bücher und bearbeiten zur Wiederholung die Aufgabe. Anschließend Kontrolle im Plenum. *Lösung:* b Foto 8; c Foto 6 und 7; d Foto 3 bis 7; e Foto 2
60/2		**Beim ersten Hören: Den Inhalt global verstehen**
	CD 4/28–35, KV L11/FHG	Die TN hören die Foto-Hörgeschichte so oft wie nötig und kreuzen an. Abschlusskontrolle im Plenum. *Lösung:* richtig: a, b, d *fakultativ:* Die TN hören die Foto-Hörgeschichte und vergleichen während des Hörens ihre Zuordnung der Sätze der Kopiervorlage und auch ihre Minigespräche. Abschlusskontrolle im Plenum.
61/3		**Nach dem ersten Hören: Die Geschichte zusammenfassen**
	CD 4/28–35	Die TN ordnen die Wörter zu. Sie hören die Foto-Hörgeschichte ggf. noch einmal. In Kursen mit ungeübteren TN liest ein TN den ersten Satz vor. Lösen Sie zusammen mit den TN das nächste Beispiel. Erst dann arbeiten die TN allein oder zu zweit weiter. Anschließend Kontrolle im Plenum. *Lösung:* kaputt, Laden, reparieren, soll, Dienstag, Plastiktüte
61/4		**Sprechen: Laras Verhalten beurteilen**
		Tipp: Um etwas Aktivität in den Kurs zu bringen, können Sie die Abstimmung in 1. durchführen, indem Sie im Kursraum eine „Ja"-Ecke und eine „Nein"-Ecke bestimmen. Die TN gehen ihrer Antwort entsprechend in die jeweilige Ecke.

		1. Lara ist am Ende der Foto-Hörgeschichte sauer. Fragen Sie die TN: „Lara ist sauer. Verstehen Sie das?" Für „ja" stehen die TN auf, für „nein" bleiben sie sitzen. Wenn die Antworten ungefähr gleich verteilt sind, teilen Sie Kleingruppen mit je zwei oder drei TN pro Meinung ein. Die Gruppen diskutieren über ihre Meinungen. Die TN sprechen auch darüber, wie das in ihren Heimatländern ist. Stellen Sie auch die Frage: „Ist Ihnen so etwas schon einmal passiert?"
		2. Die TN wählen einen Sprecher aus ihrer Gruppe, der die Meinungen innerhalb der Gruppe im Plenum kurz wiedergibt. TN, die möchten, können im Plenum ihr eigenes Erlebnis erzählen.
		Landeskunde: Normalerweise gibt es innerhalb der EU eine Gewährleistungsfrist von zwei Jahren. Nach sechs Monaten muss aber der Käufer nachweisen, dass der Fehler schon zum Zeitpunkt des Kaufs vorgelegen hat, was oft schwierig ist. Dieser Regelung unterliegen auch Sonderangebote. Ware, die heruntergesetzt ist, weil sie Fehler hat, kann man aufgrund dieser Fehler natürlich nicht reklamieren. Der Verkäufer kann die fehlerhafte Ware umtauschen, muss er aber nicht. Er darf nachbessern.
	„Laras Film" Lektion 12	Der Film knüpft inhaltlich unmittelbar an die Foto-Hörgeschichte an. Er zeigt Lara, die ihre alte Tasche ausräumt und die neue Tasche einräumt („Taschenschnellwechsel"). Dabei zeigt und benennt sie die Gegenstände, die sie in ihrer Tasche hat. Sie können den Film zur Auflockerung nach A3 nutzen, um mit den TN zu überlegen, was Leute in ihren Taschen haben. Stoppen Sie dazu den Film bei 0:17. Die TN überlegen, was Lara in ihrer Tasche hat. Stoppen Sie nach 0:36 erneut, die TN benennen die Gegenstände. Sie können den Film auch als Ergänzung zu B2 einflechten. Die TN zeigen und schreiben auf, was sie in ihren Taschen haben. Gibt es vielleicht Gegenstände für weitere Varianten in B2?

SCHRITT A: GLEICH NACH DEM KURS GEHE ICH HIN.

Die temporalen Präpositionen *vor, nach, bei.*

Lernziel: Die TN können Zeitangaben verstehen/machen und Tagesabläufe beschreiben.

Seite/Aufgabe	Material	Aufbau
62/A1		**Präsentation der Zeitangaben mit den temporalen Präpositionen *vor, nach* und *bei***
	Folie/IWB	1. Die TN sehen die drei Zeichnungen nacheinander an. Fragen Sie jeweils: „Wer ist das?", „Wo ist sie?" und „Was macht sie?". Deuten Sie dann auf Zeichnung A und fragen Sie: „Wann steht Lara auf?" Die TN geben vermutlich eine Uhrzeit oder Tageszeit an. Fragen Sie weiter: „Was macht Lara zuerst? Steht sie zuerst auf oder geht sie zuerst zum Kurs?" Die TN erkennen sicher, dass Lara zuerst aufsteht. Sagen Sie betont deutlich: „Das ist Lara vor dem Kurs." Die TN ordnen „vor" zu.
	Folie/IWB	2. Die TN sehen sich Zeichnung B an. Lesen Sie den unvollständigen Satz bis zur Lücke vor und machen Sie eine kleine Pause. Kommt keiner der TN auf die richtige Lösung, helfen Sie. Geübtere TN ordnen B und C selbstständig zu.
	Folie/IWB	3. Verfahren Sie mit Zeichnung C ebenso. Verweisen Sie auf den Grammatik-Kasten und die Grammatikübersicht 1 (Kursbuch, S. 68). Erklären Sie den TN, dass die Präpositionen mit dem Dativ benutzt werden. *Hinweis:* Die TN kennen die Präpositionen „vor" und „nach" im Zusammenhang mit der Uhrzeit (vgl. *Schritt für Schritt in Alltag und Beruf 1* / Lektion 5) schon in ihrer temporalen Bedeutung und „bei" als lokale Angabe (vgl. Lektion 11). Weisen Sie die TN darauf hin, dass „bei" in diesem Fall anzeigt, wann jemand etwas tut. *Lösung:* A vor; B nach; C bei

		4. *fakultativ:* Damit die TN die neue Form besser verstehen und internalisieren können, machen Sie Beispiele mit TN aus dem Kurs. Fragen Sie: „Was machen Sie vor dem Kurs?" Schreiben Sie einige Beispiele an die Tafel: „Vor dem Kurs frühstückt Hassan." Verfahren Sie mit „nach" und „bei" ebenso. Verdeutlichen Sie den TN, dass die Präpositionen hier mit Aktivitäten benutzt werden. Fragen Sie die TN auch, mit welchen Aktivitäten man die Präpositionen auch oft benutzt, und halten Sie sie an der Tafel fest. Erklären Sie den TN auch, dass man „bei" nicht immer benutzen kann, so ist „bei der Pause/Schule" nicht üblich, hier sagt man „in der Pause/Schule".
		vor dem/nach dem/beim — Kurs, Frühstück, Training, Film, Schlafen ... vor der/nach der — Pause, Arbeit (auch: bei der Arbeit), Schule, ... vor den/nach den/bei den — Hausaufgaben, ...
		Die TN sollten diese Wendungen als Muster lernen, da sie oft gebraucht werden und das „aktive" Bilden oft zu lange dauert.
	AB 1	Die Übung wiederholt die Präpositionen „vor" und „nach" in Verbindung mit der Uhrzeit. Die TN bearbeiten diese Übung in Einzelarbeit im Kurs. In Kursen mit überwiegend ungeübten TN sollten Sie diese Übung im Plenum wiederholen.
	AB 2–3	Die TN machen die Übungen in Einzelarbeit im Kurs oder als Hausaufgabe.
62/A2		**Erweiterung: Die Zeitangaben *vor* und *nach***
		1. Die TN sehen sich das Foto an. Fragen Sie: „Wo ist Lara?" und „Was ist vorher passiert?"
		2. Weisen Sie die TN auf den Grammatik-Kasten hin. Die TN lesen die Aufgabe und ergänzen.
	CD 4/36	3. Die TN hören das Gespräch und vergleichen mit ihrer Lösung. Anschließend Kontrolle im Plenum. *Lösung:* vor einer, nach einer
		4. Erklären Sie den TN, dass „vor" und „nach" auch mit „Zeitwörtern" wie „Woche", „Jahr", „Tag" etc. benutzt werden können, dann aber mit dem unbestimmten Artikel im Dativ, wenn ein Tag/Jahr/Monat oder eine Woche gemeint ist. Ab zwei benutzt man einfach die Zahl ohne Artikel: „Ich komme in drei Wochen zurück."
		5. *fakultativ:* Machen Sie mit den TN eigene Beispiele und halten Sie diese an der Tafel fest, z. B. „Karim fliegt in einem Monat nach Hause.", „Daria hat in vier Wochen Geburtstag." etc.
	AB 4	Die TN machen die Übung im Kurs. Sie wiederholen die Präpositionen „vor" und „seit".
	AB 5	Die TN machen die Übung im Kurs. Geübtere TN lösen die Übung in Einzelarbeit, ungeübtere TN arbeiten paarweise zusammen. *Hinweis:* Konkretisieren Sie die Situationen hier für die TN wieder durch Beispiele aus deren eigenem Alltag.
62/A3		**Anwendungsaufgabe zu den Zeitangaben *vor*, *nach* und *bei***
	Folie/IWB	1. Fragen Sie die TN: „Herr Lin arbeitet in einem Taschenladen. Was macht er alles?". Geben Sie ein Beispiel: „Er räumt den Laden auf." Halten Sie als Stichwort „aufräumen" an der Tafel fest. Die TN notieren weitere Beispiele an der Tafel. Lassen Sie die Beispiele an der Tafel stehen, sie können später ergänzt werden.
a	CD 4/37	2. Die TN lesen die Aufgabe im Buch. Klären Sie ggf. unbekannten Wortschatz. Dann hören die TN das Interview so oft wie nötig und verbinden die Zeitangaben mit den Stichwörtern. Abschließend Kontrolle im Plenum. *Lösung:* 1 – b; 2 – a; 3 – c
b		3. Die TN schreiben in Einzelarbeit zunächst drei Sätze. Ungeübtere TN arbeiten zu zweit. Abschlusskontrolle im Plenum. *Lösung:* Vor der Mittagspause macht Wang Lin Reparaturen und näht. Beim Mittagessen hört er Musik. Nach der Mittagspause verkauft er viele Taschen und Kleider.

		4. *fakultativ:* Die TN sehen sich die eigenen Beispiele an der Tafel noch einmal an und überlegen, wann Wang Lin das macht, und bilden entsprechende Sätze. Je nach Zeit können die TN das mündlich im Plenum oder zu zweit machen oder sie schreiben die Sätze. Das können Sie auch als Zusatzaufgabe für schnellere TN einsetzen. *Hinweis:* Hier können Sie das Spiel „Geschäftsideen" aus „Zwischendurch mal ..." (Kursbuch, S. 70) einflechten. Die TN überlegen sich Geschäftsideen für sich und andere.
	„Laras Film" Lektion 12	*Hinweis:* Hier können Sie auch gut „Laras Film" einsetzen, in dem Lara über den Inhalt ihrer Tasche spricht.
	KV L12/A3, Spielfiguren, Würfel	5. *fakultativ:* Verteilen Sie an jede Kleingruppe jeweils einen Spielplan der Kopiervorlage, Spielfiguren und einen Würfel. Die TN setzen ihre Figur auf ein beliebiges Feld. Der erste TN würfelt und zieht seine Figur. Das neue Feld gibt die Zeit an und die Würfelzahl die Präposition, z. B. „Abendessen" und „nach". Die TN bilden mit beidem einen Satz: „Nach dem Abendessen gehe ich immer spazieren." Kommen TN auf ein Feld mit „bei" und haben eine 1 oder 4 gewürfelt, haben Sie Glück und müssen keinen Satz bilden. Erklären Sie den TN, dass hier die Verwendung von „bei" unüblich ist. Geübtere TN stellen bei 4, 5 und 6 die Zeitangabe nicht nach vorne, z. B. „Ich gehe nach dem Abendessen immer spazieren.".
	AB 5	Die TN machen die Übung im Kurs. Sie ergänzen zunächst in Einzelarbeit die Sätze. Dann markieren sie und ergänzen die Tabelle. Ungeübtere TN arbeiten zu zweit. Gehen Sie herum und helfen Sie bei Schwierigkeiten.
	AB 6	Die TN machen die Übung in Einzelarbeit im Kurs oder als Hausaufgabe.
62/A4		**Anwendungsaufgabe: Über den eigenen Tag mit *vor, nach* und *bei* erzählen**
		1. Die TN lesen die Aufgabe und das Beispiel. Die TN schreiben fünf Sätze über ihren Tag auf einen Zettel. Gehen Sie dabei herum und helfen Sie bei Schwierigkeiten.
		2. Sammeln Sie die Zettel ein und mischen Sie sie. Verteilen Sie sie wieder. Abwechselnd liest jeder TN seinen Zettel vor, die anderen raten, von wem er ist. *Tipp:* Sie können auch zwei Gruppen gegeneinander spielen lassen. Dazu sammeln Sie die Zettel jeder Gruppe getrennt ein. Die erste Gruppe erhält einen Zettel der zweiten Gruppe und liest ihn vor. Die TN der ersten Gruppe raten. Dann erhält ein TN aus der zweiten Gruppe einen Zettel der ersten Gruppe und liest. Die TN der zweiten Gruppe raten etc. Halten Sie den Punktestand an der Tafel fest. *Hinweis:* Zur Auflockerung können Sie hier auch den Film „Reise durch Deutschland, Österreich und die Schweiz" aus „Zwischendurch mal ..." (Kursbuch, S. 70) einfügen.

SCHRITT B: SIE BEKOMMEN SIE IN VIER WOCHEN.

Die temporären Präpositionen *in, ab, bis*

Lernziel: Die TN können zeitliche Bezüge nennen und um Serviceleistungen bitten.

Seite/Aufgabe	Material	Aufbau
63/B1		**Präsentation der Zeitangaben mit den temporalen Präpositionen *in, ab* und *bis***
	Folie/IWB, CD 4/38	1. Die TN verbinden die Aussagen. Dann hören sie das Gespräch und vergleichen. Ungeübtere TN arbeiten zu zweit. Anschließend Kontrolle im Plenum. *Lösung:* a – 3; b – 1; c – 2
		2. Die TN lesen die Gespräche zu zweit mit Flüsterstimme und tauschen auch die Rollen.

		3. Fragen Sie: „Welchen Monat haben wir?“ Die TN nennen den Monat. Fragen Sie weiter: „Welchen Monat haben wir in einem Monat?“ Variieren Sie anschließend Ihre Frage, indem Sie zwei, drei, vier Monate weiter fragen. Die Bedeutung von „bis“ und „ab“ sollte anhand der Beispielsätze bereits klar geworden sein. Halten Sie die Bedeutungen der temporalen Präpositionen „in“, „ab“ und „bei“ an der Tafel fest. Verweisen Sie auf den Grammatik-Kasten und die Grammatikübersicht 1 und 2 (Kursbuch, S. 68).

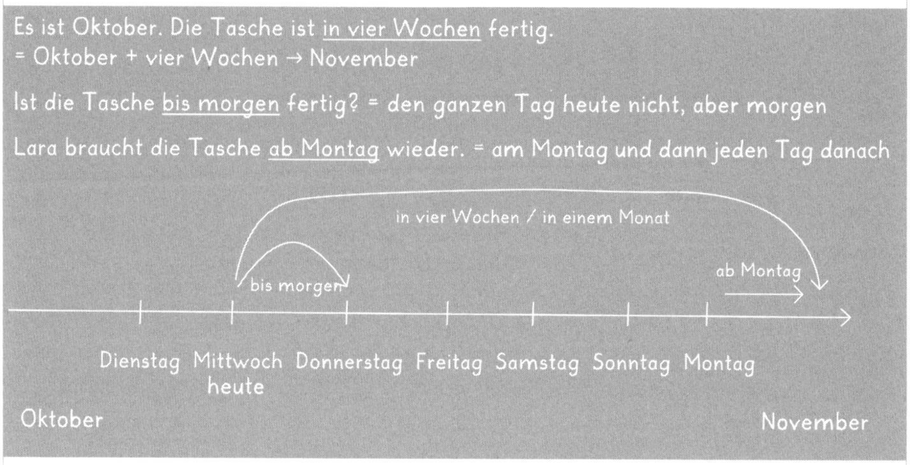

		Hinweis: Machen Sie auch hier wieder Beispiele aus der Erfahrungswelt der TN. Fragen Sie: „Bis wann müssen Sie die Hausaufgaben machen?“, „Wann ist der Kurs zu Ende?“, „Ab wann sind Sie heute zu Hause?“, „Wie lange dürfen Ihre Kinder heute fernsehen?“ etc.
	AB 7–9	Die TN machen die Übungen in Einzelarbeit im Kurs oder als Hausaufgabe.
63/B2		**Variation: Anwendungsaufgabe zu *in, an, bis***
	Folie/IWB CD 4/39	1. Die TN sehen sich die Zeichnung an. Fragen Sie die TN: „Wo ist die Frau?“, „Was macht sie?“, „Wen ruft sie an?“ Dann hören die TN das Gespräch.
	    „Laras Film“ Lektion 12	2. Die TN lesen das Gespräch noch einmal und variieren. Erst dann tauschen sie die Rollen und lesen und variieren noch einmal. *fakultativ:* Um die Gesprächssituation am Telefon authentischer zu gestalten, können die TN z. B. Rücken an Rücken sitzen. *Hinweis:* Zur Ergänzung können Sie hier „Laras Film“ einflechten. Die TN überlegen, welcher Gegenstand aus Laras Tasche kaputtgehen könnte, und überlegen sich kleine Gespräche. *Hinweis:* Hier können Sie zur Auflockerung auch das Spiel „Geschäftsideen“ aus „Zwischendurch mal …“ (Kursbuch, S. 70) nutzen.
	AB 10	Die TN machen die Übung in Einzelarbeit im Kurs oder als Hausaufgabe.
63/B3		**Aktivität im Kurs: Rollenspiel: Anruf beim Kundenservice**
	Folie/IWB	1. Die TN sehen sich das Dialoggerüst an. Zwei TN spielen das Gespräch vor. Lassen Sie ungeübtere Paare ebenfalls vorspielen, bis klar ist, wie der Dialog funktioniert. Weisen Sie die TN auch auf die Rubrik „Kundenservice: Was kann ich für Sie tun?“ (Kursbuch, S. 69) hin. Hier können die TN auch die kleine Schreibaufgabe rechts z. B. als Hausaufgabe machen.
	Folie/IWB	2. Zeigen Sie das Dialoggerüst auf Folie / dem IWB, damit die TN das Buch nicht mitnehmen müssen. Die TN bewegen sich frei im Raum und suchen sich jeweils eine Partnerin / einen Partner. Die Paare einigen sich auf die Rollen und spielen ein Gespräch. Dann gehen sie weiter und suchen sich eine neue Partnerin / einen neuen Partner. *Hinweis:* Während die TN spielen, können Sie nach und nach Wörter streichen/abdecken, sodass die TN immer mehr Text frei sprechen. *fakultativ:* Die TN können ihre Gespräche auch mit dem Smartphone aufnehmen und zu Hause zur Nachbereitung noch einmal anhören. *Hinweis:* Hierzu passt thematisch das Audiotraining 3.
	AB 11–13	Die TN machen die Übungen in Einzelarbeit im Kurs oder als Hausaufgabe.

SCHRITT C: KÖNNTEN SIE MIR DAS BITTE ZEIGEN?

Der Konjunktiv II: *könnte, würde*

Lernziel: Die TN können höfliche Bitten und Aufforderungen ausdrücken.

Seite/Aufgabe	Material	Aufbau
64/C1		**Präsentation des Konjunktiv II: *könnte* und *würde***
	CD 4/40	1. Klären Sie vorab die Bedeutung von „freundlich“ bzw. „unfreundlich“, indem Sie „unfreundlich“ an die Tafel schreiben und den entsprechenden Smiley dazumalen. Dann rufen Sie in einem unfreundlichen Ton in die Runde: „Machen Sie das Fenster zu! Es ist kalt hier!“ Mit „freundlich“ verfahren Sie analog. Fragen Sie die TN dann vor dem Hören: „Ist die Anruferin / der Anrufer freundlich?“ Die TN hören die erste Aufforderung, lesen im Buch mit und malen Smileys, je nachdem ob sie die Personen als freundlich oder unfreundlich empfinden. Verfahren Sie mit b–d ebenso. Anschließend Kontrolle im Plenum. *Lösung:* a ☺; b ☹; c ☹; d ☺
	Folie/IWB	2. Weisen Sie auf den Info-Kasten. Hier werden Imperativ und Konjunktiv II gegenübergestellt. Die TN wissen bereits aus Lektion 9, dass man mit dem Imperativ Aufforderungen formulieren kann. Erklären Sie den TN an dieser Stelle, dass Aufforderungen im Imperativ häufig als eher unfreundlich empfunden werden, Aufforderungen im Konjunktiv dagegen als freundlich. Verweisen Sie auch auf den Grammatik-Kasten und die Grammatik-Übersicht 3 (Kursbuch, S. 68) und erklären Sie, dass höfliche Fragen mit „könnte“ und „würde“ synonym gebraucht werden. Machen Sie auch die Satzklammer deutlich, die die TN bereits von einigen Modalverben und dem Perfekt kennen. Nutzen Sie die kleine Zeichnung, um den situativen Rahmen für höfliche Bitten zu illustrieren. Gehen Sie auf dieser Kursstufe aber nicht detaillierter auf den Konjunktiv II in seinen weiteren Funktionen ein. Es genügt, wenn die TN zunächst lernen, mit dem Konjunktiv II höfliche Aufforderungen und Bitten zu formulieren.
	Folie/IWB	3. Formulieren Sie mit den TN die freundlichen Aussagen aus C1 in unfreundliche um und umgekehrt. Halten Sie sie an der Tafel fest. Sprechen Sie die erste Aussage mit deutlich freundlicher bzw. unfreundlicher Betonung und Mimik vor. Die TN sprechen im Chor entsprechend nach. Verfahren Sie mit den anderen Aussagen ebenso.
		Tipp: Durch das unmittelbare Vorsprechen haben die TN den Ausdruck sehr präsent und können ihn entsprechend nachahmen. Durch das Nachsprechen im Chor verlieren die TN evtl. vorhandene Hemmungen und lassen sich eher auf das „Schauspielern“ ein. Vor allem in Kursen mit ungeübteren TN ist das wichtig, da es ihnen oft schwerfällt, sich in Rollenspielen auf Emotionen einzulassen.
		4. Nummerieren Sie die Aussagen an der Tafel durch. In Partnerarbeit sprechen die TN die Aussagen, indem ein TN eine Zahl sagt und der andere die entsprechende Aussage mit guter Betonung spricht. Für ungeübtere TN können Sie im Tafelbild Smileys ergänzen. *Hinweis:* Motivierender ist es, wenn Sie mit den TN zunächst Bitten und Aufforderungen aus dem Alltag sammeln, z. B. „Würden Sie mir mit dem Kinderwagen helfen?“ und diese in freundlicher und unfreundlicher Form an die Tafel schreiben und die TN diese wie oben üben lassen.
		Tipp: Führen Sie „höfliche Tage“ ein. An diesen Tagen, die Sie vor Unterrichtsbeginn bekanntgeben und durch ein Zeichen, z. B. durch das Aufhängen eines entsprechenden Plakats, präsent halten, sind die TN und Sie besonders höflich. Aufforderungen und Bitten müssen entsprechend formuliert werden. Auf andere Bitten und Aufforderungen muss an diesen Tagen nicht reagiert werden.
	AB 14	Die TN machen die Übung in Einzelarbeit im Kurs oder als Hausaufgabe.
	AB 15	Die TN machen die Übung im Kurs. Geübtere TN arbeiten in Einzelarbeit, ungeübtere in Partnerarbeit. Abschlusskontrolle im Plenum. Erklären Sie hier nicht die Bildung der Formen, gehen Sie auch nicht auf die anderen Personalformen ein. Es genügt, wenn die TN die für Aufforderungen und Bitten nötigen Formen als feste Wendungen lernen.

64/C2		**Aktivität im Kurs: Höfliche Bitten formulieren**
	Folie/IWB	1. Die Bücher sind geschlossen. Zeigen Sie Zeichnung A und den Schüttelkasten auf Folie / dem IWB. Decken Sie das Beispiel ab. Die TN formulieren eine passende Bitte zu Zeichnung A. Decken Sie das Beispiel dann auf. Fordern Sie die TN auf, sich einen zweiten Satz für den Kunden zu überlegen. Notieren Sie weitere Vorschläge, z. B. „Ich habe seit zwei Tagen Husten. Würden Sie mir bitte etwas gegen Husten geben?“
		2. Die TN öffnen die Bücher und schreiben zu den Situationen B–D eigene Sätze. Ungeübtere TN schreiben zu zweit. Geübtere TN schreiben zusätzlich die Antworten auf die Bitten, sodass kleine Gespräche entstehen. Gehen Sie herum und helfen Sie bei Schwierigkeiten.
	Folie/IWB KV12/C2 im Lehrwerk-service	3. *fakultativ:* Die TN gehen im Kursraum herum. Wenn Sie „Stopp“ rufen, bleiben die TN stehen und wenden sich dem nächsten TN zu. Zeigen Sie eine der Zeichnungen aus C2 auf Folie / dem IWB. Die beiden TN spielen ein entsprechendes freies Gespräch. Dann gehen die TN wieder herum etc. *fakultativ:* Zur Unterstützung der Aktivität können Sie auch auf die Kopiervorlage im Lehrwerkservice unter www.hueber.de/schritt-fuer-schritt zurückgreifen. *Hinweis:* An dieser Stelle können Sie den Lesetext „Informationen für Migranten in Deutschland“ aus „Zwischendurch mal …“ (Kursbuch, S. 70) zur Auflockerung einflechten.
	AB 16–17	Die TN machen die Übungen in Einzelarbeit im Kurs oder als Hausaufgabe.
64/C3		**Anwendungsaufgabe: Höfliche Fragen, Bitten und Aufforderungen formulieren und darauf reagieren**
		1. Verweisen Sie die TN zunächst auf die trennbaren Verben „anmachen“ und „ausmachen“ im Schüttelkasten und klären Sie, wenn nötig, ihre Bedeutung, indem Sie das Licht im Kursraum an- und ausmachen.
		2. Die TN betrachten die Zeichnung. Zwei TN lesen das Beispiel. Dann sprechen die TN in Partnerarbeit weitere Gespräche zwischen Chefin und Sekretärin. Weisen Sie die TN auch auf die Rubrik „Um etwas bitten: Könnten Sie mir bitte helfen?“ (Kursbuch, S. 69) hin. Geübtere TN können sich über die Beispiele des Kastens hinausgehende Gespräche ausdenken. *fakultativ:* Wenn die TN Freude an Rollenspielen haben, können sie ein Gespräch zwischen Chefin und Sekretärin als kurzes Theaterstück einüben. Stellen Sie in diesem Fall einige Requisiten wie Briefumschläge, Papier, Stifte und ein Spielzeugtelefon oder ein Handy zur Verfügung. *Hinweis:* An dieser Stelle passen thematisch das Audiotraining 1 und das Videotraining 1.
	AB 18–19	Die TN machen die Übungen im Kurs. Sie bearbeiten die beiden Übungen als Vorbereitung des Wortschatzes für das Dominospiel der Kopiervorlage.
	KV L12/C3	3. *fakultativ:* Die TN erhalten zu zweit je ein Dominospiel der Variante A. Die Dominokärtchen werden gemischt und aufgeteilt. Der erste TN legt ein Kärtchen aus. Der andere legt ein passendes Kärtchen an und bildet die entsprechende höfliche Aufforderung, z. B. „warm“ und „die Tür aufmachen“: „Könntest/Würdest du bitte die Tür aufmachen?“ Geübtere TN spielen sofort mit Variante B. Ungeübtere TN spielen zuerst eine Runde mit Variante A und erst danach mit B. Schnellere TN können eine weitere Runde spielen und zur Wiederholung den einfachen Imperativ bilden.

SCHRITT D: TELEFONANSAGEN

Lernziel: Die TN können Telefonansagen verstehen und formulieren.

Seite/Aufgabe	Material	Aufbau
65/D1		**Hörverstehen 1: Telefonansagen verstehen**
		1. Die Bücher sind geschlossen. Fragen Sie die TN, „Wo gibt es Telefonansagen?" Die TN nennen Beispiele, halten Sie diese an der Tafel fest, z. B. „Amt", „Arzt", „Firmen" etc. Die TN öffnen die Bücher. Klären Sie vor dem Hören ggf. die Begriffe „Autohaus", „Schülerhilfe" und „Privatperson". Fragen Sie einen TN, was man in einem Autohaus machen kann (neue und gebrauchte Autos kaufen, das Auto in die Werkstatt bringen). Bei „Schülerhilfe" sollte den TN klar sein, dass dies ein Nachhilfeangebot ist. Das Wort „Privatperson" können Sie gemeinsam mit den TN an der Tafel in seine beiden Bestandteile zerlegen. Sie können die „Privatperson" aber auch den Begriffen „Geschäftsfrau/Geschäftsmann" gegenüberstellen.
	CD 4/41–44	2. Die TN sehen sich kurz die Tabelle im Buch an. Spielen Sie die Ansagen so oft wie nötig vor. Die TN hören die Ansagen nacheinander und kreuzen jeweils eine Lösung an. Abschlusskontrolle im Plenum. *Lösung:* Ansage 1: Privatperson; Ansage 2: Amt; Ansage 3: Autohaus; Ansage 4: Schülerhilfe
65/D2		**Hörverstehen 2: Den wesentlichen Inhalt der Ansagen verstehen**
	CD 4/41–44	Kündigen Sie den TN an, dass sie die Telefonansagen aus D1 noch einmal hören. Fragen Sie: „Was soll der Anrufer tun?" Die TN lesen bei jedem Beispiel zunächst die drei möglichen Antworten und achten beim zweiten Hören auf die Aufforderung an den Anrufer. Die TN hören die Ansagen nacheinander so oft wie nötig und kreuzen jeweils eine Lösung an. Die TN vergleichen ihre Lösungen mit der Partnerin / dem Partner. Anschließend Kontrolle im Plenum. *Lösung:* 1 Eine Nachricht hinterlassen.; 2 Die Zahl vier drücken.; 3 Die Firma anrufen.; 4 Termine machen. *Hinweis:* Inhaltlich passt hierzu der Lesetext „Informationen für Migranten in Deutschland" aus „Zwischendurch mal ..." (Kursbuch, S. 71). Es geht um die Anmeldung zur Kinderbetreuung, bei der man oft auf Telefonansagen stößt.
	AB 20 AB-CD 2/31–33 Prüfung	Die TN machen die Übung im Kurs. Sie entspricht Hören, Teil 3 der Prüfung *Start Deutsch A1*. Die TN hören Telefonansagen und lösen zu jeder Ansage eine Aufgabe. Die TN hören jede Ansage zweimal und kreuzen ihre Lösung an. Anschließend Kontrolle im Plenum. *Hinweis:* In den Audios sind die Ansagen genau wie in der Prüfung zweimal hintereinander zu hören.
65/D3		**Anwendung: Eine eigene Ansage gestalten**
	Folie/IWB	1. Lesen Sie gemeinsam mit den TN die Beispielsätze und klären Sie ggf. neuen Wortschatz wie „Hier ist der Anschluss von ...". Nehmen Sie ein Handy oder ein Spielzeugtelefon zur Hand, imitieren Sie ein Telefonklingeln und fordern Sie einen geübteren TN auf, einen kurzen Ansagetext zu formulieren. Die Beispiele im Buch helfen dabei. Wiederholen Sie dieses Vorgehen ggf.
		2. Die TN arbeiten zu zweit. Die Paare schreiben einen eigenen Ansagetext. Die TN orientieren sich an den Beispielen im Buch und an der Rubrik „Ansage für die Mailbox: Wir rufen zurück." (Kursbuch, S. 69). Gehen Sie herum und helfen Sie bei Schwierigkeiten. *Hinweis:* Hierzu passt das Audiotraining 2.

		3. *fakultativ:* Wer möchte, kann seinen Ansagetext im Plenum vorlesen oder zu Hause mit dem Smartphone aufnehmen und am nächsten Tag im Plenum vorspielen. Anschließend können die Texte im Kursraum aufgehängt werden oder ggf. auf eine Lernplattform als Hördatei hochgeladen werden. *Tipp:* Um Hemmungen abzubauen, damit die TN später bei einem „richtigen" Anruf nicht sofort auflegen, stehen die TN mit ihren Texten im Kreis. Ein TN sagt: „Ich rufe Agnieszka an." Agnieszka liest nun ihren Ansagetext vor. Der erste TN reagiert darauf, d. h. er „spricht auf die Mailbox". Hier geht es darum, dass die TN ganz kurz reagieren, also nur sagen: „Hier spricht Larissa. Ich rufe später/morgen/... nochmal an."
	AB 21	Die TN machen die Übung in Einzelarbeit im Kurs oder als Hausaufgabe.
65/D4		**Anwendung: Eine Nachricht hinterlassen**
		1. Die TN lesen die Situation und die Redemittel. Sie schreiben eine kurze Nachricht auf. Ungeübtere TN arbeiten zu zweit. Gehen Sie herum und korrigieren Sie individuell Fehler. Wer schneller fertig ist, denkt sich eine besonders lustige Ansage aus. Hilfe finden die TN auch in der Rubrik „Auf die Mailbox sprechen: Hier ist ..." (Kursbuch, S. 69).
		2. Die TN lernen ihre Nachricht auswendig und tragen sie im Plenum vor. *Variante:* Die TN nehmen ihre Nachricht mit dem Smartphone auf. Im Plenum werden einige abgespielt und die anderen hören zu. *Hinweis:* An dieser Stelle passt das Videotraining 2.
	KV L12/D4	3. *fakultativ:* Die TN arbeiten in Kleingruppen. Jede Kleingruppe erhält einen Kartensatz der Kopiervorlage und legt ihn in die Tischmitte. Ziehen Sie exemplarisch eine Karte, lesen Sie die Situation vor und formulieren Sie eine kurze Nachricht für den Anrufbeantworter. Fordern Sie einen geübteren TN auf, ebenfalls eine Karte vom Stapel zu nehmen, die Situation vorzulesen und eine Nachricht zu formulieren. Die TN verfahren anschließend in ihren Gruppen genauso und korrigieren sich gegenseitig. Gehen Sie herum und helfen Sie bei Schwierigkeiten. In Gruppen mit vorwiegend geübteren TN kann auch der TN, der links von dem TN sitzt, der eine Karte zieht, eine Ansage der jeweiligen Firma sprechen, auf die der TN, der die Karte gezogen hat, dann reagiert.
	AB 22	Wenn Sie die Übung im Kurs durchführen, lösen die TN zuerst Übung 22a. Besprechen Sie die Lösung im Plenum. Anschließend bearbeiten die TN Übung 22b und schreiben einen eigenen Text. Sammeln Sie die Texte zur Korrektur ein.
		Tipp: Wenn Sie eine sehr effektive Möglichkeit der Fehlerkorrektur einsetzen möchten, können Sie aus den häufigsten Fehlern der TN einen Mustertext erstellen. Die TN korrigieren den Mustertext in Partnerarbeit. So beschäftigen sich alle noch einmal intensiv mit den Fehlern, was bei einfacher Rückgabe der korrigierten Texte oft nicht so intensiv und nachhaltig erfolgt. Besonders hilfreich ist es für die TN, wenn Sie auf dem Mustertext die Anzahl der zu korrigierenden Fehler angeben. Besprechen Sie zuerst den Mustertext im Plenum, bevor Sie die korrigierten Texte zurückgeben.

SCHRITT E: HILFE IM ALLTAG

Lernziel: Die TN können Service-Anzeigen und Gebrauchsanweisungen verstehen. Sie können ein Telefongespräch mit dem Kundenservice führen.

Seite/Aufgabe	Material	Aufbau
66/E1		**Leseverstehen: Service-Anzeigen verstehen**
	Folie/IWB	1. Die Bücher sind geschlossen. Zeigen Sie nur die Überschriften der Anzeigen. Der restliche Text ist abgedeckt oder unkenntlich gemacht. Fragen Sie die TN: „Welcher Service wird hier angeboten?" Die TN stellen Vermutungen an.

	Folie/IWB	2. Die TN öffnen ihr Buch. Lesen Sie mit den TN Situation a. Die TN lesen die Anzeigen und suchen die passende Anzeige 2 heraus.
		3. Die TN bearbeiten die Situationen b–e selbstständig. Ungeübtere TN arbeiten zu zweit. Anschließend Kontrolle im Plenum. Machen Sie den TN deutlich, dass sie nicht jedes Wort verstehen müssen, um die Anzeigen zuzuordnen. Zeigen Sie noch einmal die Überschriften der Anzeigen. Auch mit diesen Informationen könnten die TN die Lösung finden. *Lösung:* a – 2; b – 1; c – 3; d – 5; e – 4 *Hinweis:* Hier können Sie auch das Spiel „Geschäftsideen" aus „Zwischendurch mal ..." (Kursbuch, S. 70) einflechten. Hier entwickeln die TN eigene Service- und Geschäftsideen.
		4. Besprechen Sie erst jetzt unbekannten Wortschatz, wie z. B. „Schnitt", „trendig", „Gericht" etc.
		5. Fragen Sie die TN, welchen Service sie selbst schon in Anspruch genommen haben. Wie haben sie von diesem Service erfahren?
	AB 23	Die TN machen die Übung in Einzelarbeit im Kurs oder als Hausaufgabe.
67/E2		**Leseverstehen: Eine Gebrauchsanweisung erkennen**
	Folie/IWB	Die TN sehen sich kurz den Text an und entscheiden sich für eine Textsorte. Abschlusskontrolle im Plenum. Fragen Sie die TN, woran sie die Textsorte erkannt haben, z. B. „Es gibt keine Schreiblinien." *Lösung:* eine Gebrauchsanweisung
		Tipp: Viele TN neigen dazu, einen Text komplett zu lesen, auch wenn überfliegen ausreichend wäre. Üben Sie daher das Überfliegen eines Texts. Zeigen Sie den Text für zehn oder fünf (für geübtere TN) Sekunden auf Folie / dem IWB. Decken Sie ihn dann wieder ab.
	AB 24	Die TN machen die Übung in Einzelarbeit im Kurs oder als Hausaufgabe.
67/E3		**Leseverstehen: Eine Gebrauchsanweisung verstehen**
	Folie/IWB	1. Die TN sehen sich die Zeichnungen an, lesen nun die Gebrauchsanweisung in E2 im Detail, dann ordnen sie in Einzelarbeit zu. Anschließend Kontrolle im Plenum. *Lösung:* (von links nach rechts) 4, 1, 3, 2, 5
		2. Fragen Sie die TN: „Haben Sie eine Kaffeemaschine?", „Haben Sie Ihre Kaffeemaschine schon einmal gereinigt?", „Wie oft machen Sie das?", „Welche Geräte reinigen Sie noch?"
		3. Die TN decken den Text in E2 mit dem Heft ab. Sie erzählen in Partnerarbeit abwechselnd in der richtigen Reihenfolge der Zeichnungen, wie man eine Kaffeemaschine reinigt. Geübtere TN erzählen in der Ich-Form und benutzen auch Wörter für die Gliederung, die die TN aus Lektion 9 kennen. Weisen Sie ggf. auf die Rubrik „Eine Aussage gliedern: Zuerst ..." (Kursbuch, S. 31) hin. Schnellere TN können auch von der Reinigung anderer Geräte erzählen, z. B. Staubsauger, Wasserkocher etc.
67/E4		**Hörverstehen: Einen Anruf beim Kundenservice verstehen**
		1. Fragen Sie die TN, ob sie schon einmal bei einem Kundenservice angerufen haben und warum. Das kann auch im Heimatland gewesen sein. Halten Sie die Probleme kurz in einem Wortigel zum Thema „Kundenservice" fest. Fragen Sie auch nach weiteren Problemen, bei denen man den Service anrufen kann, z. B. Sie können das Batteriefach nicht öffnen oder das Gerät startet nicht. In Kursen mit überwiegend geübten TN können Sie die Fragen auch in Kleingruppen bearbeiten lassen. Die Ergebnisse werden anschließend im Plenum gesammelt.
	CD 4/45	2. Sagen Sie den TN, dass sie ein Gespräch zwischen einem Kunden und einem Service-Mitarbeiter hören. Die TN hören das Gespräch so oft wie nötig und kreuzen an, wer was sagt. Anschließend Kontrolle im Plenum. *Lösung:* Kunde: b, d; Service-Mitarbeiter: c, e, f, g

		3. Fragen Sie die TN: „Welches Problem hat der Kunde?“, „Welche Lösung schlägt der Service-Mitarbeiter vor?“ *Hinweis:* Zur Auflockerung können Sie hier auch den Film „Reise durch Deutschland, Österreich und die Schweiz“ aus „Zwischendurch mal ...“ (Kursbuch, S. 70) einsetzen.
	IWB	4. *fakultativ:* Die TN rufen mit ihrem Smartphone die Seite www.gelbeseiten.de oder www.dasoertliche.de auf. Zeigen Sie, wenn möglich, diese Seiten auf IWB. Die TN sehen sich in Kleingruppen die Seite an. Sagen Sie: „Ich brauche einen Ohrenarzt in z. B. Duisburg-Hamborn. Was muss ich tun?“ Lassen Sie den TN Zeit, die Seite auszuprobieren. Fragen Sie dann einen TN, was man tun muss. Zuerst suchen Sie in der Rubrik „Ärzte“ den passenden Arzt, dann geben Sie den Ort ein. Die Ärzte werden angezeigt. Schauen Sie sich mit den TN weitere Rubriken auf der Startseite an und machen Sie dazu einige Beispiele, z. B. „Fahrrad: Sie brauchen neue Reifen.“ etc.
	AB 25	Die TN machen die Übung in Einzelarbeit im Kurs oder als Hausaufgabe.
	AB 26 AB-CD 2/34–35	*Phonetik:* Die TN machen die Übung im Kurs. Die Lautverbindung „ng“ wird nicht als zwei Einzellaute gesprochen, sondern als Nasallaut. Sprechen Sie z. B. im Wort „Rechnung“ die Laute „n“ und „g“ betont deutlich und einzeln aus. Halten Sie dann die Nase zu, tun Sie sehr verschnupft und sprechen Sie noch einmal: „ng“. Spielen Sie das Audio vor. Die TN hören und sprechen nach. Sie notieren weitere ihnen bekannte Wörter mit „ng“ und lesen sie vor.
	AB 27 Prüfung	Die TN machen die Übung im Kurs. Kopieren Sie die Kärtchen, sodass Sie für jede Gruppe einen Satz haben. Machen Sie anhand eines Kärtchens ein Beispiel im Plenum. Verdeutlichen Sie, dass es nicht nur eine mögliche Bitte gibt, sondern dass die TN hier mit Fantasie eigene Bitten formulieren können. Das Bild auf dem Kärtchen gibt lediglich das Thema vor. Dann arbeiten die TN zu zweit weiter. Ein TN zieht ein Kärtchen, formuliert eine Bitte, der andere reagiert darauf. Dann zieht der nächste TN ein Kärtchen etc. In Kursen mit überwiegend ungeübten TN formulieren die TN zunächst zu zweit eine oder zwei Bitten zu den Kärtchen. Erst danach mischen sie die Kärtchen und formulieren wechselweise Bitten und reagieren darauf. *Variante:* Wenn Sie die Übung als Aufgabe *Sprechen, Teil 3* zur Prüfungsvorbereitung auf *Start Deutsch 1* gestalten möchten, sollten die Gruppen nicht mehr als vier TN haben. Jeder TN sollte dann zwei Bitten formulieren und auf zwei Bitten reagieren. Es gibt dann keine Vorbereitungszeit. Jeder TN hat etwa eine Minute Zeit. *Hinweis:* Achten Sie darauf, dass die TN Bitten formulieren und keine Fragen, da diese in der Prüfung nicht akzeptiert werden.
	KV L12/ Wiederholung	*fakultativ:* Wenn Sie noch Zeit haben, können Sie hier die Wiederholung zu Lektion 12 anschließen.
	KV L12/Test	Einen Test zu Lektion 12 finden Sie hier im LHB auf Seite 154. Weisen Sie die TN auf den Selbsttest im Arbeitsbuch auf Seite 154 hin.

AUDIO- UND VIDEOTRAINING

Seite/Aufgabe	Material	Aufbau
		Audiotraining 1: Bitten formulieren
	CD 4/46	Die TN formulieren in den Sprechpausen von einem Sprecher vorgegebene Bitten („Machen Sie doch das Handy aus.“) höflicher („Könnten Sie bitte das Handy ausmachen?“). Nach den Sprechpausen hören die TN die korrekte Antwort.

		Audiotraining 2: Hier ist der Anschluss von ...
	CD 4/47	Die TN trainieren in einer Echo-Übung die Ansagetexte eines Anrufbeantworters („Guten Tag. Hier ist der Anschluss von Familie Baumann.").
		Audiotraining 3: Wann kann Ihr Techniker kommen?
	CD 4/48	Die Sprecherin stellt eine Frage und gibt eine Zeitangabe in Stichwörtern vor („Wann kann Ihr Techniker kommen? – vor – Mittagspause"), die die TN in den Sprechpausen ausformulieren („Vor der Mittagspause."). Nach den Sprechpausen hören die TN die korrekte Antwort.
		Videotraining 1: Könnte ich bitte mit Ihrem Chef sprechen?
	Film „Könnte ich bitte mit Ihrem Chef sprechen?"	Die TN sehen in dem Film Lara als Gast und Tim als Kellner in einem Restaurant. Die TN lernen den Wortschatz für verschiedene höfliche Bitten kennen. *fakultativ:* Wenn Sie das Videotraining im Kurs machen wollen, können geübtere TN weitere ähnliche Gespräche schreiben und sie im Kurs vorspielen. Ungeübtere TN spielen die Gespräche wie im Film nach. Um die Rollenspiele möglichst authentisch zu gestalten, können Sie dafür auch einige Requisiten mitbringen, z. B. Besteck, Teller, Gläser, Tassen etc.
		Videotraining 2: Sprechen Sie bitte nach dem Ton.
	Film „Sprechen Sie bitte nach dem Ton."	Mit dem Film können die TN das Sprechen auf eine Mailbox üben. Lara und Tim geben ein Beispiel. Dann wird den TN eine Tafel mit Informationen gezeigt. Die TN hören die entsprechende Mailboxansage und haben Zeit, die Mailbox zu besprechen. Im Anschluss geben Tim oder Lara die Lösung. Empfehlen Sie besonders ungeübteren TN diesen Film, den sie auch später immer mal wieder zur Wiederholung und Festigung benutzen können.

ZWISCHENDURCH MAL ...

Seite/Aufgabe	Material	Aufbau
70		**Spiel: Geschäftsideen (passt z. B. zu A3, B2 und E1)**
70/1		1. Die TN lesen zunächst den kleinen Vortext. Machen Sie mit den TN ein Beispiel, indem Sie an der Tafel für sich selbst einen Zettel wie im Beispiel in Aufgabe 1 vorgeben (Name, Hobbys, was Sie gut können). Die TN überlegen, was für eine Geschäftsidee für Sie dazu passt. Halten Sie diese ebenfalls fest. Alternativ können Sie auch das Beispiel im Buch besprechen.
	kleine Zettel	2. Die TN machen sich zunächst Notizen auf einem Zettel für sich selbst nach dem Beispiel im Buch.
70/2		1. Die TN setzen sich zu dritt zusammen und lesen nacheinander die Zettel der anderen. Sie überlegen zusammen, für wen welche Geschäftsidee passt.
		2. *fakultativ:* Die TN können die besten Geschäftsideen zusätzlich im Plenum vorstellen.
	Klebepunkte	3. *fakultativ:* Die TN erstellen zu ihrer Geschäftsidee eine Anzeige wie in E1 und hängen sie im Kursraum aus. Verteilen Sie an jeden TN drei Klebepunkte. Die TN kleben sie zu der Anzeige oder zu den Anzeigen, die sie am interessantesten finden. Der TN mit den meisten Klebepunkten wird „Geschäftsmann/-frau der Woche" und erhält einen Preis (z. B. eine Süßigkeit).

70		**Film: Reise durch Deutschland, Österreich und die Schweiz (passt z. B. zu A4 und E4)**
	KV L12/ZDM 1, Landkarte	1. *fakultativ:* Die Bücher sind geschlossen. Die TN arbeiten in Kleingruppen. Versuchen Sie, in den Gruppen möglichst geübtere und ungeübtere TN zu mischen, sodass etwa gleich starke Gruppen entstehen. Jede Gruppe erhält eine Kopie der Kopiervorlage, wenn möglich auf DIN A3, dann können alle TN der Gruppe die Fragen gut lesen. Hängen Sie eine Landkarte von den deutschsprachigen Ländern im Kursraum auf, auf der sich die TN Informationen holen können, z. B. wie viele Länder um den Bodensee herum liegen. Regen Sie die TN an, sich andere fehlende Informationen auf den Internetseiten der jeweiligen Städte/Gebiete zu holen. Wenn Sie im Unterricht nicht so viel Zeit haben, können Sie die Kopiervorlage auch als Hausaufgabe geben.
	Film „Reise durch Deutschland, Österreich und die Schweiz“	2. Die Bücher sind geschlossen. Die TN sehen den Anfang des Films bis 0:39. Fragen Sie im Plenum: „Was sind das für Personen?“, „Worüber sprechen sie?“
	Plakate	3. Die TN sammeln in Kleingruppen Reiseziele in Deutschland, Österreich und der Schweiz. Dabei sollten sie auch notieren, warum ein Reiseziel interessant ist. Die Gruppen halten ihre Ergebnisse auf Plakaten fest. Als Hilfestellung darf jede Gruppe die Landkarte im vorderen Umschlag aufschlagen.
	Plakate, Film „Reise durch Deutschland, Österreich und die Schweiz“	4. Die TN sehen den Film weiter bis 1:08. Die Gruppen vergleichen ihre Reiseziele und streichen alle, die zu den bekannten Reisezielen zählen, die im Film genannt werden. Die verbleibenden Reiseziele stellen die Gruppen im Plenum vor.
		5. Die TN schlagen die Bücher auf und sehen sich die Reiseziele auf der Karte an. Fragen Sie: „Kennen Sie einen dieser Orte? Erzählen Sie.“ Die TN berichten bzw. vermuten, was es an diesen Orten Besonderes zu sehen gibt.
	Film „Reise durch Deutschland, Österreich und die Schweiz“	6. Die TN sehen den Film bis zum Ende und nummerieren auf der Karte im Buch die Orte in der Reihenfolge ihres Vorkommens. Anschließend Kontrolle im Plenum. *Lösung:* Uckermark, Mecklenburgische Seenplatte, Sankt-Peter-Ording, Essen, Weimar, Frankfurt am Main, Schwetzingen, Heidelberg, Bodensee, Lindau, Matterhorn, Linz, Waldviertel
	KV L12/ZDM 2	7. *fakultativ:* Die TN erhalten die Kopiervorlage und ergänzen mithilfe der Karte im Buch die Orte. Zur Kontrolle können die TN den Film noch einmal sehen. Anschließend Kontrolle im Plenum.
		8. Die TN erzählen in Kleingruppen oder im Plenum, welche der vorgestellten Orte sie gern besuchen möchten.
71		**Landeskunde: Informationen für Migranten in Deutschland (passt z. B. zu C2 und D2)**
		Dieses Thema ist möglicherweise nicht für alle TN gleichermaßen interessant. Setzen Sie diese Landeskundeinformation nur ein, wenn in Ihrem Kurs vorwiegend Migranten mit Kindern teilnehmen.
71/1		1. Die TN lesen Text A und kreuzen an. Anschließend Kontrolle im Plenum. *Lösung:* a Das Kind ist in einer Kinderkrippe, in einem Kindergarten oder im Hort.; b In einer Kinderkrippe oder im Kindergarten.
		2. Die Bücher werden geschlossen. Sammeln Sie an der Tafel, welche Betreuungseinrichtungen die TN schon kennen. Ergänzen Sie dann auch Altersangaben zu den genannten Einrichtungen, z. B. „Kindergarten: ab drei bis zur Schule“. Ergänzen Sie ggf. die im Text genannten Einrichtungen „Kinderkrippe“ und „Hort“.
		3. *fakultativ:* Die TN gehen herum und befragen sich gegenseitig nach dem Alter ihrer Kinder, und ob diese eine Betreuungseinrichtung besuchen. Wenn ja, welche?

71/2		1. Die TN lesen die Aufgabe und Text B. Sie ergänzen die Telefonnummern. Anschließend Kontrolle im Plenum. *Lösung:* a 98 97 664; b 98 98 146; c 98 22 277, 97 85 521
		2. *fakultativ:* Die TN suchen sich eine Situation a, b oder c aus und schreiben zu zweit ein Telefongespräch. Wer möchte, kann sein Gespräch vorlesen. In Kursen mit überwiegend ungeübten TN schreiben Sie mit den TN ein Gespräch oder eine Ansage/Nachricht auf eine Mailbox an der Tafel.
		3. *fakultativ:* Verteilen Sie Aufgaben: TN, deren Kinder eine Betreuungseinrichtung besuchen, erstellen ein Plakat mit Informationen zur Betreuungseinrichtung (z. B. Name und Adresse der Einrichtung, Öffnungszeiten, Gruppenstärke, besondere Angebote für die Kinder, Name der Kindergärtnerin/Betreuerin etc.). TN, die ihre Kinder zu Hause betreuen, erkundigen sich, wo es in ihrer Nähe eine passende Betreuungsmöglichkeit gibt. Sie notieren Informationen wie Name und Adresse, Öffnungszeiten etc. Die TN stellen ihre Ergebnisse in Kleingruppen vor. Gehen Sie herum und motivieren Sie die TN zu gezielten Nachfragen: „Geht dein Kind gern in diese Einrichtung?“, „Möchtest du später wieder arbeiten und dein Kind in den Hort bringen?“

Wortfelder: Kleidung und Gegenstände
Grammatik: Demonstrativpronomen *der, das, die, dies-: die Hose → Die ist gut! Diese Hose gefällt mir.;* Frageartikel *welch-: Welches Hemd?;* Personalpronomen im Dativ: *mir, dir, ...;* Verben mit Dativ: *gefallen, gehören, passen, ...;* Komparation: *gut, gern, viel;* Verbkonjugation: *mögen*

NEUE KLEIDER

Folge 13: Ist das kalt heute!

Seite/Aufgabe	Material	Aufbau
		Beim ersten Hören: Einstieg in das Thema „Kleidung"
		1. Die Bücher sind zunächst geschlossen. Schreiben Sie „Kleidung" als Stichwort an die Tafel und erarbeiten Sie zusammen mit den TN einen Wortigel, indem Sie z. B. auf Ihre Hose zeigen und fragen: „Wie heißt das auf Deutsch?" Die TN nennen alle Kleidungsstücke, die sie kennen. Ergänzen Sie dabei nach und nach den Wortigel. TN, die bereits viele Wörter ungesteuert gelernt haben, können in dieser Phase ihr Vorwissen einbringen, eventuelle Artikelfehler können korrigiert und fehlende Artikel gemeinsam ergänzt werden.
		Tipp: Achten Sie besonders bei ungeübteren Teilnehmern darauf, dass sie Wortschatz und Strukturen von der Tafel in ihr Heft übertragen. Das handschriftliche Notieren von Wortschatz hilft den TN, sich die neuen Wörter oder Grammatikstrukturen einzuprägen.
72/1	Folie/IWB	2. Zeigen Sie willkürlich einige Fotos der Foto-Hörgeschichte auf Folie / dem IWB (Foto 8 wird nicht gezeigt) und fragen Sie: „Wo sehen Sie eine Jacke?", „Wo sehen Sie eine Hose?" etc. Einige TN kommen nach vorn und zeigen. *Hinweis:* Wählen Sie dazu vorwiegend ungeübtere TN. Durch den Wortigel ist die Aufgabe gut vorentlastet, sodass diese TN hier ein Erfolgserlebnis haben.
a	Folie/IWB	3. Die TN schlagen die Bücher auf. Deuten Sie auf Foto 1 und fragen Sie: „Was meinen Sie? Wem ist kalt?" Ahmen Sie bei Bedarf zur Erläuterung von „kalt sein" das Frösteln pantomimisch nach. Die TN kreuzen ihre Vermutung an und bearbeiten die Fragen zu den anderen Fotos einzeln oder in Partnerarbeit weiter.
b	CD 5/1–8	4. Die TN hören die Foto-Hörgeschichte und vergleichen mit ihren Lösungen aus a. Abschlusskontrolle im Plenum, besprechen Sie dabei unbekannten Wortschatz, wenn nötig. *Lösung:* Foto 1: Lara; Foto 2: Tim; Foto 3: Im Kaufhaus; Foto 4: Eine Jacke für Lara; Foto 5: nicht so gut; Foto 6: super; Foto 7: Sie sind erstaunt.; Foto 8: den Mantel
73/2		**Beim zweiten Hören: Aktivitäten im Detail verstehen**
		Die TN lesen den Text und ergänzen die Lücken, soweit wie möglich, aus dem Gedächtnis. Geübtere TN lösen die Aufgabe in Einzelarbeit. Ungeübtere TN arbeiten paarweise zusammen.
73/3	Folie/IWB, CD 5/1–8	1. Die TN hören die Foto-Hörgeschichte noch einmal und vergleichen mit ihren Lösungen. Abschlusskontrolle im Plenum. *Lösung:* Jacke, finden, Mantel
		2. Die TN lesen den Text mehrmals allein mit Flüsterstimme. Geben Sie dazu eine Zeit, z. B. zwei Minuten, vor.
		3. Die TN decken den Text mit einem Heft ab. In Partnerarbeit erzählen sie nun selbst die Geschichte. Dabei können die Paare sich von Foto zu Foto abwechseln oder nach Bild 4 wechseln. Machen Sie den TN dabei deutlich, dass es nicht darum geht, den Text aus Aufgabe 2 zu wiederholen, sondern die TN sollen selbst erzählen, was passiert. Das kann auch ausführlicher sein als der Text.
		4. *fakultativ:* Schreiben Sie mit allen TN zusammen die kleine Geschichte an der Tafel auf. Stellen Sie ggf. Hilfsfragen, um die TN zu ausführlichem Erzählen zu motivieren, z. B. „Warum trägt Lara auf Foto 1 keine Jacke?", „Warum hat Tim auf Foto 2 keine Jacke mehr an?" etc.

73/4		**Nach dem Hören: Anwendungsaufgabe**
		1. Schreiben Sie „meine Lieblingsjacke" an die Tafel und malen Sie ein Herz dahinter. Deuten Sie auf Ihre Jacke und sagen Sie: „Das ist meine Lieblingsjacke. Das ist mein Favorit." Ergänzen Sie die Tafelanschrift dann um „mein Lieblingsmantel" und „mein Lieblingskleid" und zeigen Sie den TN ggf. ein Foto auf Ihrem Handy.
		2. Anschließend lesen zwei TN das Mustergespräch im Buch vor.
	Handys „Laras Film" Lektion 13	3. Die TN zeigen sich gegenseitig Fotos auf ihren Handys und führen in Kleingruppen Minigespräche zu ihrer (Lieblings-)Kleidung. Erweiternd können die TN auch darüber sprechen, wo und mit wem sie am liebsten Kleidung kaufen. *Variante:* Sie können die TN auch bitten, bis zum nächsten Tag Fotos von ihrer Lieblingskleidung zu machen, sodass sie sich tatsächlich über ihre Lieblingsstücke austauschen können. Wenn sich Ihre TN sehr für das Thema „Kleidung" interessieren, können Sie auch weitere Wörter wie „der Schnitt", „die Passform" und „der Stoff" ergänzen, sodass die TN die Gespräche variieren können. *Hinweis:* Zur Erweiterung des Themas „Kleidung" können Sie an dieser Stelle „Laras Film" einsetzen, in dem Lara ihre Freundin Ioanna beim Kauf einer Hose um Rat fragt. Fragen Sie die TN vor dem Sehen: „Was macht Lara? Wo ist sie? Was ist ihr Problem?" Die TN sehen den Film und machen sich Notizen. Klären Sie bei Bedarf im Anschluss neuen Wortschatz wie „Hose", „anprobieren" und „Umkleidekabine".
	„Laras Film" Lektion 13	In „Laras Film: Welche Hose soll ich kaufen?" probiert Lara im Kaufhaus drei verschiedene Hosen an und kann sich nicht entscheiden, welche Hose sie kaufen soll. Sie fragt ihre Freundin Ioanna um Rat. Sie können den Film am Ende der Foto-Hörgeschichte zur Erweiterung des Wortschatzes, nach B3 zur Festigung der Dativ-Verben „gefallen", „stehen" und „passen" oder nach C1 zur Übung der Komparation von „gut" einsetzen.

SCHRITT A: SIEH MAL, LARA, DIE JACKE DA! DIE IST SUPER!

Demonstrativpronomen *der, das, die* im Nominativ und Akkusativ

Lernziel: Die TN können Kleidungsstücke benennen.

Seite/Aufgabe	Material	Aufbau
74/A1		**Präsentation des Wortfelds „Kleidung"**
	Folie/IWB	1. Deuten Sie auf das Bild und fragen Sie: „Was ist das?". Die TN kennen aus der Foto-Hörgeschichte bereits einige Wörter zum Thema „Kleidung" und können die Begriffe daher zuordnen. Geübtere TN lösen die Aufgabe in Einzelarbeit. Ungeübtere TN arbeiten paarweise zusammen. Abschlusskontrolle im Plenum. *Lösung:* 1 die Stiefel; 2 das Kleid; 3 die Jeans; 4 der Regenschirm; 5 der Mantel; 6 der Rock; 7 die Bluse; 8 die Socke / der Strumpf; 9 der Pullover; 10 die Sonnenbrille; 11 das T-Shirt; 12 das Tuch; 13 die Schuhe; 14 der Gürtel; 15 die Jacke; 16 die Hose
	Folie/IWB	2. In Partnerarbeit notieren die TN mithilfe des Lernwortschatzes (S. 197f) die Pluralformen hinter die Singularformen ins Buch. Dabei sollten die TN die Formen ausschreiben. Gehen Sie herum und helfen Sie bei Schwierigkeiten. Abschlusskontrolle im Plenum. Bei Bedarf können Sie an dieser Stelle auch noch einmal auf die Pluralbildung zurückkommen, die die TN bereits aus *Schritt für Schritt in Alltag und Beruf 1* / Lektion 3 kennen.
	KV L13/A1	3. *fakultativ:* An dieser Stelle bietet sich die Arbeit mit der Kopiervorlage an. Kopieren Sie das Memo-Spiel auf festes Papier und schneiden Sie die Karten aus. Die TN finden sich paarweise zusammen und erhalten jeweils zwei Kartensätze. Sie mischen die Karten, legen sie verdeckt auf dem Tisch aus und suchen dann abwechselnd nach zusammengehörenden Karten, indem sie jeweils zwei Karten aufdecken und die Wörter im Singular und Plural laut vorlesen. Passen die Karten zusammen, darf der TN sie behalten, passen sie nicht zusammen, werden sie wieder verdeckt an ihren Platz gelegt etc. Wer am Schluss die meisten Kartenpaare hat, hat gewonnen.

	AB 1	Die TN machen die Übung in Einzelarbeit im Kurs oder als Hausaufgabe.
	AB 2	*Wiederholung:* im Kurs: Anhand dieser Übung machen sich die TN noch einmal den Gebrauch des bestimmten und unbestimmten Artikels bewusst, den die TN bereits aus *Schritt für Schritt in Alltag und Beruf 1* / Lektion 3, 4 und 6 kennen.
		4. *fakultativ:* Die TN stehen im Kreis und erzählen nacheinander, was sie heute an Kleidung tragen, und zeigen auch jeweils darauf: „Ich trage heute eine Hose, einen Pullover und ein Tuch.“
74/A2		**Präsentation des bestimmten Artikels als Demonstrativpronomen und Aktivität im Kurs: Gefallen und Missfallen ausdrücken**
a	CD 5/9	1. Die TN hören die Gespräche und ergänzen die Lücken. Machen Sie dabei möglichst Pausen zum Schreiben.
	CD 5/9	2. Die TN vergleichen mit der Partnerin / dem Partner, ggf. hören sie die Gespräche dann noch einmal. Abschlusskontrolle im Plenum. *Lösung:* 1 das; 2 Den; 3 Die; 4 die
		3. Notieren Sie das erste Beispiel an der Tafel. Erklären Sie den TN, dass „Kleid“ nur einmal genannt werden muss, danach ist bekannt, wovon gesprochen wird. Deshalb lässt man die Sache, hier „Kleid“, einfach weg, streichen Sie an der Tafel entsprechend. Weisen Sie ggf. darauf hin, dass „finden“ hier „gefallen“ bedeutet. Ergänzen Sie dann das zweite Beispiel und streichen Sie wieder das Nomen weg. Machen Sie den TN deutlich, dass „sein“ mit dem Nominativ steht und „finden“ mit dem Akkusativ. Die Formen entsprechen dem Artikel, den die TN bereits aus *Schritt für Schritt in Alltag und Beruf 1* / Lektion 4 und 6 kennen. Verweisen Sie auch auf die beiden Grammatik-Kästen rechts und die Grammatikübersicht 1 (Kursbuch, S. 80). Sieh mal, das Kleid. Das ~~Kleid~~ ist super. - Ja, das ~~Kleid~~ ist wirklich schön. Wie findest du den Schirm? - Den ~~Schirm~~ finde ich nicht so toll.
b	Folie/IWB	4. Bitten Sie zwei TN, das Beispiel vorzulesen. Deuten Sie dann z. B. auf die Sonnenbrille in A1 und fragen Sie einen TN: „Wie finden Sie die Sonnenbrille?“ Dieser antwortet mithilfe des Grammatik-Kastens.
		5. *fakultativ:* In einem zweiten Schritt können die TN ihre Partnerin / ihren Partner auch zu eigenen Kleidungsstücken befragen und sich gegenseitig Komplimente machen. Erklären Sie den TN, dass man in Deutschland unter Freunden auf diese Frage ehrlich, d. h. ggf. auch negativ, antworten kann. In allen anderen Situationen gibt man eine positive Antwort.
	Folie/IWB, ggf. Werbebroschüren	6. Die TN gehen im Raum herum und befragen sich gegenseitig zu Kleidungsstücken und Accessoires wie in a. Zeigen Sie dazu die Kleidungsstücke mit Artikel aus A1 auf Folie / dem IWB. *Hinweis:* Sie können dazu auch Seiten aus Werbebroschüren aushängen. Die TN machen einen „Schaufensterbummel“ und befragen sich zu den Kleidungsstücken. *Hinweis:* Wenn sich Ihre TN für das Thema „Mode“ interessieren, bietet sich an dieser Stelle die Arbeit mit dem Hörtext „Männer mögen Mode“ und einer kleinen Kursumfrage aus „Zwischendurch mal …“ (Kursbuch, S. 82) an.
	AB 3 AB-CD 2/36	*im Kurs:* Anhand dieser Übung machen sich die TN noch einmal die Demonstrativpronomen im Nominativ und Akkusativ bewusst. Gehen Sie herum und helfen Sie bei Schwierigkeiten.
	AB 4–6	Die TN machen die Übungen in Einzelarbeit im Kurs oder als Hausaufgabe.

SCHRITT B: DIE JACKE PASST DIR PERFEKT.

Verben mit Dativ: *gefallen, stehen, passen;* Personalpronomen mit Dativ: *mir, dir, …*

Lernziel: Die TN können Gefallen und Missfallen ausdrücken.

Seite/Aufgabe	Material	Aufbau
75/B1		**Präsentation von *passen* sowie Wiederholung von *gefallen* und Einführung der Personalpronomen im Dativ**
a	Folie/IWB, CD 5/10	1. Die TN sehen sich das Foto an. Sprechen Sie mit den TN darüber, was auf dem Foto aus der Foto-Hörgeschichte passiert. Dann hören die TN das Gespräch und lesen mit. Fragen Sie die TN, wer was sagt, und notieren Sie die Namen vor den Dialogteilen (Grün: Ioanna, Blau: Lara, Gelb: Tim).
	Folie/IWB	2. Zeigen Sie auf „dir" im ersten Satz und fragen Sie: „Wer ist das?", „Wem passt die Jacke perfekt?" Gemeint ist Lara. Erklären Sie auch, dass „passen" meint, die Jacke ist nicht zu groß und nicht zu klein, sie ist genau richtig. „Passen" hat nichts mit „gefallen" zu tun. Zeigen Sie dann auf „Also, mir gefällt sie sehr gut." Fragen Sie: „Wer ist ‚mir'?" – Das ist Ioanna. Fragen Sie auch: „Was ist ‚sie'?" – Das ist die Jacke. Zeigen Sie auf den letzten Satz und fragen Sie wieder: „Wer ist ‚mir'?" – Das ist Lara. „Und ‚sie'?" – Das ist wieder die Jacke.
	Folie/IWB	3. Die TN lesen das Gespräch zu dritt mit Flüsterstimme mit verteilten Rollen. Danach tauschen sie die Rollen und lesen noch einmal.
b		4. Die TN ergänzen mithilfe des Gesprächs aus a. Abschlusskontrolle im Plenum. *Lösung:* mir, dir
		5. „Gefallen" sowie die 3. Person Plural der Dativpronomen sind den TN als Wendung bereits aus *Schritt für Schritt in Alltag und Beruf 1* / Lektion 4 bekannt. Das Paradigma der Personalpronomen im Dativ wird nun systematisiert und vervollständigt. Zeigen Sie anhand des Grammatik-Kastens, dass die Person („mir", „dir" etc.) stets im Dativ steht, die Sache („die Jacke"), um die es geht, aber im Nominativ. Verdeutlichen Sie dies noch einmal mithilfe von weiteren Beispielen, indem Sie z. B. auf Ihre Hose deuten und einen TN fragen: „(Ayhan), gefällt Ihnen meine Hose?" Warten Sie die Antwort des TN ab und wiederholen Sie dann: „Aha, meine Hose gefällt Ihnen (nicht)." Fragen Sie dann einen anderen TN: „Gefällt (Ayhan) meine Hose?" Ergänzen Sie bei einer Antwort mit „Ja" oder „Nein": „Meine Hose gefällt ihm (nicht)." Wiederholen Sie diese Vorgehensweise einige Male und verweisen Sie dabei stets auf die Personalpronomen im Grammatik-Kasten. Machen Sie den TN klar, dass es bestimmte Verben sind, die so funktionieren, also hier „gefallen" und „passen". Diese Verben müssen extra gelernt werden. Verweisen Sie abschließend auch auf die Grammatikübersicht 3 und 4 (Kursbuch, S. 80). Die kleine Schreibübung können die TN als Hausaufgabe machen. Hier wird zusätzlich „gehören" eingeführt. *Hinweis:* Erstellen Sie ein Plakat wie im Grammatik-Kasten und hängen es an die Wand. Nach und nach können Sie dann dort weitere Verben mit dem Dativ ergänzen. So können die TN dort immer wieder nachlesen, welche Verben den Dativ brauchen, und sie schleifen sich ein.
	AB 7	*Wiederholung:* Die TN machen die Übung in Einzelarbeit im Kurs oder als Hausaufgabe.
75/B2		**Anwendungsaufgabe zu den Personalpronomen im Dativ**
		1. Die TN lesen die Gespräche und ergänzen die Personalpronomen im Dativ. Geübtere TN lösen die Aufgabe in Einzelarbeit. Ungeübtere TN arbeiten paarweise zusammen.

	CD 5/11–12	2. Die TN hören die Gespräche und vergleichen. Abschlusskontrolle im Plenum. *Lösung:* a dir, ihr; b dir, ihm, ihm Gehen Sie anschließend auf die Bedeutung von „steht ihr super" ein und machen Sie gegebenenfalls weitere Beispiele mit „stehen". Verweisen Sie an dieser Stelle auch auf die Grammatikübersicht 4 (Kursbuch, S. 80). *Hinweis:* An dieser Stelle bietet sich die Arbeit mit dem Hörtext „Männer mögen Mode" aus „Zwischendurch mal ..." (Kursbuch, S. 82) an. *Hinweis:* An dieser Stelle passt thematisch das Audiotraining 1.
	AB 8	*im Kurs:* Anhand dieser Übung machen sich die TN noch einmal bewusst, dass „passen", „gefallen" und „stehen" mit dem Dativ, hier dem Personalpronomen im Dativ, benutzt werden. Gehen Sie herum und helfen Sie bei Schwierigkeiten.
75/B3		**Aktivität im Kurs: Komplimente machen**
		1. Zwei TN lesen das erste Beispiel vor und machen ein weiteres Beispiel.
	      „Laras Film" Lektion 13	2. Die TN finden sich im Kursraum paarweise zusammen und machen sich gegenseitig Komplimente. Dabei können sie sich am Beispiel orientieren. Dann wechseln sie die Partner etc. Verweisen Sie an dieser Stelle auch auf die Rubrik „Etwas bewerten: Die Jacke passt dir perfekt." (Kursbuch, S. 81). Anhand der kleinen Schreibübung können die TN das Gelernte in verschiedenen Kontexten anwenden. *Hinweis:* An dieser Stelle bietet sich der Einsatz von „Laras Film" an, um die Dativ-Verben „gefallen", „stehen" und „passen" zu festigen. Fragen Sie den TN vor dem Sehen: „Welche Hose gefällt Ihnen an Lara?", „Welche Hose passt ihr am besten?" und „Welche Farbe steht ihr am besten?". Die TN orientieren sich bei ihren Antworten an den Beispielen im Buch.
	AB 9–11	Die TN machen die Übungen in Einzelarbeit im Kurs oder als Hausaufgabe.

SCHRITT C: UND HIER: DIE IST NOCH BESSER.

Verbkonjugation: *mögen;* Komparation von *gut, gern* und *viel*

Lernziel: Die TN können Vorlieben und Bewertungen ausdrücken.

Seite/Aufgabe	Material	Aufbau
76/C1		**Präsentation des Komparativs und Superlativs von *gut***
	Folie/IWB	1. Deuten Sie auf das Foto und fragen Sie: „Was ist passiert?" Die TN erinnern sich an die Foto-Hörgeschichte und versuchen, das Ende der Geschichte (Foto 8) aus dem Gedächtnis wiederzugeben. Dabei geht es zunächst um den Inhalt, nicht um den Wortlaut.
	Folie/IWB, CD 5/13 „Laras Film" Lektion 13	2. Die TN lesen den Text im Buch, hören das Gespräch und ordnen die Wörter zu. Verweisen Sie auf den Grammatik-Kasten, der den TN hilft, die Bedeutung von „besser" und „am besten" zu verstehen. Abschlusskontrolle im Plenum. *Lösung:* besser, am besten *Hinweis:* An dieser Stelle bietet sich die Arbeit mit „Laras Film" an, um die Komparation von „gut" noch einmal spielerisch zu üben. Fragen Sie die TN vor dem Sehen: „Welche Hose gefällt Ihnen gut? Welche besser? Und welche am besten?". Auf der Niveaustufe A1 lernen die TN nur die Komparation von „gut", „gern" und „viel" kennen, da diese Formen besonders frequent sind. Verzichten Sie hier auf eine weitergehende Einführung des Komparativs bzw. Superlativs. Diese sind Stoff der Niveaustufe A2 und werden in *Schritt für Schritt in Alltag und Beruf 4* / Lektion 9 systematisiert.

76/C2		**Anwendungsaufgabe zu Laras Superlativen**
a		1. Die TN lesen Laras Text und beantworten die Fragen mündlich mit ihrer Partnerin / ihrem Partner. Abschlusskontrolle im Plenum. *Lösung:* 1 Gitarre spielen; 2 Schokolade; 3 mit ihrem Freund Tim *Hinweis:* Sollte die Bedeutung von „lieber", „am liebsten", „mehr" und „am meisten" nach dem Lesen noch nicht deutlich sein, geben Sie einige weitere Beispiele und verweisen Sie anschließend auf den Grammatik-Kasten und die Grammatikübersicht 5 (Kursbuch, S. 80). Zur Vertiefung können die TN die nebenstehende kleine Schreibübung machen.
		2. Erklären Sie dann das Verb „mögen" und zeigen Sie, dass es hier die Bedeutung von „gern essen" hat. Notieren Sie dazu ein Beispiel an der Tafel. Ich mag Schokoladeneis. = Ich esse gern Schokoladeneis. Verweisen Sie auch auf die Grammatikübersicht 6 (Kursbuch, S. 80) und konjugieren Sie „mögen" an der Tafel.
		3. Sagen Sie dann zu einem TN: „Ich mag Bananen. Und Sie? Was mögen Sie?" Machen Sie, wenn nötig, weitere Beispiele.
b		4. Schreiben Sie mit den TN zusammen an die Tafel, was Lara gut, besser, am besten kann. Die weiteren Sätze schreiben die TN in Einzelarbeit allein. Ungeübtere TN arbeiten zu zweit. Gehen Sie herum und helfen Sie bei Schwierigkeiten. Abschlusskontrolle im Plenum. *Lösung:* Lara kann gut tanzen. Sie kann besser singen. Am besten kann sie Gitarre spielen. Lara mag gern Bratwurst. Sie mag lieber Spaghetti. Am liebsten mag sie Schokolade. Lara macht in ihrer Freizeit viel mit ihrem „Opa" Walter. Sie macht mehr mit ihrer Freundin Ioanna. Am meisten macht sie mit ihrem Freund Tim. *Hinweis:* An dieser Stelle passt das Audiotraining 3, mit dem die TN die Komparation weiter üben können.
	AB 12–14	Die TN machen die Übungen in Einzelarbeit im Kurs oder als Hausaufgabe.
	AB 15, AB-CD 2/37–39	*Phonetik:* im Kurs: Hier geht es um die Auslautverhärtung am Ende eines Wortes oder einer Silbe, also „b", „d" oder „g" ist gesprochen „p", „t" oder „k". Die TN werden hier für dieses Problem sensibilisiert und sehen, dass man oft bei der „Verlängerung" des Wortes hören kann, wie es geschrieben wird: *Fahrrad – Fahrräder.* Besonders ungeübteren TN bereitet hier der Unterschied von Aussprache und Rechtschreibung oft Schwierigkeiten.
76/C3		**Aktivität im Kurs: Präsentation der eigenen Superlative**
		1. Schreiben Sie die Rubriken aus C2 „Das kann ich am besten!", „Das mag ich am liebsten!" und „In meiner Freizeit mache ich am meisten mit ...!" an die Tafel und sammeln Sie einige Antworten der TN. So werden die Wortfelder „Freizeitaktivitäten" sowie „Essen und Trinken" und „Familie" wiederholt.
		2. Fragen Sie einen der TN: „Was essen Sie gern?" Fragen Sie einen weiteren TN: „Und Sie? Essen Sie das auch gern? Was essen Sie lieber?"
	KV L13/C3 im Lehrwerk-service	3. Dann schreiben die TN nach demselben Muster wie Lara in C2 einen eigenen Zettel über sich selbst und hängen die Zettel im Kursraum auf. Als Vorlage können Sie auch auf die Kopiervorlage zurückgreifen. Die TN ergänzen Ihre Angaben auf der Vorlage.
		4. In Kleingruppen zu vier TN gehen die TN herum und präsentieren sich gegenseitig ihre Superlative. *Variante:* Sie können die Zettel auch einsammeln, mischen und wieder verteilen. Die TN versprachlichen die Superlative auf ihrem Zettel: „Meine Person kann gut schwimmen. Sie kann besser Rad fahren. Aber am besten kann sie singen. Wer ist das?" Die anderen raten. *Hinweis:* Hierzu passt das Videotraining 2.
	AB 16	Die TN machen die Übung in Einzelarbeit im Kurs oder als Hausaufgabe.

SCHRITT D: WELCHE MEINST DU? – NA, DIESE.

Frageartikel *welcher, welches, welche* und Demonstrativpronomen *dieser, dieses, diese* im Nominativ
Lernziel: Die TN können Vorlieben erfragen und eine Auswahl treffen.

Seite/Aufgabe	Material	Aufbau
77/D1		**Präsentation der Frageartikel *welch-* und der Demonstrativpronomen *dies-* im Nominativ**
	Folie/IWB	1. Die Bücher sind zunächst geschlossen. Verweisen Sie auf Foto 7 der Foto-Hörgeschichte, zeigen Sie es auf Folie / dem IWB und fragen Sie: „Was sagen Ioanna und Tim?" Die TN stellen Vermutungen an.
	CD 5/14	2. Die TN öffnen die Bücher. Sie hören das Gespräch und lesen mit.
	Jacken der TN	3. Zur Verdeutlichung können Sie zwei TN mithilfe von einigen Jacken der TN dieses Gespräch nachspielen lassen. Motivieren Sie den TN, bei „diese" eine Zeigegeste zu verwenden, die auch in alltäglichen Gesprächen oft mit „dies-" einhergeht.
		4. Entwickeln Sie gemeinsam mit den TN ein Tafelbild: der Mantel → Welcher? → Dieser. das T-Shirt → Welches? → Dieses. die Jacke → Welche? → Diese. die Schuhe → Welche? → Diese. Markieren Sie die Endungen und weisen Sie darauf hin, dass die Endungen von „welch-" und „dies-" analog zum Artikel des Nomens sind, also hier der Nominativ. Schreiben Sie dazu an die Tafel: Die Jacke gefällt dir. Welche Jacke gefällt dir? Diese Jacke gefällt mir. Ergänzen Sie ggf. weitere Sätze mit „Mantel", „T-Shirt" und „Schuhen". Verweisen Sie auch auf den Grammatik-Kasten. Weisen Sie die TN hier noch einmal darauf hin, wie wichtig es ist, dass sie die Artikel der Nomen kennen und immer mitlernen. Denn ohne den richtigen Artikel können die TN „dies-" und „welch-" nicht richtig verwenden.
		5. Die TN stellen sich im Kreis auf. Spielen Sie dann mit den TN weitere Dialoge mit wechselnden Kleidungsstücken wie in D1. Dabei können Sie sich auf Kleidungsstücke von TN beziehen und deutlich zeigen. Nach einigen Beispielen spielen die TN weiter.
	AB 17	Die TN machen die Übung in Einzelarbeit im Kurs oder als Hausaufgabe.
77/D2		**Anwendungsaufgabe zu *welch-* und *dies-***
a		1. Schreiben Sie das Verb „gehören" an die Tafel und erklären Sie dessen Bedeutung, indem Sie z. B. auf Ihre Tasche deuten und sagen: „Das ist meine Tasche. Die Tasche gehört mir." Deuten Sie dann auf einen Gegenstand eines TN und fragen Sie die anderen: „Wem gehört der/das/die ...?" Machen Sie weitere Beispiele, bis alle die Bedeutung von „gehören" verstanden haben.
	Folie/IWB	2. Die TN sehen sich die Bilder an. Deuten Sie dann auf die abgebildeten Gegenstände und klären Sie unbekannten Wortschatz, wie „der Koffer".
	Folie/IWB	3. Bitten Sie zwei geübtere TN, an die Tafel zu kommen, das Gespräch vorzulesen und dabei auf die genannten Gegenstände zu deuten. Bei Bedarf können Sie die Endungen von „welch-" und „dies-" noch einmal markieren.
b		4. Bitten Sie ein anderes Paar den zweiten Dialog vorzulesen.
		5. Die TN finden sich paarweise zusammen und spielen analoge Gespräche mit den anderen Gegenständen. Ungeübtere TN spielen nur ein Gespräch (a oder b), geübtere spielen beide. Gehen Sie herum und helfen Sie bei Schwierigkeiten.

		6. *fakultativ:* Fundbüro spielen. Schreiben Sie „das Fundbüro“ an die Tafel und fragen Sie, ob jemand weiß, was das ist. Nach Möglichkeit erklären die TN den Begriff selbst, andernfalls erklären Sie ihn anhand eines Beispiels. Erarbeiten Sie dann an der Tafel zusammen mit den TN einen Musterdialog in Anlehnung an das Beispiel im Buch. Achten Sie darauf, dass dabei „welch-“ und „dies-“ benutzt werden. Sammeln Sie nun von den TN verschiedene Gegenstände ein, die sie bereits benennen können, und spielen Sie Fundbüro. Ein TN beginnt, indem er an den Tisch mit den gesammelten Gegenständen tritt und einen anderen TN z. B. nach seinem „verlorenen“ Handy fragt.
	AB 18–19	Die TN machen die Übungen in Einzelarbeit im Kurs oder als Hausaufgabe.
77/D3		**Aktivität im Kurs: Partnerinterview**
	Folie/IWB	1. Sehen Sie sich zusammen mit den TN die Beispiele im Buch an und fragen Sie: „Welcher Film gefällt dir am besten?“. Machen Sie ggf. weitere Beispiele im Plenum. Erklären Sie „schmecken“ anhand von Beispielen und Mimik.
		2. Die TN erstellen selbstständig einen Fragenkatalog von mindestens fünf Fragen für das Interview. Die Beispiele im Buch helfen ihnen dabei. Geübtere TN finden mindestens zehn Fragen. Anschließend befragen sich die TN gegenseitig mit wechselnden Partnern. Gehen Sie herum und helfen Sie bei Schwierigkeiten. Weisen Sie die TN auch auf die Rubrik „Vorlieben: Mir gefällt das Hemd.“ auf der Kommunikationsseite (Kursbuch, S. 81) hin.
	KV L13/D3 im Lehrwerkservice	*fakultativ:* Für ungeübtere TN können Sie auch auf die Kopiervorlage im Lehrwerkservice www.hueber.de/schritt-fuer-schritt zurückgreifen. Die TN ergänzen die Endungen und befragen andere TN mithilfe der Vorlage. *Hinweis:* An dieser Stelle bietet sich die Arbeit mit dem Projekt „Meine Topmodels“ aus „Zwischendurch mal ...“ (Kursbuch, S. 82) an.
	KV L13/D3	3. *fakultativ:* Wenn Sie die Verwendung von „dies-“ und „welch-“ noch etwas spontaner einüben möchten, verteilen Sie je einen Satz Karten der Kopiervorlage an eine Dreiergruppe. Die TN mischen die Karten und legen den Stapel verdeckt in die Mitte. Ein TN deckt die erste Karte auf und bildet eine Frage mit diesem Wort, z. B. „Schauspielerin“ - „Welche Schauspielerin findest du gar nicht gut?“ Ein anderer TN aus der Gruppe antwortet. Dann zieht der nächste. Das Spiel können Sie auch zu einem späteren Zeitpunkt zur Wiederholung einsetzen. *Binnendifferenzierung:* Ungeübtere TN können die Karten zunächst mit Artikelpunkten versehen und spielen dann. Geübtere TN können auch Nachfragen stellen, sodass kleine Gespräche entstehen.: „Warum findest du Angelina Jolie am besten?“ – „Sie sieht toll aus.“
	AB 20–21	Die TN machen die Übungen in Einzelarbeit im Kurs oder als Hausaufgabe.
	AB 22, AB-CD 2/40	Die TN machen die Übung im Kurs.

SCHRITT E: IM KAUFHAUS

Frageartikel *welcher, welches, welche* und Demonstrativpronomen *dieser, dieses, diese* im Akkusativ

Lernziel: Die TN können um Hilfe oder um Rat bitten.

Seite/Aufgabe	Material	Aufbau
78/E1		**Präsentation des Wortfelds „Abteilungen im Kaufhaus“**
a	Folie/IWB	1. Die TN sehen sich den Plan des Kaufhauses an. Skizzieren Sie an der Tafel ein Gebäude mit drei Etagen (Untergeschoss, Erdgeschoss und Obergeschoss). Fragen Sie: „Wo ist das Erdgeschoss?“ Ein TN kommt nach vorne und zeigt es. Tragen Sie „Erdgeschoss“ in das Tafelbild ein und fragen Sie weiter nach den anderen beiden Stockwerken.

	Folie/IWB	2. Deuten Sie auf „Elektrogeräte" und fragen Sie: „Was kann man in der Elektroabteilung kaufen?" Sammeln Sie einige Beispiele im Plenum. Fragen Sie noch nach einigen anderen Abteilungen, bis das Wort „Abteilung" klar ist.
	Folie/IWB	3. Deuten Sie auf die Zeichnung und sagen Sie: „Die Frau braucht eine Information. Helfen Sie ihr." Ein TN liest Frage 1, ein anderer die zugehörige Antwort auf dem Beispielzettel. Weisen Sie an dieser Stelle auch auf die Redemittelvarianten hin.
		4. Die TN bearbeiten die übrigen Beispiele in Partnerarbeit. Abschlusskontrolle im Plenum. *Musterlösung:* 2 Das finden Sie im Erdgeschoss.; 3 Den gibt es im Untergeschoss.; 4 Die sind im Obergeschoss.; 5 Da müssen Sie ins Obergeschoss gehen.
b		5. Jeder TN notiert vier Sachen, die er kaufen möchte, auf einem Zettel.
c		6. Teilen Sie den Kurs in zwei Gruppen. Gruppe 1 sind zunächst die Kunden und Gruppe 2 spielt die Informationen, dazu stehen die TN hinter ihrem Tisch, während die TN der ersten Gruppe vor den Tischen stehen.
		7. Entwickeln Sie nun mit den TN zusammen einen Beispieldialog wie im Buch an der Tafel. Einige TN spielen nach diesem Muster weitere Beispiele im Plenum.
		8. Zeigen Sie dann das Dialograster auf Folie / dem IWB. Bitten Sie zwei TN, ein weiteres Beispiel zu spielen.
		9. Die TN spielen weitere Gespräche, indem TN aus Gruppe 1 zu jeweils einem TN aus Gruppe 2 gehen und um Information bitten. Dann gehen die TN aus Gruppe 1 weiter und suchen sich einen neuen TN aus Gruppe 2. Gehen Sie herum und helfen Sie bei Schwierigkeiten. Verweisen Sie an dieser Stelle auch auf die Rubrik „Im Kaufhaus um Informationen bitten: Entschuldigen Sie bitte, ich suche Stiefel." (Kursbuch, S. 81).
		10. Die Gruppen wechseln, Gruppe 2 stellt nun die Kunden und Gruppe 1 besetzt die Information.
		Tipp: Wenn es ein Kaufhaus in der Nähe Ihrer Institution/Schule gibt, können Sie die TN bitten, sich in Kleingruppen auf ein paar Gegenstände zu einigen, die sie brauchen könnten. Gehen Sie mit den TN ins nächstgelegene Kaufhaus. Die Gruppen überlegen sich anhand des „Wegweisers" vor Ort, in welcher Abteilung sie nach den Gegenständen suchen wollen. Helfen Sie den TN ggf., wenn die Abteilungsbezeichnungen nicht mit denen im Buch übereinstimmen. Am nächsten Kurstag präsentieren die Gruppen ihre Ergebnisse im Kurs.
	AB 23	Die TN machen die Übung in Einzelarbeit im Kurs oder als Hausaufgabe.
79/E2		**Hörverstehen: Gespräche im Kaufhaus verstehen; Präsentation der Frageartikel *welch-* und der Demonstrativpronomen *dies-* im Akkusativ**
	Folie/IWB	1. Die Bücher sind geschlossen. Zeigen Sie den TN Bild A auf Folie / dem IWB. Fragen Sie die TN, wo der Mann ist, was er macht (im Kaufhaus / Kleindung kaufen). Schreiben Sie dann mit den TN zusammen ein kleines Gespräch zwischen dem Mann und einer Verkäuferin / einem Verkäufer. Halten Sie das Gespräch an der Tafel fest. Verfahren Sie mit Bild B und C ebenso. *Hinweis:* Erläutern Sie den TN anhand der Zeichnungen „zu groß" und „zu klein". Machen Sie ggf. Beispiele aus dem Kurs, z. B. „Fatimas Jacke ist Ahmad zu klein." *Binnendifferenzierung:* Geübtere TN können zu Bild B und C zunächst eigene Gespräche schreiben und sie dann im Plenum vorlesen.
	Folie/IWB, CD 5/15–17	2. Die TN schlagen die Bücher auf, hören und lesen die Gespräche und ordnen dann zu. Abschlusskontrolle im Plenum. *Lösung:* A – 1; B – 3; C – 2
		3. Die TN lesen die Dialoge zu zweit mit Flüsterstimme, tauschen dann die Rollen und lesen noch einmal. Gehen Sie herum und ermuntern Sie die TN nicht zu „leiern", sondern mit guter Satzmelodie zu sprechen.

		4. Lesen Sie zusammen mit einem TN noch einmal Gespräch 2 vor. Zeigen Sie dann mithilfe des Grammatik-Kastens, dass sich die Formen von „welch-“ und „dies-“ auch im Akkusativ nach dem Genus des nachfolgenden Nomens richten und die Endungen denen des Artikels im Akkusativ entsprechen. Verweisen Sie an dieser Stelle auch auf die Grammatikübersicht 2 (Kursbuch, S. 80). Die TN stellen Vermutungen an, worum es in der kleinen Zeichnung rechts gehen könnte. Dann lesen die TN die Sprechblase und raten, welcher Mann der Prinzessin am besten gefällt / für welchen Mann sich die Prinzessin entscheidet. *Hinweis:* An dieser Stelle passt das Audiotraining 2.
		5. *fakultativ:* Machen Sie mit den TN einen „Schaufensterbummel“. Hängen Sie Seiten aus einem Katalog mit Kleidung aus. Die TN gehen zu zweit herum und befragen sich gegenseitig nach dem Muster im Grammatik-Kasten. *Hinweis:* Hier können Sie die Gelegenheit nutzen und alten Wortschatz wiederholen, indem Sie auch Seiten aus einem Möbelprospekt aushängen. Schalten Sie dann ggf. eine kurze Wiederholung der entsprechenden Artikel vor.
	AB 24–26	Die TN machen die Übungen in Einzelarbeit im Kurs oder als Hausaufgabe.
	AB 27 Folie/IWB	Die TN machen die Übung im Kurs: Sie verbinden zunächst die Satzteile, bevor sie „welch-“/„dies-“ im Nominativ blau und im Akkusativ grün markieren und die Formen in die Tabelle eintragen. Auf diese Weise machen sie sich noch einmal bewusst, dass sich die Endungen von „welch-“ und „dies-“ jeweils entsprechen. Abschlusskontrolle mithilfe der Folie / des IWB.
79/E3		**Aktivität im Kurs: Beratungsgespräche im Kaufhaus**
		1. Die TN finden sich paarweise zusammen. Sie schreiben zu jeder Situation ein Gespräch wie in E2. Ungeübtere TN können auch nur zu einer Situation ein Gespräch schreiben. Gehen Sie herum und helfen Sie bei Schwierigkeiten.
		2. Die TN üben ihr Gespräch zu zweit ein.
	KV L13/E3 im Lehrwerk-service	3. Einige Paare spielen ihre Gespräche im Plenum vor. *fakultativ:* Zur Erweiterung der Aktivität können Sie auch auf die Kopiervorlage im Lehrwerkservice unter www.hueber.de/schritt-fuer-schritt zurückgreifen. Schneiden Sie die Karten aus. Jedes Paar / Jede Kleingruppe erhält einen Kartenstapel. Die TN lesen abwechselnd die Situationen vor und erfinden/simulieren kurze Gespräche. Gehen Sie herum und helfen Sie bei Schwierigkeiten. *Hinweis:* An dieser Stelle können Sie thematisch passend das „Elfchengedicht“ aus „Zwischendurch mal …“ (Kursbuch, S. 83) einschieben. *Hinweis:* Als Abschluss eignet sich hier das Videotraining 1.
	AB 28–30	Die TN machen die Übungen in Einzelarbeit im Kurs oder als Hausaufgabe.
	AB 31 Prüfung	Die TN machen die Übung im Kurs. Diese Aufgabe führt an den Prüfungsteil *Lesen, Teil 3* der Prüfung *Start Deutsch 1* heran.
	AB 32	In der Übung schreiben die TN anhand von Situationsvorgaben eine E-Mail an Freunde, in der sie um etwas bitten. Gehen Sie herum und helfen Sie bei Schwierigkeiten bzw. kontrollieren Sie dabei, ob die TN Fehler machen, und korrigieren Sie ggf. Auf diese Weise wissen sowohl Sie als auch die TN, was noch einmal geübt werden muss. *Binnendifferenzierung:* Geübtere TN schreiben nicht ins Arbeitsbuch, sondern schreiben die komplette E-Mail ins Heft. Sammeln Sie diese ein und korrigieren Sie sie. Dann schreiben die TN die korrigierte Mail noch einmal ab. Sehr geübte TN schreiben die E-Mail ohne die Textvorgaben. Sie decken die vorgegebene Mail mit einem Zettel ab und schreiben frei. Sammeln Sie diese Texte ein.
	KV L13/ Wiederholung	*fakultativ:* Wenn Sie noch Zeit haben, können Sie hier die Wiederholung zu Lektion 13 anschließen.
	KV L13/Test	Einen Test zu Lektion 13 finden Sie hier im LHB auf Seite 155. Weisen Sie die TN auf den Selbsttest im Arbeitsbuch auf Seite 167 hin.

AUDIO- UND VIDEOTRAINING

Seite/Aufgabe	Material	Aufbau
		Audiotraining 1: Das gefällt Ihnen nicht!
	CD 5/18	Die TN hören „Die Jacke gefällt mir gut." und antworten in den Sprechpausen mit „Mir gefällt sie nicht." Nach den Sprechpausen hören die TN die korrekte Antwort.
		Audiotraining 2: Welcher Pullover?
	CD 5/19	Die TN hören, welche Kleidungsstücke und Accessoires der Sprecherin gefallen, und fragen in den Sprechpausen mit „Welch- ...?" nach. Nach den Sprechpausen hören die TN die korrekte Antwort.
		Audiotraining 3: Gern, lieber, am liebsten.
	CD 5/20	Die TN hören Fragen wie „(Spielst) du gern (Tennis)?" und antworten in den Sprechpausen mit „Nein. Ich (spiele) lieber (Fußball). Und am liebsten (spiele ich Basketball).". Die Vorlieben werden vorgegeben. Nach den Sprechpausen hören die TN die korrekte Antwort.
		Videotraining 1: Er gehört mir.
	Film „Er gehört mir."	Die TN sehen in dem Film Lara und Tim, die darüber sprechen, wem von beiden der Stift gehört.
		Videotraining 2: Diese Übung gefällt mir am besten.
	Film „Diese Übung gefällt mir am besten."	Mit diesem Film können die TN üben, Vorlieben auszudrücken. Sie üben dabei die Komparation von „gut", „gern" und „viel" anhand einer Visualisierung. In den Sprechpausen sagen die TN z. B.: „Apfel mag sie lieber." und „Ananas mag sie am liebsten.". Nach der Sprechpause hören die TN den richtigen Satz noch einmal zur Kontrolle.

ZWISCHENDURCH MAL ...

Seite/Aufgabe	Material	Aufbau
82		**Hören: Männer mögen Mode (passt z. B. zu A2 und B2)**
82/1		1. Die TN sehen sich die Fotos an. Bei Bedarf können Sie an dieser Stelle noch einmal die Kleidungsstücke wiederholen.
	CD 5/21–24	2. Die TN hören die Gespräche und ordnen zu. Abschlusskontrolle im Plenum. *Lösung:* 2B, 3C, 4A
82/2		1. Lassen Sie Ihren Kurs über die Models abstimmen. Die TN sehen sich noch einmal die vier Männer und deren Kleidung an. Fragen Sie: „Welche Kleidung gefällt Ihnen am besten?" Die TN vergeben jeweils einen Punkt.
		2. *fakultativ:* Wenn Ihre TN sich für Mode interessieren, können Sie am nächsten Kurstag anhand eines Fotos von sich selbst oder anhand einer Collage aus Werbeprospekten Ihre Lieblingsmode im Kurs mündlich vorstellen. Wer gern schreibt, kann sein Foto / seine Collage auch schriftlich beschreiben und Ihnen den Text zur Korrektur geben.
82		**Projekt: Meine Topmodels (passt z. B. zu D3)**
	KV L13/ZDM, Werbeprospekte/Versandkataloge	1. Die TN zeichnen zwei Figurenumrisse und „kleiden sie an", indem sie Kleidung zeichnen, die ihnen gefällt. *fakultativ:* Wenn Ihre TN nicht so gern zeichnen, können Sie auch die Kopiervorlage einsetzen und Werbeprospekte oder Versandkataloge mitbringen. Die TN schneiden dann entsprechende Kleidungsstücke für ihre Ankleidepuppen aus.

		2. Die TN geben ihren „Models" Namen und stellen Sie im Kurs oder in der Kleingruppe vor. Geübtere TN formulieren frei, ungeübtere TN orientieren sich an dem Beispiel.
		3. Abschließend können Sie im Kurs über das „Topmodel" abstimmen lassen. Die TN begründen ihre Wahl.
83		**Gedicht: „Elfchengedichte" (passt z. B. zu E3)**
		1. Die TN lesen die beiden „Elfchengedichte". Weisen Sie auf die Struktur hin: 1 Wort, 2 Wörter, 3 Wörter, 4 Wörter, 1 Wort = 11 Wörter. Fordern Sie die TN auf, selbst ein solches Gedicht zu schreiben.
		2. Geübtere TN schreiben ein Gedicht in Einzelarbeit. Ungeübtere TN arbeiten paarweise zusammen. Sie können die Vorlage nutzen und das Gedicht vollenden oder sich selbst ein eigenes Gedicht ausdenken.
		3. Die TN tragen ihre Gedichte im Plenum vor.

Wortfelder: Monate, Feste und Glückwünsche
Grammatik: Ordinalzahlen: *der erste ...*; Personalpronomen im Akkusativ: *mich, dich, ...*; Konjunktion *denn*: *Maria kommt nicht, denn sie hat am Abend noch einen Kurs;* Verbkonjugation: *werden*

FESTE

Folge 14: Ende gut, alles gut

Seite/Aufgabe	Material	Aufbau
84/1		**Vor dem ersten Hören / Beim ersten Hören: Die Rahmenhandlung erkennen und wesentliche Inhalte verstehen**
a	Folie/IWB	1. Die Bücher sind geschlossen. Schreiben Sie „Feste feiern" an die Tafel. Fragen Sie die TN, welche Feste sie kennen; entweder, welche Feste sie selbst feiern oder ob sie Feste kennen, die in Deutschland gefeiert werden. Halten Sie die Feste an der Tafel fest. Wenn Sie mit Folie / dem IWB arbeiten, halten Sie das Tafelbild fest, Sie können es bei Aufgabe A3 noch einmal verwenden. Arbeiten Sie ohne Folie / IWB, dann bitten Sie einen TN, das Tafelbild zu fotografieren.
		2. Sprechen Sie mit den TN kurz über die Feste an der Tafel, die in Deutschland gefeiert werden.
	Folie/IWB	3. Zeigen Sie die Fotos 1 und 2 der Foto-Hörgeschichte auf Folie / dem IWB und fragen Sie: „Was machen Familie Baumann, Lara und Tim? Welches Fest feiern sie?" Fragen Sie auch: „Warum denken Sie das?" Notieren Sie dann an der Tafel die Wörter, die von den TN zu „Geburtstag" genannt werden oder auf die die TN in der Foto-Hörgeschichte zeigen (z. B. „Geburtstagstorte", „Kerze", „Geschenk").
		4. Die TN schlagen die Bücher auf und sehen sich die Fotos an. Klären Sie anhand der Fotos die Wörter „Hausschuhe", „Hula-Hoop-Reifen" und „traurig". In Partnerarbeit lesen die TN die Fragen, beraten sich und kreuzen an.
b	Folie/IWB, CD 5/25–32	5. Die TN hören die Foto-Hörgeschichte und vergleichen mit ihren Lösungen. Abschlusskontrolle im Plenum. *Lösung:* Foto 1: Walter; Foto 2: Lara; Foto 3: Alles Gute zum Geburtstag!; Foto 4: Tim; Foto 5: Lara fährt nach Hause.; Foto 6: Lili sagt: Lara ist meine Schwester.; Foto 7: Er hat eine Arbeitsstelle gefunden.
	CD 5/25–27	6. *fakultativ:* Erklären Sie den TN, dass „Alles Gute zum Geburtstag!" ein typischer Geburtstagswunsch ist. Die TN hören noch einmal die erste Hälfte der Foto-Hörgeschichte und achten darauf, welche Wünsche von Lara, Lili und Sophia sie noch hören. Notieren Sie anschließend auf Zuruf an der Tafel (Alles Liebe zum Geburtstag!, Herzlichen Glückwunsch!).
85/2		**Beim zweiten Hören: Aktivitäten im Detail verstehen**
	Folie/IWB, CD 5/29–32	Die TN lesen die Aufgabe und umkreisen zunächst leicht nach ihrer Erinnerung. Dann hören sie den zweiten Teil der Foto-Hörgeschichte noch einmal und umkreisen oder korrigieren ggf. Abschlusskontrolle im Plenum. *Lösung:* a Abschied: Lara und Tim fahren bald nach Hause.; b Tochter.; c arbeitet bald in einem G&H-Hotel.
85/3		**Nach dem Hören: Anwendungsaufgabe: Über Pläne nach dem Deutschkurs sprechen**
	Folie/IWB	1. Sagen Sie: „Tim arbeitet nach dem Deutschkurs in einem Hotel. Was machen Sie nach dem Deutschkurs?". Verweisen Sie die TN auf die Beispiele im Buch.
	KV L14/FHG	2. Die TN erzählen in Kleingruppen oder im Plenum von ihren Plänen. *fakultativ:* Wenn Ihre TN nicht so gern über sich selbst sprechen, können Sie auch die Kopiervorlage einsetzen. Kopieren Sie die Vorlage so oft, dass jeder TN eine Antwortkarte erhält. Schreiben Sie die Frage „Was machen Sie / machst du nach dem Deutschkurs?" als Gedankenstütze an die Tafel und machen Sie gemeinsam ein Beispiel. Die TN gehen dann im Raum herum und fragen sich gegenseitig. Sie antworten anhand der Stichpunkte auf der Karte oder, wenn sie wollen, frei. Gehen Sie herum und helfen Sie bei Schwierigkeiten.

		3. *fakultativ:* Mit Lektion 14 wird die Niveaustufe A1 abgeschlossen und damit auch die Foto-Hörgeschichte zu Lara, Tim und Familie Baumann. Wenn Ihren TN die Arbeit mit der Foto-Hörgeschichte Spaß gemacht hat, können sie nun selbst eine Fortsetzung erfinden. Die TN können in Kleingruppen einen kurzen Text schreiben oder sich in Kleingruppen ein Rollenspiel ausdenken und die Fortsetzung szenisch darstellen. *Binnendifferenzierung:* In Kursen mit überwiegend ungeübten TN können Sie auch mit den TN zusammen eine Fortsetzung an der Tafel schreiben.
	„Laras Film“ Lektion 14	In „Laras Film“ „Alles Gute zum Geburtstag!“ schickt Lara Sofia Geburtstagsgrüße aus Lublin. Sie erzählt, mit wem sie Weihnachten verbringt, und wünscht Familie Baumann schöne Weihnachtsfeiertage. Sie können den Film am Ende der Foto-Hörgeschichte zur Festigung des Wortschatzes und zur Vertiefung des Themas „Geburtstag“ oder nach A3 zur Festigung des Datums einsetzen.

SCHRITT A: AM FÜNFZEHNTEN JANUAR FANGE ICH AN.

Ordinalzahlen: *der erste …*; Datumsangaben: *am ersten …*, *vom … bis (zum) …*

Lernziel: Die TN können das Datum erfragen und nennen. Sie können über Feste und Feiertage sprechen.

Seite/Aufgabe	Material	Aufbau
86/A1		**Präsentation der Ordinalzahlen auf die Frage „Wann?“**
a	Folie/IWB	1. Die TN lesen die Aufgabe und verbinden die Satzteile. Die Inhalte sind ihnen aus der Foto-Hörgeschichte bereits bekannt. Geübtere TN lösen die Aufgabe in Einzelarbeit. Ungeübtere TN arbeiten paarweise zusammen.
b	Folie/IWB, CD 5/33	2. Die TN hören das Gespräch und vergleichen mit ihrer Lösung. Abschlusskontrolle im Plenum. *Lösung:* 1 – c; 2 – b; 3 – d; 4 – a
c	Folie/IWB	3. Die TN ergänzen in Einzelarbeit die fehlenden Monate. Abschlusskontrolle im Plenum. *Lösung:* Januar, November
	Folie/IWB	4. Lesen Sie den TN die Monate laut vor und zeigen Sie auf den jeweiligen Monat, die TN sprechen im Chor nach. Dann üben die TN die Monate mehrere Male in Einzelarbeit.
		5. Die TN schließen die Bücher und stellen sich im Kreis auf. Sprechen Sie nun mehrere Male mit den TN zusammen die Monate im Chor, dabei können Sie und die TN jeweils mit den Fingern die Monate zeigen, also einen Finger für Januar, zwei für Februar etc. Danach beginnt ein TN mit „Januar“, der TN rechts von ihm macht weiter mit „Februar“ etc. Machen Sie mehrere Runden, damit die TN einige Sicherheit gewinnen.
		6. *fakultativ:* Anhand der Monate können Sie mit den TN auch noch einmal die vier Jahreszeiten wiederholen, die die TN bereits aus *Schritt für Schritt in Alltag und Beruf 1* / Lektion 6 kennen.
	Folie/IWB	7. Fragen Sie noch einmal: „Wann fährt Lara nach Hause?“ und „Wann fängt Tim mit der Arbeit an?“. Markieren Sie auf Zuruf die Datumsangaben auf der Folie / dem IWB. Machen Sie die Bildung der Ordinalzahlen mithilfe des Tafelbilds deutlich. 30 (= dreißig) Wann fährt Lara nach Hause? → Am 30. (= dreißigsten) November 15 (= fünfzehn) Wann fängt Tim mit der Arbeit an? → Am 15. (= fünfzehnten) Januar Erklären Sie, dass man auf die Frage „Wann?“ mit „Am …-ten/-sten“ antwortet. Verweisen Sie zur Systematisierung der Ordinalzahlen auf die Frage „Wann?“ auf den Grammatik-Kasten. Machen Sie die TN dabei besonders auf die Sonderformen „am ersten“ und „am dritten“ aufmerksam. Schreiben Sie gemeinsam mit den TN die Ordinalzahlen von 1–25 an die Tafel, um die Systematik zu verdeutlichen.

86/A2		**Anwendungsaufgabe zu den Ordinalzahlen: Geburtstagsschlange**
a		1. Die TN schreiben ihren Geburtstag wie im Beispiel auf einen Zettel. Gehen Sie herum und helfen Sie bei Schwierigkeiten.
b	Folie/IWB	2. Einige TN lesen im Plenum das Beispiel vor. Machen Sie deutlich, dass „Wann hast du Geburtstag?" und „Wann bist du geboren?" dieselbe Bedeutung haben. Fragen Sie die TN auch nach den Beispieldaten und schreiben Sie sie einmal in Worten und Zahlen an die Tafel: „am dreißigsten Oktober – am 30. Oktober – am 30.10." etc. Verweisen Sie an dieser Stelle auf die Redemittel „Über Jahrestage sprechen: Wann hast du Geburtstag." in der Rubrik Kommunikation (Kursbuch, S. 93).
	Folie/IWB	3. Die TN laufen im Kursraum herum. Auf Ihr Zeichen finden sie sich zu dritt zusammen und fragen sich gegenseitig nach ihrem Geburtstag. Auf Ihr Zeichen lösen sich die Gruppen auf und laufen herum. Machen Sie hier mehrere Durchgänge, bis die TN einige Sicherheit gewonnen haben.
c	„Laras Film" Lektion 14	4. Die TN befragen sich gegenseitig, zeigen ihren Zettel und nennen ihr Geburtsdatum. Auf diese Weise finden Sie heraus, wer wann Geburtstag hat, und stellen sich in einer Art „Geburtstagsschlange" chronologisch auf. *Hinweis:* An dieser Stelle bietet sich die Arbeit mit „Laras Film" an, um die Datumsangaben in einem authentischen Kontext zu üben. Fragen Sie die TN vor dem Sehen: „Wann hat Sofia Geburtstag?" Die TN sehen den Film und machen sich Notizen. *Hinweis:* An dieser Stelle können die TN mit dem Audiotraining 2 Datumsangaben weiter üben.
		5. *fakultativ:* Wenn Sie mit Ihren TN zukünftig die Geburtstage im Kurs feiern möchten und diese damit einverstanden sind, können Sie zusammen mit den TN einen Geburtstagskalender erstellen, indem sie sich nun alle chronologisch auf ein Plakat eintragen, das dann im Kursraum aufgehängt wird. Alternativ dazu können Sie zu diesem Zweck auch ein Dokument in elektronischer Form erstellen, zu dem alle TN Zugang haben.
		Tipp: Wenn jemand im Lauf des Kurses Geburtstag hat, können Sie diesen gemeinsam feiern. Zum einen erleben die TN so selbst, wie man in einem deutschsprachigen Land Geburtstag feiert, zum anderen trägt ein gemeinsames Fest auch zu einer entspannten Kursatmosphäre bei, was für den Erfolg des Lernprozesses nicht zu unterschätzen ist. Wenn Ihre TN gern singen, können Sie mit ihnen ein deutsches Geburtstagslied, z. B. „Zum Geburtstag viel Glück", singen. Wenn Sie im Kursraum eine Internetverbindung haben, können Sie Melodie und Text im Internet finden.
	AB 1–2	Die TN machen die Übungen in Einzelarbeit im Kurs oder als Hausaufgabe.
87/A3		**Erweiterung: Datumsangaben auf die Frage „Wie lange?"**
	Folie/IWB	1. Lesen Sie die drei Aussagen vor und fragen Sie: „Was ist richtig?" Die TN lesen die Texte und kreuzen an. Abschlusskontrolle im Plenum und Klärung des neuen Wortschatzes. *Lösung:* richtig: A, C Wenn Sie die technischen Möglichkeiten dazu haben, zeigen Sie den TN z. B. anhand von Internet-Videos, worum es sich bei den drei Festen handelt. Erklären Sie in diesem Zusammenhang auch, dass man in einigen Regionen Deutschlands von „Karneval" spricht, in anderen aber von „Fasching" oder „Fastnacht".
	Folie/IWB	2. Gehen Sie dann auf die einfache Datumsangabe „der erste, zweite, dritte, ..." sowie auf die Datumsangabe auf die Frage „Wie lange?" ein. Verweisen Sie auch auf den Grammatik-Kasten und die Grammatikübersicht 1 (Kursbuch, S. 92). Zeichnen Sie einen Zeitstrahl an die Tafel und zeigen Sie, dass man bei einer Datumsangabe auf die Frage „Wann?" mit „am ..." antwortet, wenn man einen Zeitpunkt angeben will, aber mit „vom ... bis (zum)", wenn es sich um eine Zeitspanne handelt. Den Unterschied zwischen Zeitpunkt und Zeitspanne kennen die TN bereits aus *Schritt für Schritt in Alltag und Beruf 1* / Lektion 5. *Hinweis:* Mit dem Videotraining 2 können die TN Datumsangaben weiter üben.
		3. *fakultativ:* Hier können Sie auf das Tafelbild von Seite 84/1 zurückgreifen. Fragen Sie die TN, wann der jeweilige Feiertag / das jeweilige Fest ist.

		4. *fakultativ:* Wenn Sie noch etwas Zeit haben, können Sie die kleine Schreibübung (Kursbuch, S. 92) durchführen. Fordern Sie die TN auf, drei wichtige Daten in ihrem Leben zu notieren und sich gegenseitig im Kleingruppen etwas darüber zu erzählen. Wenn Sie im Kurs keine Zeit dazu haben, können die TN auch zu Hause kurze Texte dazu schreiben und am nächsten Kurstag in Kleingruppen darüber berichten oder Ihnen die Mini-Texte zur Korrektur geben.
	KV L14/A3	5. *fakultativ:* Wenn Sie mit Ihren TN die Datumsangaben noch üben möchten, können Sie das Domino von der Kopiervorlage dazu nutzen. *Binnendifferenzierung:* Geübtere TN schneiden die Dominokarten komplett auseinander, sodass einzelne Karten entstehen. Diese werden gemischt und verdeckt in die Mitte gelegt. Die TN arbeiten auch in Kleingruppen. Ein TN zieht eine Karte. Ist es eine Karte mit Zahlen, versprachlicht er das Datum, ist es eine versprachlichte Karte, schreibt er das Datum in Zahlen auf einen Zettel. Die anderen korrigieren ggf.
	AB 3–5, AB-CD 2/41–45	Die TN machen die Übungen in Einzelarbeit im Kurs oder als Hausaufgabe.
87/A4		**Anwendungsaufgabe: Über Feiertage im eigenen Land berichten**
a	Folie/IWB	1. Die TN überlegen, welche Feiertage es in ihrem Heimatland gibt, und ergänzen den Lückentext entsprechend. Gehen Sie herum und helfen Sie bei Schwierigkeiten. Ungeübtere TN arbeiten mit einer Partnerin / einem Partner aus demselben Land zusammen. *Hinweis:* Zeigen Sie ggf. den Text auf Folie / dem IWB und füllen ihn für Deutschland aus, damit die TN ein Beispiel sehen.
b		2. Die TN arbeiten in Dreiergruppen. Sie lesen das Beispiel und erzählen dann über ihre Feiertage.
c		3. Die Dreiergruppen erstellen von den Feiertagen in der Gruppe eine Tabelle wie im Beispiel und stellen anschließend im Plenum „ihre" Feiertage vor. *Hinweis:* An dieser Stelle passt thematisch der Lesetext „Mein Lieblingsfest" aus „Zwischendurch mal ..." (Kursbuch, S. 94).
	AB 6	Die TN machen die Übung in Einzelarbeit im Kurs oder als Hausaufgabe.
	AB 7, AB-CD 2/46	Die TN machen die Übung im Kurs. Sagen Sie ihnen, dass sie das Diktat zunächst einmal komplett hören, ohne zu schreiben. Dann hören sie ein zweites Mal den Text langsam und schreiben. Sie können die CD durchlaufen lassen, beide Versionen sind eingelesen. Besonders ungeübten TN fällt es schwer, Texte zu korrigieren, weil sie die Fehler oft nicht wahrnehmen. Sammeln Sie die Diktate deshalb ein und korrigieren Sie sie. Die TN schreiben die korrigierte Fassung noch einmal sauber ins Heft. Wenn Sie Zeit haben, können Sie nach einiger Zeit das Diktat wiederholen. *Tipp:* Kopieren Sie die Übung vorher, dann müssen Sie zur Korrektur nicht die Bücher einsammeln.

SCHRITT B: ICH HABE DICH SEHR LIEB, OPA.

Personalpronomen im Akkusativ: *mich, dich ...*

Lernziel: Die TN können über Personen und Dinge sprechen sowie um Hilfe bitten.

Seite/Aufgabe	Material	Aufbau
88/B1		**Präsentation der Personalpronomen im Akkusativ**
a	CD 5/34–35	1. Die TN sehen sich das erste Foto an und hören das Gespräch. Fragen Sie, wer im ersten Satz mit „dich" gemeint ist (Walter/Opa) und wer im zweiten Satz (Lili). Verfahren Sie mit dem zweiten Bild ebenso. Fragen Sie, wer mit „uns" gemeint ist (Familie Baumann / Sofia, Lili und Walter) und wer mit „mich" (Walter).

b		2. Die TN ergänzen mithilfe der Gespräche aus a in Einzelarbeit die Tabelle. Abschlusskontrolle im Plenum. *Lösung:* dich, uns
	AB 8, Folie/IWB	Die TN machen die Übung im Kurs. Fragen Sie: „Wen haben Sie lange nicht gesehen?" Ein TN liest Beispiel c vor. Markieren Sie dabei „ihn" und machen Sie mithilfe eines Pfeils deutlich, dass sich „das Personalpronomen" auf „Hakim", also einen Mann, bezieht, hier aber nicht „er", sondern „ihn" heißt, weil das Verb „sehen" immer den Akkusativ nach sich zieht. Die TN markieren die übrigen Personalpronomen im Akkusativ wie im Beispiel und ergänzen die Tabelle. Geübtere TN lösen die Aufgabe in Einzelarbeit. Ungeübtere TN arbeiten paarweise zusammen. Abschlusskontrolle im Plenum.
88/B2		**Systematisierung der Personalpronomen im Akkusativ**
	Folie/IWB	1. Erklären Sie den Bezug eines Personalpronomens im Akkusativ mit einem Tafelbild: Hakim kommt auch zu Henrys Party. Er war einige Wochen in der Türkei. — Wer? Hakim = er Ich habe ihn lange nicht mehr gesehen. — Wen? Hakim = ihn Machen Sie anhand des Tafelbilds noch einmal deutlich, dass eine schon genannte Person durch ein Personalpronomen, hier „er" und „ihn" ersetzt wird. Verweisen Sie hier noch einmal auf den Grammatik-Kasten oben in B1.
	Folie/IWB	2. Die TN sehen sich die Kurznachrichten an und ergänzen sie. Geübtere TN lösen die Aufgabe in Einzelarbeit. Ungeübtere TN arbeiten paarweise zusammen. Weisen Sie die TN darauf hin, dass „für" auch mit dem Akkusativ benutzt wird. Abschlusskontrolle im Plenum. *Lösung:* A ihn, es, dich; B uns, euch, sie
		3. Gehen Sie abschließend noch einmal explizit auf das Personalpronomen im Akkusativ ein und verweisen Sie auch auf die Grammatikübersicht 2 (Kursbuch, S. 92) und die kleine Zeichnung daneben. *Hinweis:* Zur Verdeutlichung durch ein visuelles Beispiel können Sie hier auf das Videotraining 1 zurückgreifen.
	AB 9–12	Die TN machen die Übungen in Einzelarbeit im Kurs oder als Hausaufgabe.
88/B3		**Anwendungsaufgabe zu den Personalpronomen im Akkusativ**
	Folie/IWB	1. Die Bücher sind geschlossen. Zeigen Sie das Bild auf Folie / dem IWB und fragen Sie: „Was passiert hier?", „Was machen die beiden Personen?" oder „Was ist die Situation?". Die TN stellen Vermutungen an. Deuten Sie zur Unterstützung ggf. auf den gedeckten Tisch im Hintergrund.
	Folie/IWB	2. Machen Sie mit den TN eine Liste an der Tafel, was alles erledigt werden muss, wenn man Besuch bekommt.
	Folie/IWB	3. Die TN öffnen die Bücher. Zwei TN lesen das Beispiel vor. Markieren Sie anschließend auf Zuruf der TN, worauf sich die Personalpronomen jeweils beziehen.
		4. Die TN variieren das Gespräch anhand der Stichwörter mit ihrer Partnerin / ihrem Partner und machen weitere Variationen mit den Beispielen von der Tafel.
	AB 13–14	Die TN machen die Übungen in Einzelarbeit im Kurs oder als Hausaufgabe.

SCHRITT C: WIR FEIERN ABSCHIED, DENN ...

Lernziel: Die TN können Gründe angeben sowie einen Termin zusagen oder absagen.

Seite/Aufgabe	Material	Aufbau
89/C1		**Leseverstehen: Zu- bzw. Absagen verstehen**
a	Folie/IWB	1. Fragen Sie: „Was möchten Lara und Tim feiern?" Ein TN liest die Einladung von Lara und Tim vor.
	Folie/IWB	2. Deuten Sie dann auf die Einträge darunter und sagen Sie: „Lara und Tim haben ihre Kurskolleginnen und -kollegen und ihre Lehrerin eingeladen. Das sind ihre Antworten." Greifen Sie exemplarisch die Nachricht von Maria Reimann heraus und fragen Sie: „Kommt Frau Reimann zur Party?" Die TN lesen die Nachricht und beantworten die Frage. Deuten Sie dann auf die Liste der Namen über der Einladung und fragen Sie: „Wer kommt zur Party?"
		3. Die TN lesen die übrigen Einträge und kreuzen an. Geübtere TN lösen die Aufgabe in Einzelarbeit. Ungeübtere TN arbeiten paarweise zusammen. Abschlusskontrolle im Plenum. *Lösung:* Ioanna, Pawel
b	Folie/IWB	4. Deuten Sie auf die Antworten und fragen Sie: „Warum kommen Maria, Sibel und Eduardo nicht?"
		5. Die TN markieren die Gründe im Text und ergänzen die Sätze. Geübtere TN lösen die Aufgabe in Einzelarbeit. Ungeübtere TN arbeiten paarweise zusammen. Abschlusskontrolle im Plenum. *Lösung:* 1 hat am Abend noch einen Kurs.; 2 Eduardo ... Flug nach Hause geht schon am Freitagmittag.; 3 Sibel ... ist Krankenschwester und hat am Freitag Nachtschicht.
		6. Zeigen Sie anhand des Grammatik-Kastens, dass man mit der Konjunktion „denn" Gründe angibt. Verweisen Sie auch auf die Grammatikübersicht 3 (Kursbuch, S. 92). Einige TN kennen vielleicht schon die Konjunktion „weil". In diesem Fall können Sie erwähnen, dass „denn" und „weil" dieselbe Bedeutung haben. Verzichten Sie aber unbedingt auf die Einführung von „weil" und die damit verbundene Nebensatzkonstruktion. Nebensätze sind Stoff der Niveaustufe A2. Die Konjunktion „weil" wird in *Schritt für Schritt in Alltag und Beruf 3* / Lektion 1 eingeführt.
		7. Machen Sie mit den TN Beispiele aus dem Kurs. Schreiben Sie „Sarije ist heute nicht im Kurs, denn sie ist krank." an die Tafel. Geben Sie weitere Beispiele, die die TN ergänzen, z. B. „Mahmud kommt morgen nicht zum Kurs, denn ...", „... muss heute einkaufen, denn ..." etc.
		8. *fakultativ:* Die TN stehen im Kreis. Geben Sie den Satz „Ich kann morgen nicht zum Deutschkurs kommen, denn ..." vor, werfen Sie einem TN einen Ball zu. Der TN muss nun den Satz wiederholen und einen Grund ergänzen. Er wirft den Ball, der TN muss den Satz mit einem anderen Grund ergänzen. Fordern Sie die TN auf, immer wieder neue Gründe zu finden, es dürfen auch lustige dabei sein. So können die TN spielerisch die neue Form einüben.
	AB 15	Die TN machen die Übung in Einzelarbeit im Kurs oder als Hausaufgabe.
89/C2		**Aktivität im Kurs: Eine Einladung schriftlich absagen**
		1. Geben Sie an der Tafel eine Tabelle mit den zwei Spalten „Zusagen" und „Absagen" vor. Die TN lesen noch einmal Ioannas Zusage aus C1. Fragen Sie, mit welchem Satz Ioanna zusagt. Notieren Sie den Satz in der entsprechenden Spalte.
		2. Verfahren Sie mit den anderen Texten aus C1 ebenso und ergänzen Sie nach und nach die Tabelle, sodass den TN die Redemittel für Zu- und Absagen deutlich werden. Zusagen: Ich komme gern! / Danke für die Einladung! / Ich bin dabei. Absagen: Leider kann ich nicht kommen. / Ich kann leider nicht (mit-)kommen. / Tut mir leid, aber ich habe keine Zeit.

		3. Die TN lesen die Einladung von Lara und Tim noch einmal. Fragen Sie: „Wann möchten Lara und Tim den Kursabschluss feiern?“ Sagen Sie dann: „Sie sind auch eingeladen, aber Sie können nicht kommen. Schreiben Sie eine Absage und erklären Sie, warum nicht.“. Hilfe finden die TN in den Redemitteln an der Tafel und in den Rubriken „Zusagen: Ich komme gern!“ und „Absagen: Leider kann ich nicht kommen.“ auf der Kommunikationsseite (Kursbuch, S. 93).
	KV L14/C2 im Lehrwerk-service	4. Die TN formulieren eine kurze Nachricht auf einem Zettel und tauschen ihre Absagen mit ihrer Partnerin / ihrem Partner aus. Ggf. korrigieren sie sich gegenseitig. Gehen Sie herum und helfen Sie bei Schwierigkeiten. Paare, die früher fertig sind, können zu der Einladung auch eine Zusage oder eine neue Einladung zu einer Party, zu einem Picknick, einem Kinobesuch o. Ä. schreiben und darauf reagieren. Wer möchte, kann Einladung und Absage auch mündlich formulieren. *Hinweis:* Wenn Sie wenig Zeit haben, können Sie auf die Kopiervorlage im Lehrwerkservice unter www. hueber.de/schritt-fuer-schritt zurückgreifen. Jeder TN erhält eine Kopie und schreibt hier seine Absage. *Musterlösung:* Liebe Lara, lieber Tim, ich kann leider nicht kommen, denn ich muss am Freitagabend arbeiten. Ich wünsche euch viel Spaß. Viele Grüße *Hinweis:* Sie können an dieser Stelle das Projekt „Juhu, fertig mit A1!“ aus „Zwischendurch mal …“ (Kursbuch, S. 95) anschließen.
	AB 16, 18	Die TN machen die Übungen in Einzelarbeit im Kurs oder als Hausaufgabe.
	AB 17, AB-CD 2/47	*Phonetik:* Die TN machen die Übung im Kurs. Lesen Sie den ersten Satz bis „Abschied“ vor und gehen Sie am Ende deutlich mit der Stimme nach unten. So setzen Sie einen „Punkt“. Lesen Sie dann den ganzen Satz vor und verbinden Sie die Teilsätze, indem Sie nach „Abschied“ mit der Stimme oben bleiben. Zeigen Sie so, wie man mit der Stimme deutlich machen kann, ob eine Aussage zu Ende ist oder noch weitergeht. Die TN hören die Beispiele und sprechen nach jedem Satz nach.

SCHRITT D: EINLADUNG

Verbkonjugation: *werden*

Lernziel: Die TN können Einladungen verstehen und schreiben.

Seite/Aufgabe	Material	Aufbau
90/D1		**Leseverstehen: Wesentliche Inhalte einer Einladung verstehen**
		1. Die TN lesen in Einzelarbeit die Einladung. Die Fragen beantworten Sie in Partnerarbeit. Abschlusskontrolle im Plenum. *Lösung:* a Lisa wird 30.; b Sie feiert in der Lessingstraße 38.; c Sie feiert am 19. August ab 19 Uhr.
		2. *fakultativ:* Wenn Sie Zu- und Absagen noch einmal vertiefen möchten, können die TN zu Lisas Einladung eine Zu- und eine Absage schreiben. Gehen Sie herum und helfen Sie bei Schwierigkeiten und korrigieren Sie ggf.
		3. Schreiben Sie „Am Donnerstag wird Vanessa 30.“ an die Tafel und fragen Sie dann: „Wie alt ist sie am Mittwoch?“ sowie „Wie alt ist sie dann am Freitag?“, um zu verdeutlichen, dass mit dem Verb „werden“ eine Veränderung ausgedrückt wird. Konjugieren Sie „werden“ einmal komplett an der Tafel. Verweisen Sie auch auf den Grammatik-Kasten und die Grammatikübersicht 4 (Kursbuch, S. 92). In der kleinen Schreibübung können die TN über die anstehenden Geburtstage ihrer Angehörigen berichten.
		4. Schreiben Sie dann „Wie alt werden Sie (an Ihrem nächsten Geburtstag)?“ an die Tafel. Fragen Sie einen geübteren TN: „Wie alt sind Sie jetzt?“ und „Wie alt werden Sie (an Ihrem nächsten Geburtstag)?“ Anschließend befragen sich die TN gegenseitig. Zusätzlich können die TN sich nach dem Alter ihrer Kinder befragen.
	AB 19	Die TN machen die Übung in Einzelarbeit im Kurs oder als Hausaufgabe.

90/D2		**Eine Einladung schreiben**
	Einladungs-karte	1. Die Bücher sind geschlossen. Bringen Sie eine Einladungskarte mit und fragen Sie die TN, zu welchen Anlässen man in ihren Ländern Einladungskarten verschickt. Sammeln Sie die Ergebnisse an der Tafel.
		Landeskunde: In Deutschland lädt man nicht nur zu einer Hochzeit förmlich ein, sondern manchmal auch zu Geburtstagen oder Partys. Das wird insbesondere TN überraschen, in deren Heimatländern (z. B. der Türkei) dem Geburtstag keine große Bedeutung beigemessen wird bzw. in deren Heimat man zu Geburtstagen nicht explizit einlädt, weil Familie und Freunde ohnehin daran denken und unangemeldet vorbeikommen.
a		2. Die TN schlagen die Bücher auf und lesen die Aufgabe. Sie machen sich Notizen zu ihrer Einladung wie im Buch. Ungeübtere TN können zu zweit arbeiten und auch ihre Einladung in b zu zweit verfassen.
b	Folie/IWB	3. Sehen Sie sich mit den TN die Redemittel im Buch an. Gehen Sie dabei zunächst auf die weibliche bzw. männliche Form der Anrede ein. Deuten Sie auf die Anrede und sagen Sie: „Man sagt ‚Liebe Louise', aber ‚Lieber Jan'." Zeigen Sie, dass ein Einladungsbrief außerdem Antworten auf die Fragen „Wo?", „Wann?" und „Warum?" enthalten sollte. Erinnern Sie die TN noch einmal daran, dass sie einen Brief unbedingt mit einem Gruß abschließen sollten. Das haben sie schon in Lektion 10 geübt. Verweisen Sie an dieser Stelle auch auf die Redemittel „Briefe/E-Mails schreiben: Liebe Vanessa!" und „Einladen: Ich lade Dich ein" auf der Kommunikationsseite (Kursbuch, S. 93). Die zugehörige Übung können die TN als Hausaufgabe erledigen. Deuten Sie dann auf den Info-Kasten und erklären Sie, dass man das Verb „einladen" meistens in Verbindung mit der Präposition „zu" gebraucht. Machen Sie mit den TN einige Beispiele und halten Sie sie an der Tafel fest: „Ich lade dich zu meinem Geburtstag / meiner Hochzeit / meinem Grillfest / ... ein."
	Folie/IWB	4. Die TN lesen die Aufgabe im Buch. Schreiben Sie dann mit den TN zusammen zunächst eine Einladung zu dem Beispiel aus a, an der sich die TN im nächsten Schritt orientieren können.
		5. Die TN schreiben in Einzelarbeit in Anlehnung an den Musterbrief eine ähnliche Einladung zu ihren Notizen aus a. Ungeübtere TN arbeiten zu zweit. Gehen Sie herum und helfen Sie bei Schwierigkeiten. TN oder Paare, die früher fertig sind als die anderen, tauschen ihre Einladungen miteinander aus und schreiben eine Antwort. *Musterlösung:* Lieber Asim, ich möchte ein Grillfest machen. Wann: Freitag, 30. August ab 18 Uhr. / Wo: Goethestr. 7. / Kannst du kommen? Hoffentlich! Bitte antworte bis 15. August. Liebe Grüße Laura
	AB 20	Die TN machen die Übung im Kurs. Mit dieser Übung trainieren die TN noch einmal schrittweise das Schreiben einer Einladung. Sammeln Sie die Texte zur Korrektur ein.

SCHRITT E: FESTE UND GLÜCKWÜNSCHE

Lernziel: Die TN können Feste nennen und Glückwünsche formulieren.

Seite/Aufgabe	Material	Aufbau
91/E1		**Präsentation des Wortfelds „Feste"**
		1. Die Bücher sind geschlossen. Fragen Sie: „Was feiert man in Deutschland? Welche Feste kennen Sie?" Sammeln Sie mit den TN alle möglichen Feste, die ihnen auf Deutsch einfallen, sowie alle Begriffe, die sie mit diesen Festen assoziieren, und notieren Sie diese an der Tafel.
	Folie/IWB	2. Zeigen Sie auf die Fotos und fragen Sie: „Zu welchen Festen passen die Fotos?" Die TN öffnen ihr Buch und ordnen die Fotos den Festen in der Tabelle zu. Abschlusskontrolle im Plenum. *Lösung:* Ostern: B, D; Weihnachten: C, E; Silvester/Neujahr: A

		Landeskunde: Nach der ursprünglichen christlichen Tradition ist am 6. Dezember der „Nikolaustag". Der Nikolaus kommt nachts und legt den Kindern kleine Geschenke in ihre Stiefel, z. B. Mandarinen, Lebkuchen oder Nüsse. Oder er besucht die Kinder abends, um zu sehen, ob sie auch brav waren. Am 24. Dezember ist Weihnachten. Hier bringt das Christkind die Geschenke. Der Weihnachtsmann ist eine amerikanische Erfindung. In manchen Familien kommt er anstatt des Christkinds an Weihnachten und bringt die Geschenke. Die ursprünglich christliche Bedeutung des Weihnachtsfests tritt in Deutschland wie in anderen Ländern immer stärker in den Hintergrund. In vielen Familien geht es heutzutage vor allem darum, zusammen zu sein und sich gegenseitig zu beschenken und so eine Freude zu machen.
		3. Wenn Sie TN im Kurs haben, die bereits einige Zeit in Deutschland leben, können Sie fragen: „Wann feiern wir Ostern, Weihnachten, Silvester und Neujahr?" Begnügen Sie sich zumindest bei Ostern mit einfachen Antworten wie „Im Frühling.", da das Datum jährlich wechselt. Lassen Sie bei Weihnachten auch Angaben wie „Im Dezember." gelten. *Hinweis:* An dieser Stelle können Sie den thematisch passenden Lesetext „Mein Lieblingsfest" aus „Zwischendurch mal ..." (Kursbuch, S. 94) einschieben.
	KV L14/E1	4. *fakultativ:* Zur Festigung des Wortschatzes können Sie mit Ihren TN das Memo-Spiel von der Kopiervorlage spielen. Kopieren Sie die Kopiervorlage dazu mehrfach, zerschneiden Sie sie und geben Sie jeder Kleingruppe einen Kartensatz.
91/E2		**Präsentation des Wortfelds „Glückwünsche"**
	Folie/IWB	1. Deuten Sie auf die vier Glückwunschkarten und fragen Sie: „Zu welchem Fest passen die Karten?" Notieren Sie die Feste auf Zuruf an der Tafel. Fragen Sie dann weiter: „Was wünscht man sich zu Ostern? Und was zur Hochzeit?"
		2. Die TN lesen die Glückwünsche und ordnen in Einzelarbeit zu. Abschlusskontrolle im Plenum. *Lösung:* 1 – b; 2 – C; 3 – D; 4 – A
		3. Sammeln Sie mit den TN zusammen weitere gute Wünsche, die die TN schon einmal gehört haben, an der Tafel. Schreiben Sie die Feste bzw. Anlässe daneben, z. B. „Herzlichen Glückwunsch! – Geburtstag" etc. Vergleichen Sie dann mit der Rubrik „Glückwünsche und Wünsche: Alles Gute!" auf der Kommunikationsseite (Kursbuch, S. 93) und ergänzen Sie ggf. das Tafelbild. Präsentieren Sie zur Auflockerung das kleine Gespräch zwischen Weihnachtsmann und Osterhase. *Hinweis:* An dieser Stelle können die TN mit dem Audiotraining 1 die guten Wünsche aus E2 wiederholen und festigen.
	Glückwunschkarten	4. Kopieren Sie gekaufte Glückwunschkarten mehrfach und lassen Sie jeden TN eine Karte auswählen, die er an seine Partnerin / seinen Partner schreiben möchte. *Variante:* Die TN malen selbst Glückwunschkarten und schreiben Glückwünsche an ihre Partnerin / ihren Partner. *Variante:* Wenn Ihre TN gern etwas über Feste und Bräuche in ihren Ländern erzählen, können die TN Feste und Glückwünsche aus ihren Ländern an der Tafel ergänzen und analog zu den entsprechenden Karten schreiben, die bei Interesse der TN in die Übung einbezogen werden können. Der Übungsschwerpunkt sollte aber darauf liegen, was man zu dem jeweiligen Anlass in Deutschland auf Deutsch sagt.
	AB 21–23	Die TN machen die Übungen in Einzelarbeit im Kurs oder als Hausaufgabe.
91/E3		**Aktivität im Kurs: Spiel: Gratulieren und gute Wünsche äußern**
a	Folie/IWB, Zettel	1. Die TN erhalten einen Zettel. Ein TN liest die Anlässe vor, klären Sie ggf. unbekannten Wortschatz. Besprechen Sie mit den TN, was man zu den jeweiligen Anlässen wünscht. Zeigen Sie dabei ggf. die Rubrik „Glückwünsche und Wünsche: Alles Gute!" auf der Kommunikationsseite (Kursbuch, S. 93) auf der Folie / dem IWB.

b		2. Die TN befestigen ihren Zettel mit ihrem Fest/Anlass mit Klebestreifen an der Kleidung und machen einen Kursspaziergang. Die TN gehen im Kursraum umher, schütteln sich die Hände und äußern Glückwünsche, die zur Karte ihres Gegenübers passen. Dann wechseln sie zum nächsten. Mischen Sie sich unter die TN und helfen Sie bei Schwierigkeiten.
	Zettel, KV L14/E3 im Lehrwerkservice	*fakultativ:* Wenn Sie wenig Zeit haben, können Sie auf die Kopiervorlage im Lehrwerkservice unter www. hueber.de/schritt-fuer-schritt zurückgreifen. Kopieren Sie die Kopiervorlage mehrfach, sodass jeder TN eine Karte erhält. Jeder TN befestigt seine Karte mit Klebeband an der Kleidung.
		Hinweis: Zum Abschluss der Lektion und des Kursbuches (A1) passt das Projekt „Juhu! Fertig mit A1!" aus „Zwischendurch mal ..." (Kursbuch, S. 95).
	AB 24 Prüfung	*Prüfung:* Die TN machen die Übung im Kurs. Mit dieser Übung können sich die TN auf den *Prüfungsteil Lesen, Teil 3* der Prüfung *Start Deutsch 1* vorbereiten.
	KV L14/ Wiederholung	*fakultativ:* Wenn Sie noch Zeit haben, können Sie hier die Wiederholung zu Lektion 14 anschließen.
	KV L14/Test	Einen Test zu Lektion 14 finden Sie hier im LHB auf Seite 156. Weisen Sie die TN auf den Selbsttest im Arbeitsbuch auf Seite 177 hin.

AUDIO- UND VIDEOTRAINING

Seite/Aufgabe	Material	Aufbau
		Audiotraining 1: Glückwünsche
	CD 5/36	Die TN hören Glückwünsche, z. B. „Alles Gute!", und wiederholen diese in den Sprechpausen. Nach den Sprechpausen hören sie diese zur Kontrolle noch einmal.
		Audiotraining 2: Wann genau ist das?
	CD 5/37	Die TN hören eine Frage nach dem Datum, z. B. „Wann hat deine Tochter Geburtstag?" und die Vorgabe „fünf – März". Die TN formulieren in der Sprechpause die Antwort mit „Am (fünften März)." Nach der Sprechpause hören die TN die korrekte Antwort zur Kontrolle noch einmal.
		Audiotraining 3: Einladungen
	CD 5/38	Die TN hören Einladungen, z. B. „(Ich mache morgen Abend eine Party.) Kommst du auch?" und antworten in den Sprechpausen mit „Nein. Tut mir leid. Ich kann leider nicht kommen." oder mit „Ja, ich komme gern." „Ja" oder „Nein" wird vorgegeben. Nach der Sprechpause hören die TN die korrekte Antwort.
		Videotraining 1: Ich mag dich.
	Film „Ich mag dich."	Die TN sehen in dem Film Lara und Tim, die darüber sprechen, dass sie sich gegenseitig und auch die Zuschauer mögen. Dabei werden die Personalpronomen im Akkusativ im Kontext veranschaulicht.
		Videotraining 2: Was passiert am 12. Juli?
	Film „Was passiert am 12. Juli?"	Mit diesem Film können die TN Datumsangaben üben. Es werden Informationen eingeblendet (Onkel Robert / 4. Januar / 50 / werden) und die TN formulieren Angaben mit „am" bzw. „von ... bis". Sie wenden dabei auch die Inversion an, z. B. „Am 4. Januar wird Onkel Robert 50." Danach hören die TN den richtigen Satz noch einmal zur Kontrolle.

ZWISCHENDURCH MAL ...

Seite/Aufgabe	Material	Aufbau
94		**Lesen: Mein Lieblingsfest (passt z. B. zu A4 und E1)**
94/1	Folie/IWB	1. Deuten Sie auf die Fotos von Mia, Vladimir und Pinar und fragen Sie: „Was sind ihre Lieblingsfeste?". Die TN lesen die Texte und ordnen zu. Geübte TN lösen die Aufgabe in Einzelarbeit. Ungeübtere TN arbeiten paarweise zusammen. Abschlusskontrolle im Plenum. *Lösung:* a – 3; b – 1; c – 2
94/2		2. Die TN lesen die Texte noch einmal und kreuzen an, ob die Aussagen richtig oder falsch sind. Geübtere TN lösen die Aufgabe in Einzelarbeit. Ungeübtere TN arbeiten paarweise zusammen. Abschlusskontrolle im Plenum. *Lösung:* A richtig: 1, 2, falsch: 3; B richtig: 1, 2, 3; C richtig: 1, falsch: 2, 3
		3. Zum Abschluss können die TN einen kleinen Text über ihr Lieblingsfest schreiben und den Text im Kurs vorlesen oder aushängen. In Kursen mit überwiegend ungeübteren TN können die TN auch im Plenum mündlich über ihr Lieblingsfest berichten.
		Landeskunde: Vor allem TN aus entfernten Kulturkreisen wie Asien oder Afrika sind mit den typisch westlichen Festen möglicherweise nicht so vertraut. Wenn eines der Feste unmittelbar bevorsteht, können Sie es im Kurs gemeinsam vorbereiten und/oder feiern. Vor Ostern können Sie z. B. mit den TN Ostereier färben, Osterschmuck basteln oder auch kleine Osternester für ihre Kinder machen. Vor Weihnachten können Sie zusammen ein Weihnachtslied singen, mit den TN einen Adventskalender für den Kurs basteln oder die TN jeden Tag ein Türchen eines gekauften Adventskalenders öffnen lassen. Vor oder auch kurz nach Silvester können Sie mit den TN Blei gießen.
95		**Projekt: Juhu! Fertig mit A1! (passt z. B. zu C2 oder E3)**
	Folie/IWB	1. Die TN lesen den Text und die beiden Projektvorschläge. Fragen Sie, welche Idee den TN besser gefällt oder ob sie einen anderen Vorschlag haben, wie sie gemeinsam den Kurs und damit die Stufe A1 abschließen könnten. Die TN entscheiden sich für ein gemeinsames Projekt.
		2. Idee 1: Die TN schreiben ihr Lieblingswort auf ein Kärtchen und erklären, was es bedeutet und warum es ihnen so gut gefällt. Anschließend kleben sie ihr Kärtchen für alle sichtbar auf die Wandzeitung und schreiben ihren Namen dazu. So können die TN in der Pause über ihre Lieblingswörter sprechen. Idee 2: Die TN bringen ein ausgedrucktes Foto von sich mit und schreiben Stichpunkte zu ihrer Person dazu. Machen Sie daraus eine gemeinsame Wandzeitung, die im Kursraum für alle sichtbar aufgehängt wird. *Variante:* Die TN erstellen individuell eine Computer-Präsentation zu ihrer Person und schicken Ihnen diese zu. Führen Sie die Einzelpräsentationen dann zu einer Gesamtpräsentation zusammen, die sie sich dann gemeinsam im Kurs ansehen. Wenn Sie digital arbeiten, achten Sie darauf, dass alle TN mit dem gleichen Format arbeiten, damit eine Zusammenführung der Dokumente anschließend möglich ist.

Berufe

	der Postbote		die Sekretärin
	die Friseurin		die Verkäuferin
	der Verkäufer		die Lehrerin
	der Fußballspieler		der Maler
	der Mechatroniker		die Ärztin
	die Kellnerin		die Altenpflegerin
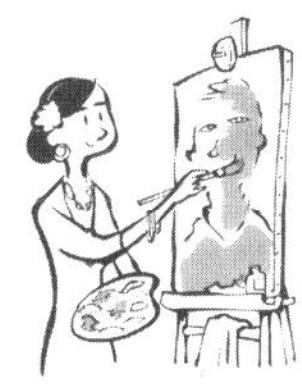	die Malerin		der Kellner
	der Journalist		der Hausmeister

Ein Telefongespräch

Wann sind	Sie nach Berlin gekommen?
Vor fünf Jahren.	Wie lange wohnen
Sie schon in der Adalbertstraße?	Seit drei Monaten.
Wie lange lernen	Sie schon Deutsch?
Seit acht Wochen.	Wie lange arbeiten
Sie schon	als Physiotherapeutin?
Seit sieben Jahren.	Seit wann sind
Sie selbstständig?	Seit drei Jahren.
Seit wann arbeitet	Eda Erden bei Ihnen?
Seit einem Jahr.	Wann haben
Sie die Praxis gekauft?	Vor drei Jahren.
Seit wann	kennen Sie Lara?
Seit einem Monat.	

Verbdomino

ich *war*	er/sie/es *ist*	er/sie/es *war*	wir *kommen*
wir *sind* ... *gekommen*	du *gehst*	du *bist* ... *gegangen*	ich *höre*
ich *habe* ... *gehört*	er/sie/es *liest*	er/sie/es *hat* ... *gelesen*	ihr *esst*
ihr *habt* ... *gegessen*	ihr *seid*	ihr *wart*	du *hast*
du *hattest*	er/sie/es *schläft*	er/sie/es *hat* ... *geschlafen*	ich *schreibe*
ich *habe* ... *geschrieben*	du *machst*	du *hast* ... *gemacht*	wir *lernen*
wir *haben* ... *gelernt*	ich *arbeite*	ich *habe* ... *gearbeitet*	du *bist*
du *warst*	wir *spielen*	wir *haben* ... *gespielt*	ich *habe*
ich *hatte*	du *frühstückst*	du *hast* ... *gefrühstückt*	er/sie/es *fährt*
er/sie/es *ist* ... *gefahren*	ich *treffe*	ich *habe* ... *getroffen*	ihr *kauft* ...
ihr *habt* ... *gekauft*	du *sagst*	du *hast* ... *gesagt*	wir *kochen*
wir *haben gekocht*	ich *habe*	ich *hatte*	er/sie/es *sieht*
er/sie/es *hat* ... *gesehen*	wir *trinken*	wir *haben* ... *getrunken*	du *wohnst*
du *hast* ... *gewohnt*	ich *spreche*	ich *habe* ... *gesprochen*	du *suchst*
du *hast gesucht*	wir *sind*	wir *waren*	ich *bin*

Kenan Cinars Arbeitstag

1 Schreiben Sie Sätze. Beginnen Sie mit den unterstrichenen Wörtern.

Beispiel: Kenan Cinar – auf|stehen – früh am Morgen. Kenan Cinar steht früh am Morgen auf.

a Er – schnell – trinken – einen Kaffee – // und dann – in den Tag – starten – er

………

b mit seinem Kleinlaster – Um halb sechs – fahren – in die Großmarkthalle – er

………

c frisches Obst und Gemüse – Er – kaufen // und – zurück|fahren – er – zu seinem Laden.

………

d seine Einkäufe – Dort – aus|laden – er // und – vor|bereiten – alles

………

e seinen Laden – Um acht Uhr – öffnen – er

………

f kommen – Frau Engler – Kurz nach acht – // und – ein|kaufen

………

g Kenan Cinar – den ganzen Tag – ohne Pause – arbeiten

………

h seine Schwester – Am Nachmittag – für ein paar Stunden – helfen

………

i Kenan Cinar – seinen Laden – Um acht Uhr – schließen

………

j alles auf|räumen – er – Dann // und – sauber machen

………

k die Kassenabrechnung – Um halb neun – machen – er // und dann – fahren – er – nach Hause

………

2 Was hat Kenan Cinar gestern gemacht? Schreiben Sie auf ein separates Blatt.

hat … getrunken | hat … geschlossen | ist … gefahren | ~~ist … aufgestanden~~ | ist … gestartet | hat … vorbereitet
hat … gekauft | ist … zurückgefahren | hat … geöffnet | hat … eingekauft | hat … gearbeitet | hat … ausgeladen
ist … gekommen | hat … geholfen | hat … aufgeräumt | hat … gemacht | ist … gefahren | hat … sauber gemacht

Kenan Cinar ist früh am Morgen aufgestanden. Er hat schnell

Na los, komm mit!

A Hier gibt es die Fahrscheine.
B Die Autovermietung – „Geh du schon!“
C Pläne für das Wochenende: „Ich möchte nach Salzburg fahren.“
D Im Internet – „Vielleicht stimmt das ja auch gar nicht?“
E Blöd! Es geht leider nicht.
F Lara ist EU-Bürgerin.
G Sechs Wochen für den internationalen Führerschein!
H Busfahren ist billig.

Lösung: Foto 1 – C, Foto 2 – D, Foto 3 – G, Foto 4 – F, Foto 5 – B, Foto 6 – E, Foto 7 – H, Foto 8 – A

Das Ämter-und-Behörden-Spiel

Machen Sie Sätze mit *müssen*.

→

ein Foto mitbringen	den Ausweis zeigen	eine Nummer ziehen	einen Termin machen	mindestens 21 Jahre alt sein	hier unterschreiben
einen Führerschein haben					zum Fotografen gehen
hier warten					den Ausweis mitbringen
einen Antrag ausfüllen					für den Führerschein mindestens 18 Jahre alt sein
zur Führerscheinstelle gehen					die Papiere unterschreiben
den Führerschein zeigen	an der Information fragen	20 Euro bezahlen	einen internationalen Führerschein haben	den Antrag unterschreiben	den Führerschein abholen

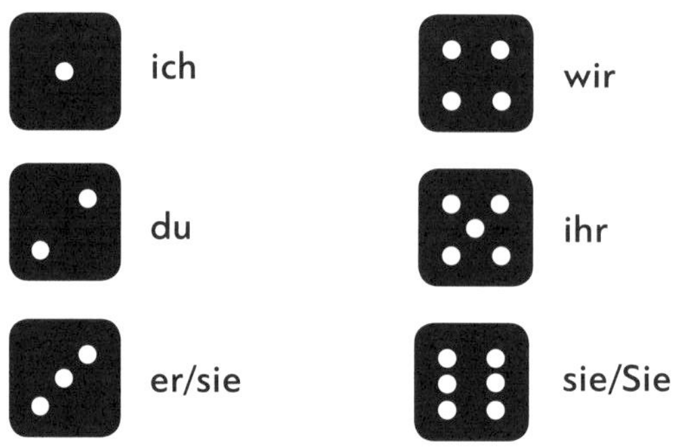

Imperativ-Kartenspiel

! 	leise sein	einen Kaffee holen	! 
warten	! 	! 	pünktlich sein
jetzt gehen	! 	! 	sehen: da vorne
! 	langsam fahren	den Text lesen	! 
zuhören	! 	! 	eine Cola mitbringen

Ergänzen Sie *müssen* und *dürfen* in der richtigen Form.

Viel „müssen“ – wenig „dürfen“

Wie ist das bei Ihnen? .... (1) Sie auch so viel und .... (2) Sie auch so wenig?

Ich .... (3) von Montag bis Freitag jeden Morgen um sechs Uhr aufstehen. Ich .... (4) schnell frühstücken. Dann nehme ich den Bus um Viertel vor sieben.

Um halb acht .... (5) ich im Büro sein. Ich arbeite bis zwölf. Dann .... (6) ich eine halbe Stunde Mittagspause machen. Von halb eins bis vier arbeite ich wieder. Dann .... (7) ich den Bus um fünf nach vier nehmen. Auf dem Heimweg gehe ich noch schnell einkaufen, dann .... (8) ich kochen und die Wohnung ein bisschen sauber machen.

Um acht Uhr .... (9) ich endlich entspannen. Um elf Uhr gehe ich dann aber schon wieder ins Bett.

Ich .... (10) einfach meine sieben Stunden Schlaf haben. Na, zum Glück gibt es die Wochenenden.

Da .... (11) ich nicht so viel und .... (12) viel mehr. Juhu!

Lösung: 1 Müssen, 2 dürfen, 3–5 muss, 6 darf, 7+8 muss, 9 darf, 10+11 muss, 12 darf

Unsere Augen sind so blau.

Ioanna: Was? So spät schon? Oje! Die S-Bahn fährt nicht mehr. 1

Lara: Komm, gehen wir zu Fuß! 1

Ioanna: Ein Nachtspaziergang? 1

Lara: Ja! Das ist doch toll! 1

Lara: Er hat immer so getanzt: „Küss die Hand, schöne Frau, deine Augen sind so blau …!" 2

Ioanna: Aaahh! 2

Lara: Ioanna! Was ist?! 2

Ioanna: Ooh, mein Auge! Mein Auge tut so weh! 2

Lara: Zeig mal! Oh je! Du Arme! Willst du zum Arzt gehen? 2

Ioanna: Nein, nein. Es geht sicher gleich wieder. 2

Lara: Komm! Ich weiß, wo wir hingehen. 2

Lara: Siehst du: die Krankenhaus-Notaufnahme hat Tag und Nacht geöffnet. Hier war ich schon mal mit Sofie und Lili. 3

Mitarbeiterin: Guten Abend! 3

Lara / Ioanna: Guten Abend! 3

Mitarbeiterin: Oje! Was ist denn hier passiert? 3

Lara: Meine Freundin hatte leider einen kleinen Unfall. Ihr Auge tut weh. 3

Mitarbeiterin: Da drüben im Wartebereich können Sie sich hinsetzen. Ihre Freundin soll bitte das Formular ausfüllen, ja? 3

Lara: Okay. 3

Ioanna: Du, sag mal: Sieht es wirklich so schlimm aus? 4

Lara: Ähm, warte! Da, sieh selbst! 4

Ioanna: Das ist nicht wahr, oder? 4

Doktor: Meinert, hallo! 4

Lara / Ioanna: Hallo! 4

Doktor: Na, das sieht ja schick aus! 4

Ioanna: Hahaha! Sehr witzig. 4

Doktor: Na, dann kommen Sie mal mit! 4

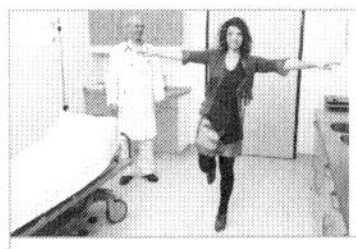

Doktor: Bitte machen Sie das Auge mal ganz weit auf. Wieder zu. Und nochmal auf. Können Sie ganz normal sehen? 5

Ioanna: Ja … 5

Doktor: Das ist gut. Stehen Sie auf und gehen Sie jetzt mal ein paar Schritte. So, stehen bleiben. Mal ein Bein hoch. Gut, jetzt das andere Bein hoch. Und jetzt: beide Beine hoch. Nein, Quatsch! 5

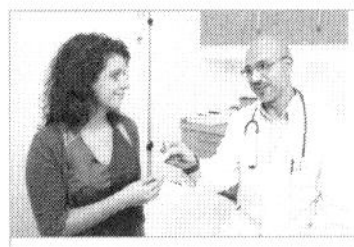

Doktor: Also, ich denke, das war Glück im Unglück: Sie haben ein blaues Auge, das ist alles. 6

Ioanna: Und was macht man da? 6

Doktor: Kühlen Sie das Auge. Und gehen Sie gleich ins Bett. Sie brauchen Ruhe. Haben Sie Schmerztabletten zu Hause? 6

Ioanna: Nein, ich glaube nicht. 6

Doktor: Da haben Sie schon mal zwei. 6

Ioanna: Danke … 6

Doktor: Also dann: Tschüs und gute Besserung. 6

Ioanna: Vielen Dank! Tschüs! 6

Ioanna: Lara, ich bin fertig! 7

Lara: Aha. Und was hat er gesagt? 7

Ioanna: Es ist nur ein blaues Auge. 7

Lara: Aha … 7

Ioanna: Das Auge sieht ja so schrecklich aus! Sag mal Lara, was machst du da eigentlich? 7

Lara: Na?! 7

Ioanna: Nein! Lara! 7

Lara: Was ist? Hast du was gegen Partnerlook? 7

Lara / Ioanna: „Gute Nacht schöne Frau, unsere Augen sind so blau!"- „Unsere Augen sind so blau – so blau – so blaublaublaublaublau!" 8

„Was tut Ihnen weh?“ / „Was tut dir weh?“

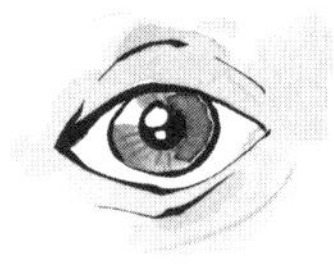 das Auge	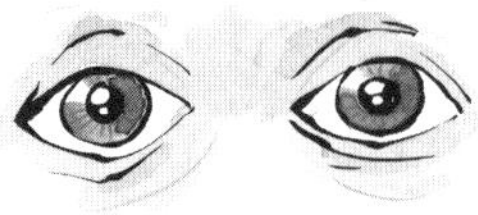 die Augen	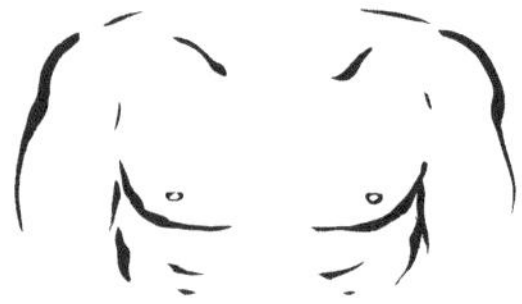 die Brust	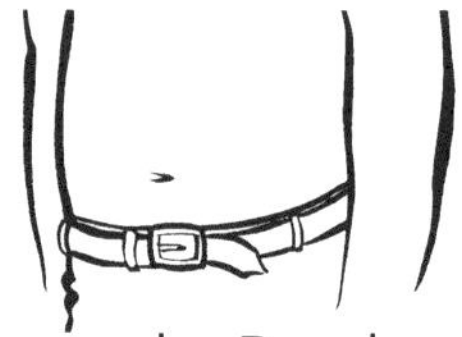 der Bauch
 der Fuß	 die Füße	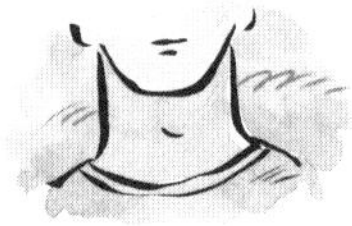 der Hals	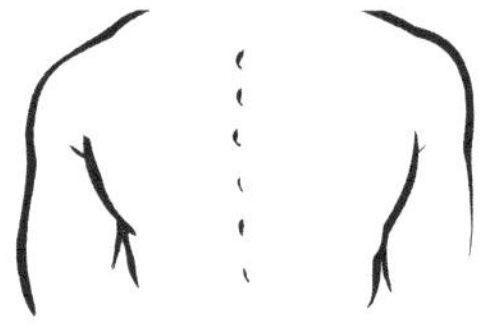 der Rücken
 die Hand	 die Hände	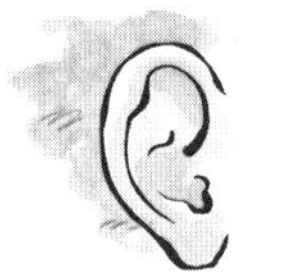 das Ohr	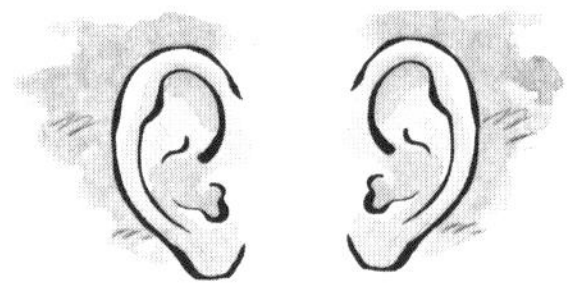 die Ohren
 der Kopf	 der Mund	 der Arm	 die Arme
 das Bein	 die Beine	 die Nase	 der Finger

Eine Krankmeldung
Schreiben Sie.

der Absender → ....

die Straße, die Hausnummer → ....

die Postleitzahl, der Ort → ....

der Empfänger → ....

die Straße, die Hausnummer → ....

die Postleitzahl, der Ort → ....

der Betreff → Krankmeldung / Kind krank

die Anrede → ....

der Text → ....

....

....

....

....

....

....

....

der Gruß → ....

die Unterschrift → ....

Termine machen

Arzttermin Rufen Sie beim Zahnarzt an. Sie wollen einen Termin für morgen Vormittag. Sie haben starke Schmerzen.	**Arzttermin** Sie arbeiten in einer Arztpraxis. Morgen Vormittag ist kein Termin mehr frei. Morgen Nachmittag und übermorgen Vormittag sind noch Termine frei.
Termin beim Vermieter Rufen Sie bei Herrn Meyer an. Sie haben die Wohnungsanzeige in der Zeitung gelesen und möchten die Wohnung sehen. Sie wollen einen Termin am Samstagvormittag.	**Termin beim Vermieter** Sie haben eine Wohnung und möchten sie vermieten. Am Samstag kommen viele Leute. Sie haben nur noch einen Termin um 16.15 Uhr frei.
Termin beim Kinderarzt Rufen Sie beim Kinderarzt an. Ihr Sohn hat hohes Fieber. Sie möchten sofort vorbeikommen.	**Termin beim Kinderarzt** Sie arbeiten beim Kinderarzt. Der Arzt ist noch nicht in der Praxis. Die Sprechstunde beginnt um 15 Uhr.
Termin bei der Agentur für Arbeit Rufen Sie bei der Agentur für Arbeit an. Sie möchten einen Termin für diese Woche. Sie suchen dringend Arbeit.	**Termin bei der Agentur für Arbeit** Sie arbeiten bei der Agentur für Arbeit. Sie haben diese Woche keinen Termin mehr frei. In zwei Wochen haben Sie noch freie Termine.
Termin beim Damenfriseur Sie rufen im Friseursalon an. Sie möchten einen Termin für Samstagvormittag. Ihre Freundin heiratet am Samstagnachmittag um 14.00 Uhr.	**Termin beim Damenfriseur** Sie sind Friseurin im Salon *Kopfputz*. Sie haben am Samstag nur noch einen Termin um 7.30 Uhr frei.

Alles im grünen Bereich

1

200 m

2

3

1400 m

4

5
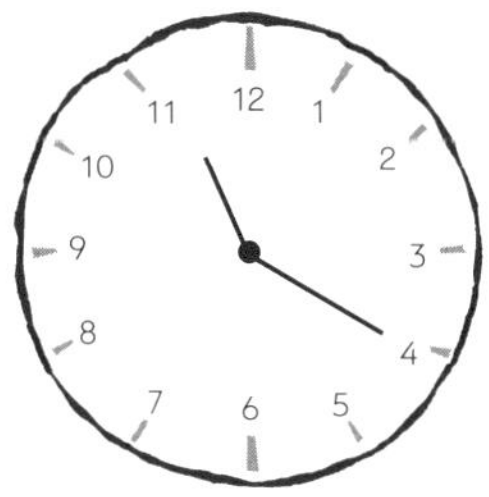

6

7

2400 m

8

9

10

11

12

13

100 m

14

Lösung: 1, 12, 2, 3, 9, 4, 6, 5, 7, 8, 14, 11, 13, 10

A

Sie suchen den Arzt, die Post, die Schule, das Café, das Museum und den Supermarkt.

Fragen Sie Ihre Partnerin / Ihren Partner: „Wo ist ...?"
Auch Ihre Partnerin / Ihr Partner sucht etwas und fragt Sie.
Antworten Sie: „Zwischen/Neben/Vor/Hinter/ ..."

„Wo ist das Café?"

„Wo ist die Bank?"

Sie suchen den Friseur, die Bank, die Apotheke, das Hotel, den Bahnhof und das Krankenhaus.

Fragen Sie Ihre Partnerin / Ihren Partner: „Wo ist ...?"
Auch Ihre Partnerin / Ihr Partner sucht etwas und fragt Sie.
Antworten Sie: „Zwischen/Neben/Vor/Hinter/ ..."

„Wo ist die Bank?"

„Wo ist das Café?"

B

Mit dem Taxi zur Apotheke

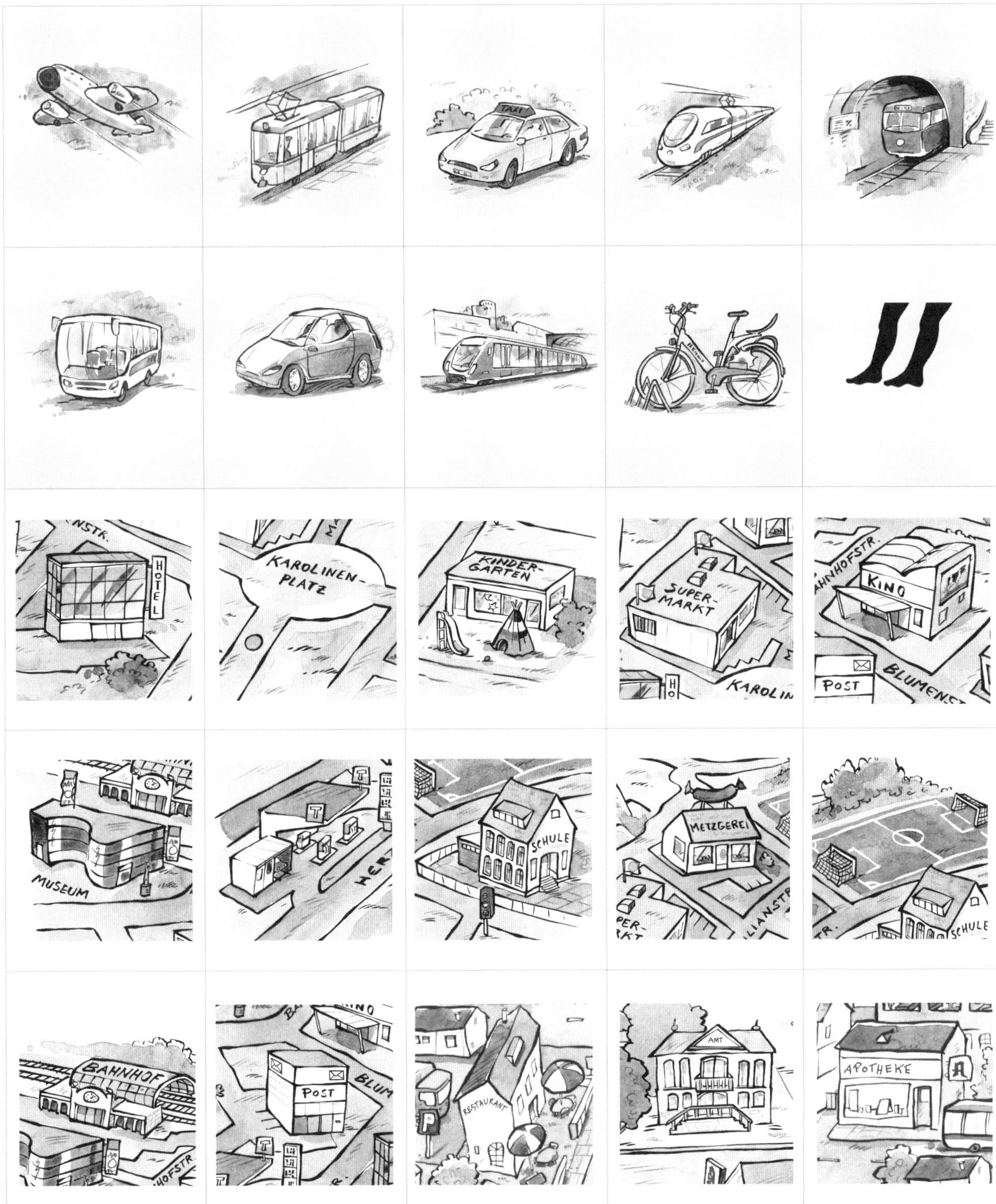

Verkehr und Verkehrsmittel

Sehen Sie den Film. Was ist richtig? Kreuzen Sie an.

		richtig
a	In Deutschland gibt es sehr viele Autos und Straßen.	
b	Auf Autobahnen kann man manchmal so schnell fahren, wie man möchte.	
c	Von den Vororten in die Stadt kann man nur mit dem Zug fahren.	
d	U-Bahnen fahren schnell von einem Teil der Stadt in den nächsten.	
e	Straßenbahnen halten nicht so oft.	
f	Straßenbahnen sind schneller als U-Bahnen.	
g	Haltestellen sehen in allen Städten gleich aus.	
h	Staus sind immer gleich.	

Lösung: richtig: a, b, d, h

Ⓐ *Warte, ich helfe dir.*

Ⓑ *Die Tasche ist ja schon kaputt.*

Ⓒ *Ich habe keine Tasche mehr.*

Ⓓ *Würden Sie mir bitte eine Plastiktüte geben?*

Ⓔ *Die Tasche habe ich vor einer Woche hier bei Ihrem Kollegen gekauft.*

Ⓕ *Oh nein!*

Ⓖ *So lange kann ich nicht warten.*

Ⓗ *Das gehört bei uns natürlich zum Service.*

Ⓘ *Sonderangebot? Wo steht denn das?*

Ⓙ *Gleich nach dem Kurs gehe ich hin.*

Ⓚ *Die Tasche habe ich ja noch nie gesehen.*

Ⓛ *Ich habe sie vor ein paar Tagen gekauft.*

Ⓜ *Die Tasche war doch ein Sonderangebot.*

Ⓝ *Was kann ich denn für Sie tun?*

Ⓞ *Sie bekommen die Tasche in etwa vier bis sechs Wochen zurück.*

Lösung: Foto 1: K, L; Foto 2: B, F; Foto 3: A, J; Foto 4: O, E; Foto 5: M, I; Foto 6: P, G; Foto 7: D, H; Foto 8: C

Ihr Tag

Was machen Sie wann? Sprechen Sie.

Frühstück	Mittagessen	Konzert (~~bei~~)	Deutschkurs	Sport	Schule (~~bei~~)
Training					Arbeit
Pause (~~bei~~)					Mittagessen
Film (im Kino)					Reise (~~bei~~)
Abendessen					Film im Fernsehen
Ausflug	Arbeit	Nachrichten im Fernsehen	Abendessen	Hausaufgaben	Frühstück

 **bei**
 **vor**
 **nach**
 **bei**
 **nach**
 **vor**

(~~bei~~) = Hier kann man *bei* nicht verwenden.

Auf-zu-an-aus-Domino

Variante A**

das Fenster zumachen	warm	die Tür aufmachen	dunkel
das Licht anmachen	hell	den Vorhang zumachen	laut
das Radio ausmachen	leise	den Fernseher laut machen	hell
das Licht ausmachen	dunkel	das Licht anmachen	kalt
die Heizung anmachen	warm	das Fenster aufmachen	kalt

Variante B ***

das Fenster	warm	die Tür	dunkel
das Licht	hell	den Vorhang	laut
das Radio	leise	den Fernseher	hell
das Licht	dunkel	das Licht	kalt
die Heizung	warm	das Fenster	kalt

Sie haben bei *TV Royal* einen Fernseher Modell Rotpunkt 4000 gekauft. Er ist erst sechs Monate alt, funktioniert aber nicht mehr. Rufen Sie beim Kundendienst an.	Sie haben im *Computerland* letzte Woche einen Drucker Modell XL 610 gekauft. Seit gestern druckt er nicht mehr. Rufen Sie im Geschäft an.
Sie haben im *Computerland* einen Laptop Modell Saladin 710 gekauft. Er ist erst ein Jahr alt, aber seit gestern geht er nicht mehr. Rufen Sie bei der Computer-Hotline an.	Sie haben vor zwei Monaten bei *Venusstar* einen Kühlschrank Modell XP 3000 gekauft. Seit ein paar Tagen funktioniert er nicht mehr gut. Er ist nicht kalt. Rufen Sie beim Kundenservice an.
Sie haben gestern bei *Vodex* ein neues Smartphone Modell SL 510 gekauft, aber es funktioniert nicht. Rufen Sie im Laden an.	Sie haben bei der Firma *Laufrad* ein Elektrofahrrad gekauft. Es ist erst zwei Monate alt, aber der Akku ist schon nach 10 km leer. Rufen Sie im Geschäft an.
Sie haben vor vier Monaten bei *Meckermann* eine neue Waschmaschine Modell Hansomat 1200 gekauft. Seit ein paar Tagen wäscht sie nicht mehr richtig. Die Wäsche bleibt schmutzig. Rufen Sie beim Kundendienst an.	Sie haben vor ein paar Tagen eine Kaffeemaschine Typ Express 400 bei *Consum* gekauft. Seit heute morgen funktioniert sie nicht mehr. Das Wasser bleibt kalt. Rufen Sie im Warenhaus an.
Sie haben vor einem Jahr beim Autohaus *Autofix* ein gebrauchtes Auto Modell Vectra SL gekauft. Seit einer Woche fährt es nicht mehr. Rufen Sie in der Werkstatt an.	Sie haben vor ein paar Wochen ein neues Smartphone bei *Teleroma* gekauft. Im Urlaub konnten Sie keine Fotos machen. Rufen Sie im Laden an.
Sie haben vor drei Monaten bei *Medial* einen Wasserkocher gekauft. Jetzt funktioniert er nicht mehr. Rufen Sie beim Kundendienst an.	Sie haben gestern bei *Elektro Felix* einen Herd gekauft. Er wird nicht richtig warm. Rufen Sie im Geschäft an.

Was wissen Sie über Deutschland, Österreich und die Schweiz?

Lösen Sie das Quiz? Kreuzen Sie an.

a Der Bodensee ist ...
○ 500 Meter lang und hat 60 Quadratkilometer.
○ 60 Kilometer lang und hat 500 Quadratkilometer.

b Der Bodensee gehört zu ... deutschsprachigen Ländern.
○ drei ○ zwei

c Die Uckermark und die Mecklenburgische Seenplatte sind ... im Nordosten von Deutschland.
○ Landschaften ○ Städte ○ Strände

d Die Uckermark liegt im Bundesland ... .
○ Mecklenburg-Vorpommern
○ Brandenburg
○ Hamburg

e Die Mecklenburgische Seenplatte, das sind ... .
○ viele kleine und große Seen
○ viele große und flache Seen

f Das Matterhorn liegt ... .
○ im Kanton Schweiz ○ im Kanton Wallis

g Das Matterhorn ist der ... Berg in den Alpen.
○ siebthöchste
○ zwölfthöchste
○ dritthöchste

h Sankt Peter-Ording liegt ...
○ am Meer im Norden von Deutschland.
○ am Meer im Osten von Deutschland.

i Es ist ein kleiner Ort mit ...
○ meterlangen weißen Stränden.
○ sehr langen Sandstränden.

j Johann Wolfgang von Goethe ist in ... geboren.
○ Frankfurt am Main ○ Weimar

k Frankfurt am Main ist die ... Stadt in Deutschland.
○ fünftgrößte ○ viertgrößte

l Weimar liegt im ... Thüringen.
○ Bundesstaat ○ Bundesland

m Linz ist die Hauptstadt ... .
○ von Österreich ○ von Oberösterreich.

n Linz ist ... .
○ ein Zentrum für Naturfreunde.
○ ein Zentrum für Kunst und Musik.

o Im Waldviertel zwischen Linz und Wien ... .
○ haben die alten Leute viel Zeit.
○ ist es sehr ruhig und schön.

p In Essen kann man interessante alte ... besichtigen.
○ Schlösser ○ Fabriken ○ Kirchen

q Heidelberg hat eine ... Universität.
○ frühere ○ alte

r Schwetzingen hat eine ... Moschee.
○ neue ○ modische ○ alte

Lösung: a 1; b 1; c 1; d 1; e 1; f 2; g 1; h 1; i 1; j 1; k 1; l 2; m 2; n 2; o 2; p 2; q 2; r 3

Reise durch Deutschland, Österreich und die Schweiz

Sehen Sie die Karte im Kursbuch Seite 152 an und ergänzen Sie die Orte.

Diese Moschee steht im deutschen Bundesland Baden-Württemberg im Schlosspark von ……………………………… Sie wurde in den Jahren von 1778 bis 1795 gebaut.
……………………………… liegt im Westen Deutschlands im Bundesland Nordrhein-Westfalen. Die Stadt hat mehr als eine halbe Millionen Einwohner. Im 19. und 20. Jahrhundert war hier im Ruhrgebiet das wichtigste Zentrum der deutschen Kohle und Stahlindustrie. Viele Industriebauwerke gibt es noch und man kann sie besichtigen.
Der ……………………………… ist über sechzig Kilometer lang und ungefähr fünfhundert Quadratkilometer groß. Er gehört zu allen drei großen deutschsprachigen Ländern. Zu Österreich, zu Deutschland und zur Schweiz.
Im nördlichsten deutschen Bundesland, in Schleswig-Holstein, laden Strandkörbe zum Baden in der ……………………………… ein. Zum Beispiel in der Nähe des kleinen Ortes Sankt Peter-Ording. Hier gibt es kilometerlange weiße Sandstrände. Wer möchte, kann wandern oder mit dem Rad fahren.
Zwischen Linz und Wien liegt das niederösterreichische ……………………………… . In dieser schönen Landschaft findet man viel Ruhe und so manche Erinnerung an die gute alte Zeit.
Mit 190.000 Einwohnern ist ……………………………… die drittgrößte Stadt in Österreich und die Hauptstadt des Bundeslands Oberösterreich.
Mit 4.478 Metern ist er zwar nur der siebthöchste Berg in den Schweizer Alpen, aber für viele Menschen ist das ……………………………… einer der schönsten Berge der Welt.
Der berühmteste Dichter Deutschlands Johann Wolfgang von Goethe kommt aus ……………………………… . Er ist hier 1749 geboren. Heute ist sie die fünftgrößte deutsche Stadt und einer der wichtigsten Bankenplätze in Europa.
Die ……………………………… ist auch eine wunderschöne Landschaft im Nordosten von Deutschland. Sie liegt mit ihren vielen kleinen und großen Seen im Bundesland Mecklenburg-Vorpommern.
Am östlichen Ende des Bodensees sehen wir unten die Stadt ………………………………, die zum Teil auf einer Insel liegt.
Die ……………………………… ist eine wunderschöne Landschaft im Nordosten von Deutschland. Sie liegt im Bundesland Brandenburg.
……………………………… ist eine alte Universitätsstadt. Hier gibt es viele Gassen und schöne Plätze. Man kann wunderbar spazieren gehen und sehen, wie es in Deutschland früher mal war.
……………………………… ist sehr bekannt. Es ist die Stadt der deutschen Klassik. Unsere wichtigsten klassischen Schriftsteller Goethe und Schiller haben beide hier gelebt.

Lösung: von oben nach unten: Schwetzingen, Essen, Bodensee, Nordsee, Waldviertel, Linz, Matterhorn, Frankfurt am Main, Mecklenburgische Seenplatte, Lindau, Uckermark, Heidelberg, Weimar

die Jacke  die Jacken	der Sportschuh  die Sportschuhe	die Sonnenbrille  die Sonnenbrillen	die Jeans  die Jeans
der Rock  die Röcke	der Damenschuh  die Damenschuhe	das Kleid  die Kleider	der Gürtel 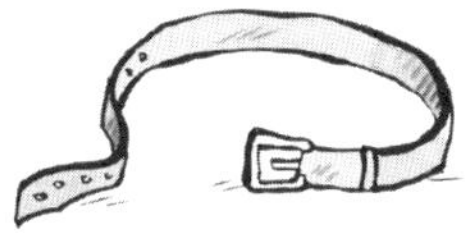 die Gürtel
der Pullover 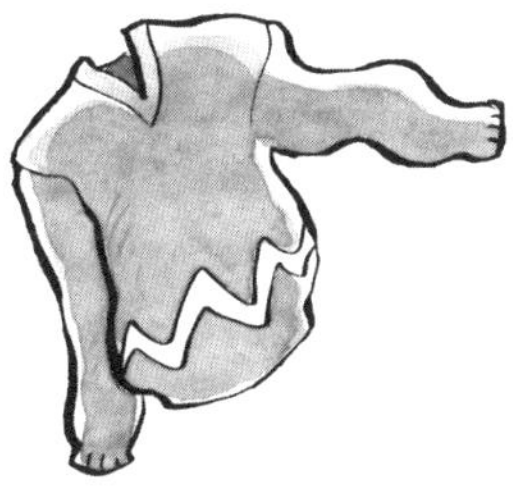 die Pullover	der Mantel  die Mäntel	das T-Shirt  die T-Shirts	die Socke / der Strumpf 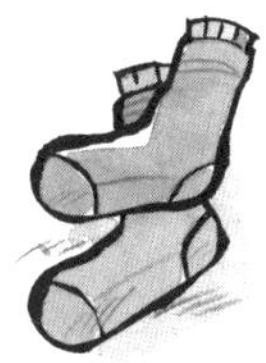 die Socken / die Strümpfe
die Hose  die Hosen	die Bluse  die Blusen	der Stiefel  die Stiefel	das Tuch  die Tücher

Film	Hobby	Stadt	Restaurant/ Café
Sport	Super- markt	Musik	Getränk
Eis	Platz in der Stadt	Obst	Spiel
Jahreszeit	Fußball- verein	Wetter	Schau- spielerin

Schneiden Sie die Figuren aus und „ziehen“ Sie die Figuren „an“.

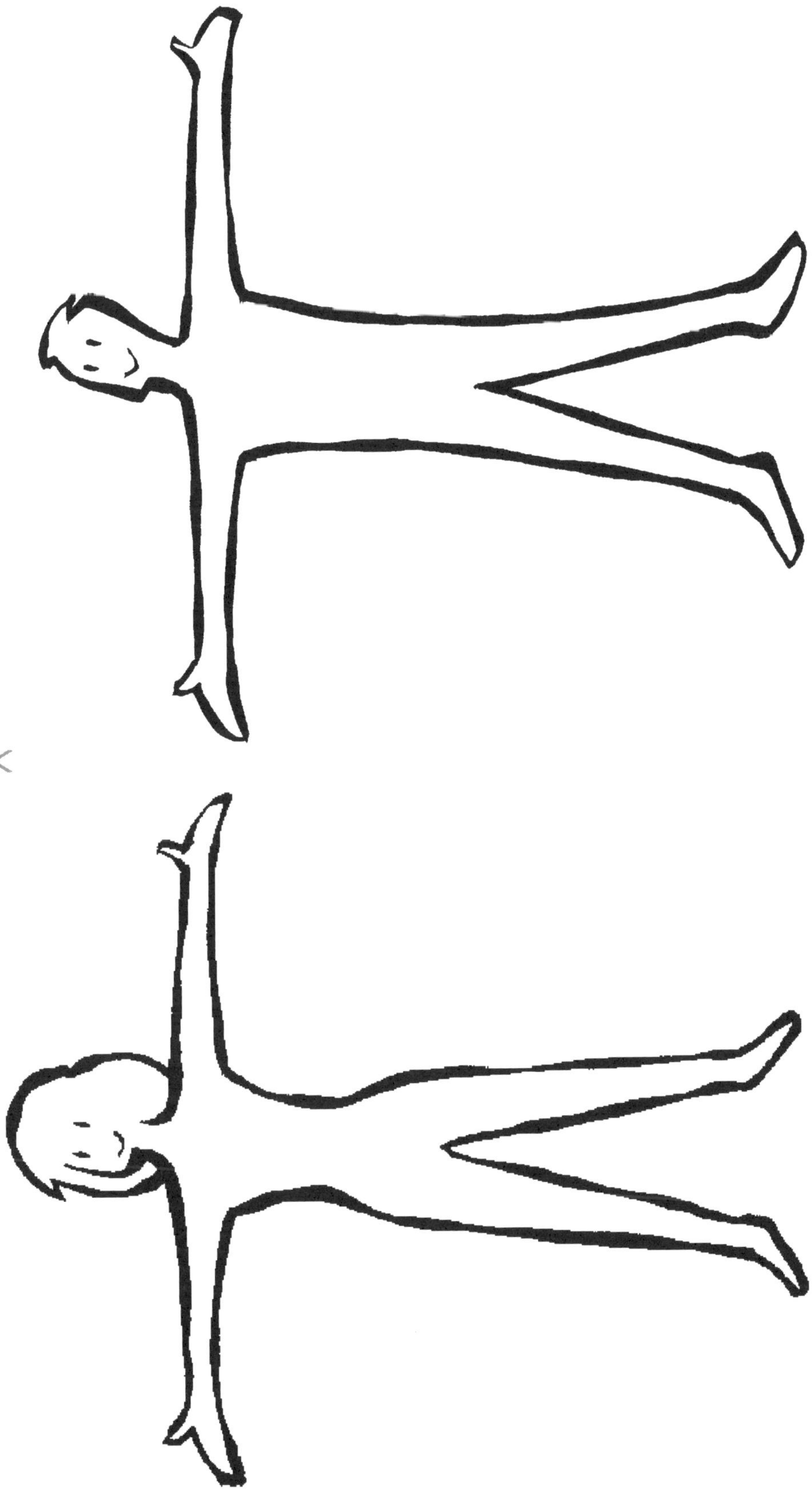

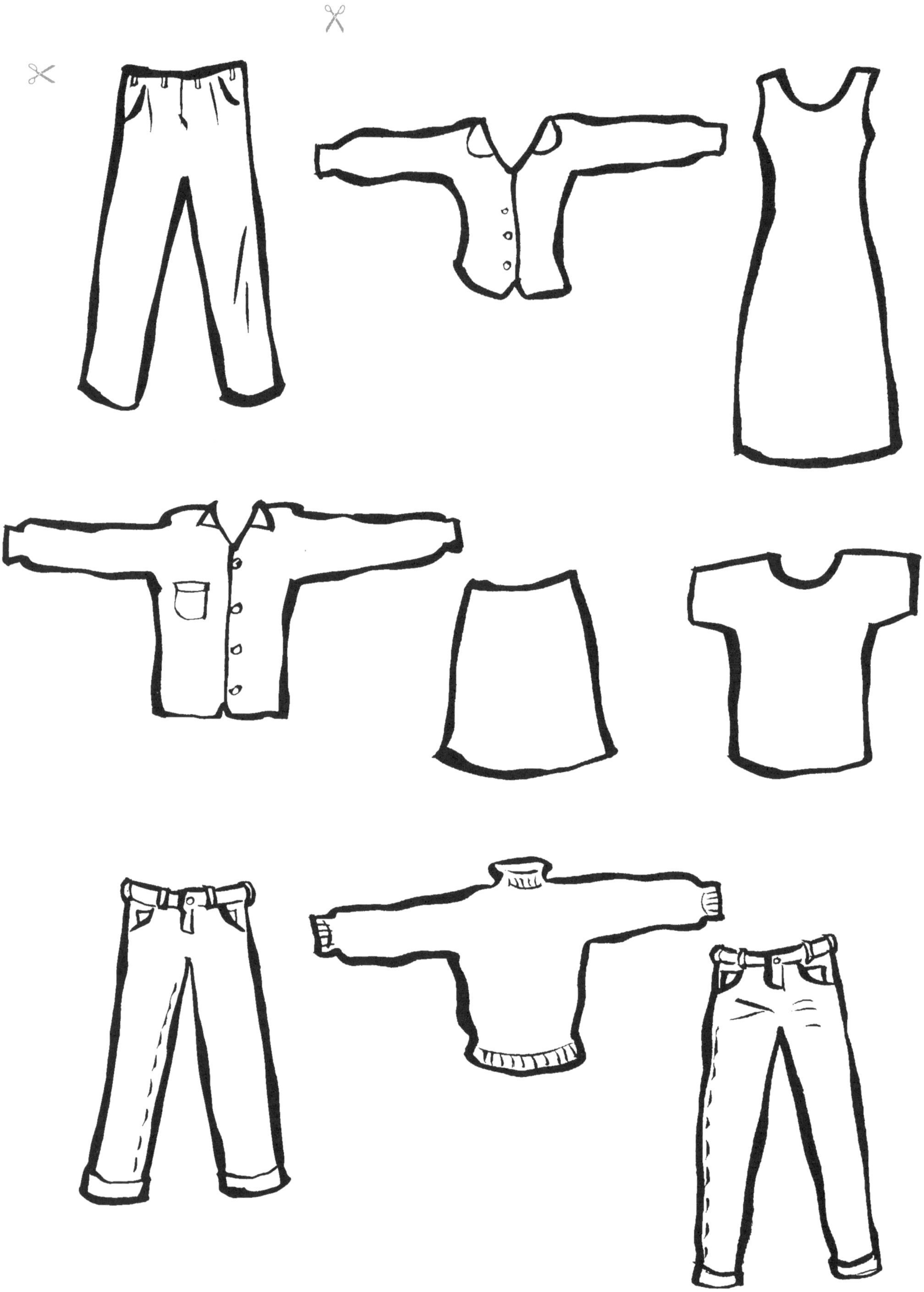

Ende gut, alles gut

noch einen Deutschkurs machen
meine Eltern in ... besuchen
Urlaub machen
nach ... reisen
meine Schwester in ... besuchen
einen Job suchen
eine Wohnung suchen
umziehen
eine Pause machen
Freunde in ... besuchen
zurück nach ... fahren und studieren
eine Ausbildung als ... machen
ein Praktikum bei/in ... machen
heiraten
eine Prüfung machen
eine Arbeit suchen

Domino

Am 2.6. heiraten Marianne und Klaus. 	*Am dritten April* habe ich Geburtstag.	*Am 3.4.* habe ich Geburtstag. 	*Vom ersten bis fünften Juni* ist kein Unterricht.
Vom 1.–5.6. ist kein Unterricht.	Morgen ist *der zwanzigste April.*	Morgen ist *der 20.4.*	*Am vierzehnten Februar* ist Valentinstag.
Am 14.2. ist Valentinstag. 	*Vom zwölften bis siebzehnten Februar* feiern wir Karneval.	*Vom 12.–17.2.* feiern wir Karneval. 	*Der erste Mai* ist in Deutschland ein Feiertag.
Der 1.5. ist in Deutschland ein Feiertag. 	Ich habe *am vierten März* Geburtstag.	Ich habe *am 4.3.* Geburtstag. 	*Vom fünfzehnten Juli bis dreißigsten August* haben wir Ferien.
Vom 15.7.–30.8. haben wir Ferien. 	Gestern war *der achte November.*	Gestern war *der 8.11.*	*Am ersten Januar* arbeitet man in Deutschland nicht.
Am 1.1. arbeitet man in Deutschland nicht. 	Morgen ist *der achtzehnte Juni.*	Morgen ist *der 18.6.*	*Vom vierundzwanzigsten bis sechsundzwanzigsten* Dezember ist Weihnachten.
Vom 24.–26.12. ist Weihnachten. 	*Der dritte Oktober* ist in Deutschland Nationalfeiertag.	*Der 3.10.* ist in Deutschland Nationalfeiertag. 	Am *einunddreißigsten Dezember* ist Silvester.
Am 31.12. ist Silvester. 	*Am sechsten Dezember* ist Nikolaus.	*Am 6.12.* ist Nikolaus.	*Am zweiten Juni* heiraten Marianne und Klaus.

Clown © fotolia/Patrick Hermans

Memo-Spiel

 das Feuerwerk	Silvester / Neujahr	 der Weihnachtsbaum	Weihnachten
 die Ostereier	Ostern	 die Eheringe	die Hochzeit
 die Blumen	Valentinstag	 der Clown	Karneval
 die Geburtstagstorte	der Geburtstag	 das Plakat	der 1. Mai (Tag der Arbeit)

Lektion 8, Wiederholung: Der große Preis

Seite/Aufgabe	Material	Aufbau
	KV L8/Wiederholung	Vergrößern Sie die Kärtchen. Schneiden Sie dann die Kärtchen aus und übertragen Sie die kleine Ziffer in der rechten Ecke groß auf die Rückseite der Kärtchen (z. B. Thema „Berufe" = A, d. h. die Kärtchen auf der Rückseite mit A1 bis A7 beschriften). Hängen Sie die Kärtchen so an die Tafel, dass „Berufe, Zeit, Arbeit" und die Nummern auf der Rückseite gut zu sehen sind. Die TN teilen sich in zwei Gruppen auf. Gruppe 1 beginnt. Ein TN von Gruppe 1 nennt eine Nummer (je niedriger, desto einfacher), z. B. A2. Nehmen Sie das Kärtchen von der Tafel ab und lesen Sie die Frage auf der Vorderseite vor. Die TN von Gruppe 1 lösen die Frage gemeinsam. Der TN, der die Karte ausgewählt hat, nennt die Lösung. Ist diese richtig, bekommt die Gruppe einen Punkt. Ist sie falsch, wird die Frage an Gruppe 2 weitergegeben, die dann die Möglichkeit bekommt, diese Frage zusätzlich zu ihrer eigenen nächsten Frage zu beantworten und damit in dieser Runde einen extra Punkt zu machen. Dann ist Gruppe 2 dran und nennt eine Nummer ihrer Wahl etc. Gewonnen hat die Gruppe mit den meisten Punkten.

Lektion 9, Wiederholung: Rösselsprung

Seite/Aufgabe	Material	Aufbau
	KV L9/Wiederholung	Jedes Paar erhält den Spielplan der Kopiervorlage und ca. 20 Streichhölzer. Als Spielfiguren dienen Münzen. Der Spielplan liegt zwischen den beiden TN. Die TN sitzen nebeneinander. Der linke Spieler legt seine Münze auf eines der vier Felder am linken Rand, der rechte Spieler legt seine Münze auf ein Feld rechts. Der erste TN zieht seine Münze in der Art des Pferdes beim Schach (Rösselsprung), also ein Feld vor und zwei zur Seite oder zwei zur Seite und ein Feld vor. Er bearbeitet die Aufgabe auf dem Feld. Dann zieht der andere TN und beantwortet die Aufgabe auf dem Feld. Nun zieht der erste TN seine Münze weiter. Auf das Feld, das er verlassen hat, legt er ein Streichholz. Es darf nicht mehr betreten werden. Er beantwortet die Frage auf dem neuen Feld etc. Verloren hat der TN, der seine Figur nicht mehr auf ein freies Feld ziehen kann.

Lektion 10, Wiederholung: Quiz

Seite/Aufgabe	Material	Aufbau
	KV L10/Wiederholung	Kopieren Sie die Kopiervorlage mehrmals auf festes Papier, schneiden Sie die Kärtchen aus und verteilen Sie die Kartensätze an Kleingruppen von 3–4 TN. Die TN ziehen reihum eine Karte, lesen die Aufgabenstellung vor und versuchen, sie zu lösen. Sind die Mitspieler mit der Lösung einverstanden, darf sie/er die Karte behalten. Wenn nicht, legt sie/er die Karte wieder unter den Stapel; die Karte kann später noch einmal gezogen werden. Das Spiel ist zu Ende, wenn alle Karten gezogen wurden. Wer die meisten Karten hat, also die meisten Aufgaben richtig gelöst hat, hat gewonnen.

Lektion 11, Wiederholung: Frage und Antwort

Seite/Aufgabe	Material	Aufbau
	KV L11/Wiederholung, Spielfiguren, Münzen	Die TN erhalten in Kleingruppen je einen Spielplan der Kopiervorlage, Spielfiguren und ein Geldstück. Die Spielfiguren stehen auf dem Startfeld. Der erste TN wirft das Geldstück hoch, bei „Zahl" geht er ein Feld weiter, bei „Kopf" darf er zwei Felder vorrücken. Ist ein Feld besetzt, zieht der TN seine Spielfigur auf das nächste freie Feld. Der TN löst die Aufgabe auf dem Feld. Gewonnen hat, wer als Erster das Ziel erreicht.

		Tipp: Sammeln Sie die zerschnittenen Kopiervorlagen jeweils in Umschlägen und beschriften Sie diese mit „Wiederholung Lektion 1". Dazu können Sie einen Schuhkarton besorgen, der immer im Kursraum für die TN zum Üben bereitsteht. Die TN können dann auch allein in den Pausen oder vor dem Unterricht damit üben. Sie können aber auch später, wenn die Wiederholungen mehrerer Lektionen im Karton sind, den TN regelmäßig etwas Zeit einräumen, in der die TN die Wiederholungen „alter" Lektionen noch einmal bearbeiten.

Lektion 12, Wiederholung: Kreisspiel

Seite/Aufgabe	Material	Aufbau
	KV L12/Wiederholung, Spielfiguren, Münzen	Schneiden Sie die Fragekärtchen der Kopiervorlage ohne die Lösungen aus. Jeder TN erhält ein Kärtchen. Die TN stehen auf und finden sich paarweise zusammen. Die TN befragen sich gegenseitig und korrigieren ggf. die Antworten. Dann tauschen sie die Kärtchen und suchen sich neue Partner. *Tipp:* Für eine spätere Wiederholung können Sie die Kärtchen auch vergrößern und im Kursraum aufhängen. Die TN gehen zu zweit von Kärtchen zu Kärtchen und lösen die Aufgaben. Das Spiel wird abwechslungsreicher, wenn Sie die Kärtchen auch mal unter den Tisch, auf den Boden, hinter den Vorhang etc. kleben. Wenn Sie gezielt nur einige Aufgaben wiederholen wollen, sortieren Sie die entsprechenden Karten aus.

Lektion 13, Wiederholung: Würfelspiel

Seite/Aufgabe	Material	Aufbau
	KV L13/Wiederholung, Spielfiguren, Würfel	Die TN spielen zu dritt oder zu viert. Jeder TN setzt seine Spielfigur auf das Startfeld. Alle würfeln einmal. Wer zuerst eine 6 würfelt, fängt hat. Sie/Er würfelt noch einmal und geht so viele Felder im Uhrzeigersinn, wie der Würfel Augen zeigt. Sein Nachbar zur Linken liest die Aufgabe laut vor. Kann der Spieler die Aufgabe lösen, darf er ein Feld vorrücken. Ist die Antwort falsch, muss er ein Feld zurückgehen. Jetzt ist der nächste Spieler dran. Gewonnen hat, wer zuerst direkt wieder auf dem Start- und Zielfeld landet. Würfelt man vorbei, muss man eine weitere Runde gehen.

Lektion 14, Wiederholung: Feste-Bingo

Seite/Aufgabe	Material	Aufbau
	KV L14/Wiederholung	Jede Kleingruppe (5 TN) erhält ein Spielbrett. Die TN spielen in zwei Teams zu je 2 Spielern und einem Spielleiter. Jedes Team erhält einen andersfarbigen Stift. Team A beginnt und nennt die Koordinaten der gewünschten Frage, z. B. C3. Der Spielleiter liest die Frage laut vor. Der Spielleiter entscheidet mithilfe der Lösung, ob das Team die Frage richtig beantwortet hat. Wenn ja, darf das Team das Feld mit seiner Farbe markieren. Kann es die Frage nicht beantworten, bleibt das Feld frei. Dann ist Team B dran, nennt die gewünschten Koordinaten etc. Ziel des Spiels ist es, 3 Felder horizontal, diagonal oder vertikal hintereinander in der Teamfarbe zu markieren. Das Team, dem das zuerst gelingt, ruft „Bingo!" und hat gewonnen. *Variante:* Wenn Ihre TN gerne weiterspielen wollen, können die Teams so lange spielen, bis es keine Möglichkeiten mehr für neue Dreierreihen gibt. Dann hat das Team gewonnen, das die meisten Dreierreihen markieren konnte.

A Berufe

B Zeit

C Arbeit

A1

Nennen Sie drei Berufe.

A2

Nennen Sie drei Berufe mit „K“.

Kellner, Krankenpfleger, Koch

A3

Nennen Sie bei drei Berufen die männliche und die weibliche Form.

A4

Ich habe zurzeit keine Arbeit, ich bin ....

arbeitslos

A5

Ergänzen Sie:
Ich arbeite .... *Söhnke & Co.*
Ich arbeite .... Verkäuferin.

bei, als

A6

Ich habe einen eigenen Laden / eine eigene Firma. Ich bin ....

selbstständig

A7

Ich lerne gerade einen Beruf. Ich mache eine ....

Ausbildung

B1

Antworten Sie: Wann sind Sie nach Deutschland gekommen?

Vor einem Jahr / fünf Monaten.

B2

Antworten Sie: Seit wann leben Sie hier?

Seit drei Jahren. Seit … (Zeitangabe)

B3

Wie ist die Frage zur Antwort:
„Ich bin in Sofia geboren."

Wo sind Sie geboren?

B4

Ergänzen Sie:
Heute bin ich glücklich. Heute habe ich eine neue Wohnung. Vor zwei Jahren ________ ich nicht sehr glücklich. Ich ________ keine Wohnung.

war, hatte

B5

Wie heißt der Satz?
Letzten Sommer ________ wir mit dem Auto nach München ________ .
Es ________ sehr schön.

sind … gefahren, war

B6

Wann sind Sie geboren? Nennen Sie nur das Jahr!

Im Jahr …

B7

Wie lange lernen Sie schon Deutsch?

Seit … Wochen/Monaten/Jahren; Seit … (Zeitangabe)

C1

Ich arbeite von 8 Uhr bis 16 Uhr.
Das ist meine ________ .

Arbeitszeit

C2

Erklären Sie: Was bedeutet „Ich arbeite in Teilzeit."?

Man arbeitet weniger als 40 Stunden, z. B. 20 oder 30 Stunden.

C3

Sie suchen eine neue Arbeit. Wie können Sie eine Arbeit finden? Was tun Sie?

ein Inserat aufgeben; in der Zeitung / im Internet die Stellenanzeigen lesen

C4

Sie suchen eine Stelle als Putzhilfe.
Was möchten Sie wissen? (zwei Fragen, bitte)

Wie lange ist die Arbeitszeit? Wie hoch ist der Verdienst?
Wo ist die Firma?

C5

Sie haben in der Zeitung ein Inserat gelesen. Die Bäckerei „Kaiser" sucht eine Putzhilfe. Sie möchten die Stelle gern bekommen. Rufen Sie an. Ihre Kursleiterin / Ihr Kursleiter ist Frau/Herr Kaiser.

z. B.: Ist die Stelle noch frei? Wie ist der Verdienst pro Stunde? Wie sind die Arbeitszeiten? etc.

C6

Sie haben eine Anzeige im Internet gelesen. Der Supermarkt „Poldi" sucht eine Aushilfe. Rufen Sie an und stellen Sie drei Fragen. Ihre Kursleiterin / Ihr Kursleiter arbeitet im Büro von „Poldi".

z. B.: Ist die Stelle noch frei? Wie ist der Verdienst pro Stunde? Wie sind die Arbeitszeiten? etc.

C7

Sie suchen eine Arbeit. Wann möchten Sie arbeiten?

z. B. Ich möchte nur am Wochenende arbeiten. / Ich möchte jeden Tag für zwei Stunden arbeiten.

Pikto Rad © fotolia/sunt; Eis © Thinkstock/iStock/EdnaM

Erzählen Sie: Was müssen Sie heute noch tun? Zuerst …	Wie heißen die Formen? ich **helfe** wir … du … ihr … er/sie/es … sie/Sie …	Auf dem Amt: Sie verstehen „weiblich“ nicht. Was sagen Sie?	Ihre Tochter geht ins Bett. Was sagen Sie? „Gute Nacht. …!“ (*gut schlafen*)	Was bedeutet das Schild? 
Erzählen Sie. Was dürfen Sie im Deutschkurs nicht machen?	Sie möchten eine Fahrkarte kaufen. Sie verstehen den Fahrkartenautomaten aber nicht. Was sagen Sie?	Ergänzen Sie: „K_nn_n Sie _ _ _ bitte w_ _d_ _h_ _ _n?“	Sie möchten etwas im Radio hören. Ihre Freundin spricht gerade. Was sagen Sie?	Bei der Autovermietung: Sie haben ein Wort nicht verstanden. Was sagen Sie?
Sie sehen etwas Tolles und wollen es Ihrem Sohn zeigen. Was sagen Sie? 	Ihre Kinder sind sehr laut. Was sagen Sie?	Was bedeutet das Schild? 	Erzählen Sie. Was müssen Sie im Deutschkurs machen?	Wie heißen die Formen? ich … wir **dürfen** du … ihr … er/sie/es … sie/Sie …
Der Mitarbeiter auf dem Amt spricht sehr leise. Was sagen Sie?	Wie heißt das Wort? Fa _ _ l _ _ nst _ _d Können Sie es erklären? *Tipp:* Es steht auf vielen Formularen.	Erzählen Sie: Wie kauft man eine Fahrkarte? Zuerst …	Auf dem Amt: Sie verstehen „Angehörige“ nicht. Was sagen Sie?	Ergänzen Sie: „Das habe ich nicht verstanden. Ich _ _ _ _ _ _ _ noch _ _ _ _ _ so _ _ _ Deutsch.“

Schritt für Schritt in Alltag und Beruf 2 | Lehrerhandbuch | 978-3-19-081087-1 | © Hueber Verlag 2020

Wie heißt Ihre Mutter mit Vornamen?
→ .... Mutter heißt ....

Wie alt ist Ihr Vater?
→ .... Vater ist .... Jahre alt.

Wie heißt unsere Lehrerin / unser Lehrer mit Familiennamen?
→ .... Nachname ist ....

Mein Mann hat Kopfschmerzen. Was soll er tun?
→ Er ....

Wie geht's weiter?
→ ich *soll*, du *sollst*, er/es/sie ...., wir ...., ihr .... , sie .... , Sie ....

Arzt: „Machen Sie viel Sport!“
Was *sollst* du machen?
→ Ich ....

Herr Bader hatte einen Unfall.
.... Fuß ist ganz dick.

Frau Maier hatte einen Unfall.
.... Hand ist ganz dick.

Der Lehrer ist krank.
.... Kopf tut weh.

Sagen Sie es anders.
Herr Weise hat Halsschmerzen.
= .... Hals tut weh.

Nennen Sie zwei Körperteile mit „H“:
der H .... ,
die H ....

Sagen Sie es anders:
Ich habe Kopfschmerzen
= .... Kopf tut ....

Sagen Sie es anders:
Manuela hat Rückenschmerzen
= ....
Rücken tut ....

Frau Özdemir hat Kopfschmerzen. Ihr Mann sagt, sie soll eine .... nehmen.

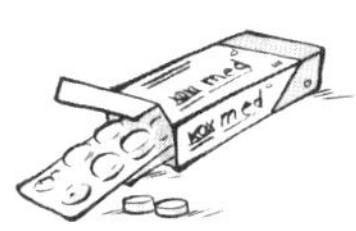

Herr Gonzales kann nicht singen.
Er hat ....

Was hat sie?
→ Sie hat ....

Was hat sie?
→ Sie hat ....

Was hat er?
→ Er hat ....

Mary ist eine Woche krank. Sie braucht eine __________ für ihre Firma.

Arzt: „Bleiben Sie im Bett!“
Was sagt der Arzt?
→ Er sagt, du __________ .

Frau Kühn sieht nicht gut.
Der Arzt muss __________ Augen untersuchen.

Das Auge tut weh.
Was soll er tun?

Mein Sohn ist krank. Ich wähle die Notrufnummer.
Das ist die ___ ___ ___.

Ihr Kollege ist krank. Was sagen Sie?
G______ B__________!

Wie heißt das Körperteil?
Nenne Singular und Plural mit Artikel: __________

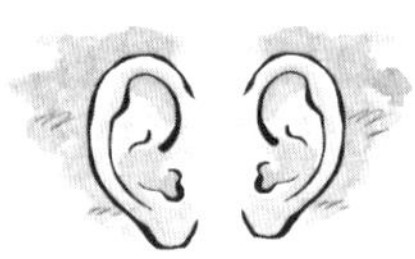

Wie heißt das Körperteil?
Nenne Singular und Plural mit Artikel: __________

Wie heißt das Körperteil?
Nenne Singular und Plural mit Artikel: __________

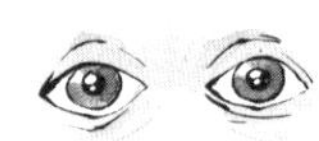

Wie heißt das Körperteil?
Nenne das Wort mit Artikel:
____

Wie heißt das Körperteil?
Nenne Singular und Plural mit Artikel: __________

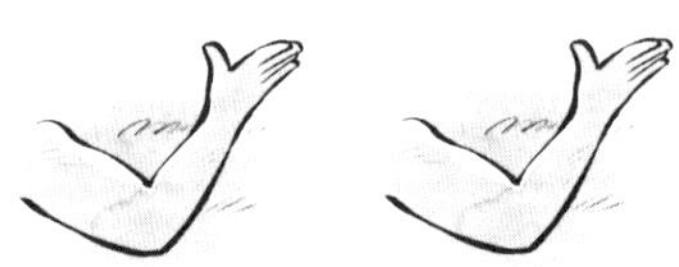

Wie heißt das Körperteil?
Nenne das Wort mit Artikel:
____

Ioanna hatte einen Unfall.
__________ Auge tut weh.

Herr Ludwig kann heute nicht arbeiten. __________ Hand tut weh.

Kweku kann heute nicht Handball spielen. __________
Arm tut weh.

Wie heißt Ihre Mutter mit Vornamen?
→ .... Mutter heißt ....

Wie alt ist Ihr Vater?
→ .... Vater ist .... Jahre alt.

Wie heißt unsere Lehrerin / unser Lehrer mit Familiennamen?
→ .... Nachname ist ....

Mein Mann hat Kopfschmerzen. Was soll er tun?
→ Er ....

Wie geht's weiter?
→ ich *soll*, du *sollst*, er/es/sie ...., wir ...., ihr ...., sie ...., Sie ....

Arzt: „Machen Sie viel Sport!" Was *sollst* du machen?
→ Ich ....

Herr Bader hatte einen Unfall.
.... Fuß ist ganz dick.

Frau Maier hatte einen Unfall.
.... Hand ist ganz dick.

Der Lehrer ist krank.
.... Kopf tut weh.

Sagen Sie es anders.
Herr Weise hat Halsschmerzen.
= .... Hals tut weh.

Nennen Sie zwei Körperteile mit „H":
der H ....,
die H ....

Sagen Sie es anders:
Ich habe Kopfschmerzen
= .... Kopf tut ....

Sagen Sie es anders:
Manuela hat Rückenschmerzen
= ....
Rücken tut ....

Frau Özdemir hat Kopfschmerzen. Ihr Mann sagt, sie soll eine .... nehmen.

Herr Gonzales kann nicht singen.
Er hat ....

Was hat sie?
→ Sie hat ....

Was hat sie?
→ Sie hat ....

Was hat er?
→ Er hat ....

Mary ist eine Woche krank. Sie braucht eine …………… für ihre Firma. 	Arzt: „Bleiben Sie im Bett!" Was sagt der Arzt? → Er sagt, du …………… . 	Frau Kühn sieht nicht gut. Der Arzt muss …………… Augen untersuchen. 
Das Auge tut weh. Was soll er tun? 	Mein Sohn ist krank. Ich wähle die Notrufnummer. Das ist die ……… ……… ……… . 	Ihr Kollege ist krank. Was sagen Sie? G……… B…………… ! 
Wie heißt das Körperteil? Nenne Singular und Plural mit Artikel: …………… 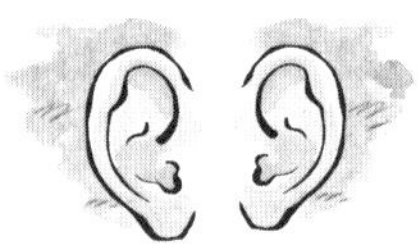	Wie heißt das Körperteil? Nenne Singular und Plural mit Artikel: …………… 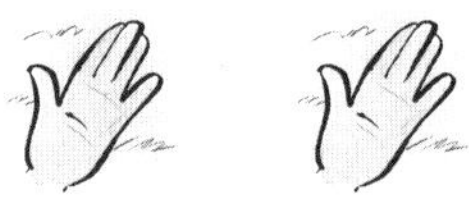	Wie heißt das Körperteil? Nenne Singular und Plural mit Artikel: …………… 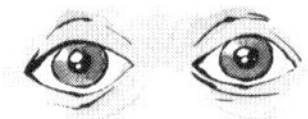
Wie heißt das Körperteil? Nenne das Wort mit Artikel: …………… 	Wie heißt das Körperteil? Nenne Singular und Plural mit Artikel: …………… 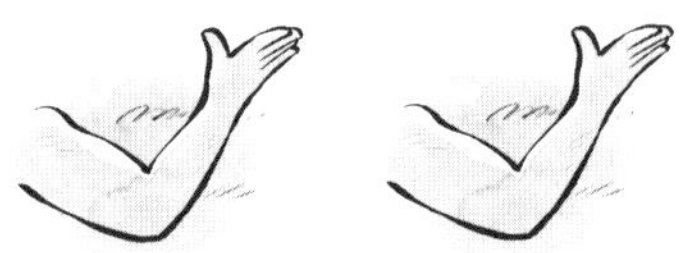	Wie heißt das Körperteil? Nenne das Wort mit Artikel: …………… 
Ioanna hatte einen Unfall. …………… Auge tut weh. 	Herr Ludwig kann heute nicht arbeiten. …………… Hand tut weh. 	Kweku kann heute nicht Handball spielen. …………… Arm tut weh. 

START

Sabrina .... in die U-Bahn. 	Herr Roth geht .... Post. 	Mario sitzt .... Eva. 
Gehen Sie geradeaus und dann die (2.) .... Straße rechts.	Gehen Sie hier geradeaus und dann die (1.) .... Straße links.	Gehen Sie .... Karolinenplatz.
Gehen Sie die Kapuzinerstraße geradeaus und dann die (3.) .... Straße rechts.	Wo wohnen Sie? → Ich wohne	Herr Roth ist .... Friseur. 
Herr Roth ist .... Schwimmbad. 	Herr Otto .... hier .... 	Herr Roth fährt .... Neuss. 
Das Mädchen wartet .... der Haltestelle. 	Frau Kunze sitzt im Englischkurs .... Herrn Braun. 	Die Männer sitzen .... der Bank. 
Ich fahre mit .... 	Fahren wir mit .... ins Zentrum? 	Wie fahren Sie zum Deutschkurs? → .... 
Peter liegt .... Bett. 	Wo ist die Katze? → .... 	An der Haltestelle „Am Stein“ müssen Sie .... 

ZIEL

Das ist Lin .... Deutschkurs. 	Was sagt die Frau? 	Sie möchten mit einer Freundin ins Kino gehen. Sie rufen sie an, aber sie ist nicht da. Sprechen Sie auf die Mobilbox.	Im Zug ist es sehr warm. Sie möchten das Fenster öffnen. Fragen Sie die anderen Fahrgäste <u>höflich</u>.
Sie sind im Restaurant. Sie möchten die Speisekarte. Fragen Sie den Kellner <u>höflich</u>!	Im Büro ist es kalt. Ein Kollege soll das Fenster zumachen. Bitten Sie ihn <u>höflich</u>.	▲ Entschuldigung, ... können Sie den Computer reparieren? ● Bis Montag.	Das ist Lin .... Arbeit. 
Tut mir leid, ich muss noch arbeiten. Ich habe erst .... Stunde Feierabend.	▲ Mein Fahrrad ist kaputt. Wie lange brauchen Sie für die Reparatur? ● Nicht lange, ... 18 Uhr.	Das ist ein .... und eine .... 	Sie haben ein Handy gekauft. Sie wissen aber nicht, wie es funktioniert. Was lesen Sie?
Ihre Waschmaschine ist kaputt. Der Kundenservice soll kommen. Was sagen Sie am Telefon?	Sie rufen Freunde an. Die Mobilbox ist an. Was sagen Sie?	Ergänzen Sie die Artikel: .... Drucker .... Rechnung .... Hilfe .... Reparatur	Ergänzen Sie die Ansage auf der Mobilbox. „Bitte .... Sie eine Nachricht. Ich ....“
Rufen Sie beim Kundendienst an. Sie möchten wissen, wann der Techniker kommen kann. Fragen Sie.	Was ist das? 	Wie heißt das Gegenteil? die Tür aufmachen .... die Heizung anmachen	Das ist Lin .... Training. 
„Helfen Sie mir!“ Sagen Sie es <u>höflich</u>!	Im Bus hört ein Junge neben Ihnen sehr laut Musik. Er soll die Musik ausmachen. Bitten Sie ihn <u>höflich</u>!	Was sagt die Frau dem Techniker? 	Sie rufen beim Amt an und sprechen auf die Mailbox. Sie bitten um Rückruf. Nennen Sie auch Namen und Telefonnummer.

Start / Ziel	Nennen Sie vier Kleidungsstücke! Der, die, das nicht vergessen!	Die Jacke gefällt .... gut, aber sie passt .... nicht.	Was ist das? Artikel nicht vergessen! 	Nennen Sie <u>drei</u> Abteilungen im Kaufhaus.	Sie probieren ein Kleid. Die Farbe gefällt Ihnen nicht. Sie möchten es in Blau. Fragen Sie.	Ergänzen Sie den Plural: der Rock .... ; das Hemd .... ; das Kleid	Sie suchen die Elektroabteilung. Fragen Sie an der Information.

Die Hose passt .... nicht. Probier doch mal die!	Nennen Sie drei Wörter zum Thema „Kleidung kaufen".
Wow! Der Mantel steht .... sehr gut!	Welche Kleidung tragen Sie am liebsten?
Sie haben im Klassenzimmer eine Uhr gefunden. Was fragen Sie die anderen?	Sie möchten die Stiefel in Größe 38 probieren. Fragen Sie die Verkäuferin.

Wie findest du .... Schal? Schön, aber zu teuer.	Der Mantel ist zu lang. Fragen Sie die Verkäuferin nach einem anderen Modell.	Was ist Ihre Lieblingsfarbe?	Wie steht mir die Bluse? – Sie steht .... gut! Genau deine Farbe!	W......... Jacke gefällt Ihnen besser? Die blaue oder die schwarze? – Die blaue.	Ergänzen Sie den Plural: der Schuh – ....; der Pullover – ....; der Mantel –	Nennen Sie vier Farben.	Die Jacke .... mir nicht. Ich finde sie hässlich.

	A	B	C	D	E	F
1	Wie heißt das Fest? 	Was ist Ihr Lieblingsfest? Warum?	Was ist das? 	Sie heiraten. Wen laden Sie ein?	Was bringt der Osterhase?	Wann hat Ihr Vater Geburtstag? Nennen Sie das Datum!
2	Wie lange dauert Weihnachten?	Sie sind zu einem Fest eingeladen und kommen gern. Was sagen Sie?	Ihre Freundin hat bald Geburtstag. Was schenken Sie ihr?	Wie heißt das Fest? 	Wann haben Sie Geburtstag? Nennen Sie das Datum!	Wie heißt das Fest? 
3	Wann hat Ihre Mutter Geburtstag? Nennen Sie das Datum!	Wie heißt das Fest? 	Wann feiert man Valentinstag?	Was feiert man in Ihrem Land mit der (ganzen) Familie?	Welches Fest feiert man in Ihrem Land im Sommer?	In welchem Monat feiert man Weihnachten?
4	Sie sind zu einer Party eingeladen, haben aber keine Zeit. Was sagen Sie?	Wann feiert man in Ihrem Land Neujahr?	Sie feiern Geburtstag. Laden Sie Ihre Mitspieler dazu ein!	Wann haben Sie Geburtstag?	Wie heißt das Fest? 	Sie sind zu einer Hochzeit eingeladen, können aber nicht kommen. Was sagen Sie?
5	Was feiert man in Ihrem Land mit der Partnerin / dem Partner?	Wie heißt das Fest? 	Haben Sie Kinder? Wenn ja, wann sind sie geboren?	Was wünscht man sich in Deutschland vom 24.–26. Dezember?	Ihr Freund macht morgen die Deutschprüfung. Was sagen Sie?	Wie feiert man in Ihrem Land Neujahr?
6	Ihr Freund hat Geburtstag. Was sagen Sie?	Welches Fest feiert man in Ihrem Land im Frühjahr?	Was wünscht man sich in Deutschland am 31. Dezember/1. Januar?	An welchem Fest singt man in Ihrem Land? Was singt man?	Wie heißt das Fest? 	Ein Teilnehmer aus dem Deutschkurs heiratet. Was sagen Sie?
7	Was feiert man am 1. Mai?	An welchem Fest tanzt man in Ihrem Land?	Was macht man zur Vorbereitung auf Ostern? 	Sie feiern Geburtstag. Wen laden Sie ein?	In welchem Monat feiert man Fasching?	Was feiern die Kinder? 

Lösung für die Spielleiterin/den Spielleiter

	A	B	C	D	E	F
1	Ostern	*freie Antwort*	eine Geburtstagstorte / ein Geburtstagskuchen (mit Kerzen)	*freie Antwort*	Ostereier, kleine Geschenke	*freie Antwort*
2	Vom 24.–26. Dezember / drei Tage.	„(Danke für die Einladung!) Ich komme gern."	freie Antwort	Valentinstag	*freie Antwort*	Hochzeit
3	freie Antwort	Karneval/ Fasching/ Fastnacht	Am 14. Februar	*freic Antwort*	*freie Antwort*	im Dezember
4	„(Danke für die Einladung, aber) tut mir leid. Ich habe leider keine Zeit."	*freie Antwort*	z. B. „Ich möchte meinen Geburtstag feiern und lade euch dazu ein."	*freie Antwort*	Geburtstag	(„Danke für die Einladung, aber) tut mir leid. Ich kann leider nicht kommen."
5	freie Antwort	Silvester	freie Antwort	„Frohe Weihnachten!"	(Ich wünsche dir) Viel Glück!	*freie Antwort*
6	„Alles Gute / Alles Liebe (zum Geburtstag)!" oder „Herzlichen Glückwunsch (zum Geburtstag)!"	*freie Antwort*	„(Ein) Gutes neues Jahr!"	*freie Antwort*	Weihnachten	Ich gratuliere (dir) zur Hochzeit!
7	„Tag der Arbeit"	*freie Antwort*	Ostereier bemalen	*freie Antwort*	im Februar	Geburtstag

Name: ....

WORTSCHATZ

1 Finden Sie die Berufe. Ergänzen Sie auch den Artikel *der* oder *die*.

GEMECHATRONIKERKRANKENSCHWESTERDDOKTKOCHBERGPOLIZISTINMIPRARZTINER

Beispiel: der Mechatroniker	
a	c
b	d

Punkte .... /4

GRAMMATIK

2 Was ist richtig? Umkreisen Sie.

Beispiel: ▲ Wann sind Sie geboren? ● Seit 1996. 1996.

a ▲ Wann sind Sie nach Deutschland gekommen? – ● Für zwei Monate. Vor zwei Monaten.

b ▲ Wie lange haben Sie als Köchin gearbeitet? – ● Vier Jahre. Seit vier Jahren.

c ▲ Wie lange leben Sie schon in Hamburg? – ● Seit sechs Jahren. Für sechs Jahre.

d ▲ Für wie lange bleiben Sie in Köln? – ● Vor zehn Tagen. Für zehn Tage.

Punkte .... /4

3 Ordnen Sie zu.

~~Wie lange~~ Für wie lange Wie lange Wann Seit wann

Beispiel: ▲ Wie lange wohnen Sie schon hier? ● Seit sieben Jahren.

a ▲ .... haben Sie Mechatroniker gelernt? ● Vor fünf Jahren.

b ▲ .... soll ich heute arbeiten? ● Für vier Stunden.

c ▲ .... arbeiten Sie bei BMW? ● Seit drei Jahren.

d ▲ .... suchen Sie eine Stelle? ● Für ein halbes Jahr.

Punkte .... /4

4 Ergänzen Sie *war*- oder *hatt*- in der richtigen Form.

Beispiel: Gestern war ich bei meiner Freundin.

Gestern .... (a) ich keinen guten Tag. Zuerst .... (b) ich mit meiner Tochter beim Arzt. Sie .... (c) Fieber. Danach .... (d) ich im Deutschkurs und ich .... (e) keine Hausaufgaben. Abends .... (f) ich müde. Aber meine Tochter .... (g) kein Fieber mehr. Da .... (h) ich glücklich.

Punkte .... /8

Gesamt .... /20

Name: ....

WORTSCHATZ

1 Ordnen Sie zu.

~~bekommst~~ Führerschein Angehörige ausfüllen Geschlecht ausmachen

Beispiel: Das Busticket bekommst du am Automaten.

a Mit dem europäischen .... darfst du in Deutschland Auto fahren.

b Was heißt ....? – Das bedeutet: Sind Sie männlich oder weiblich?

c Meine Frau, mein Sohn und ich wohnen in der Wohnung. Ich habe also zwei ....

d Du musst das Handy .... Beim Autofahren darf man nicht telefonieren.

e Auf dem Amt muss ich viele Formulare ....

Punkte ...... /5

GRAMMATIK

2 *Müssen* oder *dürfen*? Ergänzen Sie in der richtigen Form.

Beispiel: Hey, nicht so schnell. Hier darf man nur 30 fahren.

a Mach die Zigarette aus. Hier .... du nicht rauchen.

b Morgen .... ich zum Arzt gehen.

c Wir .... morgen früh aufstehen. Der Zug fährt schon um 7 Uhr ab.

d Papa, ... ich morgen den James-Bond-Film im Fernsehen sehen? Bitte, bitte!

Punkte ...... /4

KOMMUNIKATION

3 Ordnen Sie zu.

Können Sie mir helfen? Noch einmal, bitte. Was bedeutet das? ~~Darf ich Sie etwas fragen?~~

Beispiel: ▲ Entschuldigung. Darf ich Sie etwas fragen?
● Ja, natürlich. Was möchten Sie denn wissen?

a ▲ Das Formular brauchen Sie für einen Antrag bei der Meldebehörde.
● Das habe ich nicht verstanden. ....

b ▲ Ich verstehe das Formular nicht. ....
● Ja, ich helfe Ihnen gern.

c ▲ „Bisherige Wohnung"? ....
● Das ist Ihre alte Wohnung.

Punkte ...... /3

SCHREIBEN

4 Was müssen Sie jeden Tag machen? Schreiben Sie vier Sätze.

Ich muss jeden Morgen um 7 Uhr aufstehen. Dann ...

....

....

....

Punkte ...... /8

Gesamt ...... /20

Name: ....

WORTSCHATZ

1 Was tut den Leuten weh? Ergänzen Sie.

Beispiel: Sein Arm tut weh. 

a Ihr .... tut weh. 

b Seine .... tut weh. 

c Sein .... tut weh. 

d Ihre .... tun weh. 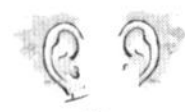

e Ihr .... tut weh. 

f Ihr .... tut weh. 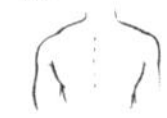

Punkte ..... /6

GRAMMATIK

2 Ergänzen Sie *mein, sein, ihr* und *Ihr* in der richtigen Form.

Beispiel: ● Wie siehst du denn aus? Dein Fuß ist ja ganz dick!
■ Ja, ich habe auch starke Schmerzen.

a ● Wie geht's Sabine! Ist sie krank? .... Nase ist ganz rot!
■ Ja, sie hat Schnupfen.

b ● Guten Tag, Herr Bergmann! Wie geht es Ihnen heute?
■ Danke, heute geht es mir schon besser, aber .... Bauch tut noch etwas weh.

c ● Guten Abend, Frau Schubert! Was ist passiert? .... Augen sind ja ganz rot!
■ Ja, sie tun auch weh und ich sehe nicht gut.

d ● Wie geht's Markus?
■ Besser. .... Zahn tut nicht mehr so weh.

Punkte ..... /4

3 Felix ist krank! Was sagt die Mutter? Ergänzen Sie.

Beispiel: Felix, geh ins Bett. Der Doktor hat gesagt, du sollst viel schlafen. (*viel schlafen*)

a Er hat auch gesagt, du .... (*Tee trinken*)

b Und .... (*deine Medizin nehmen*)

c .... (*nicht lesen*)

d Ich .... (*deine Temperatur kontrollieren*)

Punkte ..... /4

KOMMUNIKATION

4 Einen Termin vereinbaren. Ordnen Sie das Gespräch.

◯ Ach so, es ist ein Notfall. Können Sie in zehn Minuten hier sein?
◯ Ich möchte bitte sofort kommen. Es ist sehr dringend.
◯ Ja, ich wohne ganz in der Nähe.
⑦ In Ordnung. Bis später. Ach, bringen Sie bitte Ihre Versichertenkarte mit.
① Praxis Dr. Neumaier, guten Tag!
② Guten Morgen. Hier ist Bremer. Ich habe Zahnschmerzen. Wann kann ich vorbeikommen?
◯ Heute geht es nicht mehr. Der Herr Doktor ist nur noch eine halbe Stunde in der Praxis.
◯ Das mache ich. Und vielen Dank. Bis gleich.
◯ Bitte. Auf Wiederhören!

Punkte ..... /6

Gesamt ..... /20

Name: ....

WORTSCHATZ

1 Ergänzen Sie.

Beispiel:  auf

a 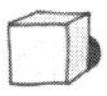 ....

b  ....

c 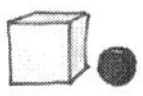 ....

d 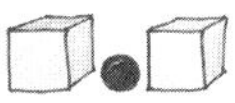 ....

e  ....

f  ....

g  ....

h 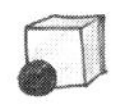 ....

Punkte ...... /4

2 Orte in der Stadt. Ergänzen Sie.

Beispiel: In der Metzgerei kauft Louis Fleisch.

a In der .... kauft Louis Bücher.
b Am .... kauft Louis Zeitungen und Getränke.
c Im Urlaub isst und schläft Louis im ....
d In der .... bekommt Louis Briefmarken.
e An der .... wartet Louis auf den Bus.
f Louis arbeitet. Seine Kinder Lena (4) und Leo (5) sind morgens im ....

Punkte ...... /6

GRAMMATIK

3 Ordnen Sie zu.

zum ~~beim~~ nach ins in den

Beispiel: ▲ Wo ist Papa? ● Papa ist beim Arzt.

a ▲ Mama, wohin gehst du? ● Ich gehe noch schnell .... Supermarkt.
b ▲ Hallo Paul. Gehst du .... Hause? ● Nein, ich gehe .... Kino.
c ▲ Ich will heute nicht .... Kindergarten gehen. ● Warum nicht? Du bist doch gerne dort.

Punkte ...... /4

KOMMUNIKATION

4 Am Schalter. Ordnen Sie das Gespräch.

◯ Nein, Sie bekommen die Fahrkarte nur am Automaten.
◯ In Rosenheim, na gut. Bekomme ich die Fahrkarte bei Ihnen?
◯ Und von welchem Gleis fährt der Zug ab?
◯ Von Gleis 10. Aber Sie müssen in Rosenheim umsteigen.
① Ich brauche eine Auskunft: Wann fährt der nächste Zug nach Salzburg?
◯ Vielen Dank.
◯ Um 17.05 Uhr.

Punkte ...... /6
Gesamt ...... /20

Name: ....

WORTSCHATZ

1 Ordnen Sie zu.

Gebrauchsanweisung ~~Essig~~ Stecker Papier

Beispiel: Die Kaffeemaschine musst du mit Essig reinigen.

a Du weißt nicht, wie deine Kamera funktioniert? Dann musst du die .... lesen.

b Ich kann nichts drucken. Mein Drucker hat kein .... mehr.

c Die Spülmaschine funktioniert so nicht. Der .... muss in die Steckdose.

Punkte ..... /3

GRAMMATIK

2 Ordnen Sie zu.

nach dem ~~vor dem~~ vor dem bei der

Beispiel: Tomasz isst vor dem Training nur Obst.

a Das ist Herr Schmitz .... Arbeit.

b Das ist Gabi .... Sport.

c Das ist Fadime .... Deutschkurs.

Punkte ..... /3

3 Ergänzen Sie *ab, am, bis, in* und *um.*

Beispiel: Herr Kunze ist morgen ab 8 Uhr wieder im Haus.

a Wir haben jeden Tag .... 20 Uhr und .... Samstag .... 18 Uhr geöffnet.

b Ihr Computer ist .... zwei Tagen fertig. Dann können Sie ihn abholen.

c .... 13 Uhr treffe ich mich mit Herrn Becker im Büro.

d Die Ferien beginnen .... drei Wochen.

e Heute komme ich spät nach Hause. Ich muss .... 22 Uhr arbeiten.

f Sie können Ihren Toaster morgen .... 17 Uhr abholen.

Punkte ..... /8

KOMMUNIKATION

4 Schreiben Sie höfliche Bitten.

Beispiel: Mein Auto fährt nicht mehr. Kommen Sie vorbei.
Könnten Sie bitte vorbeikommen?

a Wir haben keine Kugelschreiber. Bestellst du Kugelschreiber?

....

b Sie möchten sich für den Kochkurs anmelden? Füllen Sie das Formular aus.

....

c Ich kann nicht so gut Deutsch. Wiederholen Sie das.

....

Punkte ..... /6

Gesamt ..... /20

Name: ....

WORTSCHATZ

1 Wie heißen die Kleidungsstücke? Ergänzen Sie.

das T-Shirt

....

....

....

....

Punkte .... /8

GRAMMATIK

2 *Der, die, das* oder *den*? Ergänzen Sie.

Beispiel: ● Sieh mal, die Hose! ■ Die ist langweilig.
a ● Sieh mal, das Hemd! ■ .... ist super!
b ● Wie findest du den Mantel? ■ .... finde ich zu teuer!

Punkte .... /2

3 Was passt? Markieren Sie.

Beispiel: ● Gefällt *mir/<u>Ihnen</u>/ihm* der Rock? ■ Ja, aber er ist zu groß.
a ● Wie findest du den Rock? ■ Er gefällt *mir/ihm/dir* gut.
b ● Was sagst du zu der Hose? ■ Die steht *ihm/ihr/dir* wirklich sehr gut!
c ● Schmeckt *mir/euch/uns* der Salat? ■ Ja, der ist sehr gut.

Punkte .... /3

4 Was ist richtig? Ergänzen Sie *gern, gut* oder *viel* in der richtigen Form.

Beispiel: ● Kannst du gut Auto fahren? ■ Ja, aber ich fahre noch besser Fahrrad.
a ● Möchtest du gern mal nach Wien fahren? ■ Ja, aber noch .... möchte ich nach Zürich fahren und .... möchte ich nach Berlin fahren.
b ● Kannst du gut Samba tanzen? ■ Ja, aber ich tanze noch .... Salsa.

Punkte .... /3

KOMMUNIKATION

5 Was passt? Ergänzen Sie.

~~Die finden Sie im Obergeschoss.~~ Nein, leider nicht. Den haben wir nur in Blau. Tut mir leid, die gibt es nur noch in 42.

Beispiel: Sagen Sie mal, wo gibt es hier Schuhe? Die finden Sie im Obergeschoss.

a Entschuldigung, haben Sie den Pullover auch in Rot?

....

b Sagen Sie mal, gibt es die Jacke auch in Größe 40?

....

Punkte .... /4
Gesamt .... /20

Name: ....

WORTSCHATZ

1 Welches Datum ist heute? Ergänzen Sie.

Heute ist der ...

Beispiel: (14.7.) vierzehnte Juli.

a (17.4.) ....

b (23.5.) ....

c (30.3.) ....

Punkte ..... /3

2 Ordnen Sie zu: *der, am, vom ... bis (zum).*

Vom ... bis Weihnachten Am der ~~Tag~~ Datum Der Ferien

Beispiel: ● Welcher Tag ist heute? ■ Heute ist der 14. Juli.

a ● Welches .... ist heute? ■ .... 27. Januar.

b ● Wann ist in Deutschland ....? ■ .... 24. Dezember.

c ● Wie lange dauern die ....? ■ .... 12. .... 23. April.

Punkte ..... /7

GRAMMATIK

3 Was passt? Markieren Sie.

Beispiel: ● Ist das dein Fahrrad? ■ Ja, ich habe *ihn/es/sie* erst seit zwei Wochen.

a ● Kannst du *mich/dich/euch* zum Fitnessstudio mitnehmen? ■ Ja, klar.

b ● Entschuldigung, Herr Becker. Darf ich *dich/Sie/euch* etwas fragen? ■ Natürlich.

c ● Wie findest du mein Kleid? ■ Es steht dir gut. Wo hast du *es/ihn/dich* gekauft?

Punkte ..... /3

4 Verbinden Sie die Sätze mit *denn*. Schreiben Sie.

Beispiel: Laras Mutter kann nicht nach München kommen. Ihre Schwester ist krank.

Laras Mutter kann nicht nach München kommen, denn ihre Schwester ist krank.

a Sebastian darf nicht Tennis spielen. Der Arzt hat es verboten.

....

b Robert macht viel Sport. Er will fit bleiben.

....

Punkte ..... /4

KOMMUNIKATION

5 Was sagen Sie? Ergänzen Sie.

Beispiel: Viel Glück!

a ....

b ....

c ....

Punkte ..... /3

Gesamt ..... /20

Lektion 8 Beruf und Arbeit

Folge 8: Total fotogen

Bild 1
Eda: So, Herr Koch? Wie war die Therapie? War's gut?
Herr Koch: Oh ja, Frau Baumann macht das ja wirklich so toll. Ach: Wann ist denn mein nächster Termin?
Eda: Entschuldigung, einen Moment bitte. Physiopraxis Baumann. Sie sprechen mit Eda Erden. Ach, hallo Lara! Du möchtest Sofia sprechen, oder? Nein, nein da kommt sie gerade. Sofia? Lara ist am Telefon.
Sofia: Danke, Eda. Hallo, Lara? Für euren Deutschkurs? Und das Thema ist „Arbeit und Beruf".
Eda: Entschuldigung, Herr Koch. Sie hatten eine Frage?

Bild 2
Sofia: Na sowas! Sie wollen ein Interview machen. Das Thema ist „Arbeit und Beruf".
Herr Koch: Na, da können Sie mich interviewen. Ich arbeite schon seit 35 Jahren als Hausmeister.
Sofia: Sie brauchen auch Fotos.
Herr Koch: Kein Problem. Ich bin total fotogen. Na, Frau Erden, wann hab ich denn nun den nächsten Termin?
Eda: Am Freitag, Herr Koch? Von 16 Uhr bis 16 Uhr 30? Geht das bei Ihnen?
Herr Koch: Freitag, 16 Uhr. Ein super Interviewtermin, oder?
Sofia: Naja, warum eigentlich nicht?
Herr Koch: Na, dann bis Freitag! Tschüs, die Damen!
Beide: Tschüs, Herr Koch!

Bild 3
Lara: Okay, also Sofia, was bist du von Beruf?
Sofia: Ich bin Physiotherapeutin. Ich bin selbstständig und ich habe eine eigene Praxis.
Tim: Haha! Das macht Spaß!
Lara: Tim! Pscht jetzt! Sofia, wann hast du die Ausbildung gemacht?
Sofia: Das war vor zehn Jahren.
Tim: Und wie lange hat die Ausbildung gedauert?
Sofia: Drei Jahre. Dann habe ich mein Examen gemacht.
Tim: Hey, der Ball ist echt super!
Lara: Tim, komm, mach du hier mal weiter ...

Bild 4
Tim: Okay. Und nach dem Examen? Hattest du dann gleich deine eigene Praxis?
Sofia: Nein, nein! Ich hatte ja noch fast keine Berufserfahrung. Also habe ich erstmal als Physiotherapeutin in einer Praxis gearbeitet.
Tim: Wie lange warst du denn da?
Sofia: Tja. Zuerst habe ich gedacht, ich mache das nur für ein Jahr. Aber es waren dann doch drei Jahre.
Lara: Haha! Das macht wirklich Spaß!
Tim: Lara!!!

Bild 5
Tim: Wie war dein Chef?
Sofia: Er war sehr, sehr professionell.
Tim: Aha. Da hast du sicher viel gelernt, oder?
Sofia: Genau.
Tim: Und seit wann bist du schon selbstständig?
Sofia: Meine Praxis habe ich jetzt seit vier Jahren. Ah, da kommt jetzt mein Patient, Herr Koch.
Lara: Wir machen dann noch die Fotos, oder?
Tim: M-hm
Herr Koch: Halli-hallo!

Bild 6
Sofia: Na, Herr Koch, wie geht's denn so?
Herr Koch: Prima.
Sofia: Haben Sie Ihre Übungen alle gemacht?
Herr Koch: Ja, natürlich. Jeden Tag! Ich war total aktiv.
Sofia: Sehr gut! Bitte mal ganz gerade sitzen!
Herr Koch: Ja.
Sofia: Locker, bitte! Ja, so ist es schön. So ist es genau richtig. ...
Herr Koch: Aah, das tut sehr gut!

Bild 7
Sofia: Und wechseln ...
Herr Koch: Wissen Sie was? Frau Baumann kann ihren Job.
Sofia: Und wechseln ...
Herr Koch: Seit einem Jahr habe ich Rückenprobleme. Ich war bei drei Therapeuten. Aber erst jetzt wird's besser.
Sofia: Und wieder wechseln ...
Herr Koch: Ich arbeite nämlich seit 35 Jahren als Hausmeister bei „TerraMax Immobilien".
Sofia: Und nochmal wechseln ...

Bild 8
Herr Koch: Und Sie sind Journalisten? Wo arbeiten Sie? Bei der Zeitung oder beim Fernsehen?
Sofia: Nein, Herr Koch. Das sind Lara Nowak aus Polen und Tim Wilson aus Kanada. Sie haben ein Interview mit mir gemacht.
Herr Koch: Ach, Sie sind internationale Journalisten?
Lara: Nein, nein. Wir lernen Deutsch. Wir machen ein Projekt für den Deutschkurs.
Herr Koch: Ach?
Tim: Ja, wir möchten etwas über Arbeit und Ausbildung in Deutschland wissen.
Herr Koch: Ach so!
Lara: Und Sie waren unser Fotomodell. Sie haben das wirklich toll gemacht! ...
Herr Koch: Na ja, was hab ich gesagt? Ich bin total fotogen!

Schritt B, B1a
Lara: Wann hast du die Ausbildung gemacht?
Sofia: Vor zehn Jahren.
Tim: Und wie lange hat die Ausbildung gedauert?
Sofia: Drei Jahre.
Tim: Und seit wann bist du schon selbstständig?
Sofia: Meine Praxis habe ich jetzt seit vier Jahren.

Schritt B, B2a
Frau 1: Frau Watenga, was sind Sie von Beruf?
Frau 3: Ich bin Krankenpflegerin.
Frau 1: Wann haben Sie die Ausbildung gemacht?
Frau 3: Vor einem Jahr.
Frau 1: Und wo arbeiten Sie jetzt?
Frau 3: Im Krankenhaus Pasing.
Frau 1: Wie lange arbeiten Sie schon dort?
Frau 3: Seit einem Monat.
Frau 1: Und macht die Arbeit Spaß?
Frau 3: Ja, sehr. Ich habe sehr nette Kollegen. Und seit einer Woche habe ich eine neue Chefin. Sie ist auch sehr nett.

Schritt B, B3
A
Nader: Ich bin Nader und komme aus Afghanistan. Ich bin 48 Jahre alt. Meine Familie lebt auch hier in Deutschland. Wir sind seit 1999 hier. Wir haben vier Kinder. Meine Frau ist Hausfrau und ich arbeite seit zwei Jahren als Maurer. Ich bin bei BAU-NAT angestellt, das ist eine große Firma.

B
Luba: Mein Name ist Luba. Ich komme aus Bulgarien. Ich lebe seit vier Jahren in Deutschland. Vor zwei Jahren habe ich geheiratet. Mein Mann ist auch Bulgare. Er hat eine Stelle als Mechatroniker. Wir haben eine Tochter. Elena ist drei Jahre alt. In Bulgarien habe ich eine Ausbildung als Erzieherin gemacht. Gerade arbeite ich nicht, aber bald möchte ich wieder eine Stelle in einem Kindergarten suchen.

C
Amaniel: Ich heiße Amaniel und komme aus Äthiopien. Ich bin seit 2016 in Deutschland. Meine Familie ist in Äthiopien. Das ist traurig. Aber ich habe viele Freunde hier. Leider bin ich gerade arbeitslos. Aber ich mache seit sechs Monaten einen Deutschkurs und suche einen Job. Ich kann gut kochen. Vielleicht werde ich Koch!

Schritt D, D2
Frau: Café Rudolf? Guten Tag.
Mann: Guten Tag, mein Name ist Bechtold. Ich habe Ihre Anzeige gelesen. Sie suchen eine Aushilfe im Service.
Ist die Stelle noch frei?
Frau: Ja.
Mann: Gut. Und wie ist die Arbeitszeit?
Frau: Von Montag bis Samstag von 8 bis 12 Uhr.
Mann: Aha. Das passt. Und wie ist der Verdienst pro Stunde?
Frau: Wir zahlen 11 Euro pro Stunde.
Mann: Gut.
Frau: Dann kommen Sie doch mal vorbei. Haben Sie am Donnerstag um 10 Uhr Zeit?
Mann: Ja, das passt.
Frau: Gut, dann bis Donnerstag. Auf Wiederhören.
Mann: Vielen Dank. Auf Wiederhören.

Lektion 8, Audiotraining 1
Sprecher 1: Mein Beruf. Antworten Sie mit „Aha."
Hören Sie zuerst ein Beispiel:
Sprecher 2: Ich arbeite als Verkäuferin.
Sprecher 1: Aha. Du arbeitest als Verkäuferin.

Und jetzt Sie:
Sprecher 2: Ich arbeite als Verkäuferin.
Sprecher 1: Aha. Du arbeitest als Verkäuferin.

Sprecher 2: Ich habe einen Job als Taxifahrerin.
Sprecher 1: Aha. Du hast einen Job als Taxifahrerin.

Sprecher 2: Ich bin angestellt.
Sprecher 1: Aha. Du bist angestellt.

Sprecher 2: Ich bin Ärztin von Beruf.
Sprecher 1: Aha. Du bist Ärztin von Beruf.

Sprecher 2: Ich bin zurzeit arbeitslos.
Sprecher 1: Aha. Du bist zurzeit arbeitslos.

Lektion 8, Audiotraining 2
Wie bitte? Fragen Sie nach. Hören Sie zuerst ein Beispiel:
Sprecher 1: Ich bin 1990 geboren.
Sprecher 2: Wie bitte? Wann bist du geboren?
Sprecher 1: 1990.

Und jetzt Sie:
Sprecher 1: Ich bin 1990 geboren.
Sprecher 2: Wie bitte? Wann bist du geboren?
Sprecher 1: 1990.

Sprecher 1: Ich bin in Rom geboren.
Sprecher 2: Wie bitte? Wo bist du geboren?
Sprecher 1: In Rom.

Sprecher 1: Ich habe in Rom und Madrid gewohnt.
Sprecher 2: Wie bitte? Wo hast du gewohnt?
Sprecher 1: In Rom und Madrid.

Sprecher 1: Ich bin vor zwei Jahren nach Deutschland gekommen.
Sprecher 2: Wie bitte? Wann bist du nach Deutschland gekommen?
Sprecher 1: Vor zwei Jahren.

Sprecher 1: Ich lerne seit zwei Jahren Deutsch.
Sprecher 2: Wie bitte? Wie lange lernst du Deutsch?
Sprecher 1: Seit zwei Jahren.

Und jetzt noch einmal Sie: Antworten Sie mit Ihren Informationen.
Sprecher 1: Wann bist du geboren?
Wo bist du geboren?
Wo hast du schon gewohnt?
Wie lange lernst du Deutsch?

Lektion 8, Audiotraining 3
Berufserfahrung. Antworten Sie mit „Ja".
Hören Sie zuerst ein Beispiel:
Sprecher 1: Berufserfahrung. Antworten Sie mit „Ja".
Hören Sie zuerst ein Beispiel:
Sprecher 2: Sie waren Taxifahrer, oder?
Sprecher 1: Ja, ich war Taxifahrer.

Und jetzt Sie:
Sprecher 2: Sie waren Taxifahrer, oder?
Sprecher 1: Ja, ich war Taxifahrer.

Sprecher 2: Der Job war einfach, oder?
Sprecher 1: Ja, der Job war einfach.

Sprecher 2: Waren die Kunden nett?
Sprecher 1: Ja, die Kunden waren nett.

Sprecher 2: Hatten Sie Spaß?
Sprecher 1: Ja, ich hatte Spaß.

Sprecher 2: Sie hatten viel Arbeit, richtig?
Sprecher 1: Ja, ich hatte viel Arbeit.

Sprecher 2: Sie haben auch eine Ausbildung als Verkäufer gemacht, oder?
Sprecher 1: Ja, ich habe auch eine Ausbildung als Verkäufer gemacht.

Lektion 9 Ämter und Behörden

Folge 9: Na los, komm mit!

Bild 1
Tim: Was machst du am Wochenende?
Lara: Ach, ich weiß noch nicht. Warum?
Tim: Ich möchte ein Auto mieten und nach Salzburg fahren.
Lara: Salzburg? Ist das weit?
Tim: Nein. Nicht mal zwei Stunden. Willst du mitkommen? Na, los! Komm mit!
Lara: Okay! Aber ...
Tim: Ja?
Lara: Darf man denn hier so einfach ein Auto mieten?
Tim: Na klar! Man muss natürlich den Führerschein haben.
Lara: Bist du sicher? Weißt du, ich habe da mal im Internet nachgesehen. Warte mal!

Bild 2
Lara: Warte, na, wo war das denn?
Tim: Man DARF ein Auto mieten. Da bin ich total sicher.
Lara: Ah! Hier ist es. Guck mal!
Tim: „Mit einem ausländischen Führerschein darf man sechs Monate lang in Deutschland fahren." Und danach? Du, ich bin schon sechs Monate in Deutschland. Darf ich jetzt nicht mehr Auto fahren, oder was?
Lara: Naja, vielleicht stimmt das ja auch gar nicht. Hm. Ich will das jetzt aber genau wissen.
Tim: Ich auch.

Bild 3
Tim: Entschuldigen Sie, ich brauche eine Auskunft. Ich komme aus Kanada. Darf ich mit meinem Führerschein in Deutschland fahren?
KVR: Mit dem kanadischen Führerschein dürfen Sie in Deutschland ein halbes Jahr lang fahren.
Tim: Was? Darf ich danach nicht mehr Auto fahren?
KVR: Doch, aber dann brauchen Sie einen deutschen Führerschein. Oder den kanadischen Führerschein plus einen internationalen Führerschein.
Tim: Aha. Und den internationalen Führerschein, wo bekomme ich den?
KVR: Den bekommen Sie hier bei uns.
Tim: Aah, gut! Was muss ich da machen?
KVR: Zuerst müssen Sie einen Antrag ausfüllen.
Tim: Und dann bekomme ich sofort den internationalen Führerschein?
KVR: Leider nein. Im Moment dauert das ungefähr sechs Wochen.
Tim: Was?! Oh Mann!

Bild 4
Lara: Hm. Dann muss ich wohl auch einen internationalen Führerschein beantragen, was?
KVR: Sind Sie auch aus Kanada?
Lara: Nein, ich komme aus Polen.
KVR: Na, dann gibt's ja kein Problem. Sie sind EU-Bürgerin. Sie haben Ihren Führerschein in der EU gemacht. Sie dürfen also in der EU Auto fahren.
Lara: Aber wie lange?
KVR: Na, immer.
Lara: Oh! Toll! Ach, ich liebe die EU!

Bild 5
Lara: Weißt du was?
Tim: Hm?
Lara: ICH miete das Auto. So einfach ist das.
Tim: Meinst du?
Lara: Du, sieh mal! Da vorne ist ja gleich eine Autovermietung. Du, da gehen wir jetzt hin und fragen einfach mal. Na los, komm mit!
Tim: Ja, gleich. Geh du schon! Ich will noch schnell in den Laden da. Ich hab so einen Hunger.
Lara: Okay. Äh, Tim, warte mal!
Tim: Ja?
Lara: Bring ein Wasser für mich mit!
Tim: Na dann, bis gleich.

Bild 6
Tim: Und? Was ist? Kein Auto?
Lara: Nein. Es geht leider nicht.
Tim: Warum denn nicht?
Lara: Ich bin zu jung.
Tim: Wie bitte? Zu jung? Du bist zwanzig, oder?
Lara: Sie sagen: Man muss mindestens einundzwanzig sein, verstehst du?
Tim: Ach, wie blöd! Hier, dein Wasser.
Lara: Danke. Warte mal! Ich glaube, ich hab DIE Idee. Na los, komm mit!
Tim: Nicht mal in Ruhe essen kann man! Warte! Warte doch!

Bild 7
Lara: Hier, sieh mal! Fernbus München – Salzburg.
Tim: Was? Busfahren? Na, das dauert aber sicher ziemlich lange.
Lara: Nein, gar nicht! Hier: Das dauert auch nur zwei Stunden.
Tim: Wirklich?
Lara: Und eine Fahrt kostet nur neun Euro.
Tim: Hey! Das ist ja billig!
Lara: Na, sag ich doch!

Bild 8
Tim: Z-O-B. Was bedeutet denn das?
Lara: Zimmer ohne Balkon.
Tim: Was?
Lara: Nein! Zentraler Omnibusbahnhof.
Tim: Und was wollen wir hier?
Lara: Na, die Fahrkarten kaufen ...
Tim: Ach so! Na, du bist aber schnell!
Lara: Na los, komm mit!
Tim: Salzburg, wir kommen!

Schritt A, A1b
Tim: Guten Tag. Ich brauche den internationalen Führerschein. Was muss ich da machen?
Frau: Sie müssen einen Antrag ausfüllen.

Schritt A, A2 a und b
Mann: Wie? Also nein! Das versteht doch kein Mensch! Kein Mensch versteht das!
Frau: Sagen Sie mal, haben Sie ein Problem?
Mann: Ja! Der Automat da! Der funktioniert nicht!
Frau: Doch, doch. Der funktioniert. Sie müssen zuerst das Fahrtziel auswählen.
Mann: Was?

Frau: Das Fahrtziel! Wo möchten Sie denn hinfahren?
Mann: Nach Starnberg.
Frau: Nach Starnberg. So! Und danach müssen Sie hier auswählen: Erwachsener oder Kind?
Mann: Na, Erwachsener natürlich!
Frau: Ja? Na, gut. Jetzt zeigt er den Preis an – sechs Euro, sehen Sie?
Mann: Sechs Euro. Aber ich habe keine sechs Euro! Ich hab nur 'nen Zehn-Euro-Schein.
Frau: Der geht auch. Den müssen Sie einfach hier reinschieben.
Mann: Wo?
Frau: Hier.
Mann: Da?
Frau: Ja.
Mann: Ah?
Frau: Hören Sie? Hier kommt die Fahrkarte und da ist das Wechselgeld.
Mann: Aha! Ist ja gar nicht so schwer.
Frau: Sag' ich doch!
Mann: Also, vielen Dank dann ...
Frau: Bitte, bitte! Hallo?
Mann: Ja?
Frau: Sie müssen die Fahrkarte noch stempeln.
Mann: Ja, ja, stempeln, das weiß ich schon ...
Frau: Männer!

Schritt B, B1
Tim: „Mit einem ausländischen Führerschein darf man sechs Monate lang in Deutschland fahren." Und danach? Du, ich bin schon sechs Monate in Deutschland. Darf ich jetzt nicht mehr Auto fahren, oder was? ... Ich brauche eine Auskunft. Ich komme aus Kanada. Darf ich mit meinem Führerschein in Deutschland fahren?
KVR: Mit dem kanadischen Führerschein dürfen Sie in Deutschland ein halbes Jahr lang fahren.
Tim: Was? Darf ich danach nicht mehr Auto fahren?
KVR: Doch, aber dann brauchen Sie einen deutschen Führerschein. Oder den kanadischen Führerschein plus einen internationalen Führerschein.
Tim: Aha. Und den internationalen Führerschein, wo bekomme ich den?
KVR: Den bekommen Sie hier bei uns.
Tim: Aah, gut! Was muss ich da machen?
KVR: Zuerst müssen Sie einen Antrag ausfüllen.
Lara: Hm. Dann muss ich wohl auch einen internationalen Führerschein beantragen, was?
KVR: Sind Sie auch aus Kanada?
Lara: Nein, ich komme aus Polen.
KVR: Sie sind EU-Bürgerin. Sie haben Ihren Führerschein in der EU gemacht. Sie dürfen also in der EU Auto fahren.

Schritt C, C1a
Lara: Du, sieh mal! Da vorne ist ja gleich eine Autovermietung. Du, da gehen wir jetzt hin und fragen einfach mal. Na los, komm mit!
Tim: Ja, gleich. Geh du schon! Ich will noch schnell in den Laden da. Ich hab so einen Hunger.
Lara: Okay. Äh, Tim, warte mal!
Tim: Ja?
Lara: Bring ein Wasser für mich mit!

Schritt C, C3a
Lehrer: Guten Morgen!
Schüler: Guten Morgen!
Lehrer: So, wir fangen an! Seid bitte nicht so laut! Und macht doch die Handys aus. So, jetzt öffnet bitte die Bücher auf Seite 14.
Ein Schüler: Was sollen wir machen? Wie bitte? Wo?
Lehrer: Pscht. Hört doch bitte zu! Seite 14. Wir fangen mit den Hausaufgaben an. Ah! Was ist denn heute los?

Schritt D, D2
Herr Greco: Entschuldigen Sie. Darf ich Sie etwas fragen?
Frau: Ja, natürlich. Wie kann ich helfen?
Herr Greco: Ich verstehe das Formular nicht so gut. Was bedeutet „bisherige Wohnung"?
Frau: Das ist Ihre alte Adresse. Also, wo Sie bis jetzt gewohnt haben. Wie ist denn die alte Adresse?
Herr Greco: Ah, meine alte Adresse: Das war die Friedrichstraße 209 in Berlin.
Frau: Gut, dann tragen Sie das hier ein. Und hier müssen Sie noch das Geschlecht ankreuzen.
Herr Greco: Wie bitte? Was heißt „Geschlecht"?
Frau: „M" steht für „männlich", also für „Mann" und „w" steht für „weiblich". Das bedeutet „Frau".
Herr Greco: Ach so. „Familienstand", also nein, Deutsch ist wirklich schwer. Ähm, ich verstehe dieses Wort nicht: Familienstand.
Frau: Sind Sie ledig oder verheiratet, geschieden oder leben Sie getrennt?
Herr Greco: Ich bin verheiratet.
Frau: Dann müssen Sie „verheiratet" reinschreiben.
Herr Greco: Ah ja, alles klar. – So, fertig.
Frau: Moment. Sie sind verheiratet? Dann müssen sich auch Ihre Angehörigen anmelden.
Herr Greco: Tut mir leid. Das habe ich nicht verstanden. Noch einmal, bitte.
Frau: Auch Ihre Angehörigen müssen sich anmelden. Ihre Familie, also Ihre Ehefrau, Ihre Kinder ...
Herr Greco: Ah! Meine Frau und meine Tochter.

Lektion 9, Audiotraining 1
Zusammen lernen. Wiederholen Sie mit „Gut".
Hören Sie zuerst ein Beispiel.
Sprecher 1: Zuerst müssen wir den Text lesen.
Sprecher 2: Gut. Zuerst müssen wir den Text lesen.

Und jetzt Sie.
Sprecher 1: Zuerst müssen wir den Text lesen.
Sprecher 2: Gut. Zuerst müssen wir den Text lesen.

Sprecher 1: Dann müssen wir die Wörter lernen.
Sprecher 2: Gut. Dann müssen wir die Wörter lernen.

Sprecher 1: Und dann müssen wir Grammatik-Übungen machen.
Sprecher 2: Gut. Und dann müssen wir Grammatik-Übungen machen.

Sprecher 1: Danach müssen wir ein Diktat schreiben.
Sprecher 2: Gut. Danach müssen wir ein Diktat schreiben.

Sprecher 1: Zum Schluss dürfen wir eine Pause machen.
Sprecher 2: Gut. Zum Schluss dürfen wir eine Pause machen.

Lektion 9, Audiotraining 2
Das Wort verstehen Sie nicht. Fragen Sie nach.
Hören Sie zuerst ein Beispiel:
Sprecher 2: Haben Sie Ihren Ausweis dabei?
Sprecher 1: Ausweis? Ich verstehe das Wort nicht. Was bedeutet das?

Und jetzt Sie:
Sprecher 2: Haben Sie Ihren Ausweis dabei?
Sprecher 1: Ausweis? Ich verstehe das Wort nicht. Was bedeutet das?

Sprecher 2: Was ist Ihr Familienstand?
Sprecher 1: Familienstand? Ich verstehe das Wort nicht. Was bedeutet das?

Sprecher 2: Sie können die Gebühren dort bezahlen.
Sprecher 1: Gebühren? Ich verstehe das Wort nicht. Was bedeutet das?

Lektion 9, Audiotraining 3
Das darf man nicht! Hören Sie zuerst ein Beispiel:
Sprecher 1: laut sein
Sprecher 2: Hier darf man nicht laut sein.

Und jetzt Sie:
Sprecher 1: laut sein
Sprecher 2: Hier darf man nicht laut sein.

Sprecher 1: Musik hören
Sprecher 2: Hier darf man nicht Musik hören

Sprecher 1: telefonieren
Sprecher 2: Hier darf man nicht telefonieren.

Sprecher 1: schnell fahren
Sprecher 2: Hier darf man nicht schnell fahren.

Sprecher 1: grillen
Sprecher 2: Hier darf man nicht grillen.

Lektion 10 Gesundheit und Krankheit

Folge 10: Unsere Augen sind so blau.

Bild 1
Ioanna: Was? So spät schon? Oje! Die S-Bahn fährt nicht mehr.
Lara: Komm, gehen wir zu Fuß!
Ioanna: Ein Nachtspaziergang?
Lara: Ja! Das ist doch toll...
Ioanna: So toll wie der Typ gerade? Du weißt schon ...
Lara: Der mit den roten Haaren?
Ioanna: Ja hahaha!

Bild 2
Lara: Er hat immer so getanzt: Küss die Hand, schöne Frau, deine Augen sind so blau ...
Ioanna: Ja, genau! „Deine Augen sind so blau!" „Deine Augen sind so blau!" Hahaha! Seine Augen waren blau, nicht meine! Aaahh!
Lara: Ioanna! Was ist?!
Ioanna: Ooh, mein Auge! Mein Auge tut so weh!
Lara: Zeig mal! Oje! Du Arme! Willst du zum Arzt gehen?
Ioanna: Nein, nein. Es geht sicher gleich wieder.
Lara: Meinst du?
Ioanna: Ja, es ist schon in Ordnung. Auu!
Lara: Nein! Komm! Wir gehen doch besser zum Arzt.
Ioanna: Um die Zeit hat doch keine Praxis geöffnet.
Lara: Doch! Ich weiß, wo wir hingehen.

Bild 3
Lara: Siehst du: Die Krankenhaus-Notaufnahme hat Tag und Nacht geöffnet. Hier war ich schon mal mit Sofia und Lili.
Mitarbeiterin: Guten Abend!
Lara / Ioanna: Guten Abend!
Mitarbeiterin: Oje! Was ist denn hier passiert?
Lara: Meine Freundin hatte leider einen kleinen Unfall. Ihr Auge tut weh.
Mitarbeiterin: Da drüben im Wartebereich können Sie sich hinsetzen.
Ioanna: Okay.
Mitarbeiterin: Dr. Meinert? Hier wartet eine junge Dame auf Sie. Ja, in Ordnung. Der Doktor kommt gleich. Ähm, ...
Lara: Ja?
Mitarbeiterin: Ihre Freundin soll bitte das Formular ausfüllen, ja?
Lara: Okay.

Bild 4
Ioanna: Was hat sie gesagt?
Lara: Du sollst das Formular ausfüllen.
Ioanna: Gib her.
Lara: Hier ...
Ioanna: Du, sag mal: Sieht es wirklich so schlimm aus?
Lara: Ähm, warte! Da, sieh selbst!
Ioanna: Das ist nicht wahr, oder?
Doktor: Meinert, hallo.
Lara / Ioanna: Hallo!
Doktor: Na, das sieht ja schick aus!
Ioanna: Hahaha! Sehr witzig.
Doktor: Na, dann kommen Sie mal mit.
Ioanna: Mann! Das sieht so hässlich aus!

Bild 5
Doktor: Na, wo haben Sie denn die Schmerzen?
Ioanna: Na hier, hier vorne, sieht man das nicht?
Doktor: NUR hier?
Ioanna: Ja ...
Doktor: Aha. Bitte machen Sie das Auge mal ganz weit auf. Wieder zu. Und nochmal auf. Können Sie ganz normal sehen?
Ioanna: Ja ...
Doktor: Das ist schon mal gut. Stehen Sie auf und gehen Sie jetzt mal ein paar Schritte. So, stehen bleiben. Mal ein Bein hoch. Gut, jetzt das andere Bein hoch. Und jetzt: beide Beine hoch. Nein, Quatsch!

Bild 6
Doktor: Also, ich denke, das war Glück im Unglück: Sie haben ein blaues Auge, das ist schon alles.
Ioanna: Und was macht man da?
Doktor: Kühlen Sie das Auge. Und gehen Sie gleich ins Bett. Sie brauchen Ruhe. Haben Sie Schmerztabletten zu Hause?
Ioanna: Nein, ich glaube nicht.
Doktor: Da haben Sie schon mal zwei.
Ioanna: Danke ...

Doktor: Aber wenn's Probleme gibt, kommen Sie sofort wieder, ja?
Ioanna: Mach ich.
Doktor: Also dann: Tschüs und gute Besserung.
Ioanna: Vielen Dank! Tschüs!

Bild 7
Ioanna: Lara, ich bin fertig!
Lara: Aha. Und was hat er gesagt?
Ioanna: Es ist nur ein blaues Auge.
Lara: Oh, das ist gut.
Ioanna: Ich soll das Auge kühlen.
Lara: Hm-hm.
Ioanna: Und ich soll Schmerztabletten nehmen und ach ja: Ich soll gleich ins Bett gehen.
Lara: Aha ...
Ioanna: Das Auge sieht ja so schrecklich aus! Sag mal Lara, was machst du da eigentlich?
Lara: Na?!
Ioanna: Nein! Lara!
Lara: Was ist? Hast du was gegen Partnerlook?

Bild 8
Lara & Ioanna: „Gute Nacht schöne Frau, unsere Augen sind so blau!" „Unsere Augen sind so blau – so blau – so blaublaublaublaublau!"

Schritt B, B2
Nachricht 1
Automat: Sie haben eine neue Nachricht. Heute, 10:25 Uhr...
Frau: Hallo Schatz! Jan und Julia sind beide krank. Ihre Ohren tun sehr weh! Wir gehen jetzt zum Kinderarzt. Kannst Du einkaufen gehen? Danke, bis später!
Nachricht 2
Automat: Sie haben eine neue Nachricht. Heute, 14:46 Uhr...
Frau: Hallo Gesine. Hier ist Heike. Wie war Euer Termin mit Frau Pfeiffer? Du, ich bin wieder gesund. Morgen komme ich wieder zur Arbeit. Tschüs, bis morgen!
Nachricht 3
Automat: Sie haben eine neue Nachricht. Heute, 08:03 Uhr...
Mann: Hi Felix, hier ist Amar! Du, unser Hund ist krank. Ich muss mit ihm zum Tierarzt. Ich komme also erst um 10 Uhr ins Büro. Kannst Du Frau Kerner informieren? Danke, bis später!

Schritt C, C2
Frau: Muss ich wirklich das Medikament nehmen?
Pflegerin: Ja, natürlich. Der Arzt hat doch gesagt, Sie sollen zwei Tabletten nehmen!
Frau: Was? Ich soll zwei Tabletten nehmen?
Pflegerin: Genau!

Schritt D, D1
Hakim: Youssef.
Gabi: Hallo Hakim.
Hakim: Hallo, Gabi! Wo bist du denn?
Gabi: Tut mir leid. Ich bin noch zu Hause. Ich bin krank.
Hakim: Oh, das tut mir aber leid.
Gabi: Ja. Mein Hals tut sehr weh.
Hakim: Du kommst also heute nicht in die Firma.
Gabi: Genau. Der Arzt sagt, ich soll bis Freitag zu Hause bleiben. Ich schicke die Krankmeldung an die Firma.
Hakim: Bis zum 27.?
Gabi: Genau!
Hakim: Ja, dann gute Besserung, Gabi. Erhol dich!
Gabi: Danke. Tschüs.

Schritt E, E1 und E2
Arzthelferin: Praxis Doktor Hellmann, guten Tag.
Patient: Guten Morgen, hier Kuhn. Könnte ich bitte einen Termin haben?
Arzthelferin: Wann haben Sie denn Zeit? Morgen haben wir am Nachmittag einen Termin frei!
Patient: Ich möchte bitte heute kommen. Es ist dringend!
Arzthelferin: Ach so, es ist ein Notfall.
Patient: Ja, ich hatte einen kleinen Unfall.
Arzthelferin: Wann können Sie denn kommen?
Patient: Gleich! Ich wohne ganz in der Nähe.
Arzthelferin: Dann kommen Sie doch in 20 Minuten.
Patient: Sehr gut. Dann komme ich sofort vorbei.
Arzthelferin: In Ordnung. Bis später. Und bringen Sie bitte Ihre Versichertenkarte mit!
Patient: Das mache ich. Vielen Dank. Bis gleich!

Lektion 10, Audiotraining 1
Das tut so weh! Antworten Sie mit „Oje".
Hören Sie zuerst ein Beispiel:
Sprecher 1: Ich habe Bauchschmerzen.
Sprecher 2: Oje! Dein Bauch tut weh!

Und jetzt Sie.
Sprecher 1: Ich habe Bauchschmerzen.
Sprecher 2: Oje! Dein Bauch tut weh!

Sprecher 1: Ich habe Halsschmerzen.
Sprecher 2: Oje! Dein Hals tut weh!

Sprecher 1: Ich habe Kopfschmerzen.
Sprecher 2: Oje! Dein Kopf tut weh!

Sprecher 1: Ich habe Rückenschmerzen.
Sprecher 2: Oje! Dein Rücken tut weh!

Sprecher 1: Ich habe Zahnschmerzen.
Sprecher 2: Oje! Dein Zahn tut weh!

Lektion 10, Audiotraining 2
Was sagt die Ärztin? Wiederholen Sie mit „sollen".
Hören Sie zuerst ein Beispiel:
Sprecher 1: Gehen Sie gleich ins Bett.
Sprecher 2: Die Ärztin sagt, ich soll gleich ins Bett gehen.

Und jetzt Sie:
Sprecher 1: Gehen Sie gleich ins Bett.
Sprecher 2: Die Ärztin sagt, ich soll gleich ins Bett gehen.

Sprecher 1: Trinken Sie viel Tee.
Sprecher 2: Die Ärztin sagt, ich soll viel Tee trinken.
Sprecher 1: Nehmen Sie Schmerztabletten.
Sprecher 2: Die Ärztin sagt, ich soll Schmerztabletten nehmen.

Sprecher 1: Sprechen Sie nicht so viel.
Sprecher 2: Die Ärztin sagt, ich soll nicht so viel sprechen.

Sprecher 1: Gehen Sie sofort in ein Krankenhaus.
Sprecher 2: Die Ärztin sagt, ich soll sofort in ein Krankenhaus gehen.

Sprecher 1: Bleiben Sie im Bett und schlafen Sie viel.
Sprecher 2: Die Ärztin sagt, ich soll im Bett bleiben und viel schlafen.

Lektion 10, Audiotraining 3
Einen Termin vereinbaren. Antworten Sie auf die Fragen.
Hören Sie zuerst ein Beispiel:
Sprecher 1: Könnte ich bitte einen Termin haben? morgen
Sprecher 2: Morgen haben wir einen Termin frei.

Und jetzt Sie:
Sprecher 1: Könnte ich bitte einen Termin haben? morgen
Sprecher 2: Morgen haben wir einen Termin frei.

Sprecher 1: Könnte ich bitte einen Termin haben? am Freitag
Sprecher 2: Am Freitag haben wir einen Termin frei.

Sprecher 1: Könnte ich bitte einen Termin haben? übermorgen
Sprecher 2: Übermorgen haben wir einen Termin frei.

Sprecher 1: Könnte ich bitte einen Termin haben? am Nachmittag
Sprecher 2: Am Nachmittag haben wir einen Termin frei.

Sprecher 1: Könnte ich bitte einen Termin haben? morgen Vormittag
Sprecher 2: Morgen Vormittag haben wir einen Termin frei.

Lektion 11 In der Stadt unterwegs

Folge 11: Alles im grünen Bereich

Bild 1
Lara: Ja? Hallo? Sofia? Was ist denn los? Walter ist krank? Oh! H-hm. Das Auto? Wann muss es denn dort sein? Um zwölf machen die zu? Gut. Ich frühstücke mit Lili und dann gehen wir zu Walter und holen das Auto. Kein Problem. Tschüs, bis nachher.
Lili: Morgen!
Lara: Guten Morgen, Lili!
Lili: Was ist denn?
Lara: Dein Opa hat eine Erkältung und Fieber.
Lili: Wo ist er denn? Ist er beim Arzt? ...
Lara: Nein, im Bett.
Lili: Und wo ist Mama?
Lara: Sofia ist in der Apotheke und holt Medikamente. Und wir zwei sollen Walters Auto zur Werkstatt bringen.
Lili: Jaaa! Du und ich, wir fahren mit dem Auto.

Bild 2
Lili: Hier, der Autoschlüssel.
Lara: Aha. Und wohin sollen wir jetzt fahren?
Lili: Na, zur Autowerkstatt.
Lara: Ja. Aber wo ist die?
Lili: Äh, hier ist die Adresse. Und wir haben ja das Navi.
Lara: Ach so.
Navi: Willkommen! Bitte geben Sie Ihre Zieladresse ein.
Lili: Moment.

Bild 3
Navi: Fahren Sie nun 200 Meter geradeaus. Fahren Sie dann nach links. Fahren Sie dann an der Ampel nach rechts.
Lara: Du, das ist aber ein super Auto. Wie schnell fährt das denn?
Lili: Sehr schnell, glaub ich.
Navi: Fahren Sie nun nach rechts. Fahren Sie dann 1400 Meter geradeaus.
Lara: Ich möchte so gern mal richtig schnell fahren.
Lili: Na, dann mach's doch!
Lara: In der Stadt darf man aber nur 50 fahren.

Bild 4
Lili: Hey, Lara! Sieh mal, das Schild da drüben! Da geht's zur Autobahn.
Lara: Wo? Wo denn?
Lili: Da, vor der Brücke links.
Lara: Ja, aber wir müssen doch zur Werkstatt.
Lili: Ach komm! Wir haben noch soo viel Zeit.
Lara: Meinst du?
Lili: Na klar! Alles im grünen Bereich.
Navi: Bitte fahren Sie geradeaus. Sie fahren falsch. Sie fahren falsch.
Lili: Du bist jetzt mal ruhig!
Navi: Sie fahren fal...
Lili: Sie fahren genau richtig. Bitte fahren Sie jetzt auf die Autobahn. Fahren Sie dann ganz schnell.

Bild 5
Lili: Juhuu! Das ist toll!
Lara: Ja, Walters Auto fährt wirklich super. Aber sollen wir nicht lieber zurückfahren?
Lili: Nein! Bleiben Sie auf der Autobahn. Alles im grünen Bereich. Fahren Sie lieber zur Tankstelle und kaufen Sie dort ein Eis für Lili.
Lara: Na schön.

Bild 6
Lara: Hhhh, Lili!
Lili: Was ist denn?
Lara: Da! Guck mal auf die Uhr! Es ist schon zwanzig nach elf!
Lili: Oh-oh! Wann müssen wir bei der Werkstatt sein?
Lara: Um zwölf.
Lili: Oh-oh!
Lara: Was machen wir denn jetzt?
Lili: Wir schalten das Navi wieder ein. ...
Navi: Fahren Sie zweitausendvierhundert Meter geradeaus. Fahren Sie dann nach rechts.

Bild 7
Lili: Wie spät ist es?
Lara: 11 Uhr 58, nein 11 Uhr 59.
Navi: Fahren Sie an der Ampel nach links. Fahren Sie dann einhundert Meter geradeaus.
Lili: Da sieh mal! Da vorne ist die Werkstatt. Hörst du? Jetzt ist es genau zwölf.
Navi: Sie haben Ihr Ziel erreicht.
Lili: Hey, guck mal: Die machen gerade zu.
Lara: Hallo! Halt! Nicht schließen! Warten Sie!

Bild 8
Lara: Danke! Also dann ein schönes Wochenende!
Mechaniker: Ja, Ihnen auch!
Lili: Ja, hallo Mama. Ja, wir sind noch bei der Autowerkstatt. Ja ja, das war kein Problem. Wir kommen dann mit der S-Bahn zurück. Bis gleich! Und?
Lara: Alles klar! Das war aber wirklich in letzter Sekunde. Puhhh!
Lili: Na also, sag ich doch! Alles im grünen Bereich.

Schritt B, B2 a und b
Gespräch 1
Lili: Morgen!
Lara: Guten Morgen, Lili!
Lili: Was ist denn?
Lara: Dein Opa hat eine Erkältung und Fieber.
Lili: Wo ist er denn? Ist er beim Arzt?
Lara: Nein, im Bett.
Lili: Und wo ist Mama?
Lara: Sofia ist in der Apotheke und holt Medikamente. Und wir zwei sollen Walters Auto zur Werkstatt bringen.
Lili: Jaaa! Du und ich, wir fahren mit dem Auto.

Gespräch 2
Mann: Wir brauchen noch Obst und Milch. Also wollen wir jetzt fahren?
Frau: Fahren? Gehen wir doch zu Fuß!
Mann: Oh ne, zu Fuß? Das ist weit. Nehmen wir doch das Auto!
Frau: Alan! Nein! Das ist nicht gut. Und teuer! Wir nehmen die Straßenbahn.
Mann: Na gut!

Gespräch 3
Sohn: Tschüs, Mama. Ich muss los – Fußballtraining. Ich nehm' das Auto, okay?
Mutter: Nein, das Auto bleibt hier. Du kannst sehr gut mit dem Fahrrad fahren. Es sind nur ein paar hundert Meter zum Fußballplatz.
Sohn: Mann! Nichts darf man. Aber gut – ich nehme das Fahrrad. Auch wenn es gerade regnet!

Gespräch 4
Frau: Wo ist die Schule nur? Hallo! Sie! Entschuldigen Sie. Können Sie mir helfen? Ich suche die Gutenberg-Schule.
Mann: Zur Schule wollen Sie? Hm. Da sind Sie eine Station zu weit gefahren. Fahren Sie am besten mit dem nächsten Bus zurück. Sie können jeden Bus nehmen. Die fahren alle in dieselbe Richtung. Sehen Sie, da kommt schon einer.

Schritt B, B5a
Frau: Entschuldigung, wie komme ich zum Luisen-Schwimmbad? Kann ich zu Fuß gehen?
Mann: Zu Fuß? Nein, das ist zu weit. Fahren Sie mit dem Bus 31 bis zur Station „Schwimmbad".
Frau: Vielen Dank für die Auskunft! Auf Wiedersehen.
Mann: Gern! Auf Wiedersehen!

Schritt C, C1
Navi: Fahren Sie nun 200 Meter geradeaus. Fahren Sie dann nach links. Fahren Sie dann an der Ampel nach rechts.
Lara: Du, das ist aber ein super Auto. Wie schnell fährt das denn?
Lili: Sehr schnell, glaube ich.
Navi: Fahren Sie nun nach rechts. Fahren Sie dann 1400 Meter geradeaus.
Lara: Ich möchte so gern mal richtig schnell fahren!

Schritt C, C2
Mann: Entschuldigen Sie. Ich suche den Bahnhof.
Frau: Also, das ist ganz einfach. Sie gehen geradeaus weiter. Dann kommen Sie an einen Platz. Das ist der Karolinenplatz. Am Karolinenplatz gehen Sie nach links und dann wieder geradeaus. Am Kino gehen Sie nach rechts. Ehm ... Nach circa dreihundert Metern sehen Sie schon den Bahnhof.
Mann: Vielen Dank. Sehr nett von Ihnen.

Schritt D, D1b
Lara: Ja? Hallo? Sofia? Was ist denn los? Walter ist krank? Oh! H-hm. Das Auto? Wann muss es denn dort sein? Um zwölf machen die zu? Gut. Ich frühstücke mit Lili und dann gehen wir zu Walter und holen das Auto. Kein Problem. Tschüs, bis nachher.
Lili: Morgen!
Lara: Guten Morgen, Lili!
Lili: Was ist denn?
Lara: Dein Opa hat eine Erkältung und Fieber.
Lili: Wo ist er denn? Ist er beim Arzt? ...
Lara: Nein, im Bett.
Lili: Und wo ist Mama?
Lara: Sofia ist in der Apotheke und holt Medikamente. Und wir zwei sollen Walters Auto zur Werkstatt bringen.
Lili: Jaaa! Du und ich, wir fahren mit dem Auto. ...

Schritt D, D2
Mann: Ist der Chef nicht da?
Frau: Nein, tut mir leid. Er ist beim Zahnarzt.

Schritt E, E1
Durchsage 1
Meine Damen und Herren an Gleis 2, Ihr Zug fährt in Kürze ab. Bitte steigen Sie ein. Türen schließen selbsttätig. Vorsicht bei der Abfahrt. Wir wünschen eine angenehme Reise.

Durchsage 2
Verehrte Fahrgäste, bitte beachten Sie: Intercity 2159 nach Dresden Hauptbahnhof über Weimar, Naumburg, Leipzig, Abfahrt 14 Uhr 42, kommt voraussichtlich 10 Minuten später an. Wir bitten um Entschuldigung.

Durchsage 3
Meine Damen und Herren an Gleis 7, bitte beachten Sie: Intercity 79697 von Hamburg Altona nach Nürnberg Hauptbahnhof über Kassel Wilhelmshöhe, Fulda, Würzburg, Abfahrt 22 Uhr 21, fährt heute von Gleis 8 ab. Wir bitten um Verständnis.

Durchsage 4
Meine Damen und Herren, willkommen in Weimar. Dieser Zug endet hier. Bitte alle aussteigen.

Durchsage 5
Meine Damen und Herren, willkommen in Hannover. Ihre nächsten Reisemöglichkeiten: S4 nach Hildesheim, Abfahrt 19 Uhr 19 von Gleis 1, Intercity 149 nach Berlin Ostbahnhof, Abfahrt 19 Uhr 21 von Gleis 9, Regionalexpress nach Norddeich, Abfahrt 19 Uhr 21 von Gleis 12.

Schritt E, E2b
Kundin: Ich brauche eine Auskunft. Wann fährt der nächste Zug nach Köln?
Mitarbeiterin: Um 9 Uhr 50.
Kundin: Ah ja, vielen Dank. Und von welchem Gleis fährt der Zug ab?
Mitarbeiterin: Gleis 17. Also gleich am Bahnsteig gegenüber.
Kundin: Ah, gut. Wo bekomme ich eine Fahrkarte?
Mitarbeiterin: Hier! Oder am Automaten – dort drüben.
Kundin: Dann kaufe ich sie hier.
Mitarbeiterin: Einfach oder hin und zurück?
Kundin: Hin und zurück, bitte.
Mitarbeiterin: Das macht 63 Euro.
Kundin: Vielen Dank!
Mitarbeiterin: Gern, auf Wiedersehen. Und gute Fahrt!
Kundin: Danke! Auf Wiedersehen.

Lektion 11, Audiotraining 1
Wo ist ...? Antworten Sie auf die Fragen.
Hören Sie zuerst ein Beispiel:
Sprecher 1: Entschuldigung, wo ist hier der Kindergarten?
neben – Supermarkt
Sprecher 2: Da vorne. Neben dem Supermarkt.

Und jetzt Sie:
Sprecher 1: Entschuldigung, wo ist hier der Kindergarten?
neben – Supermarkt
Sprecher 2: Da vorne. Neben dem Supermarkt.

Sprecher 1: Entschuldigung, wo ist hier eine Post?
an – Ecke
Sprecher 2: Da vorne. An der Ecke.

Sprecher 1: Entschuldigung, wo ist hier das Krankenhaus?
in – Baumstraße
Sprecher 2: Da vorne. In der Baumstraße.

Sprecher 1: Entschuldigung, wo ist hier ein Parkplatz?
hinter – Hotel
Sprecher 2: Da vorne. Hinter dem Hotel.

Sprecher 1: Entschuldigung, wo ist hier ein Café?
über – Bäckerei
Sprecher 2: Da vorne. Über der Bäckerei.

Sprecher 1: Entschuldigung, wo ist hier eine Bank?
zwischen – Museum – Kiosk
Sprecher 2: Da vorne. Zwischen dem Museum und dem Kiosk.

Lektion 11, Audiotraining 2
Einen Weg beschreiben. Wiederholen Sie mit „gut".
Hören Sie zuerst ein Beispiel:
Sprecher 2: Entschuldigung. Ich suche den Kindergarten.
Sprecher 1: Gehen Sie zuerst einfach geradeaus.
Sprecher 2: Gut. Ich gehe zuerst einfach geradeaus.

Und jetzt Sie:
Sprecher 1: Gehen Sie zuerst einfach geradeaus.
Sprecher 2: Gut. Ich gehe zuerst einfach geradeaus.

Sprecher 1: Gehen Sie dann die dritte Straße links.
Sprecher 2: Gut. Ich gehe dann die dritte Straße links.

Sprecher 1: Gehen Sie an der Ampel rechts.
Sprecher 2: Gut. Ich gehe an der Ampel rechts.

Sprecher 1: Gehen Sie 400 Meter geradeaus.
Sprecher 2: Gut. Ich gehe 400 Meter geradeaus.

Lektion 11, Audiotraining 3
Mit dem Zug! Antworten Sie auf die Fragen.
Hören Sie zuerst ein Beispiel:
Sprecher 1: Wie komme ich nach Duisburg?
Sprecher 2: Sie müssen mit dem Zug fahren.

Und jetzt Sie:
Sprecher 1: Wie komme ich nach Duisburg?
Sprecher 2: Sie müssen mit dem Zug fahren.

Sprecher 1: Wie komme ich bitte zum Bahnhof?
Sprecher 2: Sie müssen mit dem Bus fahren.

Sprecher 1: Entschuldigung! Wie komme ich zum Hotel „Rose"?
Sprecher 2: Sie müssen mit der Straßenbahn fahren.

Sprecher 1: Ich möchte zum Bodensee. Wie mache ich das?
Sprecher 2: Sie müssen mit dem Auto fahren.

Zwischendurch mal ...
Lied: Entschuldigen Sie ...?
Entschuldigen Sie? ... Darf ich Sie was fragen?
Ich bin fremd in dieser Stadt. Bitte können Sie mir sagen:
Wie komm' ich denn von hier zur Universität?
Ich hab' einen Termin dort und ich bin schon viel zu spät.
Fahr' ich mit der U-Bahn, mit der S-Bahn, mit dem Bus?
Oder ist es nicht so weit? Dann gehe ich zu Fuß.

Sie geh'n da vorne links an diesem Kiosk vorbei.
Und dann geh'n Sie immer weiter bis zu einer Bäckerei.
Neben dem Geschäft muss auch 'ne Buchhandlung sein.
Und hinter der geht rechts ein kleiner Weg hinein.
Aber Achtung! Dieser Weg ist wirklich ziemlich schmal
und ich glaub', es ist am besten, Sie fragen dort nochmal.

Da hinten? Da vorne? ... Danke, danke!
Links und rechts und ... Danke, danke!
Da oben? Da unten? ... Danke, danke!
Geradeaus? ... Das ist wirklich sehr nett!

Entschuldigen Sie? Darf ich Sie was fragen?
Ich bin fremd in dieser Stadt. Bitte können Sie mir sagen:
Wie komm ich denn von hier zur Universität?
Ich hab einen Termin dort und ich bin schon viel zu spät.
Fahr' ich mit der U-Bahn, mit der S-Bahn, mit dem Bus?
Oder ist es nicht so weit? Dann gehe ich zu Fuß.

Zur Universität? Aha, aha, aha,
... zur Universität, seh'n Sie mal,
da geh'n Sie da hinter diesem Parkplatz rechts die Treppe hinauf
und da oben bei der Apotheke dann geradeaus.
Und dann geh'n Sie immer weiter, bis es nicht mehr weitergeht.
Dann sind Sie in der Nähe von der Universität.

Da hinten? Da vorne? ... Danke, danke!
Links und rechts und ... Danke, danke!
Da oben? Da unten? ... Danke, danke!
Geradeaus? ... Das ist wirklich sehr nett!

Lektion 12 Kundenservice

Folge 12: Super Service!

Bild 1
Ioanna: Hey, Lara! Die Tasche habe ich ja noch nie gesehen. Ist sie neu?
Lara: Ja. Ich habe sie vor ein paar Tagen gekauft.
Ioanna: Super! Sie war sicher nicht billig, oder?
Lara: Nein, billig war sie nicht ...

Bild 2
Ioanna: Oh, da, sieh mal! Was ist das denn?
Lara: Was denn?
Ioanna: Na, da! Die Tasche ist ja schon kaputt.
Lara: Oh nein! Ich verstehe das nicht. Zu Hause war sie noch in Ordnung. Nein!
Ioanna: Hhh! Was ist denn jetzt passiert?

Bild 3
Ioanna: Oje! Warte, ich helfe dir.
Lara: Danke! Oh Mann! So ein Pech!
Ioanna: Na, das müssen aber die in dem Laden reparieren. Hast du die Rechnung noch?
Lara: Na klar. Gleich nach dem Kurs geh ich hin.
Ioanna: Oh! In einer Minute fängt der Kurs an. Komm!

Bild 4
Lara: Guten Tag.
Verkäufer: Tag.
Lara: Entschuldigen Sie, bitte. Ich will Sie nicht bei der Arbeit stören. Aber: Könnten Sie mir bitte helfen?
Verkäufer: Hm? Was kann ich denn für Sie tun?
Lara: Sehen Sie mal: Die Tasche habe ich vor einer Woche hier bei Ihrem Kollegen gekauft.
Verkäufer: Aha ...
Lara: Sie ist leider schon kaputt. Sehen Sie? Schon nach einer Woche, das ist doch nicht normal, oder?
Verkäufer: Zeigen Sie mal!

Bild 5
Verkäufer: Das können Sie ganz leicht selbst reparieren.
Lara: Ich?
Verkäufer: Klar! Das geht ganz schnell, in fünf Minuten.
Lara: Ich glaube, Sie haben mich falsch verstanden. Würden Sie das bitte machen?
Verkäufer: Ja gut. Das kostet dann aber 50 Euro!
Lara: Wie bitte? Ich soll die Reparatur bezahlen?
Verkäufer: Na klar, die Tasche war doch ein Sonderangebot.
Lara: Nein! Das war kein Sonderangebot. Warten Sie. Sehen Sie: Da ist die Rechnung. Sonderangebot? Wo steht denn das? Könnten Sie mir das bitte zeigen?
Verkäufer: Tjaööhh ...

Bild 6
Verkäufer: Ja, okay! Dann reparieren wir die Tasche eben kostenlos.
Lara: Aha. Schön. Wie lange brauchen Sie für die Reparatur?
Verkäufer: Na ja ... Sie bekommen die Tasche in etwa vier bis sechs Wochen zurück.
Lara: Wie bitte?! Tut mir leid. So lange kann ich nicht warten.
Verkäufer: Tja, was soll ich machen?
Lara: Könnten Sie mir einfach eine neue Tasche geben? Sie haben doch sicher noch so eine.
Verkäufer: Leider nein.
Lara: Okay! Würden Sie mir dann bitte mein Geld zurückgeben?
Verkäufer: Ihr Geld? Tja, öhm ...

Bild 7
Verkäufer: Warten Sie, öhm ...vielleicht können wir die Tasche doch noch schnell reparieren.
Lara: Jetzt gleich?
Verkäufer: Nein.
Lara: Wie lange dauert es denn? Bis morgen?
Verkäufer: Hm, heute ist Freitag. Ab wann brauchen Sie die Tasche denn wieder?
Lara: Ab Montag.
Verkäufer: Sagen wir Dienstag. Ab Dienstag können Sie die Tasche abholen.
Lara: Na gut. Würden Sie mir bitte eine Plastiktüte geben?
Verkäufer: Öhm eine Plastiktüte?...
Lara: Für meine Sachen.
Verkäufer: Ja klar! Hier bitte: Kostenlos! Das gehört bei uns natürlich zum Service.

Bild 8
Lara: Hallo, Ioanna! Tasche? Du, ich habe keine Tasche mehr. Ich habe jetzt nämlich eine super Plastiktüte. Nein, das ist kein Spaß! Das ist „Service"! Ja genau: ein super Service!

Schritt A, A2
Lara: Guten Tag.
Verkäufer: Tag.
Lara: Entschuldigen Sie, bitte. Ich will Sie nicht bei der Arbeit stören. Aber: Könnten Sie mir bitte helfen?
Verkäufer: Hm? Was kann ich denn für Sie tun?
Lara: Sehen Sie mal: Die Tasche habe ich vor einer Woche hier bei Ihrem Kollegen gekauft.
Verkäufer: Aha ...
Lara: Sie ist leider schon kaputt. Sehen Sie? Schon nach einer Woche, das ist doch nicht normal, oder?
Verkäufer: Zeigen Sie mal!

Schritt A, A3a
Reporter: Der Laden ist sehr schön.
Verkäufer: Ja, danke.
Reporter: Wir machen eine Reportage. Wie sieht der Tag in einem kleinen Laden aus? Wie sind die Arbeitszeiten? Was machen Sie als Verkäufer den ganzen Tag?
Verkäufer: Ich bin nicht nur Verkäufer. Ich nähe auch selbst Taschen und Kleider und mache Reparaturen.
Reporter: Ah ja, okay. Und wie sieht Ihr Tag aus?
Verkäufer: Also, ich bin so um 10 Uhr im Laden. Vormittags, also vor der Mittagspause kann ich oft Reparaturen machen und nähen. Am Vormittag sind oft weniger Kunden im Laden. Nur am Wochenende nicht.
Reporter: Ah ja, interessant.
Verkäufer: Die Mittagspause mache ich so um 13 Uhr. Beim Mittagessen höre ich Musik. Aber manchmal habe ich keine

Zeit, weil viele Kunden gerade in der Mittagszeit kommen. Ich verkaufe viele Taschen am frühen Nachmittag, oft gleich nach der Mittagspause. Am Nachmittag sind viele Kunden da. Und um 20 Uhr schließe ich den Laden. Ein langer Tag!
Reporter: Ja, das stimmt. Sprechen wir doch noch über ...

Schritt B, B1
Lara: Aha. Schön. Wie lange brauchen Sie für die Reparatur?
Verkäufer: Na ja... Sie bekommen die Tasche in etwa vier bis sechs Wochen zurück.
Lara: Wie bitte?! ...
Verkäufer: Warten Sie, öhm ...vielleicht können wir die Tasche doch noch schnell reparieren.
Lara: Jetzt gleich?
Verkäufer: Nein.
Lara: Wie lange dauert es denn? Bis morgen?
Verkäufer: Hm, heute ist Freitag. Ab wann brauchen Sie die Tasche denn wieder?
Lara: Ab Montag.
Verkäufer: Sagen wir Dienstag. Ab Dienstag können Sie die Tasche abholen.

Schritt B, B2
Frau: Mein Herd funktioniert nicht. Ich brauche dringend Hilfe. Wann kann der Techniker kommen?
Mann: In einer Stunde ist er bei Ihnen.

Schritt C, C1
a Könnten Sie mir das bitte zeigen?
b Helfen Sie mir!
c Geben Sie mir einfach eine neue Tasche!
d Würden Sie mir dann bitte mein Geld zurückgeben?

Schritt D, D1 und D2
Ansage 1
Sie sind verbunden mit dem Anschluss von Susanne Begemann. Im Moment bin ich nicht erreichbar. Sie können mir gern eine Nachricht hinterlassen. Ich rufe Sie zurück. Vielen Dank.

Ansage 2
Guten Tag. Hier ist das Bürgeramt Süd. Sie brauchen einen neuen Pass oder Personalausweis, wählen Sie bitte die „1". Sie wollen Ihren Wohnsitz ändern und haben eine neue Adresse. Wählen Sie bitte die „2". Sie möchten einen internationalen Führerschein beantragen, wählen Sie bitte die „3". Für eine Ansage in englischer Sprache wählen Sie bitte die „4". Vielen Dank.

Ansage 3
Ja, guten Tag. Herr Tögel. Hier ist Gebrauchtwagen Schmitz. Sie waren gestern bei uns hier in der Landsberger Straße. Es geht um den Opel Astra. Sie bekommen das Auto für 1.500 Euro. Ich habe aber noch einen Interessenten. Bitte rufen Sie mich bis spätestens 17 Uhr zurück. Meine Nummer ist ...

Ansage 4
Guten Tag, Frau Brückner, Sie haben Ihren Sohn Johannes bei uns angemeldet. Er soll zweimal pro Woche Hilfe in Deutsch für die achte Klasse bekommen. Wir haben jetzt einen Lehrer für Sie. Er kann dienstags und donnerstags nach 18 Uhr. Passt die Zeit? Bitte rufen Sie uns in den nächsten Tagen an. Vielen Dank. Auf Wiederhören.

Schritt E, E4
Frau Grave: Firma Express. Sie sprechen mit Annalena Grave. Was kann ich für Sie tun?
Herr Ukaj: Hallo, hier ist Ukaj. Könnte ich bitte den Kundenservice sprechen?
Frau Grave: Ja, hier sind Sie richtig. Hier ist der Kundenservice.
Herr Ukaj: Ah? Okay. Also, ich habe vor 12 Monaten eine Espressomaschine gekauft. Typ City 3. Leider funktioniert sie nicht mehr.
Frau Grave: Was genau ist denn das Problem?
Herr Ukaj: Das Wasser läuft nicht durch.
Frau Grave: Ah! Die Maschine ist verkalkt. Haben Sie Essig im Haus?
Herr Ukaj: Sie meinen zum Kochen, für Salat und so?
Frau Grave: Genau.
Herr Ukaj: Ja, Essig hab ich. Und was mache ich mit dem Essig? Würden Sie mir das bitte erklären?
Frau Grave: Natürlich. Tun Sie so 200 Milliliter, also ungefähr ein Glas, in den Wasserbehälter.
Herr Ukaj: Aha.
Frau Grave: Dann schalten Sie die Maschine ein und lassen den Essig einmal wie Wasser durchlaufen.
Herr Ukaj: Und das funktioniert?
Frau Grave: Ja, schon. Sie können auch alle Informationen in der Gebrauchsanleitung finden.
Herr Ukaj: Also gut, dann mache ich das jetzt mal. Vielen Dank für Ihre Hilfe.
Frau Grave: Nichts zu danken. Wenn Sie noch Fragen haben, rufen Sie einfach noch mal an.
Herr Ukaj: Ja, mach ich! Danke. Tschüs!
Frau Grave: Tschüs!

Lektion 12, Audiotraining 1
Bitten formulieren! Sagen Sie es höflich.
Hören Sie zuerst ein Beispiel:
Sprecher 2: Machen Sie doch das Handy aus!
Sprecher 1: Könnten Sie bitte das Handy ausmachen?

Und jetzt Sie:
Sprecher 2: Machen Sie doch das Handy aus!
Sprecher 1: Könnten Sie bitte das Handy ausmachen?

Sprecher 2: Machen Sie doch das Fenster zu.
Sprecher 1: Könnten Sie bitte das Fenster zumachen?

Sprecher 2: Machen Sie doch das Licht an.
Sprecher 1: Könnten Sie bitte das Licht anmachen?

Sprecher 2: Nehmen Sie doch die Briefe mit.
Sprecher 1: Könnten Sie bitte die Briefe mitnehmen?

Lektion 12, Audiotraining 2
Hier ist der Anschluss von .... Wiederholen Sie.
Hören Sie zuerst ein Beispiel:
Sprecher 2: Guten Tag. Hier ist der Anschluss von Familie Baumann.
Sprecher 1: Guten Tag. Hier ist der Anschluss von Familie Baumann.

Und jetzt Sie:
Sprecher 2: Guten Tag. Hier ist der Anschluss von Familie Baumann.
Sprecher 1: Guten Tag. Hier ist der Anschluss von Familie Baumann.

Sprecher 1: Im Moment sind wir nicht erreichbar.
Sprecher 2: Im Moment sind wir nicht erreichbar.

Sprecher 1: Sprechen Sie bitte Ihren Namen und Ihre Telefonnummer nach dem Ton.
Sprecher 2: Sprechen Sie bitte Ihren Namen und Ihre Telefonnummer nach dem Ton.

Sprecher 1: Wir rufen zurück.
Sprecher 2: Wir rufen zurück.

Sprecher 1: Oder rufen Sie später noch einmal an.
Sprecher 2: Oder rufen Sie später noch einmal an.

Lektion 12, Audiotraining 3
Wann kann Ihr Techniker kommen? Antworten Sie auf die Fragen. Hören Sie zuerst ein Beispiel.
Sprecher 1: Wann kann Ihr Techniker kommen?
vor – Mittagspause
Sprecher 2: Vor der Mittagspause.

Und jetzt Sie:
Sprecher 1: Wann kann Ihr Techniker kommen?
vor – Mittagspause
Sprecher 2: Vor der Mittagspause.

Sprecher 1: Ich brauche dringend deine Hilfe.
Wann hast du Zeit?
in – Stunde
Sprecher 2: In einer Stunde.

Sprecher 1: Ich möchte gern Herrn Meier sprechen.
Wann ist er wieder da?
nach – Mittagessen
Sprecher 2: Nach dem Mittagessen.

Sprecher 1: Wie lange brauchen Sie für die Reparatur?
bis – morgen Mittag
Sprecher 2: Bis morgen Mittag.

Sprecher 1: Wir müssen dein Fahrrad reparieren.
Wann hast Du Zeit?
nach Arbeit
Sprecher 2: Nach der Arbeit.

Sprecher 1: Wann kann ich das Gerät abholen?
in – drei Wochen
Sprecher 2: In drei Wochen.

Lektion 13 Neue Kleider

Folge 13: Ist das kalt heute!

Bild 1
Lara: Wah! Ist das kalt heute Morgen! Hoffentlich bekomme ich keine Erkältung. Ich glaube, ich bin schon ein bisschen krank!
Tim: Oje! Du Arme!

Bild 2
Ioanna: Hey, ihr zwei! Guten Morgen!
Tim & Lara: Guten Morgen! Guten Morgen, Ioanna!
Tim: Bahh, es ist wirklich ziemlich kalt heute!
Ioanna: Naja, nur so ein Hemd, das ist halt doch ein bisschen wenig, was? Sieh mal: Lara und ich haben es richtig gemacht. Moment mal, das ist doch ... Ist das nicht Tims Jacke? ...
Lara: H-hm.
Ioanna: Hast du denn keine?
Lara: Naja, schon. Aber die ist soo hässlich!
Ioanna: Ach so.
Lara: Ich will mir ja schon lange eine Jacke kaufen. Ich glaube, am Samstag gehe ich in die Stadt.
Ioanna: Oh ja super, wir kommen mit. Du kommst doch auch mit, Tim, oder?
Tim: Mal sehen. Wenn ich nicht krank bin.

Bild 3
Tim: Gibt's hier auch Regenjacken?
Ioanna: Woah! Sieh mal, Lara! Die Jacke da! Die ist super!
Lara: Was? Welche Jacke denn?
Ioanna: Na, diese hier. Und die ist sicher auch schön warm. Komm doch! Zieh sie gleich mal an!
Tim: Aah! Dort drüben gibt's die Regenjacken! ...

Bild 4
Lara: Und?
Ioanna: Toll! Die Jacke passt dir perfekt.
Lara: Wirklich? Tim, was meinst du?
Tim: Hmm. Ich weiß nicht. Die ist doch zu groß.
Du siehst wie eine Kartoffel aus, finde ich ...
Lara: Das ist ja wirklich sehr nett!
Ioanna: Also, mir gefällt sie sehr gut.
Lara: Aber sie ist wirklich etwas weit, oder?
Tim: Mir gefällt sie nicht. ...
Ioanna: Hör nicht auf ihn, Lara.
Lara: Nein, ich glaube, Tim hat recht.
Ioanna: Na gut, dann eben nicht ...

Bild 5
Tim: Weißt du was? Nimm doch so eine Regenjacke.
Lara: Ist die nicht zu dünn?
Tim: Die gibt es in Rot und in Dunkelblau. Hier sieh mal: Welche findest du besser?
Lara: Also, die in Dunkelblau gefällt mir gar nicht.
Lara: Diese hier finde ich etwas besser.
Ioanna: Na ja.
Lara: Ich glaube, die steht mir nicht.
Tim: Probier sie doch erst mal an!
Lara: Na gut ...

Bild 6
Tim: Hey, die ist doch richtig super!
Lara: Ja? Wirklich? Was meinst du, Ioanna?
Ioanna: Nein, die Farbe passt gar nicht zu dir.
Lara: Hm! Was jetzt?
Tim: Wir könnten noch um die Ecke in das Sportgeschäft gehen.
Ioanna: Ja stimmt! Da gibt es auch Jacken.
Lara: Gut. Dann geht schon mal vor. Ich komme gleich nach ...

Bild 7
Durchsage: Heute im Angebot: Laufschuhe für 69 Euro.
Ioanna: Da, sieh mal! Die Jacke gefällt ihr sicher ...
Tim: Welche denn? Welche meinst du?
Ioanna: Na, diese.

Tim: Pfff! Soll das ein Witz sein? Die ist ja total langweilig.
Ioanna: Was?
Tim: Die hier, die ist super! Na, was meinst du? ...
Ioanna: Nein, die gefällt mir gar nicht. Die Farbe! Uah! Wo bleibt Lara eigentlich? ... Hhh! Schau mal! Da!
Beide: LARA!

Bild 8
Lara: Na!? Was sagt ihr jetzt? Ist der nicht toll?
Ioanna: Ein Mantel? Naja, schade. Wir haben super Jacken gefunden.
Tim: Ja genau.
Ioanna: Hier: Die ist doch richtig gut, oder? ...
Tim: Und hier: Die ist noch besser.
Lara: Ja, das kann schon sein. Aber mein Mantel! Hach! Der steht mir am besten.
Tim: Na, wenn du meinst.

Schritt A, A2a
1
Mann: Sieh mal, das Kleid. Das ist super.
Frau: Ja, das ist wirklich schön.
2
Mann: Wie findest du den Schirm?
Frau: Den finde ich nicht so toll.
3
Mann: Und die Stiefel? Wie findest du die?
Frau: Die sind langweilig, oder?
4
Mann: Die Hose ist ja toll.
Frau: Stimmt, die sieht nicht schlecht aus.

Schritt B, B1a
Ioanna: Toll! Die Jacke passt dir perfekt.
Lara: Wirklich? Tim, was meinst du?
Tim: Hmm. Ich weiß nicht. Die ist doch zu groß.
Ioanna: Also, mir gefällt sie sehr gut.
Lara: Aber sie ist wirklich etwas weit, oder?
Tim: Mir gefällt sie nicht.

Schritt B, B2
a
Frau 1: Wie gefällt dir Susannes Rock?
Frau 2: Ich finde, der passt ihr sehr gut.
Frau 1: Und wie findest du ihre Brille?
Frau 2: Hm, die ist doch viel zu groß.
Frau 1: Ich finde, die steht ihr sehr gut.
b
Frau 3: Wie gefällt dir denn Jans Mantel?
Frau 4: Super! Der steht ihm richtig gut! Und wie findest du die Hose?
Frau 3: Hm, die passt ihm nicht richtig, finde ich.

Schritt C, C1
Lara: Na!? Was sagt ihr jetzt? Ist der nicht toll?
Ioanna: Ein Mantel? Naja, schade. Wir haben super Jacken gefunden.
Tim: Ja genau.
Ioanna: Hier: Die ist doch richtig gut, oder? ...
Tim: Und hier: Die ist noch besser.
Lara: Ja, das kann schon sein. Aber mein Mantel! Hach! Der steht mir am besten.
Tim: Na, wenn du meinst.

Schritt D, D1
Ioanna: Da, sieh mal! Die Jacke gefällt ihr sicher ...
Tim: Welche denn? Welche meinst du?
Ioanna: Na, diese.
Tim: Pfff! Soll das ein Witz sein? Die ist ja total langweilig.

Schritt E, E2
Gespräch 1
Kunde: Entschuldigung, können Sie mir bitte helfen?
Verkäuferin: Ja, natürlich.
Kunde: Das Hemd passt mir nicht. Es ist zu klein. Haben Sie dieses Hemd auch in Größe 52?
Verkäuferin: Ja, einen Moment, bitte. ... Hier bitte.
Kunde: Vielen Dank. Ah, ja, sehr gut. Das passt.

Gespräch 2
Kunde: Haben Sie diesen Anzug auch in Grün?
Verkäuferin: Ja, Moment ... hier, sehen Sie mal.
Kunde: Hm, welchen Anzug soll ich nehmen? Diesen hier?
Verkäuferin: Ich finde, Blau steht Ihnen besser.
Kunde: Aber ich nehme ihn in Grün.
Verkäuferin: Gern.

Gespräch 3
Kunde: Was meinen Sie? Ist die Hose nicht zu lang?
Verkäuferin: Nein, Sie haben keine Schuhe an. Mit Schuhen ist sie genau richtig.
Kunde: Wirklich? Na gut. Dann nehme ich diese Hose. Wo ist denn die Kasse bitte?
Verkäuferin: Gleich da vorn.

Lektion 13, Audiotraining 1
Das gefällt Ihnen nicht! Antworten Sie mit „nicht".
Hören Sie zuerst ein Beispiel.
Sprecherin: Die Jacke gefällt mir gut.
Sprecher : Mir gefällt sie nicht.

Und jetzt Sie:
Sprecherin: Die Jacke gefällt mir gut.
Sprecher: Mir gefällt sie nicht.

Sprecherin: Die Hose passt mir sehr gut.
Sprecher: Mir passt sie nicht.

Sprecherin: Die Stiefel stehen mir gut.
Sprecher: Mir stehen sie nicht.

Sprecherin: Die Bratwurst schmeckt mir sehr gut.
Sprecher: Mir schmeckt sie nicht.

Sprecherin: Die Musik gefällt mir gut.
Sprecher: Mir gefällt sie nicht.

Sprecherin: Die Brille steht mir sehr gut.
Sprecher: Mir steht sie nicht.

Lektion 13, Audiotraining 2
Welcher Pullover? Fragen Sie nach.
Hören Sie zuerst ein Beispiel:
Sprecherin: Der Pullover sieht wirklich toll aus.
Sprecher: Welcher Pullover?
Sprecherin: Na, dieser da.

Und jetzt Sie:
Sprecherin: Der Pullover sieht wirklich toll aus.
Sprecher: Welcher Pullover?
Sprecherin: Na, dieser da.

Sprecherin: Die Tasche gefällt mir sehr.
Sprecher 2: Welche Tasche?
Sprecher: Na, diese hier. Guck mal!

Sprecherin: Das Kleid ist aber hässlich.
Sprecher: Welches Kleid?
Sprecherin: Na, dieses Kleid da drüben.

Sprecherin: Die Stiefel finde ich günstig.
Sprecher: Welche Stiefel?
Sprecherin: Na, diese da vorne.

Sprecherin: Boah, der Schirm ist aber teuer.
Sprecher: Welcher Schirm?
Sprecherin: Na, dieser! Und zu groß ist er auch.

Sprecherin: Das Handy ist toll – und so modern.
Sprecher: Welches Handy?
Sprecherin: Na, dieses hier – für 259 Euro.

Lektion 13, Audiotraining 3
Gern, lieber, am liebsten. Antworten Sie auf die Fragen mit „Nein". Hören Sie zuerst ein Beispiel:
Sprecherin: Trinkst du gern Kaffee?
Tee – Wasser
Sprecher: Nein. Ich trinke lieber Tee. Und am liebsten trinke ich Wasser.

Und jetzt Sie:
Sprecherin: Trinkst du gern Kaffee?
Tee – Wasser
Sprecher: Nein. Ich trinke lieber Tee. Und am liebsten trinke ich Wasser.

Sprecherin: Isst du gern Fleisch?
Fisch – Gemüse
Sprecher: Nein. Ich esse lieber Fisch. Und am liebsten esse ich Gemüse.
Sprecherin: Schreibst du gern Briefe?
E-Mails – Nachrichten
Sprecher: Nein. Ich schreibe lieber E-Mails. Und am liebsten schreibe ich Nachrichten.

Sprecherin: Magst du gern Hemden?
Pullover – T-Shirts
Sprecher: Nein. Ich mag lieber Pullover. Und am liebsten mag ich T-Shirts.

Sprecherin: Kochst du gern?
backen – im Restaurant essen
Sprecher: Nein. Ich backe lieber. Und am liebsten esse ich im Restaurant

Zwischendurch mal ...
Hören: Männer mögen Mode
Gespräch 1
Frau 1: Du, guck mal da, die Kombination gefällt mir sehr gut.
Frau 2: Naja ...
Frau 1: Naja? Du, das ist interessant: die Kombination weiße Hose und ein bisschen Farbe. Also mir gefällt das sehr.
Frau 2: Ja? Vielleicht ...
Frau 1: Und der Typ gefällt mir auch ...
Frau 2: Ja stimmt, der ist süß.
Frau 1: Und die Jacke steht ihm gut.

Gespräch 2
Frau 1: Hoppla! Was haben wir denn da?
Frau 2: Der kommt ja wohl direkt aus den Alpen, oder?
Frau 1: Hollaradidoooh!
Frau 2: Schick ist das schon ...
Frau 1: Ja, besonders die Hose.
Frau 2: Findest du die nicht auch toll?
Frau 1: Doch, ja. Die Farben sind sehr schön.
Frau 2: Braun und grün, blau, rot ja, das gefällt mir. Und schau mal die Socken und die Schuhe!
Frau 1: M-hm ...

Gespräch 3
Frau 2: Du, schau mal, wie findest du DIE Kombination?
Frau 1: Welche denn?
Frau 2: Na, diese!
Frau 1: Oh Gott! Das ist ja schrecklich!
Frau 2: Warum denn?
Frau 1: Na sieh doch mal: Der Schal, der Hut, die Brille!
Frau 2: Also, ich finde das interessant.
Frau 1: Und die Hose ist auch zu lang. Nein, das geht ja gar nicht.
Frau 2: Die ist doch nicht zu lang! Die ist genau richtig.
Frau 1: Und der Schal. Nein, tut mir leid. Das gefällt mir wirklich nicht.
Frau 2: Mir schon.

Gespräch 4
Frau 2: Aaach!
Frau 1: Was ist denn jetzt los?
Frau 2: Du, DIE Kombination gefällt mir am besten.
Frau 1: Welche denn?
Frau 2: Na, diese da! Die Jeans mit dem T-Shirt, die Turnschuhe, der Hut.
Frau 1: Ach, komm!
Frau 2: Nein. Das sieht gut aus.
Frau 1: Schwarzes T-Shirt, graue Hose und schwarze Schuhe. Das ist mir alles viel zu langweilig.
Frau 2: Na, aber das ist modern.
Frau 1: Ach komm, dir sind die Kleider doch ganz egal! Du findest nur den Typ süß.
Frau 2: Also weißt du, ich glaube, du verstehst nichts von Mode ...
Frau 1: Jaja.

Lektion 14 Feste

Folge 14: Ende gut, alles gut

Bild 1
Lili: Also, pscht jetzt! Eins, zwei, drei ...
Alle: Hoch soll er leben, hoch soll er leben. Dreimal hoch!
Walter: Oh, vielen Dank! Das ist sehr lieb!
Lili: Jetzt musst du aber gleich die Kerzen auspusten, Opa!

Bild 2
Sofia: Alles Liebe zum Geburtstag, Papa! Ich wünsche dir ganz, ganz viel Glück und Freude und Gesundheit in deinem neuen Lebensjahr.
Walter: Danke, Sofia! Vielen Dank!
Lili: Alles Gute! Ich habe dich sehr lieb, Opa!
Walter: Ich dich auch, mein Spatz!
Lara: Herzlichen Glückwunsch, Walter! Alles Gute zum Geburtstag!
Walter: Vielen Dank, Lara! Oh, Hausschuhe! Wunderbar! Ja, wer kommt denn da noch?
Lara: Ähm, ich glaube, ich weiß es ...

Bild 3
Tim: Hallo! Guten Morgen!
Alle: Hallo! Guten Morgen! Hey, Tim! Hallo!
Tim: Hallo Walter!
Walter: Ja hallo, Tim! Das ist ja eine Überraschung!
Tim: Alles, alles Gute zum Geburtstag, lieber Walter!
Walter: Das ist aber sehr nett von dir! Danke, Tim!
Tim: Wie alt wirst du denn heute?
Walter: Oje! Frag lieber nicht! Sehr, sehr alt ...
Alle: Ach komm! Du bist doch nicht alt. Du und alt? So ein Quatsch!

Bild 4
Tim: Ähm ach ja: Hier, das ist für dich.
Walter: Oh! Vielen Dank! Ja, was ist das denn?
Tim: Das ist ein Hula-Hoop-Reifen zum Mitnehmen! Siehst du?
Alle: Hey! Toll! Wow! Das ist ja super!
Tim: Damit kannst du jetzt überall trainieren.
Walter: Passt nur auf! Bald werde ich Hula-Hoop-Meister!

Bild 5
Sofia: Aber wir feiern heute nicht nur Geburtstag. Wir feiern auch Abschied.
Alle: Oooohhh!
Sofia: ... denn nächste Woche endet der Deutschkurs. Und am 30. November fährt unsere liebe Lara leider wieder nach Hause.
Alle: Oooohhh!
Lili: Aber du kommst uns bald wieder besuchen, ja?
Lara: Natürlich, Lili.
Alle: Aaaaahhh!

Bild 6
Lara: Vielen Dank, Walter, Sofia und Lili. Ich hab mich bei Euch sooo wohl gefühlt. Wie zu Hause in meiner eigenen Familie.
Walter: Und genauso ist es ja auch, liebe Lara, denn für uns gehörst du nun zur Familie.
Lara: Oh!
Walter: Ja, wirklich, ich meine das ernst. Du bist wie eine zweite Tochter für mich.
Lara: Ach, Walter, das ist so lieb!
Lili: Nein, Opa! Sie ist für dich wie eine zweite Enkeltochter!
Walter: Ja, warum denn, Lili?
Lili: Na, das ist doch klar: Sie ist ja meine große Schwester, oder?

Bild 7
Sofia: Und du, Tim? Was machst du jetzt? Ich meine: nach dem Deutschkurs?
Tim: Ich fliege erstmal nach Hause. Aber ich komme schon bald wieder zurück nach Deutschland.
Lara: Hey! Erzähl mal.
Sofia: Wirklich? Erzähl doch mal!
Tim: Ich hab 'ne super Stelle bekommen.
Walter: Eine Stelle?
Lara: Was denn?
Sofia: Als was denn?
Tim: Als Assistant Manager in einem G&H-Hotel.
Lara: Wow!
Sofia & Walter: Gratuliere!
Lara: Toll!
Sofia: Das ist ja super!
Walter: Das ist ja prima, Tim!
Tim: Am 15. Januar fange ich an.
Walter: Das müssen wir feiern!
Sofia: Aber zuerst machen wir noch schnell das Geburtstagsfoto. Mit uns allen.
Lili: Ui ja!

Bild 8
Sofia: So ... Moment... Zehn, neun, acht, sieben, sechs, fünf, vier, drei, zwei, eins ...
Alle: „Cheese"

Schritt A, A1b
Sofia: Aber wir feiern heute nicht nur Geburtstag. Wir feiern auch Abschied.
Alle: Oooohhh!
Sofia: ... denn nächste Woche endet der Deutschkurs. Und am 30. November fährt unsere liebe Lara leider wieder nach Hause.
Alle: Oooohhh! ....
Sofia: Und du, Tim? Was machst du jetzt? Ich meine: nach dem Deutschkurs?
Tim: Ich fliege erst mal nach Hause. Aber ich komme schon bald wieder zurück nach Deutschland.
Alle: Hey! Wirklich? Erzähl doch mal!
Tim: Ich hab 'ne super Stelle bekommen.
Alle: Eine Stelle? Was denn? Als was denn?
Tim: Als Assistant Manager in einem G&H-Hotel.
Alle: Wow! Gratuliere! Toll! Das ist ja super!
Walter: Das ist ja prima, Tim!
Tim: Am 15. Januar fange ich an.
Walter: Das müssen wir feiern!
Sofia: Aber zuerst machen wir noch schnell das Geburtstagsfoto. Mit uns allen.
Lili: Ui ja!

Schritt B, B1a
A
Sofia: Alles Liebe zum Geburtstag, Papa! Ich wünsche dir ganz, ganz viel Glück und Freude und Gesundheit in deinem neuen Lebensjahr.
Walter: Danke, Sofia! Vielen Dank!
Lili: Alles Gute! Ich habe dich sehr lieb, Opa!
Walter: Ich dich auch, mein Spatz!

B
Lara: Vielen Dank, Walter, Sofia und Lili. Ich hab mich bei Euch sooo wohl gefühlt. Wie zu Hause in meiner eigenen Familie.
Walter: Und genauso ist es ja auch, liebe Lara, denn für uns gehörst du nun zur Familie.

Lara: Oh!
Walter: Ja, wirklich, ich meine das ernst. Du bist wie eine zweite Tochter für mich.
Lara: Ach, Walter, das ist so lieb!

Lektion 14, Audiotraining 1
Glückwünsche. Wiederholen Sie.
Hören Sie zuerst ein Beispiel:
Sprecherin: Alles Gute!
Sprecher: Alles Gute!

Und jetzt Sie:
Sprecherin: Alles Gute!
Sprecher: Alles Gute!

Sprecherin: Gratuliere!
Sprecher: Gratuliere!

Sprecherin: Frohe Ostern!
Sprecher: Frohe Ostern!

Sprecherin: Herzlichen Glückwunsch!
Sprecher: Herzlichen Glückwunsch!

Sprecherin: Frohe Weihnachten!
Sprecher: Frohe Weihnachten!

Sprecherin: Ich wünsche dir viel Glück!
Sprecher: Ich wünsche dir viel Glück!

Sprecherin: Ein gutes neues Jahr.
Sprecher: Ein gutes neues Jahr.

Lektion 14, Audiotraining 2
Wann genau ist das? Sagen Sie das Datum.
Hören Sie zuerst ein Beispiel:
Sprecherin: Wann hat deine Tochter Geburtstag?
fünf – März
Sprecher: Am fünften März.

Und jetzt Sie:
Sprecherin: Wann hat deine Tochter Geburtstag?
fünf – März
Sprecher: Am fünften März.

Sprecherin: Wann bist du geboren?
20 – Juli
Sprecher: Am 20. Juli.

Sprecherin: Wann fährst du in den Urlaub?
drei – Mai
Sprecher: Am dritten Mai.

Sprecherin: Wann kommen deine Eltern zu Besuch?
sieben – August
Sprecher: Am siebten August.

Sprecherin: Wann fängst du deinen neuen Job an?
dreißig – April
Sprecher: Am 30. April.

Sprecherin: Wann beginnt der nächste Deutschkurs?
eins – Juni
Sprecher: Am ersten Juni.

Sprecherin: Wann feiert man in Deutschland Weihnachten?
vierundzwanzig – Dezember
Sprecher: Am 24. Dezember.

Lektion 14, Audiotraining 3
Einladungen. Antworten Sie auf die Fragen. Hören Sie zuerst ein Beispiel:
Sprecherin: Ich mache morgen Abend eine Party. Kommst du auch?
Nein
Sprecher: Nein. Tut mir leid. Ich kann leider nicht kommen.

Und jetzt Sie.
Sprecherin: Ich mache morgen Abend eine Party. Kommst du auch?
Nein
Sprecher: Nein. Tut mir leid. Ich kann leider nicht kommen.

Sprecherin: Wir wollen am Wochenende grillen. Kommst du auch?
Ja
Sprecher: Ja, ich komme gern.

Sprecherin: Ich lade dich zu meiner Hochzeit am 1. März ein.
Nein
Sprecher: Nein. Tut mir leid. Ich kann leider nicht kommen.

Sprecherin: Ich feiere am Wochenende meinen Geburtstag. Kommst du auch?
Ja
Sprecher: Ja, ich komme gern.

Sprecherin: Wir machen am Samstag ein Sommerfest. Kommst du auch?
Nein
Sprecher: Nein. Tut mir leid. Ich kann leider nicht kommen.

Lektion 8 Beruf und Arbeit

Schritt B, Übung 16a
vgl. AB S. 101/16a

Schritt B – Übung 16b
vgl. AB S. 101/16a

Schritt B – Übung 16c
vgl. AB S. 101/16c

Schritt B – Übung 16d
1
Faisal ist Krankenpfleger und arbeitet im Krankenhaus.
2
Vor einem Monat haben meine Frau und ich geheiratet.
3
Ich lebe seit drei Jahren in Hannover und bin Maler.

Schritt D – Übung 24
Josiane: Hallo, Norah, was machst du denn hier?!
Norah: Hallo, Josiane, wir haben uns ja lange nicht gesehen! Wie geht es dir?
Josiane: Gut, aber ich suche dringend einen Job.
Norah: Was möchtest du denn machen?
Josiane: Ach, ich möchte gern wieder als Kellnerin arbeiten. Aber das ist nicht so einfach. Abends und am Wochenende habe ich ja keine Zeit. Dann bin ich mit meiner Tochter zu Hause. Und vormittags bin ich beim Deutschkurs.
Norah: Hmm, das ist wirklich nicht so einfach. ... Guck mal, dort liegt eine Zeitung. Ich hole sie gleich mal, dann lesen wir die Stellenanzeigen. Vielleicht finden wir eine Stelle für dich. Sieh mal Josiane, das Restaurant am Markt sucht Servicekräfte.
Josiane: Ja, aber leider nur Vollzeit. Ich kann ja nur zwei bis drei Stunden am Nachmittag arbeiten. Dann hole ich immer meine Tochter aus dem Kindergarten ab.
Norah: Hm ... Aber guck mal, hier werden Aushilfen gesucht.
Josiane: Als Servicekraft?
Norah: Nein, im Supermarkt. Die Ilda Supermärkte suchen Aushilfen auf 450-Euro-Basis. Dort kann man auch am Nachmittag arbeiten.
Josiane: Ach, super. Ah, hier steht auch die Telefonnummer. Da rufe ich gleich mal an. Guten Tag, mein Name ist Josiane Maitre.

Schritt D – Übung 26c
Mitarbeiterin: Kaufhaus Wendler, guten Tag.
Frau Adamczyk: Guten Tag. Mein Name ist Adamczyk. Ich habe Ihre Stellenanzeige gelesen. Sie suchen eine Aushilfe. Ist die Stelle noch frei?
Mitarbeiterin: Ja, wir suchen eine Aushilfe für freitags und samstags halbtags.
Frau Adamczyk: Aha, halbtags. Und wie ist die Arbeitszeit?
Mitarbeiterin: Am Freitag von 16.00 bis 20.00 Uhr und am Samstag von 10.00 bis 14.00 Uhr.
Frau Adamczyk: Gut. Das passt. Und wie ist der Verdienst pro Stunde?
Mitarbeiterin: Wir zahlen 9,50 € pro Stunde.
Frau Adamczyk: Gut.
Mitarbeiterin: Dann kommen Sie doch mal vorbei. Haben Sie morgen um 12.00 Uhr Zeit?
Frau Adamczyk: Ja, morgen habe ich Zeit.
Mitarbeiterin: Gut, dann bis morgen, Frau Adamczyk. Auf Wiederhören.
Frau Adamczyk: Auf Wiederhören.

Lektion 9 Ämter und Behörden

Schritt A – Übung 3a
vgl. AB S. 108/3a

Schritt C – Übung 17
a Sprecht ihr immer so schnell? Sprecht bitte langsam.
b Ihr hört nicht zu. Hört jetzt bitte zu.
c Oh, es ist so kalt. Macht bitte das Fenster zu.
d Wartet bitte einen Moment. Ich komme sofort.
e Es ist so laut hier. Ich verstehe kein Wort. Macht bitte die Musik aus.

Schritt C – Übung 19a
vgl. AB S. 114/9a

Schritt C – Übung 19b
vgl. AB S. 114/9a

Schritt C – Übung 19c
vgl. AB S. 114/9c

Schritt C – Übung 22
a Nehmt doch noch Kuchen!
b Nimm bitte einen Kaffee mit!
c Sprich bitte nicht so schnell!
d Sprecht bitte oft Deutsch!
e Sieh mal: Das Auto ist schön.
f Seht doch die Wolken! Gleich regnet es.

Schritt D – Übung 27
Mirko: Ja?
Chef: Hallo? Mirko?
Mirko: Ja!
Chef: Wo sind Sie denn gerade?
Mirko: In der Parkallee. Ich bin gerade fertig.
Chef: Sehr gut!
Mirko: Es ist jetzt elf Uhr, so um Viertel nach elf bin ich im Büro.
Chef: Nein, kommen Sie nicht ins Büro. Fahren Sie bitte gleich weiter in die Schillerstraße. Die genaue Adresse ist ...
Mirko: Moment, Chef. Ich will das schnell notieren. So. Jetzt. Ich höre.
Chef: Also das ist Schillerstraße 27 bei Braun, dort gibt's Probleme mit dem Wasser ...
Mirko: Okay, ich verstehe. Ich komme nicht ins Büro, ich fahre in die Schillerstraße 27 und die Leute dort heißen Braun, richtig?
Chef: Genau ...
Mirko: Und wann mache ich Mittagspause? Ich habe ja um 13 Uhr schon wieder einen Termin ...
Chef: Um 13 Uhr? Welchen denn?
Mirko: Moment, hier steht's: 13.00 Uhr, Schneider, Friedrichsallee.
Chef: Schneider, Friedrichsallee? Nein, nein, das ist nicht heute. Das ist morgen.
Mirko: Ach so?
Chef: Heute können Sie um 13 Uhr Mittagspause machen und um 14 Uhr sind Sie dann bei Zeman in der Garten-straße 17. Dort sind Lampen im Flur kaputt.

Mirko: Ähh, noch einmal, bitte. Wie ist der Name?
Chef: 14.00 Uhr Zeman: Z–E–M–A–N, in der Gartenstraße 17.
Mirko: Gartenstraße 17, Lampen reparieren, 14 Uhr, alles klar.
Chef: Genau: 15 Uhr, Heimann, Klarastraße 3, Fenster putzen.
Mirko: Wie bitte? Heimann? Heute? Nicht am Montag?
Chef: Nein, nein, heute um 15 Uhr. Wie lange brauchen Sie da immer?
Mirko: Zwei Stunden, ungefähr.
Chef: Okay. Wir sehen uns dann morgen, ja?
Mirko: Gut, in Ordnung. Tschüs dann!
Chef: Tschüs!

Lektion 10 Gesundheit und Krankheit

Schritt A – Übung 10a und b
vgl. AB S. 121/10a

Schritt A – Übung 10c
1
Hamida ist krank. Ihr Hals tut weh. Ihre Ohren auch. Und sie hat Zahnschmerzen.
2
Hannes hatte einen Unfall. Er ist in der Notaufnahme. Seine Hand tut weh. Der Arzt sagt: „Kühlen Sie Ihre Hand."

Schritt C – Übung 19
Moderator: Liebe Hörerinnen und Hörer, heute zum Gesundheitstag haben wir den Arzt Dr. Blum in unser Studio eingeladen. Er beantwortet alle Ihre Fragen rund um die Gesundheit. Rufen Sie uns einfach an unter der Nummer 080012543 oder senden Sie uns eine E-Mail an gesundheitstipps@radioinfo.de. Und hier haben wir schon die erste Anruferin am Telefon. Schönen guten Tag, Frau Elber. Was können wir für Sie tun?
Frau Elber: Guten Tag. Mein Mann schläft immer so schlecht und ist oft sehr müde. Was kann man da tun? Haben Sie einen Tipp für ihn, Dr. Blum?
Dr. Blum: Guten Tag Frau Elber, wie lange hat Ihr Mann denn schon Schlafprobleme?
Frau Elber: Schon seit zehn Wochen.
Dr. Blum: Hat er beruflich viel Stress?
Frau Elber: Ja, er hat sehr viel zu tun. Er ist abends auch immer müde, aber er kann nicht richtig schlafen. Es geht ihm wirklich gar nicht gut.
Dr. Blum: Ja, Schlafprobleme sind nicht schön. Spazieren gehen hilft da gut. Ihr Mann soll abends noch ein paar Schritte gehen. Das hilft sicher – besonders bei Stress. Und dann soll er natürlich abends keinen Kaffee oder schwarzen Tee trinken.
Frau Elber: Keinen Kaffee? Das sage ich meinem Mann gleich heute Abend. Vielen Dank!
Moderator: Und hier haben wir schon die nächste Hörerin. Frau Hallberg, warum rufen Sie an?
Frau Hallberg: Ich habe schon seit drei Wochen Kopfschmerzen. Können Sie mir helfen, Dr. Blum?
Dr. Blum: Trinken Sie auf jeden Fall viel Wasser. Das ist bei Kopfschmerzen besonders wichtig. Sitzen Sie oft am Computer?
Frau Hallberg: Ja, schon. Ich arbeite tagsüber am Computer und abends surfe ich oft im Internet oder ich sehe fern.
Dr. Blum: Fernsehen und surfen am Abend? Treffen Sie sich lieber mit Freunden oder machen Sie Sport. Das hilft Ihnen.
Frau Hallberg: Sport ist eine gute Idee! Danke.
Moderator: Dann wünschen wir Ihnen gute Besserung, Frau Hallberg ... Zu Kopfschmerzen haben wir auch ein paar Fragen per E-Mail bekommen

Schritt D – Übung 23
Frau Klein: GaLaBau, Sie sprechen mit Isabell Klein.
Herr Anas: Guten Morgen, Frau Klein. Hier ist Liban Anas. Ich kann heute leider nicht arbeiten. Seit gestern Abend tut mein Hals weh und ich habe Husten. Ich glaube, ich habe auch Fieber. Mein Gesicht ist ganz heiß. Ich gehe jetzt zum Arzt.
Frau Klein: Ist gut, Herr Anas. Gute Besserung und schicken Sie dann bitte auch die Krankschreibung ...

Schritt E – Übung 29
1
Alex: Ja, hallo?
Sergej: Hallo, Alex.
Alex: Tag, Sergej.
Sergej: Du Alex, ich hatte heute einen Unfall mit dem Fahrrad.
Alex: Oje, ist es schlimm?
Sergej: Nein, nicht so sehr, aber mein Bein tut sehr weh.
Alex: Warst du schon beim Arzt?
Sergej: Ja, ich soll das Bein kühlen und zwei Wochen keinen Sport machen. Ich kann morgen also nicht zum Fußball mitkommen.
Alex: Schade! Kommst du denn am Donnerstag mit ins Kino?
Sergej: Ja, klar.
Alex: Na dann erst mal gute Besserung.
Sergej: Danke. Tschüs, Alex.

2
Patientin: Guten Tag, ich habe jetzt einen Termin.
Sprechstundenhilfe: Wie ist Ihr Name, bitte?
Patientin: Bönisch.
Sprechstundenhilfe: Bönisch ... Tut mir leid, Sie haben heute keinen Termin.
Patientin: Ich war aber am Montag hier in der Praxis und da habe ich den Termin für heute, Dienstag, 9.15 Uhr bekommen.
Sprechstundenhilfe: Tut mir wirklich leid, aber ich kann nichts finden. Einen Moment, bitte. Ah! Hier! Sie haben am Donnerstag einen Termin. Hier habe ich geschrieben: Donnerstag, 9.15 Uhr, Lea Bönisch.
Patientin: Oh nein, am Donnerstag kann ich nicht, da muss ich arbeiten.
Sprechstundenhilfe: Na ja, dann muss es heute noch gehen. Nehmen Sie doch bitte schon mal im Wartezimmer Platz.
Patientin: Okay, danke.

3
Zahnärztin: So, Herr Friedrichsen, wir sind für heute fertig. Tut an dem Zahn noch etwas weh oder drückt etwas?
Hr. Friedrichsen: Nein, alles in Ordnung.
Zahnärztin: Na, sehen Sie? Es war doch nicht so schlimm. Und schon dürfen Sie wieder nach Hause. Hier ist Ihre Krankschreibung. Die können Sie an Ihre Firma schicken und heute zu Hause bleiben.
Hr. Friedrichsen: Danke.
Zahnärztin: Wir brauchen dann noch einen Termin für den anderen Zahn. Gehen Sie doch bitte zur Arzthelferin und fragen Sie nach einem Termin für Freitag.
Hr. Friedrichsen: Alles klar. Danke, Frau Dr. Martens.

Lektion 11 Unterwegs in der Stadt

Schritt C – Übung 10

a

Mann: Wo ist hier die Post, bitte?
Frau: Gehen Sie dort an der Ampel nach rechts, dann die zweite Straße links und circa hundert Meter geradeaus. Die Post ist links.

b

Frau: Entschuldigung, wo ist die nächste Apotheke?
Mann: Gehen Sie hier nach links, dann die erste Straße rechts und dann die zweite Straße links. Da sind dann der Goetheplatz und die Apotheke.

c

Mann: Wo ist das Hotel „Loreley"?
Frau: Gehen Sie die erste Straße links. Dann geradeaus und die dritte Straße rechts. Da ist dann rechts das Hotel „Loreley".

Schritt D – Übung 20a

1 Zug
2 S-Bahn
3 zwischen
4 Zahnarzt
5 Metzgerei
6 Schweiz
7 Kiosk
8 Post

Schritt D – Übung 20b
vgl. AB S. 139/20b

Schritt D – Übung 20c

1

Sprecher: Wo kann ich hier Zigaretten kaufen?
Sprecherin: Am Museum ist ein Kiosk.
Sprecher: Kann ich zu Fuß gehen?
Sprecherin: Nein, fahren Sie mit der S-Bahn.

2

Sprecher: Wie komme ich zum Supermarkt?
Sprecherin: Sie gehen zuerst geradeaus und dann die zweite Straße rechts.
Sprecher: Danke für die Auskunft.

Schritt E – Übung 23

a

Verehrte Fahrgäste, besuchen Sie doch einmal unser Bordrestaurant. Dort gibt es täglich verschiedene Menüs sowie Kaffee und Kuchen. Heute zum Beispiel: Schnitzel mit Pommes frites und Salat für nur 7,90 Euro; Kinderteller Snoopy für 3,90 Euro oder Apfelkuchen und eine Tasse Cappuccino für 2,90 Euro.

b

Guten Morgen, meine Damen und Herren. Willkommen im ICE 380 auf der Fahrt von Berlin nach München. Wir wünschen Ihnen eine angenehme Reise. Nächster Halt des Zuges ist Berlin Südkreuz.

c

Sehr geehrte Fahrgäste! Wegen eines technischen Defekts fahren zurzeit keine S-Bahnen. Bitte nutzen Sie Richtung Stadtzentrum die Buslinien 51 und 54 und Richtung Ostbahnhof die Buslinien 31 und 32. Vielen Dank. Ihre Verkehrsbetriebe.

d

Herzlich willkommen bei der Servicenummer der Bahn, was können wir für Sie tun? Haben Sie Fragen zu Planung und Buchung einer Zugreise? Dann sagen oder wählen Sie die 1. Brauchen Sie aktuelle Informationen zu Verspätungen und Fahrplanänderungen, sagen oder wählen Sie die 2. Möchten Sie mit einem Mitarbeiter sprechen, dann sagen oder wählen Sie die 3. Vielen Dank. Sie werden jetzt mit dem nächsten freien Mitarbeiter verbunden.

Lektion 12 Kundenservice

Schritt D – Übung 20

1

Guten Tag, Sie sind verbunden mit dem Bürgeramt Nord. Unsere Sprechzeiten sind montags bis donnerstags jeweils von sieben Uhr bis 13 Uhr und freitags von acht Uhr bis zwölf Uhr. Am Donnerstag sind wir zusätzlich von 15 Uhr bis 18 Uhr für Sie da.

2

Hallo, Herr Keuner. Autowerkstatt Schwieger. Fabian Pohl hier. Ihr Auto ist morgen leider noch nicht fertig. Wir brauchen noch drei Tage. Ab Freitag können Sie das Auto abholen. Bei Fragen können Sie mich gern heute bis 19 Uhr anrufen.

3

Hallo, Klara. Steffi hier. Vor dem Training kann ich leider doch nicht mehr vorbeikommen. Wir telefonieren nach dem Training noch mal, ja? Ich rufe dich an. Ich habe morgen vor der Arbeit noch eine Stunde Zeit. Dann kann ich dir bei deinem Computerproblem helfen

Schritt E – Übung 26a

1 Wie lange brauchen Sie für die Reinigung? Es ist dringend.
2 Könntest du bitte die Zeitung mitbringen?
3 Sie finden alle Informationen in der Gebrauchsanweisung.
4 Ich habe die Rechnung bezahlt, aber das Gerät funktioniert nicht. Würden Sie mir das Geld zurückgeben?

Schritt E – Übung 26b
Vgl. AB S. 153/26b

Lektion 13 Neue Kleider

Schritt A – Übung 3a

a

Mann 3: Na, wie gefällt dir die Jeans?
Mann 2: Die finde ich toll!
Mann 3: Ja, die ist wirklich schön. Und das T-Shirt?
Mann 2: Das ist zu klein, oder?
Mann 3: Nein, das finde ich auch super!

b

Frau 2: Sieh mal, die Stiefel. Die sind wirklich schön.
Frau 3: Ja, die finde ich auch schön, aber teuer.
Frau 2: Stimmt. Und wie findest du den Mantel?
Frau 3: Den finde ich toll.
Frau 2: Ja, und der ist auch günstig!

Schritt C – Übung 15b
1
Sprecher: Ich mag Bratwurst. Und du?
Sprecherin: Ich nicht. Ich esse lieber Käse. Und am liebsten esse ich Obst.
2
Sprecher: Willst du mit dem Fahrrad zur Arbeit fahren? Es ist zu kalt heute.
Sprecherin: Kein Problem. Wind und Regen sind toll! Magst du keinen Regen?

Schritt C – Übung 15c
Vgl. AB S. 160/15c

Schritt D – Übung 22
Elena: Sieh mal, Matteo! Da sind Winterjacken. Die sind gerade im Sonderangebot! Du brauchst doch dringend eine Jacke. Diese da ist doch schön.
Matteo: Welche? Die Blaue?
Elena: Nein, die in Braun. Die hier. Die passt bestimmt. Und? Wie findest du sie?
Matteo: Ist die nicht etwas zu lang?
Elena: Nein, die ist genau richtig. Und die Farbe steht dir super. Oh, sieh mal. Diese Jacke hier ist ja toll.
Matteo: Soll das ein Witz sein? Die ist doch viel zu klein.
Elena: Die ist doch nicht für dich! Das ist eine Frauenjacke. Genau so eine habe ich den ganzen Winter gesucht! Oh, die sieht doch wirklich super aus. Was meinst du?
Matteo: Ja, die steht dir gut.
Elena: Gibt es die auch in Blau?
Matteo: Ja, hier ist sie in Blau, aber in Schwarz gefällt sie mir besser.
Elena: Stimmt, mir auch. Okay, dann nehme ich die Schwarze.
Matteo: Was kostet sie denn?
Elena: 120 Euro.
Matteo: Was? So viel? Aber das sind doch Sonderangebote, oder? Ich finde die Jacke sehr teuer!
Elena: Ja, das ist schon viel Geld. Aber diese Jacken kosten sonst fast 200 Euro, da sind 120 Euro günstig.
Matteo: Na, dann. Dort drüben können wir bezahlen.
Elena: Wo ist denn die braune Jacke?
Matteo: Die gefällt mir nicht so gut. Vielleicht ist ein Mantel doch besser.
Elena: Ja, wir können da hinten mal gucken. Da sind noch mehr Jacken und Mäntel.

Lektion 14 Feste

Schritt A – Übung 5
a
Hallo Anna, vergiss nicht Omas Geburtstag am 4. Oktober! Ich mache Kaffee und Kuchen! Deine Schwester kommt auch. Tschüs, Mama.

b
Guten Morgen, Frau Lauer. Kaiser hier. Ich bin leider krank und kann nicht zur Arbeit kommen. Ich bin bis 30. November krankgeschrieben. Die Krankschreibung schicke ich noch. Wiederhören.

c
Zahnarztpraxis Dr. Schuster, guten Tag. Herr Begemann, entschuldigen Sie bitte. Leider müssen wir Ihren Termin morgen absagen. Die Ärztin, Frau Dr. Schuster, ist krank. Wir müssen einen neuen Termin machen. Haben Sie am Mittwoch Zeit? Der 5. September, um 10 Uhr 30? Das ist der nächste freie Termin. Rufen Sie mich bitte zurück. Auf Wiederhören.

d
Hallo, Olga. Hier ist Max. Du, ich habe eine super Nachricht! Ich habe Fußballkarten für den 16. März. Toll, oder? Kommst du mit? Ruf mich an. Tschüs!

e
Huhu, Carla hier. Es ist wieder so weit! Ich mache eine Party. Am 20. Juli. Du kommst doch, oder? Ruf mich bitte an! Also, am 20. Juli. Nicht vergessen! Tschüs.

Schritt A – Übung 7
Mein Lieblingsfest ist mein Geburtstag. Ich bin am ersten August geboren. Das ist im Sommer und wir können draußen sein, grillen und Kuchen essen. Dieses Jahr ist mein Geburtstag am Samstag und ich mache eine Party.

Schritt C – Übung 17
a Wir feiern heute Abschied, denn nächste Woche endet der Deutschkurs.
b Ich bringe einen Salat mit und Peter kauft die Getränke.
c Ich möchte gern ein Auto kaufen, aber ich habe kein Geld.
d Heute Nachmittag gehe ich schwimmen oder ich fahre mit dem Fahrrad.
e Kommst du um drei Uhr oder kannst du erst um fünf kommen?
f Trinkst du einen Kaffee oder möchtest du lieber einen Tee?

Lektion 8 Beruf und Arbeit

Foto-Hörgeschichte

vgl. Transkriptionen zum Kursbuch, Seite 157

Laras Film

Eda Erden
Eda: Hallo, ich heiße Eda Erden. Ich bin 24 Jahre alt. Ähh ... meine Eltern sind vor 28 Jahren aus der Türkei nach Deutschland gekommen. Ja, ich bin also in Deutschland geboren und ich bin auch Deutsche. Ich war auf der Realschule und habe vor acht Jahren meinen Abschluss gemacht. Ich habe dann eine Ausbildung als Arzthelferin gemacht. Der Beruf heißt jetzt aber eigentlich nicht mehr Arzthelferin oder Arzthelfer. Jetzt heißt es: Medizinischer Fachangestellter oder Medizinische Fachangestellte. Naja, ist ja auch egal. Ich habe zwei Jahre lang in einer Arztpraxis gearbeitet. Dann habe ich Sofia kennengelernt, also meine Chefin. Sie hat eine Praxishelferin gesucht. Tja, und so arbeite ich jetzt seit drei Jahren als Praxishelferin hier in der Physiopraxis Baumann.
Sofia: Zum Glück! Zum Glück!
Eda: Die Arbeit hier macht mir ganz viel Spaß und meine Chefin ist sehr nett.
Sofia: Kann ich auch noch schnell was sagen? Meine Mitarbeiterin Eda ist auch sehr nett und sie macht ihren Job total super!

Videotraining

Film 1 Was bist du von Beruf?
Lara: Sag mal, was bist du denn von Beruf?
Tim: Ich bin Musiker.
Lara: Ah! Musiker!
Tim: Aber ich arbeite als Taxifahrer.
Lara: Du hast ein Taxi?
Tim: Nein. Ich bin angestellt. Ich arbeite bei einer Taxifirma.
Lara: Ach so. Macht das Spaß?
Tim: Naja, es geht so.

Tim: Sag mal, was machst du eigentlich beruflich?
Lara: Ich bin zurzeit arbeitslos.
Tim: Aha.
Lara: Ich war Verkäuferin in einem Drogeriemarkt.
Tim: Und? Wie war das?
Lara: Ich hatte viel Arbeit. Die Kolleginnen waren nicht nett. Und der Job war sehr langweilig!
Tim: Na, das war ja dann nicht so toll, was?
Lara: Genau. Aber ich mache jetzt bald eine Ausbildung als Kosmetikerin.
Tim: Aah! Das macht sicher mehr Spaß.
Lara: Ja, genau.

Lara: Was sind Sie eigentlich von Beruf, Herr Artmann?
Tim: Ich bin Friseur.
Lara: Aha. Und wo arbeiten Sie? ... Sind Sie angestellt?
Tim: Nein, ich bin selbstständig. ...
Lara: Ah! Sie haben also einen Friseursalon?
Tim: Ja, ich habe einen eigenen Friseursalon.
Lara: Hey, toll!

Film 2 Ist die Stelle noch frei?
Lara: Oswald GmbH? Hallo?
Tim: Guten Tag, mein Name ist Maier.
Lara: Guten Tag! Was kann ich für Sie tun?
Tim: Ich habe Ihre Anzeige gelesen. Sie suchen einen Verkäufer?
Lara: Ja genau. Das ist richtig.
Tim: Ist die Stelle noch frei?
Lara: Ja, die Stelle ist noch frei.
Tim: Wie ist die Arbeitszeit?
Lara: Die Arbeitszeit ist von Montag bis Samstag von acht Uhr dreißig bis vierzehn Uhr.
Tim: Und wie ist der Verdienst pro Stunde?
Lara: Sie bekommen dreizehn Euro fünfzig pro Stunde.

Lara: Und jetzt Sie!
Tim: Firma Dreier, hallo?
Aha! Was kann ich für Sie tun?
Ja genau. Das ist richtig.
Ja, die Stelle ist noch frei.
Die Arbeitszeit ist von Montag bis Freitag von acht bis siebzehn Uhr.
Sie bekommen elf Euro pro Stunde.
Und nochmal Sie!

Lara: Blumen Hader, hallo?
Guten Tag! Was kann ich für Sie tun?
Ja genau. Das ist richtig.
Ja, die Stelle ist noch frei.
Die Arbeitszeit ist von Montag bis Samstag von dreizehn bis achtzehn Uhr.
Sie bekommen elf Euro zwanzig pro Stunde.

Zwischendurch mal Film

Heidis Lieblingsladen
Heidi: Hallo! Mein Name ist Heidi Engler. Sagen Sie mal: Essen Sie auch so gern Obst und Gemüse? Also, ich liebe es! Äpfel, Karotten, Weintrauben, Salat ... Hmm! Das ist mein Obst- und Gemüsehändler. Er heißt Kenan Çınar.
Kenan: Hallo!
Heidi: Bei Kenan bekomme ich immer das beste Obst und das beste Gemüse.
Kenan: Oh, danke!
Heidi: Dafür arbeitet Kenan aber auch von früh morgens bis spät abends. Möchten Sie das mal sehen? Kein Problem, ich habe einen Arbeitstag von Kenan Çınar für Sie fotografiert. Bitteschön!
Kenan ist ganz früh am Morgen aufgestanden. Er hat nur schnell einen Kaffee getrunken und dann ist er in den Tag gestartet. Mit seinem Kleinlaster ist er in die Großmarkthalle gefahren. Dort hat er ganz frisches Obst und Gemüse eingekauft.
Damit ist er dann zu seinem Laden gefahren. Dort hat er seine Einkäufe ausgeladen und alles für den Verkauf vorbereitet. Alles schön? Alles in Ordnung? Gut! Um acht Uhr hat Kenan seinen Laden geöffnet.
Bald sind die ersten Kunden gekommen. Und so war es dann auch den ganzen Tag. Von acht Uhr morgens bis acht Uhr abends. Kenan hat ohne Pause geöffnet. Am Nachmittag ist Kenans jüngere Schwester Zeynep gekommen. Sie hilft Kenan manchmal für ein oder zwei Stunden. Und dann war auch schon der Abend da.

Der Abend, ja. Aber nicht der Feierabend. Kenan hat seinen Laden um 20 Uhr geschlossen. Dann hat er fertig aufgeräumt und alles sauber gemacht. Dann hat er die Kassenabrechnung gemacht. Alles fertig? Puh! Na endlich! Erst um neun Uhr war Kenan wieder zu Hause.
Tja, ganz schön lang, so ein Tag als Obst- und Gemüsehändler, was?
Kenan: Ja, das stimmt schon. Aber die Arbeit macht Spaß. Und ich bin mein eigener Chef, verstehst du?
Heidi: Ja, das war ein Arbeitstag von Kenan Çınar. Wir sagen Tschüs!
Kenan: Tschüs!
Heidi: Und jetzt brauche ich noch zwei Kilo Kartoffeln, Kenan.
Kenan: Aber klar doch, mehlig oder festkochend?
Heidi: Mehlig.
Kenan: Zwei Kilo?
Heidi: Genau.

Lektion 9 Ämter und Behörden

Foto-Hörgeschichte

vgl. Transkriptionen zum Kursbuch, Seite 159

Laras und Tims Film

Das „dürfen"-und-„müssen"-Spiel
Tim: Heute haben wir im Deutschkurs die Verben „dürfen" und „müssen" gelernt.
Lara: Und jetzt machen wir das „dürfen"-und-„müssen"-Spiel.
Tim: Das Spiel ist ganz einfach. Es geht so: Man muss Verkehrsschilder finden, mit Beispielen für „dürfen" und für „müssen". Und für jedes Beispiel bekommt man einen Punkt. Und mit zehn Punkten hat man gewonnen.
Lara: Juhuu!
Lara: Hier darf man nicht halten und hier muss man nach rechts fahren. Zwei zu null!
Hier darf man parken, aber das ist nicht kostenlos. Man muss einen Parkschein kaufen. Vier zu null!
Tim: Das stimmt nicht ganz: Von 23 Uhr bis 9 Uhr darf man hier kostenlos parken. Also: Vier zu eins.
Lara: Hey! Warte!
Tim: Also: Hier darf man normal nicht halten, aber Achtung: Hotelgäste dürfen schon kurz halten. Und hier darf man parken. Aber von 6 bis 23 Uhr darf man nur eine Stunde lang parken und muss dafür bezahlen. Fünf zu vier!
Lara: Siehst du: Rot. Jetzt muss man stehen bleiben. Fünf zu fünf.
Tim: Also: Man darf nicht gehen. Sechs zu fünf.
Lara: Hey! Das ist unfair! Haha! Guck mal! Jetzt darf man gehen. Sechs zu sechs.
Hier muss man geradeaus fahren. Sieben zu sechs.
Tim: Hier darf man nur nach rechts oder nach links fahren. Sieben zu sieben.
Lara: Also: Man darf nicht geradeaus fahren. Acht zu sieben. Hihi!
Tim: Mann!
Tim: Hier ... hier ... ähm ...
Lara: Hier darf man nicht wenden. Neun zu sieben.
Tim: Oh nein!
Lara: Hier ...ähm ... hier ...
Tim: Hier dürfen die Fußgänger zuerst gehen. Neun zu acht!
Lara: Also müssen die Autos warten! Zehn zu acht! Ha! Ich habe gewonnen! Ich habe gewonnen!

Videotraining

Film 1 Darf ich Sie etwas fragen?
Lara: Entschuldigung.
Tim: Ja?
Lara: Darf ich Sie etwas fragen?
Tim: Aber sicher.
Lara: Ich brauche eine Auskunft.
Tim: Ich höre.
Lara: Meine Freundin hat gesagt, man muss Hundesteuer zahlen. Stimmt das?
Tim: Sind Sie die Hundehalterin?
Lara: Hunde- ... was? Moment, das habe ich nicht verstanden.
Tim: Die Hundehalterin. Sind Sie die Hundehalterin?
Lara: Hundehalterin? Ich kann noch nicht so gut Deutsch. Können Sie das bitte erklären?
Tim: Okay: Ist das Ihr Hund?
Lara: Ja, ja, Bello ist mein Hund.
Tim: Gut. Dann sind SIE die Hundehalterin.
Lara: Ach so. Und was bedeutet das?
Tim: Das bedeutet: Sie müssen Hundesteuer zahlen.
Lara: Noch einmal, bitte. Können Sie das wiederholen?
Tim: Sie müssen für Ihren Hund Hundesteuer bezahlen.
Lara: Ach so!

Lara: Und was muss ich jetzt machen? Können Sie mir helfen? Wohin muss ich gehen?
Tim: Das können Sie alles zu Hause am Computer machen.
Lara: Wirklich?
Tim: Zuerst müssen Sie ein Formular herunterladen. Dann müssen Sie es ausdrucken. Danach müssen Sie es ausfüllen und unterschreiben. Und zum Schluss schicken Sie das Formular zum Einwohnermeldeamt. So einfach ist das.
Lara: Vielen Dank. Das ist sehr nett.
Tim: Kein Problem. Tschüs.
Lara: Tschüs.
Tim: Tschüs Bello!

Film 2 Wie macht man das?
Tim: Du, sag mal: Wie geht das mit der Hundesteuer?
Lara: Das ist ganz einfach. Pass auf!
Zuerst musst du das Formular herunterladen.
Dann musst du das Formular ausdrucken.
Danach musst du das Formular ausfüllen und unterschreiben.
Zum Schluss musst du das Formular zum Einwohnermeldeamt schicken.
Tim: Danke!

Und jetzt Sie!
Lara: Ja genau: Wie schreibt man eine Adresse? Können Sie mir helfen?
Tim: Zuerst müssen Sie den Namen schreiben.
Dann müssen Sie die Straße und die Hausnummer schreiben.
Danach müssen Sie die Postleitzahl und den Ort schreiben.
Zum Schluss müssen Sie das Land schreiben.
Lara: Na prima! Siehst du, jetzt weiß ich es.

Lektion 10 Gesundheit und Krankheit

Foto-Hörgeschichte

vgl. Transkriptionen zum Kursbuch, Seite 161–162

Laras Film

Frau Doktor Lili
Lili: Der Nächste, bitte! Guten Tag!
Teddy: Guten Tag, Frau Doktor Lili. Ich bin leider krank.
Lili: Oje! Was haben Sie denn?
Teddy: Mein Hals tut so weh.
Lili: Sie haben Halsschmerzen?
Teddy: Ja, genau und ich glaube, ich habe Fieber.
Lili: Fieber auch?
Teddy: Hm-hm.
Lili: Sagen Sie mal bitte „Aaaaa!"
Teddy: „Aaaaaa!"
Lili: Auweia! Oje, oje! Das sieht aber gar nicht gut aus! Hey! Lara! Hör auf!
Lara: Ach komm, Lili! Das ist doch lustig!
Lili: Nein! Das ist gar nicht lustig!
Lara: Na? Was macht dein Hals? Was hat die Frau Doktor gesagt?
Teddy: Sie hat gesagt, mein Hals ist rot und ich habe ein bisschen Fieber.
Lara: Oje? Was sollst du denn jetzt machen?
Teddy: Ich soll gleich nach Hause gehen und einen Tee trinken und ... ach ja, ... ich soll gleich ins Bett gehen und schlafen.
Lara: Na, dann: schnell nach Hause! Tschüs und gute Besserung!
Teddy: Ja, danke!

Videotraining

Film 1 Es ist dringend
Lara: Praxis Dr. Helmau. Sie sprechen mit Frau del Vecchio.
Tim: Hallo, hier ist Heiko Weinreich. Könnte ich bitte einen Termin haben, Frau del Vecchio?
Lara: Um was geht es denn?
Tim: Ich habe Rückenprobleme.
Lara: Hm, morgen Nachmittag haben wir noch Termine frei. Wann haben Sie denn Zeit?
Tim: Hören Sie, ich möchte bitte heute kommen. Es ist dringend!
Lara: Ach so?
Tim: Ja, ich habe Schmerzen. Mein Rücken tut sehr weh.
Lara: Oje! Wann können Sie denn kommen?
Tim: Ich kann sofort kommen.
Lara: Jetzt gleich? Hmm. Ja gut, Herr Weinreich, dann kommen Sie doch in 20 Minuten.
Tim: Super! Vielen Dank!
Lara: Aber Sie müssen vielleicht etwas warten, ja?
Tim: Kein Problem.
Lara: Dann bis gleich.
Tim: Bis gleich.

Film 2 Was soll ich machen?
Tim: Hallo? Hören Sie? Ich sage Ihnen jetzt, was Sie machen sollen, okay?
Also, zuerst mal: Ganz wichtig ist: den Fuß kühlen.
Lara: Was soll ich machen?
Ich soll den Fuß kühlen? Aha.
Tim: Dann noch was und auch wichtig: Schmerztabletten nehmen.
Lara: Was? Was sagt der Doktor?
Ich soll Schmerztabletten nehmen? Ja gut.
Tim: Sehr wichtig ist auch: Heute mal im Bett bleiben.
Lara: Was hat er denn jetzt gesagt?
Ich soll heute mal im Bett bleiben? Okay.
Tim: Und dann: Drei Tage lang nicht so viel gehen.
Lara: Was meint der Doktor?
Ich soll drei Tage lang nicht viel gehen? Oh, wie langweilig!
Tim: Und bitte: Morgen noch mal in der Praxis anrufen.
Lara: Was hat er denn jetzt noch gesagt?
Ich soll morgen noch mal in der Praxis anrufen? Ja gut.

Zwischendurch mal Film

Alfons, der Hypochonder
Sprecher: Das ist Alfons. Alfons hat ein Problem. Er ist ein Hypochonder. Er ist gesund, aber er kann es nicht glauben. Er denkt immer, er ist krank. Jeden Tag hat er eine neue Krankheit. Am Montag sagt er, mein rechtes Ohr ist so groß. Am Dienstag sagt er, meine Zähne sind heute so gelb. Am Mittwoch sagt er, meine linke Hand ist dick. Am Donnerstag sagt er, meine Nase ist eiskalt. Am Freitag sagt er, meine Beine sind so kurz. Am Samstag geht Alfons in sein Lieblingsgeschäft und kauft ein. Am Sonntag geht es Alfons richtig gut. Einen Tag lang. Aber dann kommt schon wieder der Montag. Armer Alfons ...

Lektion 11 In der Stadt unterwegs

Foto-Hörgeschichte

vgl. Transkriptionen zum Kursbuch, Seite 163–164

Tims Film

Der Agent
Tim: Ich bin hier in der Schillerstraße, an der Ecke Schwanthalerstraße. Ich habe Lara gerade in der Schwanthalerstraße gesehen. Da! Da ist sie! Sie wartet jetzt an der Fußgängerampel. Sie geht über die Straße und jetzt geht sie nach rechts. Nein, sie bleibt beim „Hotel Daheim" stehen. Will sie etwa in das Hotel gehen? Nein, jetzt geht sie wieder nach links über die Schillerstraße und geht geradeaus weiter und nein: Hinter dem Auto bleibt sie schon wieder stehen. Was macht sie denn jetzt? Jetzt steht sie zwischen den Autos. Was will sie denn da? Ah, sie geht schon wieder über die Straße. Oh-oh! Jetzt muss ich aufpassen! Uff, das war ...
Lara: Hey! Sag mal!? Was machst du da eigentlich, Tim? Ich denke, du willst nur schnell eine Cola kaufen?
Tim: Öhm, nichts. Äh, ich übe nur lokale Präpositionen ...
Lara: Komm, ich habe Durst. Da drüben im Café gibt's sicher Cola.

Videotraining

Film 1 Das ist gleich hier in der Nähe.
Lara: Ähm, Entschuldigung, können Sie mir helfen? Ich suche das Restaurant „Deutsche Eiche".
Tim: Tja, tut mir leid, ich komme nicht von hier. Aber warten Sie mal, ich sehe mal nach. Ah! Das ist ja gleich hier in der Nähe!
Lara: Wirklich?

Tim: Ja, schauen Sie mal: Sie gehen zuerst zweihundert Meter geradeaus und dann nach links.
Lara: Geradeaus und dann nach links. Und das war's schon?
Tim: Genau!
Lara: Ja super! Vielen Dank!
Tim: Sehr gern! Tschüs!
Lara: Tschüs.

Tim: Äh, hallo? Entschuldigung?
Lara: Ja?
Tim: Eine Frage: Wo ist denn hier der Kindergarten „Sonnenschein"? Er ist doch hier in der Nähe, oder?
Lara: Ja, ja, der ist gar nicht weit weg. Sie gehen jetzt geradeaus bis zum Ballplatz und dann nach rechts in die Sandstraße.
Tim: Zuerst zum Ballplatz und dann nach rechts in die Sandstraße?
Lara: Genau. Und dann noch etwa hundert Meter geradeaus. Und schon sind Sie da.
Tim: Oh, sehr nett! Vielen Dank. Und schönen Tag noch!
Lara: Bitteschön. Tschüs!

Lara: Ähm, Entschuldigung?
Tim: Ja?
Lara: Ich bin fremd hier. Darf ich Sie etwas fragen?
Tim: Na klar.
Lara: Ist hier in der Nähe eine Post?
Tim: Eine Post? Hm, warten Sie mal. Ah ja! In der Rosenstraße ist eine Post.
Lara: Aha. Und wo ist die Rosenstraße?
Tim: Die Rosenstraße ist gleich da drüben. Sehen Sie mal: Sie gehen an der Ampel über die Straße und dann nach links.
Lara: Über die Straße und dann nach links.
Tim: Genau. Und die erste Straße rechts ist dann schon die Rosenstraße.
Lara: Super! Das ist ja wirklich nicht weit.
Tim: Naja, vielleicht zwei- oder dreihundert Meter.
Lara: Wunderbar! Danke! Auf Wiedersehen!
Tim: Kein Problem! Tschüs!

Film 2 Das Wasser ist im Glas.
Lara: Wo ist das Glas, Tim?
Tim: Das Glas ist auf dem Tisch. Und wo ist das Wasser, Lara?
Lara: Das Wasser ist im Glas.
Tim: Genau! Und jetzt Sie!
Lara: Wo ist die Bushaltestelle?
Die Bushaltestelle ist hinter der Ampel.
Tim: Und wo ist die Ampel?
Die Ampel ist vor der Bushaltestelle.
Lara: Wo ist die Frau?
Die Frau ist an der Bushaltestelle.
Tim: Wo ist der Mann?
Der Mann ist an der Ampel.
Lara: Wo ist der Mann?
Der Mann ist neben der Frau.
Tim: Und wo ist das Wasser?
Lara: Und das Wasser ist jetzt im Bauch.
Tim: Genau.

Zwischendurch mal Film

Verkehr und Verkehrsmittel
Sprecher: Deutschland ist DAS Autoland. In keinem anderen Land gibt es so viele Straßen und so viele Autos. Auf manchen Autobahnstrecken darf man so schnell fahren, wie man möchte. Man darf, aber oft geht es nicht. Auch diese Leute hier möchten gerne schneller fahren, aber sie können nicht. Es ist einfach zu viel Verkehr. Naja, zum Glück gibt es auch andere Verkehrsmittel. Zum Beispiel die S-Bahnen. „S-Bahn" bedeutet „Schnellbahn" oder „Stadtbahn". Es sind Züge, mit denen man aus den kleinen Vororten in die Großstadt fahren kann. In vielen Großstädten gibt es auch U-Bahnen. Mit der U-Bahn kommt man schnell von einem Stadtteil in den nächsten oder von einem Ende der Stadt ans andere. Das „U" steht für „Untergrund". Die U-Bahnen fahren unter der Erde. Oben, in manchen Straßen der Stadt, fahren Straßenbahnen. Sie halten an sehr vielen Haltestellen und sind nicht so schnell wie die U-Bahnen. Natürlich gibt es auch Busse. Da kommt gerade einer. Und das ist die Bushaltestelle. Die Haltestellen und Schilder können von Stadt zu Stadt etwas unterschiedlich aussehen. Nur die Staus, die sehen überall gleich aus.

Lektion 12 Kundenservice

Foto-Hörgeschichte

vgl. Transkriptionen zum Kursbuch, Seite 166

Laras Film

Laras Taschenschnellwechsel
Lara: Tatata-Taaa! Das ist meine neue Tasche. Ich habe sie vor einer halben Stunde gekauft. Ist sie nicht toll?! Hach! Ich finde sie einfach wunderbar! In zehn Minuten treffe ich Freunde. Ich mache jetzt einen Taschenschnellwechsel. Aaalso: Meine Kaugummis, mein Geldbeutel, meine Kosmetiksachen, mein ... uaäähh! Was ist das denn? Mein Deo, meine Sonnenbrille, mein Parfum, mein Ladekabel, meine Schlüssel, meine Taschentücher ... Igitt! So! Ich geh dann mal los! Tschüs! Mein Smartphone! Na sowas!

Videotraining

Film 1 Könnte ich bitte mit Ihrem Chef sprechen?
Lara: Herr Ober? Würden Sie mir bitte ein Glas Wasser bringen?
Tim: Sehr gern.
Lara: Ähm, Entschuldigung? Könnte ich bitte ein neues Messer haben? Das hier ist nicht sauber, sehen Sie?
Tim: Entschuldigen Sie bitte.
Lara: Ja, ja.
Tim: Hier bitte!
Lara: Danke schön. Könnte ich jetzt bitte etwas Brot haben, Herr Ober?
Tim: Ja, natürlich.
Lara: Uhh! Es ist ziemlich kühl hier. Herr Ober, könnten Sie bitte das Fenster zumachen?
Tim: Wenn Sie möchten.
Lara: Ähh, und noch etwas.
Tim: Ja? Bitte?
Lara: Haben Sie Zeitungen?
Tim: Ja.

Lara: Würden Sie mir bitte eine bringen?
Tim: Sehr gern.
Lara: Würden Sie mir dann bitte auch die Rechnung bringen?
Tim: Gern.
Lara: Herr Ober? Hier ist ein Fehler in der Rechnung.
Tim: Ein Fehler?
Lara: Ich hatte nur ein Glas Wasser, nicht zwei.
Was ist das denn? Würden Sie bitte höflich bleiben?
Könnte ich bitte mit Ihrem Chef sprechen?
Und Sie da! Würden Sie jetzt bitte die Kamera ausmachen?

Film 2 Sprechen Sie bitte nach dem Ton.
Tim: Und jetzt eine Übung.
Lara: Zuerst ein Beispiel:
Ansage: Sie sind verbunden mit der Massagepraxis Klein. Im Moment sind wir nicht erreichbar. Sprechen Sie bitte nach dem Ton: Ihren Namen, Ihre Telefonnummer und Ihre Nachricht. Wir rufen zurück.
Lara: Hier spricht Lara Nowak. Meine Telefonnummer ist 0176 33498701. Ich hätte gern einen Massagetermin.
Ich kann am Montagnachmittag ab 15 Uhr kommen. Vielen Dank! Auf Wiederhören.
Tim: Und jetzt Sie!

Ansage: Guten Tag. Sie sind verbunden mit der Autowerkstatt Heintz. Wir sind im Moment nicht erreichbar. Sprechen Sie bitte nach dem Ton: Ihren Namen, Ihre Telefonnummer und Ihre Nachricht. Wir rufen zurück.
Tim: Hallo! Hier spricht Johann Remmler. Meine Telefonnummer ist 0651 248670. Mein Auto ist kaputt und ich hätte gern einen Reparaturtermin. Danke! Auf Wiederhören!
Lara: Und nochmal Sie!

Ansage: Hallo! Sie sind verbunden mit der Bäckerei Herrmann. Im Moment sind wir nicht erreichbar. Bitte sprechen Sie nach dem Ton: Ihren Namen, Ihre Telefonnummer und Ihre Nachricht. Wir rufen zurück.
Lara: Hallo! Hier spricht Maria Gräfe. Meine Telefonnummer ist 030 10225673. Ich möchte für Samstagmorgen 20 Brötchen bestellen. Ab wann kann ich sie abholen? Vielen Dank und auf Wiederhören.

Zwischendurch mal Film

Reise durch Deutschland, Österreich und die Schweiz
Walter: Was machst du denn da?
Emma: Meine Freundin Miriam hat geschrieben: Liebe Emma, in zwei Monaten reise ich nach Europa und möchte natürlich auch nach Deutschland, nach Österreich und in die Schweiz kommen. Kannst du mir sagen, was ich unbedingt ansehen soll?
Walter: Na ja, das ist ja klar, oder? Als schreib auf. Als erstes gleich mal B...
Emma: Stopp Walter, sag' jetzt bitte nicht Berlin.
Walter: Was? Warum denn nicht?
Emma: Na ja, Berlin, Hamburg, München, Wien, Zürich ...
Das kennt doch wirklich jeder!
Walter: Ach so. Du meinst es sollen mal nicht die großen, bekannten Städte sein?
Emma: Genau. Mal was anderes. Aber trotzdem interessant und toll. Verstehst du?
Walter: Mhm.
Emma: Siehst du? Sag ich doch.
Walter: Ähm, Moment mal! Doch, ich hab was!
Emma: Echt?
Walter: Mhm! Die Uckermark und die Mecklenburgische Seenplatte
Emma: Hmmm ...
Sprecher: Die Uckermark und die Mecklenburgische Seenplatte sind zwei wunderschöne Landschaften im Nordosten von Deutschland. Die Uckermark liegt im Bundesland Brandenburg und die Mecklenburgische Seenplatte mit ihren vielen kleinen und großen Seen liegt im Bundesland Mecklenburg-Vorpommern.
Emma: Da fällt mir auch was ein. Weißt du, wo es mir besonders gut gefällt?
Walter: Na sag schon.
Emma: An der Nordsee!
Sprecher: Im nördlichsten deutschen Bundesland, in Schleswig-Holstein, laden Strandkörbe zum Baden im Meer ein. Zum Beispiel in der Nähe des kleinen Ortes Sankt Peter-Ording. Hier gibt es kilometerlange weiße Sandstrände. Wer möchte kann wandern, mit dem Rad fahren oder einfach nur die gute Seeluft genießen.
Walter: Aber jetzt haben wir schon drei Landschaften und noch keine einzige Stadt.
Emma: Stimmt, wir brauchen mal 'ne Stadt!
Walter: Zum Beispiel: Essen
Emma: Was? Essen? Bist du wirklich sicher?
Sprecher: Essen liegt im Westen Deutschlands im Bundesland Nordrhein-Westfalen. Die Stadt hat mehr als eine halbe Millionen Einwohner und eine interessante Geschichte. Im 19. und 20. Jahrhundert war hier im Ruhrgebiet das wichtigste Zentrum der deutschen Kohle und Stahlwirtschaft. Seit ein paar Jahrzehnten ist das Vergangenheit, aber viele der interessanten Industriebauwerke gibt es noch und man kann sie sogar besichtigen.
Emma: So jetzt habe ich auch eine Stadt. Nein, eigentlich sogar zwei Städte. Frankfurt am Main und Weimar.
Walter: Aha! Der alte Goethe, ha?
Sprecher: Der berühmteste Dichter Deutschlands kommt aus Frankfurt am Main. Hier in diesem Haus ist Johann Wolfgang von Goethe 1749 geboren. Und so sieht Frankfurt heute aus. Es ist die fünftgrößte deutsche Stadt und einer der wichtigsten Bankenplätze in Europa. Mit seinen 660.000 Einwohnern ist Frankfurt zehnmal so groß wie Weimar im Bundesland Thüringen. Aber auch Weimar ist sehr bekannt. Es ist die Stadt der deutschen Klassik. Unsere wichtigsten klassischen Schriftsteller Goethe und Schiller haben beide hier in Weimar gelebt.
Walter: So, jetzt möchte ich aber auch mal was mit Kultur empfehlen!
Emma: Okay. Was denn?
Walter: Hier bitte.
Emma: Oh, schön. Das ist aber nicht in Deutschland oder?
Walter: Doch.
Sprecher: Diese Moschee steht im deutschen Bundesland Baden-Württemberg im Schlosspark von Schwetzingen. Sie wurde in den Jahren von 1778 bis 1795 gebaut. Die orientalische Kultur war damals bei Architekten und Künstlern in Mode. Von Schwetzingen sind es nur ein paar Kilometer bis nach Heidelberg. Heidelberg ist eine alte Universitätsstadt. Hier gibt es viele Gassen und schöne Plätze, wo man wunderbar spazieren gehen und sehen kann, wie es in Deutschland früher mal war.

Emma: So, jetzt genug mit Kultur und Stadt. Wir brauchen mal wieder was anderes. Z. B. ...
Walter: ... einen der größten Seen von Mitteleuropa!
Sprecher: Das ist der Bodensee, fotografiert von einem Satelliten. Er ist über sechzig Kilometer lang und ungefähr 500 Quadratkilometer groß. Am östlichen Ende des Bodensees sehen wir unten die Stadt Lindau, die zum Teil auf einer Insel liegt. Der Bodensee gehört zu allen drei großen deutschsprachigen Ländern. Zu Österreich, zu Deutschland und zur Schweiz.
Emma: Schweiz ... Alpen ... die Schweizer Berge!
Walter: Warte mal: Schreib Matterhorn.
Emma: Ma-tter-horn.
Walter: Ja.
Sprecher: Im Kanton Wallis im Süden der Schweiz findet man einen ganz besonderen Berg. Mit seinen 4.478 Metern ist er zwar nur der siebthöchste Berg in den Alpen, aber für viele Menschen ist das Matterhorn einer der schönsten Berge der Welt.
Emma: Na Walter, möchtest du da mal rauf?
Walter: Da rauf? Boa, viel zu anstrengend. Dann lieber nochmal Kultur!
Emma: Wo?
Walter: In Linz.
Sprecher: Mit 190.000 Einwohnern ist Linz die drittgrößte Stadt in Österreich und die Hauptstadt des Bundeslandes Oberösterreich. Als Industriestadt hatte Linz lange Zeit ein ziemlich schlechtes Image. Es gab viele Probleme, zum Beispiel beim Umweltschutz. Doch in den letzten Jahrzehnten hat sich das sehr geändert. Linz wurde zu einer der naturfreundlichsten Gemeinden Österreichs und zu einem Zentrum für moderne europäische Kunst und Musik. Wem so viel Stadt, Kunst und Kultur zu laut und zu modern sind, der muss von Linz aus nicht weit fahren. Zwischen Linz und Wien liegt das niederösterreichische Waldviertel. In dieser schönen Landschaft findet man viel Ruhe und so manche Erinnerung an die gute alte Zeit.
Emma: Linz und das Waldviertel. So, ich glaube wir haben jetzt wirklich genug Ziele für Miriam oder?
Walter: Ziele schon, aber Kaffee haben wir keinen mehr.
Emma: Na los, bestell halt noch einen. Mann!
Walter: Immer muss ich alles machen!
Emma: Och, du Armer!

Lektion 13 Neue Kleider

Foto-Hörgeschichte

vgl. Transkriptionen zum Kursbuch, Seite 168–169

Laras Film

Welche Hose soll ich kaufen
Lara: Hallo, liebe Ioanna, ich habe ein Problem. Du musst mir bitte helfen. Ich habe hier drei Hosen gefunden und sie gefallen mir leider alle drei gleich gut. Ich zeige sie dir gleich mal, okay? Welche Hose soll ich denn bloß kaufen? Welche gefällt dir am besten? Und welche steht mir am besten? Ich bleibe noch ein bisschen in der Stadt und gehe jetzt erst mal einen Kaffee trinken. Kannst du mich vielleicht anrufen und mir Deine Meinung sagen? Danke! Du bist so ein Schatz!

Videotraining

Film 1 Er gehört mir.
Tim: Sag mal, wem gehört denn der Stift?
Lara: Hm?
Tim: Gehört er dir?
Lara: Welcher Stift?
Tim: Na, dieser hier.
Lara: Der gehört mir nicht.
Tim: Prima! Dann gehört er jetzt mir.
Lara: So? Gefällt er dir?
Tim: Ja! Er gefällt mir sehr gut.
Lara: Tja, wie schade!
Tim: Was ist schade?
Lara: Mir gefällt er nämlich noch viel besser.
Tim: Hey! Aber er gehört mir!
Lara: Sag selbst, lieber Stift: Wem gehörst du denn?
Tim: Ich gehöre euch beiden. ...
Lara: Was hat er gesagt?
Tim: Er hat gesagt, er gehört uns beiden.
Lara: Na ja, vielleicht ist es am besten so.
Tim: Pscht! Du gehörst doch mir!

Film 2 Diese Übung gefällt mir am besten.
Tim: Weißt du was?
Lara: Na?
Tim: Diese Übung gefällt mir am besten.

Tim: Welche Farben gefallen Toni?
Lara: Rot gefällt ihm gut.
Gelb gefällt ihm besser.
Orange gefällt ihm am besten.

Tim: Genau. So geht das. Und jetzt Sie!
Welches Obst mag Mia?
Lara: Orangen mag sie gern.
Äpfel mag sie lieber.
Ananas mag sie am liebsten.

Tim: Und nochmal Sie!
Wann läuft Max wie viel?
Lara: Am Montag läuft er viel.
Am Mittwoch läuft er mehr.
Am Samstag läuft er am meisten.

Lara: Und nochmal Sie!
Tim: Welche Blumen gefallen Lea?
Lara: Die Tulpen gefallen ihr gut.
Die Rosen gefallen ihr besser.
Die Lilien gefallen ihr am besten.

Lektion 14 Feste

Foto-Hörgeschichte

vgl. Transkriptionen zum Kursbuch, Seite 170–171

Laras Film

Alles Gute zum Geburtstag!
Lara: Hoch sollst du leben, hoch sollst du leben, dreimal hoch! Liebe Sofia! Heute ist der 21. Dezember, dein Geburtstag. Ich möchte dir von hier, aus Lublin, alles Liebe und Gute wünschen! Leider kann ich nicht bei dir und Lili

sein. Das ist sehr schade, denn ich habe mich bei euch vom ersten bis zum letzten Tag wie zu Hause gefühlt. Aber bald komme ich wieder nach Deutschland und dann besuche ich euch natürlich. Ähm, was wollte ich jetzt noch sagen? Ach ja: In ein paar Tagen ist schon Weihnachten. Ich feiere hier mit meiner Mama und mit meinen Großeltern. Feiert auch schön! Ich wünsche dir schöne Weihnachtsfeiertage! So ein paar Tage Ruhe kannst du sicher gut brauchen, was? Also: alles Liebe für Dich und natürlich auch für Lili! Und für Walter. Tschüs!

Videotraining

Film 1 Ich mag dich.
Tim: Weißt du was? Ich mag dich.
Lara: Und ich mag dich.
Tim: Ja? Schön!
Lara: Ich mag dich und du magst mich. Ist das nicht super?
Tim: Ja! Oh! Hmm ... Wir mögen euch auch. Ist ja klar, oder?
Lara: Natürlich! Wir lieben euch. Wir lieben sie doch, stimmt's?
Tim: Ja. Doch. Aber, ...
Lara: Aber, was?
Tim: Was meinst du: Lieben sie uns auch?
Lara: Na ja, sagen wir mal: Sie mögen uns.
Ihr mögt uns doch, oder?
Tim: Hallo?
Lara: Hallo!?
Tim: Na, keine Antwort ist auch eine Antwort.
Lara: Aber du liebst mich.
Tim: Ich habe gesagt: Ich mag dich.
Lara: Ach so ist das?
Tim: Magst du mich jetzt nicht mehr?
Lara: Doch.
Tim: Hach! Da bin ich aber froh!

Film 2 Was passiert am 12. Juli?
Tim: Oh! Was ist denn das?
Lara: Das ist ein Spiel.
Tim: Ein Spiel?
Lara: Los, mach mal einen Satz! Du musst aber mit dem Datum anfangen. Also dann los.
Tim: Also: Am 4. Januar wird Onkel Robert 50.
Lara: Richtig! Der Satz muss heißen: Am 4. Januar wird Onkel Robert fünfzig.
Tim: Toll! Nochmal!
Lara: Na gut.
Tim: Muss ich wieder mit dem Datum anfangen?
Lara: Ja.
Tim: Am 24. August wird Lisa 25.
Lara: Genau! Am 24. August wird Lisa 25.
Tim: Das macht Spaß!
Lara: So! Und jetzt Sie!
Tim: Am 1. September beginnt mein Praktikum.
Lara: Und jetzt der nächste Satz.
Tim: Vom 28. Mai bis zum 7. Juni machen wir Urlaub.
Lara: Weiter geht's.
Tim: Am 16. März muss ich zum Zahnarzt.
Lara: Und noch ein Satz.
Tim: Am 28. Februar feiern meine Eltern Hochzeitstag.
Lara: Und jetzt der letzte Satz.
Tim: Am 12. Juli endet unser Deutschkurs.
Lara: Na, das müssen wir aber feiern, oder?
Tim: Ganz genau! Und Sie auch!
Beide: Tschüs!

Lektion 8 Beruf und Arbeit

A Ich bin Physiotherapeutin.

Seite 98

1 **b**1 **c**4 **d**3 **e**2

2 **der** Hausmeister, Journalist, Mechatroniker, Lehrer, Mechatroniker, Polizist, Hausmann, Arzt; **die** Hausmeisterin, Journalistin, Lehrerin, Mechatronikerin, Polizistin, Hausfrau, Ärztin

3 **b** Hausm**ai**ster, Hausmeister **c** **A**rztin, Ärztin d Mek**a**troniker, Mechatroniker **e** Kranken**p**leger, Krankenpfleger **f** J**o**rnalistin, Journalistin

4 **a** Ich arbeite bei Dr. Lehmann. **b** Nein, ich arbeite bei „Kilian Hausbau"., Nein, ich arbeite als Maler.

B Wann hast du die Ausbildung gemacht?

Seite 99

5 **b**4 **c**1 **d**3

6 **b** Wann **c** Was **d** Seit wann / Wie lange **e** Wie lange

7 **b** seit **c** vor **d** seit

8 einem Jahr, einer Woche, einem Monat

9 **b** zwei Jahren **c** zwölf Monate lang **d** einem Jahr **e** drei Wochen **f** sechs Monaten **g** einem Jahr

Seite 100

10 **b** seit **c** Am, von, bis **d** im **e** seit, vor **f** am, um

11 **b**6 **c**4 **d**1 **e**3 **f**2

12 **a** Ich bin Malerin. **c** Ja, sehr. **d** Vor drei Jahren. **e** Nein, ich bin gerade arbeitslos. **f** Ich suche eine Stelle als Koch.

Seite 101

13 **richtig** b **falsch** c, d

14 **b** Ich bin Journalistin von Beruf. **c** Seit einem Jahr lebe ich in Hamburg. **d** Ich lerne am Vormittag Deutsch. **e** Am Nachmittag arbeite ich bei „Leser".

15 **Musterlösung**: Mein Name ist Sophie und ich komme aus Spanien. Ich bin Krankenpflegerin. Ich lebe seit zwölf Jahren in Deutschland.

16 **b** **1** ver**h**eiratet **2** Lehrer, Mechatroni**k**er, Hausmeiste**r** **d** **1** Faisal ist Krankenpfleger und arbeitet im Krankenhaus. **2** Vor einem Monat haben meine Frau und ich geheiratet. **3** Ich lebe seit drei Jahren in Hannover und bin Maler.

C Hattest du dann deine eigene Praxis?

Seite 102

17 habe gesucht, habe gefunden, habe gearbeitet, habe getanzt, habe geschlafen, bin gefahren, bin gegangen

18b **sein** war, warst, war, waren, wart, waren **haben** hatte, hattest, hatte, hatten, hattet, hatten

Seite 103

19 **a** waren, warst, hatte, hatte **b** war, hatte, war, waren

20 sind, ist, ist, ist, war, war, war, hatte, wart, waren, war, Hattet, war, hatten, Warst, hatte

21 **b** war **c** waren **d** hatte **e** war **f** war **g** waren **h** hatten

D Stellenanzeigen

Seite 104

22 Von Beruf bin ich Mechatroniker. In Italien war ich neun Monate arbeitslos. Vor drei Monaten bin ich nach Deutschland gekommen. Dreimal pro Woche gehe ich zum Deutschkurs. Dort treffe ich nette Leute. Vielleicht kann ich wieder als Mechatroniker arbeiten

23a **1** Montags, samstags, vormittags, nachmittags **2** Maler, selbstständig, sonntags **3** Kellner, Vollzeit, Koch, Teilzeit, mittags, abends, befristet **4** Altenpfleger, halbtags, dienstags, mittwochs, ganztags

b **1** 2 **2** 1, 4, 3

24a Stellenanzeigen

b 2, 4

25a **Musterlösung: Kollegen: 1** Hast du nette Kollegen?, **2** Wie sind deine Kollegen?. **Traumjob 1** Was ist dein Traumjob? **2** Hast du einen Traumjob? **Ausbildung 1** Wo hast du deine Ausbildung gemacht? **2** Wann hast du deine Ausbildung gemacht? **Firma 1** Seit wann arbeitest du in der Firma? **2** Wie heißt deine Firma? **Arbeitszeit 1** Wie lange arbeitest du? **2** Wann fängt deine Arbeit an? **Pause 1** Wann hast du Pause? **2** Wie lange hast du Pause?

26a A, W, A, W, A, W, A, W, W, W, A, W

b 6, 11, 2, 1, 10, 3, 4, 9, 5, 7, 8, 12

27 **a** für ein Jahr, vor drei Monaten **b** seit einem Monat, für einen Tag

Lektion 9 Ämter und Behörden

A Sie müssen einen Antrag ausfüllen.

Seite 108

1 **b** Wir **c** Sie **d** Ihr **e** Maria **f** Ich

2 **b** Wo kann ich hier ein Auto mieten? **c** Was müssen wir hier ankreuzen? **d** Was muss er hier machen? **e** Ich will schnell Deutsch lernen. **f** – Du musst am Samstag arbeiten?

Seite 109

4 **kann, muss, müssen, können, müssen**

5 **A** Sie müssen in das Zimmer 107 gehen. **B** Also, wir müssen zuerst das Ziel auswählen. **C** Du musst aufstehen. **D** Ihr müsst jetzt schlafen.

Seite 110

6 **B der Führerschein C der Antrag D stempeln E die Fahrkarte F der Ausweis**

7 **Danach muss** man eine Fahrschule suchen. **Dort muss** man Unterricht nehmen. **Dann** muss man zum Amt gehen und den Führerscheinantrag abholen. **Und man muss** den Antrag ausfüllen und viel zum Amt mitbringen: den Sehtest, den Ausweis, ein Foto. **Zum Schluss** muss man die Führerscheinprüfung machen.

B Sie dürfen in der EU Auto fahren.

Seite 111

8 **a** will, Kann **b** Willst, kann, muss

9 **b** Darf **c** dürfen **d** dürft **e** darfst **f** Darf

10 **B** muss **C** darf **D** muss **E** dürfen **F** dürfen

Seite 112

11 **A** Sie müssen das Handy ausmachen., Hier darf man nicht telefonieren. **B** Sie müssen das Ticket am Bahnhof kaufen. **C** Hier muss man Eintritt bezahlen., Darf man hier nicht einfach spazieren gehen? **D** Hier dürfen wir fahren.

12 **b** müssen **c** dürfen **d** darf **e** darf **f** darf

C Sieh mal!

Seite 113

13 **b** Komm doch mit! **c** Macht **d** Sei **e** Nimm

14 **b** Ruf **c** Arbeite **d** Hör **f** Iss

15 **b komm bitte pünktlich! c** räum bitte die Küche auf! **d** schlaf bitte nicht so lange**. e** sei bitte leise.

16 **a** treffe deine Freunde. **Aber** sei im 6 Uhr zu Hause. **b** Ruft doch Oma an oder geht ins Schwimmbad. **Aber** zuerst müsst ihr eure Hausaufgaben machen.

Seite 114

17 b Hört jetzt bitte zu. **c** Mach bitte das Fenster zu. **d** Macht bitte die Musik aus.

18 **2** Esst bitte nicht immer mein Essen. **3** Kommt bitte pünktlich. **4** Seid bitte nicht so laut. **5** Raucht bitte nicht so viel.

19a **Pfeil nach unten** 2, 3, 4 **Pfeil nach oben** 5, 6

c 2! 3! 4! 5! 6?

Seite 115

20 **b** Machen Sie einen Sprachkurs. **c** Lesen Sie die Anzeigen in der Zeitung. **d** Fragen Sie Frau Müller. **e** Bezahlen Sie die Kursgebühren an der Kasse. **f** Machen Sie (bitte) das Fenster auf.

21 **b** vergiss, nicht dein Handy **c** Lacht **d** Unterschreiben Sie , hier **e** Lies, ein Buch **f** Warten Sie, im Wartebereich

22 **b** Nimm **c** Sprich **d** Sprecht **e** Sieh **f** Seht

D Auf dem Amt

Seite 116

23 **b** allein **c** jung **d** die Staatsangehörigkeit

24 **b** Was bedeutet **c** Das Wort „unterschreiben“ verstehe ich nicht. **d** Können Sie das bitte erklären?

25 das Meldeformular suchen, Musst du das Formular ausfüllen, musst du das Formular beim Amt abgeben

Seite 117

26 Ritterstraße 25, 01097 Dresden, Dammstraße 14, 01326 Dresden, Brahimi, Yasmin, w, 1994, Sousse, Nahla, Mainz, Deutschland

27 **b** gleich in die Schillerstraße fahren**. c** versteht nicht: **d** einen **e** eine Stunde **f** zu Familie Zeman **g** zuerst nicht. **h** Zum Schluss

Lektion 10 Gesundheit und Krankheit

A Ihr Auge tut weh!

Seite 119

1 **B** Brust **C** Haar **D** Finger **E** Rücken **F** Bein **G** Mund **H** Ohr **I** Bauch **J** Fuß **K** Nase**,** Krankenhaus

2 **b** der, die Füße **c** die, die Hände **d** der, die Arme **e** der, die Finger **f** das, die Augen **g** das, die Ohren

3 **b** meine **c** Meine **d** Meine **e** mein **f** mein **g** mein **h** meine

Seite 120

4 **a** meine **b** dein, mein **c** Ihr, Mein **d** Ihre **e** meine, deine, meine

5 **A** Ihr Hobby, Ihre **Mutter**, Ihre **Eltern B** Sein Bruder, Sein Hobby, Sein**e Frau**, Sein**e Kinder**

6 **b** Ihr **c** Sein **d** Seine

Seite 121

7 **b** Sein, seine **c** Seine **d** Ihre **e** Ihr

8 Ihre, ihr, Ihre, Ihr, Sein, seine, Seine, Ihr

9 Seine, Seine, seine, mein, Meine, ihr, ihre

10 **b** O**h**ren, Notaufna**h**me, we**h**tun, kü**h**len **c 1** Hals, weh, Ihre, Ohren, hat, Zahn **2** hatte, Notaufnahme, Hand, weh, Kühlen, Ihre Hand

B Unsere Augen sind so blau.

Seite 122

11 **B** unser **C** Unsere, unsere **D** eure **E** Meine **F** euer

12 eure, unsere, euer, ihr, unser

Seite 123

13b deinen, unseren, dein, unser, euer, deine, unsere, eure, meine

14 **A** unsere **B** unseren **C** euer, deinen **D** deine, ihre

C Ich soll Schmerztabletten nehmen.

Seite 124

15 **b** sollst **c** soll **d** Sollen **e** sollt **f** Sollen **g** sollen

16 **b** Du **sollst** ein paar Schritte **gehen. c** Er **soll** ihr das Medikament **geben. d** - **Sollen** wir immer noch ruhig **sein? e** Ihr **sollt** nicht so viel Cola **trinken. f** - **Sollen** Kinder Tabletten **nehmen? g** Sie **sollen** im Wartebereich **warten.**

17 **b** Steh auf! **c** Seid leise. **d** Sie sollen hier unterschreiben. **e** Kreuzen Sie „Ja“ oder „Nein“ an. **f** Kommen Sie zum Chef. **g** Ihr sollt hier warten. **h** Er soll nicht so viel Schokolade essen.

Seite 125

18a **2** Schnupfen **3** Husten **4** Fieber **5** Rückenschmerzen

b **2** Er soll ein Medikament nehmen. **3** Er soll den Hals warm halten. **4** Er soll im Bett bleiben. **5** Er soll eine Salbe verwenden.

19a **1** Schlafprobleme **2** Kopfschmerzen

b **richtig** 3, 4, 5 **falsch** 2, 6

Seite 126

20 **a** soll **b** soll, darf **c** Willst **d** Willst, darf

21 **a** dürfen, müsst **b** darf, müssen, Darf **c** muss, Soll, kannst

D Krankschreibung

Seite 127

22 **b** 22.20.1979 **c** Seit 29.22. **d** 04.12.

23 Hier ist, heute leider, arbeiten, tut, Hals weh, ich habe Husten, gehe, Arzt

24b **1** der Absender **2** der Empfänger **3** der Ort **4** das Datum **5** der Betreff **6** die Anrede **8** die Unterschrift

Seite 128

25 **Sie, Anrede** Sehr geehrte Damen und Herren, Sehr geehrter Herr Reusch **Gruß** Mit freundlichen Grüßen **du, Anrede** Lieber Jakob, Hallo Klara/Jakob, liebe Klara **Gruß** Viele Grüße

26 **b** ich kann heute nicht arbeiten. **c** Ich habe schlimme Bauchschmerzen. **d** Ich gehe jetzt zum Arzt**. e** Ich schicke die Krankschreibung per Post. **f** Mit freundlichen Grüßen

27 **Musterlösung:** Liebe Jenny, ich habe eine Erkältung und kann nicht zum Deutschkurs kommen. Ich gehe jetzt gleich zum Arzt. Bringst du mir bitte die Hausaufgaben mit? Viele Grüße Tom

E Anruf beim Arzt

Seite 129

28 einen Termin haben, einen Termin frei, bitte heute kommen, ist dringend, Ihre Versichertenkarte mit

29 **1** C **2** C **3** C

Lektion 11 In der Stadt unterwegs

A Vor der Brücke links.
Seite 131
1 **B** hinter **C** unter **D** an **E** über **F** zwischen **G** in **H** vor **I** neben
2 **B** hinter **C** an **D** neben **E** auf **F** in
Seite 132
3 **b** vor **c** auf **d** unter **e** neben **f** hinter **g** an **h** über
4a **2** Regal **3** Uhr **4** Milch **5** Tisch **6** Flaschen **7** Buch **9** Büchern
b dem, dem, dem, der, der, den, den
Seite 133
5 der, der, der, den, den, der, der, dem, dem, dem, Im
6 **b** neben dem **c** auf dem **d** auf der **e** unter der

B Wir fahren mit dem Auto.
Seite 134
7a die Straßenbahn, das Flugzeug, der Lkw, der Bus, die U-Bahn, die S-Bahn, das Motorrad, der Zug, das Fahrrad, das Taxi
b **der** dem Zug, dem Lkw, dem Bus **das** dem Flugzeug, dem Motorrad, dem Taxi, dem Fahrrad **die** der Straßenbahn, der U-Bahn, der S-Bahn
8 zum, zum, zur
9 **a** zum, mit dem **b** zur, mit der **c** zum, zur

C Fahren Sie dann nach links.
Seite 135
10 **individuelle Lösung**
11 **b** zweite, links **c** geradeaus, rechts
12 **a** nicht von hier. **b** Wie komme ich, nach 250 Metern **c** an der Ampel links

D Wir gehen zu Walter und holen das Auto.
Seite 136
13b **Wo?** beim, beim, im, in, in, in der zu **Wohin?** zum, zur, ins, nach, in die, nach, nach
Seite 137
14 **b** zur **c** in **d** beim **e** im **f** ins **g** zu **h** zu **i** nach **j** in der **k** in
15 **b** zu **c** ins **d** im, beim **e** in, In der **f** nach **g** zu, nach, zum
Seite 138
16 zum, zur, zur, zum, neu
17 **b**4 **c**5 **d**2 **e**6 **f**1
18a **nach Orten und Wegen fragen** Ist die Albertstraße da hinten?, Und wo gibt es einen Kiosk?, Wo kann ich eine Zeitung bekommen? **Auskunft geben** Gleich da drüben an der Ecke., Da gehen Sie zum Zeitungskiosk., In der Albertstraße ist ein Copyshop., Nein, sie ist gleich da vorne.
b Wo finde ich einen Copyshop? – In der Albertstraße ist ein Copyshop. – Ist die Albertstraße da hinten? – Nein, sie ist gleich da vorne. – Wo kann ich hier eine Zeitung bekommen? – Gleich da drüben in der Ecke.
Seite 139
19a 2A 3B
b **Lösungsvorschlag:** Ich muss einen Brief verschicken. Gibt es eine Post in der Nähe? – Ja, gleich da hinten ist eine Post. – Danke für die Auskunft.
20a 2s 3z 4z 5z 6s 7s 8s
c **1** Museum, Kiosk, zu Fuß, Sie, S-Bahn **2** zu Supermarkt, Sie, zuerst, zweite, Straße rechts, Auskunft

E Am Bahnhof
Seite 140
21 2, 7, 4, 3, 6, 5, 1
22 fährt, ab, kommt, an, Einfach, hin und zurück, Verspätung, Circa, Durchsagen, Bahnsteig
23 **a** falsch **b** falsch **c** richtig **d** falsch
Seite 141
24a **2** Wie oft fährt der Bus? **3** Wo muss man umsteigen?
b **1 Abfahrt** 8:33 Uhr **Gleis** 8 **Ankunft** 11:18 Uhr **2 Abfahrt** 20:49 Uhr **Ankunft** 21:04 **3 Abfahrt** 10:05 Uhr **Umsteigen in** Stuttgart **Fahrtzeit** 2 Stunden

Lektion 12 Kundenservice

A Gleich nach dem Kurs gehe ich hin.
Seite 143
1 **B** nach **C** vor **D** vor
2 **B** beim, nach dem **C** vor der, bei der **D** bei dem, nach dem
Seite 144
3 **b** Vor dem Frühstück holt er die Zeitung. **c** Beim Frühstück liest er die Zeitung. **d** Nach dem Frühstück fährt er zur Arbeit. **e** Um 12.00 Uhr macht er Mittagspause. **f** Nach Vor dem Mittagessen geht er ein bisschen spazieren. **g** Beim Mittagessen spricht er mit Kollegen. **h** Dann arbeitet er bis 17.00 Uhr. **i** Nach der Arbeit fährt er in den Deutschkurs.
4 vor, seit, vor
5a **2** Ja, seit dem Picknick am Sonntag. **3** Vor einem Jahr. **4** Nach dem Unterricht. **5** Vor einem Monat.
Seite 145
b **der/ein** dem, einem **das/ein** dem, einem **die/eine** der, einer
6 **a** vor einem **b** Vor einem **c** seit einer **d** Bei der, vor der, nach der **e** nach der **f** Seit einem **g** nach dem **h** Bei den, nach den

B Sie bekommen sie in vier Wochen.
Seite 146
7 **b** in zwei Tagen **c** in einer Woche **d** in zwei Monaten **e** in einer Stunde **f** in einem Jahr **g** in zwei Wochen **h** in einem Monat **i** in zwei Jahren
8 **a** Bis, Ab **b** in, Ab, in **c** Ab, Bis **d** bis, in **e** ab **f** in, ab
Seite 147
9 **b** Bis morgen. **c** Zwei Wochen. **d** Im Herbst.
10 **a** in **b** Ab wann, Ab, bis **c** Wann, Ab, bis **d** Wann, Am **e** Um, ab
Seite 148
11 **B** der Drucker **C** das Tablet **D** die Heizung
12 **a** Wann, Wie lange **b** Bis wann, Wie lange, ab wann
13 6, 3, 1, 4, 2, 5, 7

C Könnten Sie mir das bitte zeigen?
Seite 149
14 **b** Könnte ich bitte eine Plastiktüte haben? **c** Würden Sie bitte hier unterschreiben? **d** Könnten Sie mir bitte die Rechnung bringen? **e** Könntet ihr bitte euer Zimmer aufräumen?
15a **2** Könnten Sie bitte später noch einmal anrufen? **3** Würdet ihr bitte zuhören? **4** Würdest du bitte zur Bäckerei gehen?

b **könnte**- Könnten Sie **würde**- Würdest du, Würdet ihr
16 **a** Würden Sie bitte vorbeikommen? **b** Könnten Sie bitte einen Tisch reservieren?, Würden Sie bitte einen Tisch reservieren? **c** Könntest du bitte dein Handy ausmachen?, Würdest du bitte dein Handy ausmachen? **d** Könntet ihr bitte leise sein?, Würdet ihr bitte leise sein?

Seite 150
17 **B** Würden Sie bitte die Zigarette ausmachen? **C** Würdest du bitte dein Zimmer aufräumen? **D** Würdet ihr mir bei den Hausaufgaben helfen?
18 **B** zumachen **C** ausmachen **D** anmachen
19 **machen** eine Party, ein Picknick, einen Kuchen, einen Kurs **anmachen, ausmachen** das Licht, die Heizung, die Spülmaschine **aufmachen, zumachen** das Buch, die Augen, den Schrank, das Fenster, den Mund, die Flasche

D Telefonansagen
Seite 151
20 **1**c **2**b **3**b
21 Moment, erreichbar, hinterlassen, Nachricht, rufen, zurück
22a 2, 5, 1, 4, 7, 3, 6, 8
b Sehr geehrte Damen und Herren, vor einem Monat habe ich ein Tablet bei Ihnen gekauft. Leider habe ich das Tablet noch nicht bekommen. Ich habe Ihnen schon vor einer Woche eine E-Mail geschrieben. Aber Sie haben nicht geantwortet. Wann kommt das Tablet an? Mit freundlichen Grüßen Nyota Tubok

E Hilfe im Alltag
Seite 152
23 **A** Online, Angebote, Gerichte, günstig, Feiertage **B** Besuch, (den) Urlaub, weg, Schülerin, draußen
24 **b** Stecker, Steckdose **c** Gerät, herausnehmen **d** Essig **e** ausschalten, Taste **f** Preis
25 Könnte ich bitte, sind hier richtig, Würden Sie, Vielen Dank

Seite 153
26a **1** lange, brauchen, Reinigung, dringend **2** Könntest, Zeitung, mitbringen **3** finden, Informationen, Gebrauchsanweisung **4** Rechnung, Gerät, funktioniert, Würden, Geld, zurückgeben
c Achtung, Ausbildung, angenehm, Angebot, Angehörige, anfangen

Lektion 13 Neue Kleider

A Sieh mal, Lara, die Jacke da! Die ist super!
Seite 155
1 **A 2** der Gürtel **3** die Hose **4** die Socken **5** die Schuhe **B 1** das Tuch **2** die Jacke **3** die Bluse **4** der Rock **5** die Strümpfe
2 einen, Die, Der, die, den
3 **a 1 von oben nach unten:** 4, 2, 5, 3 **2 von oben nach unten:** 3, 2, 5, 4 **b Wer/Was?** der, das, die **Wen/Was?** den, das, die

Seite 156
4 **a** Der, der, Den **b** die, Die, die, Die **c** den, Den
5 **a** die, Das, das **b** den, den, der, Die, die
6 **b** den **c** der **d** Das **e** Das **f** den **g** den **h** der

B Die Jacke passt dir perfekt.
Seite 157
7 **b** gefallen **c** gefällt, gefällt **d** gefällt
8 **a 2** Der gefällt ihm sehr gut. **3** Warum gefällt euch mein Kleid nicht? **4** Das Kleid steht dir wirklich gut. **b 2** gefällt **3** steht **4** gefällt | dir, ihm, ihr

Seite 158
9 **b** ihr **c** Mir, Ihnen
10 **b** mir **c** gefällt ihr **d** Die Jeans gefällt ihm. **e** Die Möbel gefallen ihnen.
11 **b** Aber ihm gefällt er nicht mehr. **c** Aber es gefällt ihr nicht. **d** Aber er steht ihm leider nicht. **e** Sie passen ihr nicht! **f** Aber sie gefällt ihnen nicht.

C Und hier: Die ist noch besser.
Seite 159
12 **b** besser **c** mehr, am meisten **d** am liebsten **e** besser, am besten
13 **a** gern, lieber, am liebsten **b** gut, besser, am besten **c** am meisten, viel, mehr
14 **a** gehe gern **b** mögen, lernen gern **c** Magst, esse gern **d** mag, wohnt gern

Seite 160
15 **a 1** Bratwurst, Und, nicht, lieber, Und, liebsten, Obst **2** Willst, mit, Fahrrad, Arbeit, ist, kalt, Wind, und, sind, Magst
16 **B** Ajit kann gut kochen. Er kann besser Fahrräder reparieren. Und am besten kann er Schach spielen. **C** Raluka und Adrian wandern gern. Sie fahren lieber Fahrrad. Und am liebsten fahren sie Motorrad.

D Welche meinst du? – Na, diese.
Seite 161
17 **a** Dieser **b** Welche, Diese **c** Welches, Dieses. **d** Welche, diese
18 **b** Welches, Dieses **c** Welche, Diese **d** Welcher, Dieser **e** Welche, Diese
19 **a** Welche, mir **b** Ihnen, Welches, dieses **c** euch, uns **d** welche, ihm, diese

Seite 162
20 schmecken, schmeckt, schmeckt, gefallen, gefallen, schmeckt
21 Koffer, Socken, Schirm, Bratwurst, Blumen, Brille
22 **a 1** Winterjacken **2** Elena **b** 3, 4, 6, 7

E Im Kaufhaus
Seite 163
23 **a** das Kleid, die Bluse, der Rock **b** die Seife, die Zahnpasta **c** die Kaffeemaschine, der Kühlschrank
24 **b** Da müssen Sie ins Untergeschoss gehen. **c** Ja, hier bitte. **d** Den gibt es im Obergeschoss.
25 **A** Die finden Sie gleich neben dem Eingang. **B** Haben Sie die Bluse auch in Rot? – Nein, leider nicht. **C** Ist die Größe so richtig? Ist die Hose nicht zu lang? – Nein, mit Schuhen ist sie genau richtig.

Seite 164
26 **b** 1 **c** 2 **d** 6 **e** 3 **f** 4 **g** 7
27 **blau markiert: c** Welches, dieses **e** Welche, Diese **f** Welche, diese **grün markiert: b** diesen **d** Welches, Dieses **g** Welche, diese **h** Welche, diese **Wer/Was ...?** Welches? Dieses. Welche? Diese. Welche? Diese. **Wen/Was ...?** Diesen. Welchen? Diesen. Welche? Diese. Welche? Diese.
Seite 165
28 **a** Diesen **b** Welche **c** Welcher, Dieser **d** Welches, Dieses **e** Welche, Diese **f** Welche, Diese
29 Welches Buch möchtest du? – Dieses da. | Welche Schuhe soll ich nehmen? – Diese passen gut. | Welchen Rock findest du besser? – Diesen da. | Welcher Pullover gefällt dir besser? – Dieser hier. | Welchen Ausgang müssen wir nehmen? – Diesen hier. | Welchen Kuchen möchtest du? – Diesen Schokokuchen da.
30 **a** Dieses **b** diesen, Welchen, diesen **c** Welches **d** Welcher **e** welche, Diese **f** Welche, diese
Seite 166
31 **a** falsch **b** richtig **c** richtig
32 **Musterlösung:** Lieber Marik, fährst Du nicht in den Urlaub nach Marokko? Könntest Du zwei T-Shirts von „Onyx" für mich mitbringen? Ich finde die ganz toll und ich denke, sie sind dort sicher günstig. Meine Größe ist M. Und am besten gefällt mir die Farbe Blau. Vielen Dank und viele Grüße

Lektion 14 Feste

A Am fünfzehnten Januar fange ich an.
Seite 168
1 **A** April, Mai **B** Sommer: Juni, Juli **C** Herbst: September, Oktober, November **D** Winter: Dezember, Januar, Februar
2 **b** Am dritten März. **c** Am zweiten Mai. **d** Am achtundzwanzigsten Juli. **e** Am dreißigsten September.
3 **b** Am zehnten Mai **c** Am fünften Mai **d** Am neunten Mai **e** Am siebten Mai **f** Vom elften bis sechzehnten **g** Am achten Mai **h** Am zweiten und dritten
Seite 169
4 **b** der zwanzigste April **c** der fünfzehnte Juni **d** der zwölfte Februar **e** der dritte November **f** der erste Januar
5 **b** 30. November **c** 5. September **d** 16. März **e** 20. Juli
6 komme aus Iran, gibt es ein Fest:, ist das Frühlingsfest, 20. oder 21. März, habe am 20. März Geburtstag
7 Mein Lieblingsfest ist mein Geburtstag. Ich bin am ersten August geboren. Das ist im Sommer und wir können draußen sein, grillen und Kuchen essen. Dieses Jahr ist mein Geburtstag am Samstag und ich mache eine Party.

B Ich habe dich sehr lieb, Opa.
Seite 170
8 dich, ihn, ihr, uns, euch, sie
9 **a** sie **b** euch **c** ihn, dich **d** mich **e** Sie
10 **B** euch **C** sie, sie **D** ihn, es, mich/ihn **E** mich
Seite 171
11 **b** Sie finden sie da vorn. **c** Doch, Er arbeitet bei „Taxandgo". **d** Nein. Ich finde ihn nicht so schön. **e Ja**. Ich kann es wirklich empfehlen. **f** Er gefällt mir sehr gut. **g** Ich finde, sie passt dir perfekt.
12 sie, mich, dich, meinen Freund, ihn
Seite 172
13 Er, sie, Er, ihn, Sie, Er, sie, Er
14 **b** Ich habe sie schon gekauft. **c** Ich habe sie schon geholt. **d** Ich habe ihn schon gemacht. **e** Ich habe sie schon gebacken. **f** Ich habe sie schon gekauft. **g** Ich habe sie schon gewaschen.

C Wir feiern Abschied, denn ...
Seite 173
15 **b** denn er mag keine Busse und Züge. **c** denn das Busticket kostet nicht viel. **d** denn heute fahren die S-Bahnen nicht.
16 **Musterlösung: b** denn ich habe Geburtstag. **c** denn ich habe eine Erkältung. **d** denn mein Bein tut weh. **e** denn der Bus kommt nicht. **f** denn ich habe wenig geschlafen.
18 **B** abends kommen Freunde **C** es ist schon spät **D** er muss noch lernen

D Einladung
Seite 174
19 **a 2** werdet **3** wirst **4** werden **5** werden **6** werde **b Musterlösung: 2** wird am 1. Mai 30 Jahre alt. **3** Meine Oma wird am 14. Mai 83 Jahre alt. **4** Mein Freund Emil wird am 30. August 29 Jahre alt. **5** Mein Bruder wird am 24. Oktober 16 Jahre alt.
20 **a von oben nach unten:** 3, 4, 6, 8, 7, 9, 2 **b Musterlösung:** Liebe Frau Schmid-Riemer, vielen Dank für die Einladung! Leider kann ich nicht kommen, denn ich habe am 29.3. Urlaub. Schade! Herzliche Grüße Seda Aktaran **c Musterlösung:** Liebe Kolleginnen und Kollegen, ich feiere meinen Geburtstag und lade Sie alle zu Würstchen und Kartoffelsalat ein. Wann und Wo: am Mittwoch, 4. April, um 12.30 Uhr in der Cafeteria. Können Sie kommen? Hoffentlich! Bitte antworten Sie bis Montag, 2. April. Herzliche Grüße Diana Sorokin

E Feste und Glückwünsche
Seite 175
21 **A** Geschenke, Weihnachtsbaum **B** Ostern, feiern, Ostereier **C** Silvester, Neujahr, Geburtstag, gratulieren, Feuerwerk **D** Hochzeiten
22 **B** Frohe Weihnachten! **C** Ein gutes, neues Jahr! **D** Frohe Ostern!
Seite 176
23 **b** 4 **c** 1 **d** 2
24 **a** 2 **b** 2 **c** 1

Lektion 8 Beruf und Arbeit

1 **a** der Koch **b** der Arzt **c** die Krankenschwester **d** die Polizistin
2 **a** Vor zwei Monaten. **b** Vier Jahre. **c** Seit sechs Jahren. **d** Für zehn Tage.
3 **a** Wann **b** Wie lange **c** Seit wann **d** Für wie lange
4 **a** hatte **b** war **c** hatte **d** war **e** hatte **f** war **g** hatte **h** war

Lektion 9 Ämter und Behörden

1 **a** Führerschein **b** Geschlecht **c** Angehörige **d** ausmachen **e** ausfüllen
2 **a** darfst **b** muss **c** müssen **d** darf
3 **a** Noch einmal, bitte. **b** Können Sie mir helfen? **c** Was bedeutet das?
4 **individuelle Lösung**

Lektion 10 Gesundheit und Krankheit

1 **a** Auge **b** Hand **c** Hals **d** Ohren **e** Bein **f** Rücken
2 **a** Ihre **b** mein **c** Ihre **d** Sein
3 **a** sollst Tee trinken. **b** du sollst deine Medizin nehmen. **c** Du sollst nicht lesen. **d** soll deine Temperatur kontrollieren.
4 **von unten nach oben:** 5 4 6 7 1 2 3 8 9

Lektion 11 In der Stadt unterwegs

1 **a** hinter **b** an **c** neben **d** zwischen **e** unter **f** über **g** in **h** vor
2 **a** Bücherei/Buchhandlung **b** Kiosk **c** Hotel **d** Post **e** (Bus-)Haltestelle **f** Kindergarten
3 **a** zum **b** nach, ins **c** in den
4 **von unten nach oben:** 6 5 3 4 1 7 2

Lektion 12 Kundenservice

1 **a** Gebrauchsanweisung **b** Papier **c** Stecker
2 **a** bei der **b** vor dem **c** nach dem
3 **a** bis, am, bis **b** in **c** Um **d** in **e** bis **f** ab
4 **a** Könntest du bitte Kugelschreiber bestellen? **b** Könnten Sie bitte das Formular ausfüllen? **c** Können Sie das bitte wiederholen?

Lektion 13 Neue Kleider

1 der Pullover, die Bluse, das Kleid, der Mantel
2 **a** Das **b** Den
3 **a** mir **b** dir **c** euch
4 **a** lieber, am liebsten **b** besser
5 **a** Nein, leider nicht. Den haben wir nur in Blau. **b** Tut mir leid, die gibt es nur noch in 42.

Lektion 14 Feste

1 **a** siebzehnte April **b** dreiundzwanzigste Mai **c** dreißigste März
2 **a** Datum, Der **b** Weihnachten, Am **c** Ferien, Vom ... bis
3 **a** mich **b** Sie **c** es
4 **a** Sebastian darf nicht Tennis spielen, denn der Arzt hat es verboten. **b** Robert macht Sport, denn er will fit bleiben.
5 **a** Alles Gute zum Geburtstag! **b** Frohe Weihnachten! **c** Gute Besserung!

Bewertungsschlüssel für die Tests:

20 – 18 Punkte	sehr gut
17 – 15 Punkte	gut
14 – 12 Punkte	befriedigend
11 – 9 Punkte	ausreichend
8 – 0 Punkte	nicht bestanden